자급의 삶은 가능한가

Kuh für Hillary
by Maria Mies & Veronica Benholdt-Thomsen

Copyright ⓒ 1997 by Maria Mies & Veronica Benholdt-Thomsen
Korean Translation Copyright ⓒ 2013 by Dong-Yeon Press
All rights reserved.

힐러리에게 암소를
자급의 삶은 가능한가

2013년 7월 16일 초판 1쇄 인쇄
2022년 7월 16일 초판 3쇄 발행

지은이 | 마리아미즈 · 베로니카벤홀트-톰젠
옮긴이 | 꿈지모(꿈꾸는지렁이들의모임)
펴낸이 | 김영호
펴낸곳 | 도서출판동연
등   록 | 제1-1383호(1992년6월12일)
주   소 | 서울시마포구월드컵로 163-3, 2층
전   화 | 02)335-2630
전   송 | 02)335-2640
이메일 | yh4321@gmail.com

Copyright ⓒ 동연, 2013

ISBN 978-89-6447-207-1 93300

이 도서의 국립중앙도서관 출판시도서목록(CIP)은 서지정보유통지원시스템 홈페이지(http://seoji.nl.go.kr)와
국가자료공동목록시스템(http://www.nl.go.kr/kolisnet)에서 이용하실 수 있습니다.
(CIP제어번호: CIP2013012222)

힐러리에게 암소를

자급의 삶은 가능한가

마리아 미즈 · 베로니카 벤홀트-톰젠 지음

꿈지모(꿈꾸는 지렁이들의 모임) 옮김

이 책은 1997년 독일에서 처음 출간되었고, 이후 영문판이 1999년 영국과 호주에서 나왔다. 그때부터 신자유주의 지구화가 지구상의 모든 시스템에 침투하기 시작했다. 또한 이는 재정·경제난, 환경 및 기후 위기, 식량 및 농업 위기 등과 같은 복합적인 위기를 초래하였다. 글로벌 사회를 관통하는 지배적인 세계관이 지구 전체를 파괴하는 추진력이 되었다. 지금의 지구화된 문명은 경제 성장이라는 가치에 기초해 있다. 그래서 자본과 수익이 의사결정의 기본적인 기준이 된다. 신자유주의 지구화가 초래한 복합적 위기는 머리가 여러 개인 히드라와 같다. 즉, 문명의 위기라고 할 수 있다. 이제 우리에게 새로운 문명 패러다임이 필요하다는 것이 명백해졌다.

자급 관점은 문화적 측면뿐 아니라 경제적 측면을 포함한다. 그것은 의사 결정과 모든 일상 행위를 구조짓는 가치 체계이다. 자급 이론의 핵심 사상은 매우 간단하며, 오래된 것임과 동시에 새로운 것이기도 하다. 민족, 인류, 자연이 평화롭게 살기 위해서는 보금자리, 생명을 먹여 살리는 음식, 신선한 물, 깨끗한 공기, 따뜻한 옷, 인간 공동체, 사랑과 보살핌 같은 삶의 필수 요소를 지켜내야 한다. 자급 관점은 다른 사람들의 땅에서 나온 산물을 빼앗아 가는 것이 아니라 내 환경이 제공하는 것을 영위하며 사는 것이다. 따라서 자급 관점은 지구화가 아닌 지역화를 의미한다.

우리가 처음 이 책을 출간 했을 때, 그것은 평화운동과 여성운동이 오랫동안 지속해왔던 실천의 결과였다. 그 실천은 이론적 작업과 실제적인 정치 참여를 통해 항상 이루어졌다. 우리는 어린 시절 독일에서 2차 세계대전과 전후의 고난을 겪었다. 젊었을 때는 멕시코와 인도에서의 전후 개발 정책 및 사업이 생산해내는 결과물에 익숙해졌다. 그러나 머지않아 개발주의의 파괴적 힘을 깨닫게 되었다. 그것은 스스로 결정하는 삶을 살기 위한 지식 체계 뿐 아니라 농부와 지역 및 국내 시장에 존재하는 자율적 자급의 근간을 파괴하는 힘이다. 국제적 상업화, 소비주의, 슈퍼마켓 경제와 문화가 그 자리를 대체하기 시작했다. 경제 성장이라는 이데올로기를 가진 국제적 개발 정책은 식민주의 그 자체였고, 이는 현재도 지속되고 있음을 알게 되었다. 다가오는 세계 시장의 신자유주의 지구화는 식민주의와 개발주의의 연속이라 할 수 있다. 하지만 이 둘이 동일한 것은 아니다. 신자유주의적 자본주의와 그것의 원칙 – 경제 성장, 자본과 수익 – 은 모든 나라 사람들을 식민화했다. 점점 내부로, 심지어 사람들의 머리와 마음까지 말이다.

1970년 이후 우리는 자본, 수익, 성장에 대한 믿음이 가진 파괴적인 힘이 결국 재앙으로 끝날 것이라고 경고해 왔다. 우리의 목소리와 출구를 찾기 위한 하나의 기여물인『자급의 삶은 가능한가』가 점점 더 세상 속으로 퍼져나가는 것을 기쁘게 생각한다.

'자급'이 진정 의미하는 바를 충분하게 설명한 유일한 책인 이 책이 드디어 한국에서도 출판된다는 사실을 매우 기쁘게 생각하며 한국어로 번역된 이 책이 성공적으로 출간되기를 기대한다.

2013년 6월, 빌레펠트와 쾰른에서

베로니카 벤홀트-톰젠 · 마리아 미즈

힐러리에겐 암소와 자립을, 클린턴에겐 사랑과 평화를!

강수돌 (고려대 교수)

세계 최강을 자랑하는 미국 대통령의 영부인 힐러리 클린턴이 가장 가난한 나라의 가장 가난한 농촌을 찾아간다. 세상에서 가장 남부러울 것 없는 여성이 가장 가난하게 살아가는 여성들에게 관심을 가진 사실만 해도 흥미롭다.

영부인이 묻는다. "그래, 그라민 은행 덕에 요즘 살림살이가 좀 나아졌나요?"

마을 여성들이 대답한다. "네, 그렇죠, 그렇고말고요. 우리 모두는 각자 나름의 수입이 있고요. 소나 닭, 오리 같은 자산도 좀 있지요. 애들도 학교에 다니며 잘 크고 있고요."

영부인이나 마을 사람들이나 모두 든든하고 만족스런 표정이었다. 이제 마을 여성들이 묻는다. "그래, 영부인께서는 자신만의 소득이 있나요?"

영부인이 말한다. "아, 예전엔 있었는데, 서방님이 대통령이 되고서는 없는 셈이네요."

마을 사람들이 묻는다. "아, 그렇군요. 그러면 암소라도 한 마리 있으신가요?"

영부인이 당황한다. "아-암-소요? 그런 건 없지요."

마을 여성들이 묻는다. "그러면 아이들은요?"

영부인이 답한다. "딸 하나 달랑 있지요."

이 말에 세상의 가장 가난한 여성들은 "쯧쯧, 자신만의 소득도 없고 암소 한 마리 키우는 재미도 모르고 애만 달랑 하나 있다니, 불쌍한 지고……"라고 말했다.

그 날 만남은 결국, 마을 여성들이 '불쌍한 힐러리에게 암소 한 마리를 선물' 했으면 하는 것으로 끝났다. 바로 이것이 이 책 『자급의 삶은 가능한가: 힐러리에게 암소를』의 탄생 배경이다.

가난한 방글라데시 농촌 여성들을 방문한 힐러리 클린턴 미국 대통령 영부인, 처음에는 무하마드 유누스 총재의 그라민 은행(마을 은행)이 소문처럼 가난한 농촌 여성들에게 얼마나 큰 희망이 되는지 확인하고자 찾아갔으나 나중엔 바로 그 가난한 여성들로부터 오히려 동정과 연민을 사게 되는 '유쾌한 반전' 의 한 당사자! 오바마 정부 아래 국무부 장관을 역임하며 세계의 정치 · 경제 · 외교계를 주름잡던 여성 리더 중의 한 사람!

이 이야기는 몇 가지 측면에서 신선한 가르침을 준다. 그것은 특히, 신자유주의 세계화 물결로 경제가 불안정해지고 사람들의 살림살이가 총체적인 위기에 빠지면서 건강한 돌파구가 잘 보이지 않는 이 시대에 가장 근본적이면서도 가장 보편적인 대안의 싹을 보여주고 있기 때문이다.

첫째로, 이 에피소드는 '가난' 의 문제를 어떻게 바라보아야 하는지에 대한 실마리를 던져 준다. 흔히 생각하는 것처럼 '가난에 대한 해결책은 부자가 되는 것' 이 아니다. 가난한 사람이 로또에 당첨되어 벼락부자가 된 뒤로 행복하다는 사람을 보았는가? 또, 가난한 사람이 사법고시 공부해서 판·검사가 된 뒤로 자신의 입신양명만을 위해 살 때 자신과 사회의 행복지수가 높아지던가? 그리고 그렇게 부자가 될 수 있는 사람은 우리 사회에서 과연 몇 퍼센트나 되는가? 바로 이 지점에서 나는 초기 가톨릭 운동의 지도자 중 한 사람인 피터 모린의 "모두 가난해지려고 하면 아무도 가난해지지 않으며, 아무도 부유해지지 않으려 한다면 모두 부유해진다"는 말이 생각난다. 역설적인 말이지만, 가난에 대한 해결책은 중산층 또는 부자 되기가 아니라 가난 그 자체인 셈이다. 다만, 이것은 오늘날의 자본주의가 나날이 만들어내는 "근대화된 가난"(이반 일리치)이 아니라 "자발적 간소함"이어야 한다.

둘째로, 그렇다면 우리는 70억 가까운 이 세상 사람들이 '더불어 행복한' 삶을 살기 위해 어떤 식으로 "자발적 간소함"을 실천할 것인가? 이 책이 가르쳐주는 것은 한마디로 '자립과 사랑의 경제'이다. 위 에피소드에 나오는 그라민 은행 즉 마을 은행은 바로 그런 원리에 기초한 상징적인 '살림의 경제'이다. 닭이나 오리, 암소 한 마리부터 시작하여 날마다 새로워지는 자신의 모습에 기뻐하며 서서히 자립의 길로 나아가는 가난한 사람들, 그러면서도 이웃 사람들과 함께 의논하고 도와주며 공동체 관계를 이뤄나가는 마을, 바로 이것이 자발적 간소함에 기초한 살림의 경제가 아닌가? 당시 힐러리 클린턴 여사가 일말의 부끄러움이나 부러움이라도 느꼈다면 바로 이런 측면 때문이 아닐까? 스스로 한다는 것에 대한 자긍심 그리고 상부상조하며 살아가는 데서 오는 평화로움…… 이 지점에서 나는 마하트마 간디의 "인간적 필요를 위해서라면 지구 하나도 충분하지만, 무한한 탐욕을 위해서는 지구가 몇 개나 되어도 모자란다"는 경구와 법정 스님의 "무소유란 불필요한 것을 갖지 않는 것"이 란 말씀을 떠올린다.

셋째로, 앞의 이야기는 이른바 세계은행의 개발 프로젝트, 국제통화 기금의 구조조정, UN이나 일부 선진국들의 각종 개발 원조, 나아가 각 국 정부들이 추진하는 온갖 개발지상주의적 경제 발전 구상 같은 것들이 얼마나 허구적일 수 있는지 잘 알려준다. 더구나 미국의 빌 클린턴 민주 당 정부 시절 역시 부시 부자(父子)의 공화당 정부 시절과 마찬가지로 동 유럽이나 중동 지역에 대한 전쟁을 통해 정치적, 군사적, 경제적 이익을 관철하려 했다는 점에서 질적인 차이를 발견하기 어렵다. 힐러리 클린턴 에게 암소로 상징되는 자립 역량이 부족했다면, 빌 클린턴은 깊이 있는 사랑이나 평화의 역량이 부족했던 셈이다. 이 지점에서 나는 E. F. 슈마 허의 『작은 것이 아름답다』에 나오는 "물고기를 주는 것보다 물고기 잡 는 법을 가르치는 것이 낫다. 그러나 물고기 잡는 법을 가르치고 끝나는 것보다는 물고기 잡는 도구를 만들 수 있게 돕는 것이 실질적 도움"이라 는 말을 상기한다. 따지고 보면 지금까지 부자 나라가 가난한 나라를 도 와주는 형식은 자기들에게 남아도는 것들을 처리하는 과정이었거나 가 난한 나라들을 자기네들의 커다란 구조 속에 톱니바퀴처럼 편입시킴으 로써 자기네가 더 부자 되기 위해 이용해먹는 형태였다. 한마디로 '위 선'이었다. 이 위선을 진심으로 극복하고 싶다면 두 가지 길이 있다. 하 나는 선진국들이 이 세상의 보편적 행복을 구현하는 살림살이 형태를 모 범적으로 보여주면서 다른 나라들도 할 수 있게 재정적, 기술적 지원을 아끼지 않는 것이다. 나머지 하나는 방글라데시의 가난한 여성들이 보여 준 것처럼 이른바 후진국에서 건강하게 창조·실험되는 자립과 사랑의 경제 방식들을 방해하거나 위협하지 않는 것이다. 이 두 가지 길은 사실상 하나로 결합되어야 실효성이 있다. 그러기 위해서라도 우리는 기존의 경제성장이나 경제발전에 대한 관념을 근본적으로 되짚어야 한다. 가난이 더 이상 척결 대상이 아니라 자발적 선택 과정이 되어야 한다. 굳이 가난이라는 말이 싫다면 간소함, 소박함 또는 홀가분함이란 말도 괜찮다. 그렇게 되면 '선진국 진입'이라든지 '세계 최강'이라든지 '부자 되세요'를 개인이나 나라의 목표로 제시하는 집단적 강박증이 올바로 극복될 수 있다.

결국 이 모든 이야기는 진정으로 이 세상 모든 사람들이 자신을 살리고 이웃을 살리고 지구를 살리기 위해서는 지금과 같은 '죽임의 경제'가 아니라 '살림의 경제'를 만들어나가야 함을 가르친다. 원래 돈이란 것도 삶을 위한 하나의 수단에 불과했다. 그러나 오늘날 현실은 돈을 위해 삶이 파괴당할 정도로 비뚤어져 버렸다. 우리가 나름으로 열심히 산다고 해봤자 대체로 '말짱 도루묵'이 되는 까닭이다.

비록 이 책이 10년 이상 오래된 것을 처음으로 완역한 것이긴 하지만 ― 일부는 이미 「녹색평론」(57호, 2001년 3-4월호)에 소개된 바 있다 ― 자본과 권력이 이 세상의 삶을 망가뜨릴수록 더욱 빛을 발할 것으로 믿는다. 왜냐하면 이 책의 기본 관점이 경쟁과 이윤이 아니라 사랑과 자립이기 때문이다. 이것은 곧 어머니의 마음이다. 아버지들이 망가뜨린 이 세상을 새롭게 만들 힘은 바로 어머니에게서 출발한다. 아니, 좀 더 깊이 따지고 보면 어머니든 아버지든 우리 모두가 본디 갖고 있던 생명의 힘 그러나 지난 수백 년 동안 '부자 강박증' 속에 서서히 잃어버렸던 그 생명의 힘을 다시 찾는 데서 출발한다.

아, 그러나 이 생명의 힘을 되찾고 이를 일관되게 실천하기란 얼마나 힘든 일인가? 그것은 우리가 한편으로는 일 중독과 소비 중독에 빠져 있고 다른 편으로는 권력 중독과 성공 중독에 빠져 있기 때문이다. 일 중독은 사람이 일을 하는 것이 아니라 일에 끌려 다니는 것으로, 일이 곧 마약이나 다름없다. 일은 때로는 흥분제, 때로는 진정제, 때로는 은폐제로 작용한다. 소비 중독이란 명품 소비나 쇼핑 자체에 이끌려 다니는 것인데, 이를 통해 일시적 만족감이나 자아 정체감을 찾는 것이다. 이 둘은 개인 차원에서 광범위하게 일어나는 것이다. 반면, 권력 중독이나 성공 중독은 사회적 차원에서 또는 온 사회가 빠져 있는 중독이다. 권력에 대한 중독적 욕망은 어린 아이의 세계나 노인 세계나 마찬가지이고 여성 정치인이나 남성 정치인 가리지 않고 마찬가지다. 심지어 보수와 진보를 가리지도 않는다. 성공과 출세에 대한 중독적 욕망 역시 가정, 학교, 직장, 사회 일반을 가리지 않고 널리 퍼져 있다. 이렇게 말하는 나 자신조차 은연중에 그런 중독에 깊이 빠져 있는지도 모른다.

이러한 우리의 참 모습조차 솔직히 인정하기도 어려운데, 그걸 인정한 위에서 완전히 새로운 시도를 한다는 것은 더욱 어렵다. 일례로 우리는 이런 질문을 던져 볼 수 있다. 과연 힐러리 클린턴 여사는 이 신선한 충격 이후에 어떻게 변했으며 그의 변화는 미국의 세계 정책에 어떤 영향을 주었는가? 그 대답은 불행히도 "별 효과가 없었다"이다. 그러나 최소한 이 에피소드 자체는 책을 통해, 이야기를 통해, 그리고 감동적 울림을 통해 온 세상으로 번지고 있다. 더 중요한 것은 1997~1998년 아시아 경제 위기나 2007~2008년 세계금융위기와 같은 대 변란에도 불구하고 가장 흔들리지 않았던 곳은 바로 그라민 은행으로 상징되는 가난한 농촌 공동체 같은 곳이었다는 점이다. 그렇다. 바로 이 '인정 어린 공동체' 야말로 가장 좋은 복지 체제요, 가장 좋은 살림살이 경제가 아니던가.

그러니 우리는 이렇게 말해야 한다. "어렵다고 해서 불가능한 것은 아니며, 힘들다고 해서 하지 않아야 하는 것은 아니다. 오히려 힘들기 때문에 더불어 더 꿋꿋이 올바름을 향해 나아가는 것, 이것이 희망이다!" 이 책은 바로 그런 희망을 만드는 사람들이 세상 곳곳에 있다는 것, 결코 이것이 외로운 일이 아니라는 것, 더 중요하게는 바로 그것이 모두를 살리는 길이라는 것을 잘 보여 준다. 돈벌이 경제에 진절머리가 난 사람, 그래서 참된 살림살이 경제를 원하는 사람은 꼭 이 책을 읽고 자신이 느낀 감동을 이웃과 함께 온 세상으로 퍼뜨려야 한다. 민들레 홀씨처럼. 이것이 곧 혁명의 씨앗이요, 희망의 근거이다.

이 책은 독일에서 처음 출판했을 때《자급의 삶은 가능한가: 힐러리에게 암소를》이라는 다소 유머어린 제목을 달고 있었는데, 그것은 서문에 실린 '자급 이야기'에 기초한 것이었다. 우리는 그때 당시만 해도 다음 해인 1998년에 정치 경제적인 영역에서 일어날 급속한 변화에 대해서는 꿈에도 상상하지 못했다. 일본과 러시아, 아시아 심지어 미국에서 일어난 소용돌이로 인해 세계 경제 체제가 불안해졌으며, 전문가들은 이 경제 위기가 지난 1929년보다 더 심한 최악의 세계적인 불황으로 이어질까 봐 두려워했다. 아시아, 특히 태국과 인도네시아에서 1997년 중반의 갑작스러운 대량 실업에 이어 통화시장이 붕괴되기 시작할 때까지만 해도, 미국의 경제전문가와 EU는 이러한 '아시아 독감'이 서구의 경제를 감염시키지는 않을 거라고 생각했다. 그러나 1998년 8월 31일 다우존스 지수가 뉴욕 주식 거래 역사상 두 번째로 크게 떨어진 554포인트로 급락하면서 이러한 분위기는 급변하게 된다. 뒤이어 러시아에서 루블화의 가치가 급락하자 전 세계 주식 시장이 급속히 냉각된다. 글로벌 신자유주의 '시장 경제'의 영속적인 안정과 탄력성에 대한 신념은 갑자기 흔들렸다. 경제 과정에 대한 합리적인 분석은 패닉 상태에 빠졌고, 신자유주의의 신조는 종교적인 독단으로 유지되었다. 이러한 태도를 보여주는 한 예가 바로 '전 세계적인 투기꾼'이 OECD의 다자간투자협정MAI을 밀어붙인 방식이다.

우리가 책을 출판하기 전에는 MAI 같은 것은 들어본 적도 없었다. 그것은 초국적 기업의 큰손들이 지구화, 자유화, 사유화라는 신자유주의의 도그마를 국제법적 토대 위에 굳건히 세우는 노력이었다. 그러나 초국적 기업의 초정치적 지배에 대해 강력한 국제적 대항이 일어났고, 그 결과 OECD에서 MAI 협상들이 결렬되었다.

이러한 변화는 지배 권력의 강고함과 약함을 동시에 보여주는 정치적이고 군사적인 사건과 함께 일어났다. 빌 클린턴의 미국 대통령 지위를 위협했던 젊은 여성과의 스캔들, 그리고 1998년 12월 바로 그 클린턴의 바그다드 재폭격이 여기에 해당한다. 클린턴의 정적들은 이 폭격을 사생활 문제로부터 공적인 관심을 돌려서 '남자다움'을 되찾기 위한 클린턴의 노력으로 해석했다. 이 사건에서 우리는 자본주의 가부장제의 오래되고 동시에 근대적인 양상을 볼 수 있다. 전쟁은 가부장 남성이 자신의 잠재력을 증명하고자 할 때 사용하는 최후의 보루이면서, 동시에 자본주의 경제가 위기에 처할 때 사용하는 최후의 보루이기도 하기 때문이다.

1998년에 있었던 이러한 예기치 않은 변화들로 인해 우리는 이 책을 영어권 독자들에게 단지 번역만 해서 제시할 수는 없게 되었다. 필요할 때는 자료를 경신했고 최근 일어난 사건들을 고려하여 개정 작업을 하기도 했다. 자급 관점을 논한다는 것이 국가 경계를 초월하는 것이라는 사실에도 불구하고, 독일어판 책은 세계적으로는 잘 알려지지 않은 독일의 상황을 주로 언급하고 있었다. 우리는 영어판에서는 가능한 한 이러한 지평을 확장하고자 했다. 그러나 그렇게 하지 못한 경우라 하더라도, 독일의 사례는 단지 독일의 것만은 아니다. 그것은 오히려 근대 자본주의 산업사회의 일반적인 패턴을 보여주는 예로 볼 수 있다.

자본주의 가부장제에 대한 우리의 일반적인 분석과 대안적인 관점의 개발은 1998년에 일어난 사건들로 인해 손상되지 않았고, 우리의 주장은 그로 인해 오히려 더 확고해졌다. 남반구에서만이 아니라 북반구에서도, 독일에서만이 아니라 다른 모든 국가들에서 글로벌 자본주의의 관리자들은 깊어만 가는 경제 위기를 다룰 수 있는 새로운 아이디어나 방법을 전혀 알지 못한다는 사실이 드러나고 있다. 20년 전에도 우리는 그들을 소위 비임금 노동에 대한 진보적인 착취라는 측면에서 비판했으며, 그것을 가정주부의 일을 통해 증명해낸 바 있다.

1998년의 위기로 인해 불편해진 것은, 전 지구적 신자유주의의 신봉자들만은 아니었다. 이 체제의 파괴력에 대한 민중들의 저항이 보다 가시화된 것이다. 남반구와 북반구 모두에서 실업과 빈곤, 정치적 탈세력화에 대항하는 거대한 민중운동이 일어났다. 멕시코의 치아파스 같이 자신들의 자율성을 지키기 위해 싸우는 토착 민중운동만이 아니라, 태국의 빈곤연합, 브라질의 토지 무소유자 운동, 신자유주의에 저항하는 인도와 방글라데시의 농민운동 등이 여기에 포함된다. 그리고 북반구, 특히 프랑스에서는 실업자들이 지배적인 경제 정책에 대항하는 강력한 저항운동을 시작했다. 이 저항운동은 우선적으로 각국 정부의 정책에 대항해서 분노와 좌절을 표출했다. 그러나 이 운동들도 아직 대안 경제의 전망을 마련하지는 못하고 있다. 특히 북반구에서 벌이는 운동이 그러하다. 남반구의 운동은 글로벌 신자유주의에 대항해서 지역적이고 민족적인 자립을 요구하는 데 반해, 유럽이나 미국에서의 운동은 대안적인 관점에 대해 혼돈을 겪고 있다. 이들 중 다수는 전 지구적 차원에서의 신-케인즈주의 같은 것을 고대한다.

　이 책의 영어 번역을 통해 우리는 자급 관점이라는 대안을 좀 더 분명히 하면서, 경제와 사회의 새로운 전망에 대한 논의를 지금까지 알려진 모델을 넘어서 더욱 확장할 수 있기를 바란다.

마리아 미즈와 베로니카 벤홀트-톰젠

쾰른/빌레펠트

1999년 1월

차례

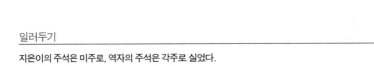

일러두기

지은이의 주석은 미주로, 역자의 주석은 각주로 실었다.

1996년 7월 방글라데시에서 온 배우이자 사회활동가인 패리다 액터 Farida Akhter는 독일 뮌헨 여성학 여름학교에서 개최한 "여성의 힘을 전 세계로Women Power Worldwide" 국제회의에 모인 여성들에게 다음과 같 은 이야기를 들려주었다.

1995년 4월, 북경 유엔 세계여성대회가 개최되기 몇 달 전에 당시 미국의 영부인인 힐러리 클린턴이 방글라데시를 방문했다. 그녀는 익히 들어왔던 대 로, 방글라데시 그라민 은행Grameen Bank 프로젝트 성공신화의 현장을 몸소 목격하게 되었다. 그녀는 그라민 은행의 소액대출사업이 방글라데시 여성들 의 상황을 눈에 띄게 향상시켜왔다고 들어왔던 터였다. 힐러리 클린턴은 여 성들이 정말 이 소액대출로 힘을 얻게 됐는지 알고 싶었다. 그라민 은행과 개 발 지원 기관들에 따르면 '여성이 힘을 얻는다는 것'은 여성 자신이 벌이를 하고 있고 어느 정도의 자산을 소유하고 있다는 걸 의미한다.

힐러리 클린턴은 방글라데시 농촌마을인 마이샤하티를 방문하여 그곳 여 성들의 상황에 대해 이야기를 나눴다. 여성들은 대답하기를, "네, 우리는 지 금 우리 자신의 수입이 있어요. 소, 닭, 오리 같은 '자산'도 있답니다." 그리고 그들은 아이들이 학교에도 다닌다고 말했다. 클린턴 부인도 만족스러워했다. 마이샤하티의 여성은 분명 힘을 가지고 있다. 그러나 그 다음 그들이 힐러리에게 똑같은 질문을 했을 때, 힐러리는 당황할 수밖에 없었다. 패리다 액터는 마이샤하티의 여성들과 힐러리 사이에 오고 간 질문과 대답을 다음과 같이 기록했다.

"아파(자매님), 당신은 암소가 있나요?"

"아뇨, 저는 암소가 없어요."

"아파, 당신은 자신의 소득이 있나요?"

"네, 전에는 제 소득이 있었어요. 하지만 남편이 대통령이 되어 백악관으로 이사 오고 난 뒤에는 일을 그만뒀어요."

"애들은 몇이나 되나요?"

"딸 한 명이요."

"아이를 더 낳고 싶은가요?"

"네, 한두 명 정도 더 낳고 싶지만, 우리 딸 첼시와도 지금 충분히 행복하답니다."

마이샤하티의 여성들은 자기들끼리 서로 바라보면서 작게 중얼거렸다. "불쌍한 힐러리! 그녀는 소도 없고, 자신의 소득도 없고, 딸도 하나밖에 없다네."

마이샤하티 여성들의 눈에 비친 힐러리 클린턴은 결코 힘이 있는 여성이 아니었다. 그들은 그녀를 불쌍하게 여겼다.

독자들은 우리가 자급 관점subsistence perspective에 대한 책의 첫 장을 왜 이 이야기로 시작하는지 궁금해 할 것이다. 세계에서 가장 강하고 부자 나라인 미국의 영부인이 대체 암소를 키우며 사는 방글라데시 여성들의 자급 이야기와 무슨 관계가 있을까? 소와 닭, 아이들이 있기 때문에 힘이 있다고 느끼는 마이샤하티 마을의 여성들과 그녀는 무슨 관계가 있을까? 이 '가난한' 여성들은 왜 힐러리 클린턴을 불쌍하게 여길까? 힐러리는 자신이 원하는 것을 모두 가진 사람이 아닌가? 이 여성들이 단지 순진하거나 무지한 것일까?

우리는 그렇게 생각하지 않는다. 그들은 클린턴 부인이 '부자' 나라에서 왔고, 그녀가 재산이 많다는 사실도 잘 알고 있다. 그러나 그들은 그것을 힘이 있는 상태라고 보지 않는다. 이 에피소드는 힐러리 클린턴과 마이샤하티 마을 여성들 사이의 관점 차이를 아주 집약적으로 보여주고 있다. 여성들의 대화 내용을 보면, 마이샤하티의 여성들은 미국의 영부인과는 다른 관점으로 세계를 바라본다. 그들의 관점은 '아래로부터의 관점', 즉 필요에서부터 세계를 보는 관점이다. 이 관점이 바로 자급 관점이다. 이 관점으로 세상을 보면, 모든 사물과 관계는 전혀 다르게 보이기 시작한다. 특히 좋은 삶이란 무엇인가에 대한 개념에서 차이가 난다. 클린턴 부인이나 선진국의 대다수 여성들은 '좋은 삶'이란 더 많은 돈과 상품, 사치품을 요구한다고 보며, 소위 말하는 '좋은 삶'을 북반구의 부자 나라와 부자 계급에서 찾을 수 있다고 생각한다. 그들은 그 외의 다른 모든 사람들은 가난하다고 여긴다.

아마도 클린턴 부인에게 마이샤하티 여성들과의 만남은 일종의 문화 충격이었을 것이다. 그녀는 마을 여성들이 자신에게 작은 사업을 위해 돈을 요청할 것이라 예상하고, 세계에서 가장 부자 나라에서 온 가장 강한 남자의 아내인 자신을 부러워할 거라고 기대했을지 모른다. 그러나 그런 일은 일어나지 않았다. 여성들은 힐러리처럼 '위로부터의' 관점을 가지고 있지 않았다. 대화에서 보듯이 그들의 부와 빈곤에 대한 개념은 전혀 달랐다. 그들은 수입품으로 가득 찬 슈퍼마켓이 필요하지 않다. 우리가 갖고 있는 빈곤과 부와 좋은 삶에 대한 개념은 얼마나 어리석은가.

어쩌면 클린턴 부인은 처음으로 자신의 삶에서 무엇인가 결핍되어 있다는 사실을 깨달았을지도 모른다. 자신이 사는 나라가 축적한 온갖 부에도 불구하고, 그녀는 근본적으로 어떤 것을 잃고 있다. 그것은 마이샤하티 여성들이 아직까지 분명하게 가지고 있는 것이다. 그것은 자부심, 위엄, 자기 확신, 자신의 힘으로 살아가는 능력이다. 우리가 그것을 어떻게 부르던 간에, 이 능력은 자급 관점, 즉 스스로 삶을 생산하고 재생시키며, 자기 힘으로 서고 자신의 목소리로 말할 수 있는 데에서 나온다.

이 책에서 우리 역시 자급 관점을 채택했다. 우리는 힐러리 클린턴처럼 부유한 나라에서 살고 있긴 하지만, 이러한 부의 모델을 더 이상 받아들이지 않는다. 왜냐하면 그 모델은 나머지 세계로까지 일반화될 수가 없기 때문이다. 그뿐만 아니라 '좋은 삶'을 추구할 때 그 뒤에 남겨지게 되는 여러 가지 파괴들, 자연에 대한 파괴, 이민족에 대한 파괴, 자립과 위엄의 파괴, 아이들 미래의 파괴, 인간성의 파괴 때문에 더더욱 이러한 부의 모델을 받아들일 수 없다. 상품과 서비스, 재화의 끊임없는 성장을 목적으로 하는 '위로부터의' 관점으로는 이 체제가 만들어 내는 막다른 골목으로부터 결코 벗어날 수 없다. 따라서 지배 패러다임에 근본적인 균열을 내고 새로운 관점과 전망을 모색해야 한다.

마이샤하티 여성들, 그리고 다른 많은 여성들의 이야기는 자급 관점의 윤곽을 그리는 데 좋은 스승이 되어줄 것이다. 힐러리 클린턴과 나눈 대화는 비단 그들뿐만 아니라 세계 곳곳의 모든 사람에게 '좋은 삶'을 위해서는 무엇이 필요한지를 분명히 보여준다. 중요한 사실은 독립적인 자급을 지키는 일이다. 방글라데시 여성들에게서 우리가 얻은 다섯 가지 중요한 교훈은 다음과 같다.

첫 번째, 아래로부터의 관점이다. 이 관점은 우리가 현실을 볼 때, 그리고 어디를 가고 무엇을 할지에 대한 명확한 지침을 얻고자 할 때, 여성의 관점, 특히 남반구 농촌 여성과 가난한 도시 여성들의 관점에서 시작해야 한다는 의미이다. 나아가 우리는 여성들이 삶을 유지하는 전략인 일상생활의 정치에서 출발해야 한다. 이 아래로부터의 관점은 '맨 꼭대기'에 있는 사람들이 창조한 삶과 삶의 방식이 최상의 것일 뿐만 아니라 지구상의 모든 사람을 위한 미래상이라는 환상에서 벗어날 수 있도록 해준다. 이러한 탈신비화를 통해서 우리는 이제까지 이른바 좋은 삶이 특정한 소수에게만 가능했다는 사실, 나아가 자연과 타인, 여성과 아이들 같은 타자의 희생 위에 가능했다는 사실을 알게 된다.

두 번째, 방글라데시 여성들이 우리에게 가르쳐주는 교훈은, 자급 관점이 단지 돈과 교육, 지위와 특권이 아니라 한 마리의 암소, 몇 마리의 닭, 아이들, 땅, 약간의 독립적인 현금 수입 같은 실질적인 생계수단을 확보함으로써 현실화된다는 사실이다. 따라서 외부의 힘이나 기관에 의존하지 않고 스스로의 삶을 살아가는 공동체의 역량이 필요하다.

세 번째, 마이샤하티 여성들은 독립적으로 살 수 있는 능력에 대한 의식을 가짐으로써 미국의 영부인을 '자매'라고 부를 수 있는 자신감과 위엄, 용기, 평등 의식을 얻게 된다. 이들은 남에게 구걸하는 비굴한 거지가 아니라, 스스로 두 발로 설 수 있는 사람들이다.

우리가 배운 네 번째 교훈은, 이 여성들이 프리드리히 엥겔스의 《가족, 사유재산, 국가의 기원》 마지막에 나오는 다음 문장을 믿지 않는다는 사실이다: "지배 계급에게 좋은 것이 그 지배 계급이 속한 사회 전체에 좋은 것이 되어야 한다"(Engels, 1976, 333). 오히려 마이샤하티 여성들의 질문은 정반대의 사실, 즉 "방글라데시 마을 여성에게 좋은 것이 전체 사회에 좋은 것이 되어야 한다"고 제안한다. 이것은 구체적으로 사회주의적이고 성차별적이지 않으며, 비식민주의적이고 생태적인 유토피아다. 좋은 사회는 모든 사람이 빌라와 고급 승용차를 소유해야 한다고 믿는 지배 계급의 생활양식을 모델로 삼을 수 없다. 유토피아는 모든 사람의 자립적인 삶을 재생, 유지하는 데에 기초를 두어야 한다. 그동안 현존하는 사회주의 국가들에서 엥겔스의 유토피아를 현실화하기 위해 이루어졌던 역사적인 기획들이 결국 붕괴로 끝났다는 것을 우리는 잘 알고 있다.

다섯 번째, 이 책에서 우리는 세계를 '제1세계'와 '제3세계'로 나누는 정신분열증을 버리고자 한다. 방글라데시 여성들도 물론 이 구분이 존재한다는 것을 알고 있다. 그들은 자신과 미국 영부인 사이의 간극을 알고 있다. 그러나 이 여성들은 이러한 구분과 그에 따른 차별을 자연스러운 것으로 받아들이지 않는다. 무엇보다도 그들에게 힐러리 클린턴은 '자매이자' 기본적으로 자신과 같은 욕망을 지닌 여성이다. 말하자면 '암소'와 같은 자급적인 삶의 수단과 남편으로부터 독립된 자기 소득과 아이들이 있는 여성이다. 그들은 이러한 삶에 대한 지향이 자신뿐 아니라 힐러리 클린턴에게도 좋은 것이라고 생각하고 있다.

우리는 방글라데시 마을 여성들과 생각이 다르지 않다. 스스로 자급하는 삶의 관점이 소위 개발도상국이나 낮은 계급 사람들에게만 좋은 것은 아니다. 선진국과 지배 계급 사람들도 계급—이원론적이며 위계적 구분 위에 짜여진 경제 체제를 더 이상 용납할 수 없다고 생각한다면, 이것은 새로운 관점이 될 수 있다.

물론 이러한 주장은 '경제'에 대한 일반적인 통념에 도전한다. '경제' 를 끊임없는 상품의 생산과 소비, 자본 축적, 산업의 확장에 목표를 둔 체제로 정의한다면, 그러한 '경제'는 자급 관점과는 양립할 수 없다. 독 일 베를린 장벽 붕괴 이래로 현재의 이 체제가 경제를 살리는 데 유일한 생존 모델로 장려되어왔다. 우리는 종종 "대안은 없다(There Is No Alternative: TINA)"고 이야기한다. 이런 '대안 부재' 신드롬에 감염되는 대신, 이 책에서는 다른 '경제' 개념이 존재하며 그것이 여성과 타자 그 리고 자연에 대한 지속적인 식민화를 근간으로 하는 자본주의 가부장제 경제 체제보다 더 오래되고 더 새로운 것이라는 사실을 보여주려고 한 다. 이 '다른' 경제는 우리의 사회 경제 활동의 중심을 돈을 끝없이 축적 하는 데 두는 대신에, 삶을 생산하고 유지하는 데 필요한 모든 것에 둔 다.

'살림' 혹은 '자급'이란 개념은 흔히 빈곤이나 낙후된 삶과 연결된다. 그러나 이 책에서 '자급'은 단지 생존의 가장자리에서 고된 노동으로 살 아가는 삶을 의미하지 않는다. '자급'은 삶의 즐거움과 행복, 그리고 풍 요로움과 연결된다. '자급'을 이렇게 이해하기 위해서는, 사람들, 특히 여성들이 자신의 일과 문화, 힘을 과소평가하지 않고, 나보다 '높은 곳' 에 있는 사람들이 우리에게 좋은 삶을 내려줄 것이라는 기대를 버려야 한다. 이러한 과소평가는 그동안 우리에게 강요되었던 식민성과 천박성 의 결과이다. 이는 여성만이 아니라 식민화된 모든 사람의 마음 속에 내면화되어 있다. 이 과소평가로 인해 우리는 '따라잡기식 개발'과 '따라잡기식 소비주의'라는 또 다른 환상을 갖고 살고 있다. 이 환상은 사회의 피라미드 구조에서 아래층에 있는 사람들이 언젠가는 맨 위쪽의 수준에 도달할 것이라는 약속에 의해 유지된다. 이 책에서 우리는 비단 마이샤하티 여성들만이 아니라 점점 더 많은 사람들이 이런 '따라잡기식' 경제 모델을 거부하고 있다는 걸 보여줄 것이다. 맨 마지막 장에 나오는 이야기(9장의 나야크리쉬 안돌론 이야기)는 방글라데시 농민들도 이 개발 모델을 거부하고 있다는 내용이다. 이들에게 따라잡기식 모델은 더 이상 바람직한 목표가 아니다.

전 지구적으로 팽창하고 있는 가부장제 자본주의 경제에 대항하는 아래로부터의 관점은 혹자들이 두려워하는 것처럼 우리를 절망으로 이끌지 않는다. 오히려 그것은 우리가 좋은 삶을 바랄 때 진정으로 원하는 것이 무엇이며, 이를 위해서 필요한 힘의 원천을 어디에서 찾아야 할지 성찰하도록 도와준다. 패리다 액터는 '가난한' 여성들을 위한 '임파워먼트' 담론이 중요한 핵심을 놓치고 있다는 것을 보여주기 위해 마이샤하티 여성의 이야기를 들려주었다. 방글라데시와 남반구의 다른 국가에 있는 농촌 여성들은 백악관이나 다른 부유한 국가로부터 어떤 도움도 필요로 하지 않는다. 이들은 강한 여성들이며, 이들이 정말 필요로 하는 건 오히려 자신을 억압하는 여러 세력들이 떨어져 나가는 것이다. 여기에는 자기 나라의 가부장적인 남성, 다국적 기업, 세계은행과 IMF의 구조조정 프로그램, 그리고 이러한 국제자본의 보호질서를 따르는 국가기구들이 포함된다. 진정한 힘이란 우리 자신의 내부에서 그리고 우리 주위에서 일어나는 자연과의 협력에서 발견된다. 이 힘은 돈이라는 죽은 물질에서 나오지 않는다. 그것은 상호성에 있지 경쟁에 있지 않다. 스스로 행동하는 것에 있지 수동적인 소비생활에 있지 않다. 함께 일하는 즐거움과 관대함에 있지 개인주의적인 이해관계나 시기심에 있지 않다. 이 힘은 지구상의 모든 생물체가 우리와 연결되어 있다는 사실을 인식하는 데에 있다.

이 책에서 우리는 독자들에게 현재 지배 경제 체제가 어떤 불변하는 자연법칙의 산물이 아니라, 수 세기 전에 인간(남성)이 만든 체제이며, 따라서 변화 가능한 체제라는 사실을 상기시키려 한다. '대안 부재' 신드롬을 앓고 있는 사람들의 생각처럼, 대안이 결코 없는 게 아니다. 우리는 "자급이야말로 대안(Subsistence Is The Alternative : SITA)"이라고 믿는다. 특히 오늘날 전 지구적 경제 현상이 완전히 새롭고 특이한 현상이 아니라, 애초부터 자본주의 가부장제의 일부였던 '원시축적'과 식민화의 불가피한 연장이라는 사실을 이해하는 것이 중요하다. 오늘날 지속적인 식민화와 그에 따른 결과는 소위 선진국의 산업 국가에서도 감지되고 있다. 제1세계가 제3세계로 돌아가고 있는 것이다. 이러한 현상은 선진국에서 증가하는 빈부 격차에서뿐만 아니라 현재 산업사회를 강타하고 있는 재정, 경제 위기에서도 나타난다.

북반구 사람들은 하루빨리 자신들이 방글라데시 마을 여성들과 크게 다르지 않다는 사실을 깨달아야만 했다. 여전히 물리적인 격차가 큰 것은 사실이나, 구조적으로 북반구의 가난한 사람과 남반구의 가난한 사람의 상황은 더 이상 다르지 않다. 이러한 통찰에 직면하면, 대부분은 거부 반응을 보이거나 공포를 느낀다. 경제학자와 정치가는 궁극적으로 자본주의에 대한 대안은 없다고 항상 주장해왔다. 선진국과 부자들뿐 아니라 후진국과 가난한 사람들을 위해서도, 궁극적으로는 따라잡기식 개발이 '지속 가능한' 부를 성취하기 위한 유일한 방법이라는 것이다. 이제까지 사람들은 이러한 개발이 하나의 신화일 뿐이고, 한쪽의 부와 진보가 다른 쪽의 빈곤과 퇴보와 관련되며, 이 둘 사이의 격차가 점점 더 커져 간다는 사실을 한 번도 깨닫지 못했다.

그러나 최근의 위기 상황에서 사람들은 지배적인 경제 체제의 안정에 대한 확신이 너무 지나치게 과장되었음을 인식하게 되었다. 소수에게 돌아가는 부의 축적이 보다 더 많은 사람들, 심지어는 선진국 사람들의 빈곤과 실업 증가를 수반하고 있다는 사실을 더 이상 간과할 수 없게 되었다. 러시아를 비롯한 아시아의 경제 위기를 통해 사람들은 돈과 자본이 더 이상 안정된 삶을 바라는 데 있어서 든든한 기반이 될 수 없다는 사실을 알게 되었다. 최근 태국처럼, 이 기반은 하루아침에 무너져 심지어 은행가까지도 일시에 몰락시킬 수 있다. 이 상황에서 세계 대도시에 사는 다수의 사람들, 자신의 일생을 현금 소득에만 의존하는 사람들은 엄청난 위기를 맞게 된다. 그들에게 경제 붕괴는 세상의 끝이자 물질적 안정의 종말을 의미하는 것이다. 마이샤하티의 여성들과 달리, 이들에게는 먹고살기 위해 의지할 수 있는 암소 한 마리도 없는 것이다.

그러나 방글라데시 마을 여성들의 관점으로 세계를 본다면, 이러한 종말론적 절망의 분위기에서 벗어날 수 있다. 사실상 방글라데시 마을 여성들의 관점은 세상을 살아가는 대다수 사람들의 관점을 대표한다. 이들의 관점에서 보자면 종말론적인 절망은 선진국의 소수 응석받이들의 사치에 불과하다. 이 절망감으로 인해 그들은 지금의 상황을 사실로 받아들이고 그에 따라 행동하지 못한다. 이들의 특권이 타자에 대한 약탈에 근거하고 있으며, 모두를 위한 좋은 삶은 이러한 특권이 필요치 않다는 사실도 이들은 이해하지 못한다. 자급 관점에 대한 가치관을 공유하는 사람들은 자신의 밖이나 위에서 작동하는 외부 기관에 의해 커다란 사회변화가 일어날 것이라고 기대하지 않는다. 이들은 자신의 힘을 알고 있고, 개인으로서 그리고 공동체의 일원으로서 행동한다.

이 책에서 우리는 자급 관점으로 세계를 바라보고 이 새로운 가치관이 이미 세계 각 지역에서 다양한 방식으로 시작되고 있다는 것을 보여주고자 한다. 이 관점은 생태적이고, 경제적이고, 페미니즘적이고, 반反식민주의적인 시각에서부터 나오며, 여기에서 모든 기본적인 사회관계들의 변화, 즉 남성과 여성 사이의 관계, 세대 간 관계, 도시와 농촌의 관계, 계급 사이의 관계, 민족들 간의 관계, 인간과 자연 사이의 관계에 변화가 일어날 것이다. 모든 경제·사회 활동의 주요 관심사가 죽은 돈을 축적하는 데 있지 않고 지구상의 생명을 창조하고 유지하는 데 있었다면 지금과 같은 상태는 계속되지 않았을 것이다.

자급 관점은 단지 추상적인 이론이 아니다. 우리는 '진짜 삶'에 대한 자급 이야기로 이 책의 각 장을 시작할 것이다. 이 이야기들은 자급 관점이 이미 다양한 형태로 존재하고 있으며, 이러한 삶의 방식이 바람직하고 필요하며 또 가능한 것임을 보여준다. 이 내용은 단순히 통계와 이론적 정교함을 넘어서 개념적 깊이와 풍부함을 제시하고 있다. 이 관점으로 세상을 볼 준비가 된 사람들은 아주 오래되었거나 혹은 아주 새로운 자급 이야기들을 많이 발견해나갈 수 있을 것이다. 왜냐하면 자급 관점은 단지 하나의 경제 모델이 아니라 하나의 관점, 세계관의 전환이기 때문이다.

1
자급 관점의 역사

어머니와 암퇘지 - 삶은 지속되어야 한다

　나에게 '자급 관점'의 역사는 나의 어머니로부터 시작되었다. 자급의 역사에 대해 탐구하면서, 나는 나의 생애사가 이 역사와 서로 연결되어 있음을 알게 되었다. 자급의 역사를 어디서부터 시작해야 할지 고민하고 있을 때, 나는 어머니와 어머니의 암퇘지를 기억해냈다. 여기에서는 이 이야기를 자세히 들려주려 한다.

　1945년 2, 3월쯤 2차 세계대전이 거의 끝나가고 있을 때였다. 농부이신 우리 부모님이 살던 마을은 독일 아이펠의 서쪽 끝에 가까웠다. 나의 오빠 5명은 모두 군인이었고, 그들은 동쪽 어딘가에 있었다. 이때쯤 초라하지만 복수심에 불탄 패전 독일군들이 돌아와 마을 농부들에게 온정과 먹을 것을 구하고 있었다. 매일 저녁, 어머니는 우유수프를 요리했고 감자를 껍질째 삶아 주었다. 군인들은 매일 밤, 우리와 함께 식탁에 둘러앉아서 음식을 먹었다. 전쟁에서 패하기 시작하자 많은 사람들은 희망을 버렸고, 농부들은 자신의 암소와 돼지를 도살했다. 이들은 더 이상 경작도 씨뿌리기도 하지 않았다. 사람들은 전쟁이 끝난 이후에 대해서는 생각하지도 않으면서 종전만을 기다리고 있었다. 그때, 우리 어머니는 암퇘지를 이웃 마을의 수퇘지에게 데려갔다. (그때 당시만 해도 돼지와 새끼 돼지를 기르는 것은 여자들의 일이었다.) 돼지를 기르는 것은 여자들의 수입원이기도 했는데, 이웃들은 우리 어머니에게 돼지를 도살하라고 했다. 그들은 모든 게 끝나고 있는 상황을 보지 못한다며 어머니를 비웃었다. 그러나 어머니는 "삶은 지속된다"고 대답했다. 그 말은 아마도 '삶은 지속되어야 한다!'는 의미였을 것이다.

　어머니가 암퇘지를 데려가고 나서 전쟁이 끝난 5월 말, 우리 암퇘지는 열두 마리의 새끼를 낳았다. 그때는 마을 사람들 아무에게도 새끼 돼지, 망아지가 없었다. 돈은 더 이상 가치가 없었기 때문에, 어머니는 전쟁터에서 돌아온 다섯 아들을 위해 차례차례 새끼 돼지를 신발, 바지, 셔츠, 재킷과 바꾸었다. 그렇게 삶은 계속되었지만, 과연 이 삶이 저절로 계속된 것이었을까? 어머니는 그냥 자리에 앉아서 "삶은 계속될 거야"라고 하거나 기독교도이자 농사꾼의 아내로서 "신이 다 알아서 해주실 거야"라고만 하지 않았다. 그녀는 삶을 지속하기 위해서는 행동해야 하고, 항상 자연과 협력해야 한다는 사실을 알고 있었다. 그게 바로 어머니가 항상 말하던 "삶은 지속되어야 한다"는 의미였다. 이것은 어머니 자신의 바람이자 열정이었고, 그녀에겐 그것이 인생의 기쁨과 삶의 의지가 되었다.

어머니는 페미니스트도 아니었고 생태주의라는 말도 몰랐다. 그러나 그녀는 매일 먹는 빵처럼 오늘 하루 긴요한 것이 무엇인지 알고 있었다. 어머니는 삶을 지속하기를 원한다면 삶에 대한 책임도 같이 짊어져야 한다는 것을 알고 있었다. 환경 재앙이 점점 늘어나면서, 우리는 현대 산업사회가 재화와 화폐의 지속적인 성장만을 추구한 나머지, 자연의 재생 능력을 파괴해버렸고 이제는 그 끝에 도달하고 있다는 사실을 알고 있다. 이는 비단 자연뿐만 아니라 인간의 삶, 특히 여성과 아이들의 삶에도 적용된다. 여성, 우리 어머니와 같은 여성은 지금까지 전쟁이나 여러 재앙 속에서도, 그들의 딸과 아들, 남편, 그리고 자연을 위해 삶을 지속하는 일상생활의 책임을 어깨에 짊어져왔다. 이들은 전쟁이 끝나면, 남성들이 자연과 다른 민족, 다른 국민과 벌인 전쟁의 뒤처리를 해왔다. 자급 관점은 여성주의적으로 볼 때, 가부장적인 전쟁이 끝난 뒤에도 삶은 지속되어야 한다는 것뿐만 아니라 그러한 전쟁이 다시는 일어나지 않아야 한다는 걸 의미한다.

우리는 어떻게 자급 관점에 도달하게 되었는가?

베로니카 벤홀트-톰젠, 마리아 미즈, 클라우디아 폰 베를호프 이렇게 우리 세 사람은 1970년대 초기에 새로운 여성운동과 인연을 맺게 되었다. 이 새로운 인연은 우리가 인도, 코스타리카, 엘살바도르, 베네수엘라, 멕시코 같은 남반구에 있는 나라에서 얻었던 수년 동안의 경험을 바탕으로 해서 생겨났다. 우리는 처음부터 '제3세계 문제'와 '여성 문제'를 연결시켰는데, 그 과정에서 로자 룩셈부르크의 제국주의에 대한 저서를 재발견했다. 그것은 마르크스의 견해와는 대조적으로, 자본주의가 자본주의의 본질인 '자본의 축적과 확대 재생산'을 위해서 왜 '비자본주의 계급'과 사회, 환경을 필요로 하는가에 대한 타당한 설명을 제공하고 있었다(Luxemburg 1923, 15).

전통적인 자급 경제 체제인 비자본주의 경제에 대한 동시적이고 강력한 정복과 파괴는, 마르크스가 생각했던 것처럼 '본원적 축적'이며 자본주의의 피 흘리는 전사前史일 뿐이기만 한 것은 아니다. 그것은 오늘날에도 여전히 '경제 성장'이라고 불리는 자본의 지속적인 축적을 위한 전제 조건이다. 로자 룩셈부르크는 식민지에서 농업-수공업과 자연, 즉 자급 경제만을 자본주의의 전제 조건으로 생각했다. 여기에 우리는 자본 축적의 전제 조건으로 산업화된 주요 국가에서의 가사 노동과 남반구 사회의 농업 노동, 남반구와 북반구의 소위 비공식 섹터에 존재하는 주변화된 노동을 포함하였다(von Werlhof 1978).

독일의 중산층 전업주부의 노동과 히말라야의 자급 소농 여성의 노동, 멕시코 소자작농의 노동과 같이 얼핏 보기에는 이질적인 생산 관계로 보이는 노동에는 다음과 같은 공통점이 있다.

1. 이 생산자는 식량과 삶을 생산하고 유지하는 데 직접 관여한다. 그리고 먹고 살 식량을 사기 위해 돈을 버는 일에는 관여하지 않는다.
2. 이렇게 자급하는 생산자(남성과 여성)는 로자 룩셈부르크가 이미 가정했던 것처럼 전前자본주의적 혹은 비非자본주의적 세계에서 살지 않는다. 그들의 일은 임금을 통해서가 아니라 생산품을 통해서 자본에 의해 착취된다. 그 생산품은 무보수이거나 매우 적은 임금으로 갈취된다. 벤홀트-톰젠은 이것을 가리켜 자본에 의한 시장의 포섭이라 부른다(Bennholt-Tomsen 1979). 멕시코와 인도에서 온 수공예품, 태국에서 온 난초와 같이 오늘날 북반구 선진국의 대형 마트에 진열되어 있는 많은 제3세계 물건이 이런 노동을 통해 만들어졌다. 이는 사실상 자본주의가 임금 노동 관계뿐만 아니라 더 많은 노동과 생산 관계를 착취한다는 것을 의미한다. 이러한 자본주의는 지금까지 자유주의자나 마르크스주의자에 의해 이해되어온 것과는 질적으로 다르다.

자본주의를 분석할 때 자급 관점을 넣게 되면, 고도로 개발된 산업국가에서도 왜 여전히 여성의 일이 남성의 일보다 낮게 평가되는지, 그리고 제3세계의 '따라잡기식 개발'에 대한 희망이 왜 성 평등에 대한 여성의 바람만큼이나 충족될 수 없는지 설명할 수 있다.

우리는 이러한 경험적인 가설을 증명하기 위해 1978년부터 1979년까지 멕시코의 농민경제, 인도의 소농 여성과 베네수엘라에 대한 연구 프로젝트를 수행했다. 이들 연구를 통해 우리는 여성의 자급 노동이 이 나라들이 자본주의 세계 시장에 통합되기 위한 필수적인 기반이었다는 연구 가설을 확인했다. 그뿐만 아니라 우리는 이러한 관계를 더 넓은 규모로 발견하게 되었는데, 마리아 미즈는 인도의 가내 산업에 종사하는 여성들을 조사하는 과정에서 가정주부화housewifisation 과정*을 발견해냈다. 그리고 이 과정을 통해 자본주의하에서 여성의 일이 보편적으로 비가시적이며, 바로 그 이유 때문에 무제한적으로 착취된다는 사실을 밝혀냈다. 이것은 산업 국가에서 좁은 의미의 '가정주부' 뿐 아니라 집에서 일하는 여성, 농장 노동자, 농민, 소상인, 남반구의 공장 노동자에게도 광범위하게 적용된다(Mies 1982).

1978년부터 1979년 동안 자급과 재생산에 관한 여러 학술대회가 독일의 빌레펠트Bielefeld 대학 개발연구센터에서 열렸다. 이들 학술대회에서 사용된 개념적 틀은 베로니카 벤홀트-톰젠과 클라우디아 폰 베를호프가 제공했다. 이 학술대회의 주제는 개발도상국에서의 자급 재생산이었는데, 여성과 제3세계 연구에서 발전된 이 접근법은 이제는 분명히 '자급 접근법'으로 불린다.

제3세계 농민의 일을 분석하는 과정에서 농민의 자급 노동에 대한 착

---

* 미즈는 일찍이 인도의 생산자-주부 여성들이 극도로 낮은 임금을 받고 가내수공업을 통해 생산해낸 제품이 서구 사회의 소비자-주부 여성들에 의해 구매되는 현상을 통해 지구화된 자본주의 경제를 젠더 관점으로 설명해낸 바 있다. 태생적으로 제3세계에 대한 식민화에 기반을 두는 자본주의 경제 시스템은 제1세계의 여성과 제3세계의 여성을 서로 다른 위치로 통합시킨다. 그녀에 따르면, 제3세계 여성은 저임금 노동자로, 제1세계 여성은 무급 가사종사자로 세계 규모의 자본 축적에 통합되는데, 이때 양쪽 여성들은 공통적으로 '가정주부'로 취급됨으로써 착취당하게 된다. '가정주부화'(housewifisation)는 미즈가 지구적인 자본주의 시스템의 서로 다른 위치에서 착취되는 여성의 일을 설명하기 위해 사용하고 있는 독특한 개념이다. Maria Mies(1986), *Patriarchy and Accumulation on a World Scale: Women in the International Division of Labour*를 참조할 수 있음.

취는 농민 자신의 삶을 창조하고 유지하는 특성 때문에 임금 노동의 착취와는 질적으로 다르다는 사실이 분명해졌다. 이러한 관점에서 볼 때, 여성의 일과 소농의 일은 유사한 논리에 의해 조건지워진다. 이들에 대한 착취는 마치 자연을 고갈되지 않는 공짜 자원으로 치부하고 수탈하는 것과 같은 방식으로 이루어진다. 그러한 착취관계를 만들어내고 유지하기 위한 수단은 임금 노동자와 같은 노동 계약이 아니라, 물리적이고 구조적인 폭력이다. 자연 자원은 여성에 의해 창조되는 생명처럼 '자유재'로 간주되어 산업 체제에 의해 쉽게 착취되고 전유된다. 이러한 분석은 남녀 관계뿐만 아니라 산업 체제에서 인간과 자연 간의 관계를 보는 새로운 관점을 여는 열쇠가 되었다. 이 두 관계 사이에는 구조적 유사성뿐만이 아니라 인과적 연관성이 있는데, 남녀 관계는 근대적인 인간과 자연 사이의 관계를 기초로 하고 있기 때문이다. 성별에 의한 노동 분업, 그리고 임금 노동과 가사 노동, 공적인 노동과 사적인 노동, 생산과 재생산 사이의 구분은 노동 분업의 한쪽에 있는 여성에 대한 자연화naturalisation를 통해서만 가능하다. 이러한 이유로 우리는 자연과 여성, 그리고 착취 받는 제3세계 국가들을 통틀어 '백인 남성의 식민지'라고 불러왔다. 이 식민지는 동의를 통해서가 아니라 힘에 의해 복종되고 착취된다. 이러한 접근을 통해 우리는 여성 문제를 생태운동뿐만 아니라 제3세계 문제와 연결시켰고, 그것은 1970년대를 지나면서 의미 있는 성과를 낳았다(Mies, Bennholdt-Thomsen and von Werlhof 1988).

그 당시, 여성에 대한 착취와 자연에 대한 착취 사이의 연관성은 반핵운동을 하는 많은 여성들에게 분명해졌다. 특히 체르노빌(1986) 사건 이후, 자본주의적 형태이든 사회주의적 형태이든 근대 산업 체제가 지향하는 전반적인 기획이 자연, 여성 그리고 덜 개발된 사람들에 대한 식민화에 기반을 두고 있으며, 이 과정에서 모든 생명의 기반인 자연이 파괴되고 있다는 사실을 더는 무시할 수 없게 되었다(Gambaroff, *et al.* 1986). 자본의 축적이 자급 생산을 착취할 뿐만 아니라 그것을 파괴하고 있다는 로자 룩셈부르크의 테제는 다시 한번 확실해졌다. 특히, 환경 문제에 대한 관심이 증가하면서, 따라잡기식 개발 전략이 막다른 길에 다다랐음을 분명히 알게 되었다. 이 개발 전략을 따르는 모든 사회는 부유한 국가에 퍼져 있는 생산과 소비 수준에 도달하기 위해 자본주의 산업 국가의 경제 경로를 뒤쫓았다. 그러는 동안 따라잡기식 개발이 모든 사람을 위해 경제적으로, 생태적으로 불가능한 개발 전략이라는 사실이 분명해졌다. 다시 말해 이 모델은 일반화될 수 없는 것이었다(Mies and Shiva 1993).

이와 동시에 산업화가 더욱 진전되면, 비참함, 배고픔, 사회 부정의, 여성에 대한 착취도 사라질 것이라는 희망 역시 완전히 파괴되었다. 따라서 착취적이고 식민화하는 산업 체제를 지속하지 않고 '따라잡기식 개발' 전략에도 기초하지 않는 새로운 관점, 자연과 여성, 남반구 사회에 대한 해방의 관점을 찾는 게 필요했다.

제3세계와 자연 환경의 지속적인 희생을 통해 산업체제가 확장되어왔다는 사실이 1980년대 초기에 분명해졌다. 이러한 확장은 다른 어떤 요인보다도, 실업의 증가를 가져온 노동시장의 근본적인 변화와 새로운 초소형 전자기술microelectronics이라는 요인에 의해 추동되었다. 실업은 특히 여성을 강타했고 이 때문에 1983년에 빌레펠트에서 '여성 노동의 미래'라는 주제로 학술대회가 열렸다. 이 학술대회는 전년도에 빌레펠트에서 열린 '노동의 미래'라는 학술대회에 대한 대응이기도 했다. 학술대회의 주제가 '노동의 미래'였음에도 불구하고 여성에 의해 수행되는 무보수 노동과 저임금 노동은 언급조차 되지 않았기 때문이다. 우리는 이 학술대회를 통해 자본주의 사회에 대한 지배적인 분석에 관한 비판으로서, 그리고 제3세계와 제1세계의 여성들과 모든 식민화된 사람들에게 필요하고도 가능한 관점으로서, '자급 접근'을 공식적인 자리에서 처음으로 발표했다. 우리는 그때 이미, 확산되고 있는 노동의 '가정주부화'가 북반구 남성에게도 영향을 미치게 될 것이라고 예견했다.

자급 관점에 대한 수용과 비판

자급 관점이 따라잡기식 개발 전략과는 대조되는 미래를 위한 관점, 특히 산업화된 국가에서 살아가는 여성을 위한 관점임을 강조하자 엄청난 항의가 일어났다. 1986년 녹색당 여성들 Green women이 조직한 쾰른의 '여성과 생태' 회의에서는, 산업 국가의 여성과 남반구 국가의 중산층 여성들이 국가 개발 체제의 피해자일 뿐만 아니라 수혜자이기도 하다는 사실을 분명히 했다. 이 체제로부터 우리 자신을 분리하려 한다면, 이러한 공모 관계를 포기해야 한다는 사실도 명확해졌다. 우리는 좋은 삶이 무엇인지를 제3세계의 여성과 남성에게서 배워야 하며, 잘산다는 것이 전적으로 국제 무역에 의존하는 건 아니라는 사실을 이들에게 설명했다.

일부 페미니스트들은, 여성과 자연에 대한 착취와 제3세계에 대한 착취 그리고 제1세계에서 살아가는 사람들의 소비 태도 사이에 연관성이 있으며, 따라서 소비주의에 반대하는 정치적 행동을 통해 그 착취에 대

해 투쟁해야 한다는 우리의 제안을 거부했다(Bottger 1987 ; Lenz 1988 ;
Wichterich 1992). 이어서 독일 페미니스트들이 자급 관점과 에코페미니
즘을 주장했을 때, 또 다른 비판들이 일어났다. 어떤 이들에게 이 접근은
너무 마르크스주의적이지 않았고, 또 다른 이들에게는 지나치게 마르크
스주의적이라는 것이었다. 현실주의자들에게 그것은 세상의 이치에 무
지한 유토피아적이고 낭만적인 것으로 보였다. 독일 여성운동이 산업 사
회에 대한 인정과 반대 사이에서 분열되고 있는 현실을 반영하는 논문들
이 쓰여졌고, 빌레펠트에서 이 관점을 제안했을 때 일부는 찬양을, 일부
는 비난을 퍼부었다. 공통적으로 제기된 비판은 다음과 같다.

- 자급 접근은 여성 친화적이지 않다. 왜냐하면 우리 여성들에게 또
  다시 먼저 포기할 것을 요구하기 때문이다. 이미 여성들은 어떤 돈
  도 갖고 있지 않다(소비의 정치화). (대표적으로 Bottger 1987 ; Pinl 1993
  을 참조할 것).
- 당신은 우리 여성들이 사회에서 영원히 '잠석을 치우는 여성rubble
  women, Trummerfrauen'[1]이 되길 원한다(대표적으로 Wichterich 1992를
  참조할 것).
- 당신의 접근은 윤리적이다. 우리는 그러한 윤리적인 호소에 지쳤
  다. 도덕성은 경제에 들어설 자리가 없다. 중요한 것은 이익interests
  이다(Becker 1988 ; Llinger 1988 ; Schultz 1994 ; Wichterich 1992).
- 당신이 말하는 것은 독일과 같은 제1세계보다 제3세계에 유용한 것
  일지 모른다. 우리는 완전히 다른 생활수준에 익숙하다. 왜 여성이
  전체 세계에 대해 책임감을 가져야 하는가?(Klinger 1988).

- 자급 접근은 모성과 양육을 미화하면서 전통적인 여성의 역할을 강화한다(Becker 1988 ; Pinl 1993).

- 자급 접근은 유기농 식품을 살 능력이 있는 부유한 중산층 여성에게는 유용할지 모른다. 하지만 가난한 여성이나 복지서비스를 지원받는 여성이나 학생에게는 어떠한가?

- 우리 모두가 농사를 짓기 위해 농장으로 돌아가기를 원하는 것은 아니다.

- 이 주장은 거의 국가사회주의의 '피와 땅 이데올로기blood and soil ideology'에 가깝다(Okolinx).[2]

- 이 접근은 석기시대나 중세시대로의 회귀를 의미한다. 그러나 역사는 과거로 돌아가지 않는다.

- 당신은 여자 러다이트Luddite*다!

- 그런 것은 개인이나 소그룹에는 꽤 흥미로울 수 있지만, 자본가 전체를 괴롭히지는 못한다. 그것은 체제 전반의 변화를 이끌어내지 않는다. 예를 들어, 당신이 말하는 소비의 제한은 개인의 행동 변화를 요구하는 것일 뿐 지금까지 큰 사회적 반향을 불러일으키지는 못했다(Pinl 1993 ; Wichterch 1992).

- 결론적으로, 이것은 정치적이지 않다. 자급이 우선 정치화되어야 한다. 수천 개의 살림 공동체나 생태 마을이라는 조각보의 천 조각들로는 충분치 않다. 모든 사람들은 일상생활을 유지하는 데 완전히

---

* 러다이트는 자신들의 일자리를 빼앗은 섬유기계를 파괴하는 폭동을 일으켰던 19세기 영국의 수공업자들을 가리키는 말로 영국의 산업혁명에 반대하여 기계파괴운동을 하는 집단을 의미한다.

빠져 있다(Spehr 1996).

우리에게 제시된 비판들은 자본주의 가부장제에 대한 비판이 대안적
인 관점으로 이행하고 있다는 사실 때문에 당황한 것처럼 보였다. 우리
와는 정반대로 이들은 현존하는 복지 국가의 틀 내에서 더 많은 규제와
평등 정책을 통해 문제가 해결될 것이라는 소극적인 기대를 가지고 있
다. 이를테면 모든 사람들을 위한 최저생계보장을 통해 이 문제가 해결
될 거라고 여기는 것이다. 이들은 자연, 그리고 이주민과 같은 타자들이
자신들이 추구하는 모델을 위해 비용을 치러야만 한다는 사실을 염두에
두려고 하지 않는다. 대부분의 사람들은 생태 문제가 환경세eco-tax를 통
해 해결될 것이라고 생각하지만, 다음 장에서 우리는 이러한 질문에 대
해 대답할 것이다.

우리는 방법론적으로 우리가 이미 1970년대 말에 정식화했던 원리들
을 고수한다(Mies 1978; Bennhold-Thomsen 1979). 다시 말해, 자급 관점
을 소개하는 것은 '아래로부터의 관점'을 고수한다는 것을 의미한다. 이
것이 자급 관점의 의미를 이해하는 유일한 방법이다.

독일에서 이 접근은 산업 체제의 종말로부터 탈출구를 찾기 시작한 사
람들 사이에서 점차 알려지게 되었다. 이들은 공동체 프로젝트와 생태마
을 운동을 하는 여성과 남성들, 아나키스트, 이제까지 자신을 페미니스
트로 의식하지 않았지만 지구와 미래 세대의 삶에 대해 관심을 갖고 있
는 여성들, 페미니스트 신학자, 자본주의와 사회주의 사이에서 '제3의
길'을 찾으려는 사람들, 녹색연합('Grune Liga')과 같은 동독의 생태운동
조직, 생태교육 기관, 공동체 학교, 유기농 작물을 재배하는 농부, 생활

협동조합, 교회, 제3세계 운동·유전자조작기술 반대운동·반핵운동을 하는 사람들 등이다. 요컨대, 여성운동에서 출발한 자급 접근은 이제 여성운동의 테두리를 넘어섰으며 많은 사람들에 의해 서로 다른 주제 아래에서 논의되고 있다.

1990년대 초에 경제 위기가 시작되면서 북반구의 부유한 국가들에까지 그 영향이 미치자 이 접근은 보다 광범위하고 긍정적인 반응을 얻게 되었다. 특히 동유럽 사회주의의 몰락에 대해 자본주의의 승리감에 도취되어 있었으나 이후에 닥친 경제 위기로 인해 사회적 공황 상태에 빠져 있던 독일의 경우에는 더더욱 그러했다. 시장 경제 모델의 기반이 언제나 깨지기 쉽고 살얼음판처럼 갈라질 수 있다는 사실이 많은 사람에게 갑자기 분명해졌다. 이들은 "이런 상태로는 더 이상 사회가 지속될 수 없다"라고 이야기한다. 특히 1980년대 초에 우리가 했던 예측을 실제로 눈앞에서 목격하게 되면서, 선진국에서조차도 완전 고용과 고용 보장의 시대가 끝났다는 현실 앞에서 많은 사람들이 대안적인 방법을 찾기 시작하고 있다. 우리는 자본주의가 어떻게 여성의 일과 농민과 제3세계를 착취하고 있는지를 연구하면서 결론에 도달했다. 오늘날 '가정주부화house-wifisation' 되고 있는 노동의 유연화는 남성에게도 현실로 다가오고 있다. 점점 더 많은 사람들이 남성들의 '평균 임금 노동 관계'에 기반한 구좌파의 노조 전략으로는 더 이상 미래가 없다는 사실을 천천히 깨달아가고 있다. '가정주부화된' 유연한 노동 관계를 통해 전 지구적인 착취가 벌어지고 있으며, 성장이라는 환상을 쫓기 위해 생존을 위한 자연적 기초들을 어떤 제약도 없이 파괴하는 일들이 벌어지고 있기 때문이다. 그렇다면 이전 전략에 대한 대안은 무엇인가? 대안적인 전망은 어디에 있는

가?

자급 접근은 여러 나라에 광범위하게 영향을 미치고 있다. 우리의 글 중 일부는 먼저 영어로 출판되었고, 또 몇몇 책들은 영어, 스페인어, 일본어, 한국어, 포르투갈어, 프랑스어로 번역된 바 있다.

자급 관점 – 열림을 향한 길

1987년 3월, 우리는 "자급 관점: 열림을 향한 길인가?"라는 주제로 학술대회를 열고, 독일, 아시아, 라틴아메리카에서 여성운동, 농민운동, 제3세계 운동, 생태운동을 하는 여성과 남성 활동가들을 초대했다. 이들은 서로의 차이에도 불구하고 최근 개발 정책이 막바지에 도달했다는데 동의했다. 그들은 대안을 찾고 있었으며, 라다크 프로젝트에서 헬레나 노르베리-호지가 서술했던 사람들(Norberg-Hodge 1991)처럼 자신의 자급 기반이 '근대'로 '개발되는' 것에 저항하고 있었다.

반다나 시바는 특별히 여성들이 몸소 나무를 껴안음으로써 소위 말하는 '근대적 개발'(이 경우에는 운동 장비 생산을 위해 숲을 없애는 것)에 반대했던 히말라야의 칩코 운동에 대해 발표했다. 베네수엘라의 한 활동가는 자국 내 농민운동과 살림 농장을 재건하기 위한 투쟁에 대해서 보고했다. 독일에서는 학생운동 이후 시작된 단체인 쾰른 사회주의 자조기구(Socialist Self-Help Organization in Cologne, SSK)에서 활동하고 있는 여성과 남성 활동가들이 참석했는데, 이 단체는 수년간 부유한 지역에서 나오는 폐품으로 살면서 사회구호물품의 수혜를 거부하고 있다. 여기에서 살고 있는 구성원의 대부분은 정신병원에서 탈출한 사람, 젊은 노숙자, 노인 등 우리 사회에서 살 곳을 찾지 못한 사람들이다. SSK의 활동가 중 일부는 학술대회 기간 동안 라다크 프로젝트의 사람들, 칩코 운동을 한 여성들, 베네수엘라의 농민들이 같은 관점을 갖고 있음을 깨닫게 되었다. 이 공통성은 자급이란 개념으로 모아졌다. 이들 중에는 근대 산업 사회로 '개발' 되는 것을 원하지 않는 사람들도 있었고, 그 사회로부터 빠져나오기를 바라는 사람들도 있었다.

자급이란 무엇인가?

1945년 이후의 자급 파괴 전쟁

생명의 직접적인 창조나 유지와 관련된 모든 일들이 상품 생산 혹은 소비와 무관한 모든 일들과 마찬가지로 가치절하되기 시작한 것은 북반구에서는 1945년 이후의 일이다. 그리고 세계의 나머지 지역에서도 이러한 경향이 심화되어왔다. 여기에는 집에서, 정원에서, 일터에서, 땅 혹은 가축우리에서 이루어지는 자급을 목적으로 하는 모든 활동이 포함된다. 비용이 들지 않거나 돈을 생산하지 않는 일은 가치가 없다는 것이다. 이러한 자급 노동에 대한 가치 절하는 단지 양적으로만 이해될 수 있는 문제가 아니다. 그것은 동시에 그 일을 하는 사람에 대한 격하와 경멸을 포함하고 있다: "집안일? 너무 단조로워! 농사일? 부끄럽고 냄새나는 일이지!"(3장을 보라.)

오늘날 보수를 지불하지는 않지만 삶의 유지에 필수적인 모든 자급 활동을 둘러싼 이 같은 혐오의 장벽은 이 일의 실제 내용과는 어떠한 관계도 없다. 그러한 활동이 산업화된 임금 노동에 의해 수행될 때는, 특히 노동 계약을 통해 수행될 때는, 여성만이 아니라 남성에게도 버젓한 직업으로 인정된다. 오늘날 임금 노동에 대한 높은 평가는 분명 돈에 대한 높은 평가와 신화에 의존하고 있다. 돈은 단순히 교환의 매개나 가치 평가의 척도로서의 이미지에 그치지 않는다. 돈은 점점 더 많은 돈을 만들어내며 급기야 그것은 삶의 근간, 삶의 안전과 진보, 해방, 문화 그리고 '좋은 삶'을 위한 희망으로 이미지화되고 있다. 우리는 더 이상 돈 없이 살아갈 수 없다. 산업사회의 거의 모든 사람들은 오늘날 이 명제를 믿고 있다. 돈의 신화는 임금 노동의 신화와 밀접한 관계에 있다. 우리는 더 이상 임금을 위해 일하지 않고는 살아갈 수 없다.

만약에 삶이 물질적이고 동시에 상징적인 의미에서 임금 노동과 돈의 획득에 의존한다면, 자급 노동을 희망이라고 말하는 관점은 그저 낭만적이고 과거 지향적이며, 심지어는 죽음의 위협으로까지 간주될 것이다. 어떻게 사람들과 그들의 일 사이의 소외가, 생명이 없는 돈을 삶의 원천으로 보고, 우리 스스로의 삶을 생산하는 자급 노동을 죽음의 근원으로 보는 왜곡된 관점으로까지 발전하게 되었을까?

자급에 대한 경멸은 그리 오래되지 않았다. 대부분의 산업화된 국가에서 사람들은 농촌뿐 아니라 도시에서도 2차 세계대전 이후까지 한두 가지 이상의 자급 활동을 했었다. 소농은 대부분 자급자족을 했으며 부분적으로만 시장을 위해 생산했다. 산업화된 도시의 노동자들은 종종 작은 동물인 소, 돼지, 염소, 닭을 키우며 정원을 가꿨다. 여성들은 매일 필요한 다양한 음식을 만들었다. 많은 소비 재화는 팔리는 게 아니라 교환되었으며, 손수 생산되거나 중고품으로 팔렸다. 도시에도 이웃 간의 기능적인 협력 망과 상호부조가 남아 있어서 옛 시절 소농이 지녔던 '도덕 경제'의 가치를 보존하고 있었다.

임금 노동자의 자급 활동은 한편으로는 그들의 낮은 임금을 보충하기 위해 필요했다. 다른 한편으로 자급 활동은 자유와 자기 결정, 자기실현, 즐거움과 소외된 산업사회에서 안식처를 제공해주는 역할도 하였다. 자급 노동은 협력과 상호 부조에 기반하고 있어서 도시에서 공동체를 유지하게 해주었다.

토리 디킨슨Torry Dickinson은 자급 활동이 미국에서 2차 세계대전 이후까지 지속되었다고 보고 있다. 1945년 이후에 자급 경제를 파괴하는 구조적이고 혹독한 전쟁이 시작되었고(Illich 1982), 이는 새로운 개발 패러다임의 등장과 일치했다. 뉴딜 체제하에서, 북쪽 지방의 임금 노동자들은 자신이 예전에 받아보지 못했던 높은 임금을 받았다. 이들은 더 이상 할 만한 가치가 없어진 자급 활동을 그만두었다. 그러면서 예전에는 여성과 남성이 손수 생산했던 물건들을 값싸게 공급하는 지금과 같은 소비시장이 확대되었다.

경제 규모가 커지면서 미국 기업들은 숙련 노동자에게 높은 임금을 지불했고, 그것은 국내 시장을 더 넓히는 데 일조했다. 1945년부터 1970년 사이에 개발은 사적 활동에 감금당한 중산층 주부와 함께 임금 노동이라는 단일 문화monoculture, 즉 획일적인 국가와 기업의 권력, 탐욕스러운 소비주의, 남성을 위한 노동조합과 이들의 임금 계약 보장의 확대라는 이미지를 만들었다. (Dickson 1995, 168)

이렇게 산업 생산이 확대된 결과, 자급 경제는 쇠퇴하였다.

대량 생산이 늘어남에 따라, 전통적 의미의 자급 생산은 특히 도시 지역에서는 쇠퇴했다. 큰 채소 농장의 경작, 닭과 암소 기르기, 통조림 제조, 빵 만들기는 점점 줄어들었다. 가정에서는 점점 더 많은 식료품과 다른 생필품들을 구매하게 되었고, 직접 음식을 생산하고 조리하는 일을 덜하게 되었다. (Dickson 1995, 169)

쉰 살이 넘은 우리 같은 사람들은 독일에서도 비슷한 과정이 일어났던 것을 기억한다. 우리 모두는 그것을 자연스럽고 꼭 필요한 '개발'의 과정으로 받아들이라고 배웠다. 그것이 꼭 그러한 방식이었어야만 했는지는 묻지 않았다(3장을 보라). 지난 몇 년간 대규모 실업 때문에 임금 노동 중심의 단일 문화가 붕괴되면서, 북반구 사람들은 임금 노동 체제 이전과 이후에도 삶은 계속되며, 그 삶은 단지 혐오스럽거나 따분하고 부담스러운 것이 아니라는 사실을 깨닫기 시작했다. 오늘날 우리가 자급 관점을 이야기할 때, 이것은 단지 마음대로 새로운 쪽으로 변덕을 부려보자는 게 아니다. 그것은 많은 사람들이 아직까지 기억하고 있는 역사와 관련되어 있다. 우리는 진보 담론이 자급 관점에 붙인 낙인을 씻어내고 싶다. 우리는 우화에서처럼 기름 찌꺼기가 금으로 변하는 걸 원하는 게 아니라, 삶을 창조하고 유지하는 건 돈이나 자본이 아니라 우리 인간이라는 사실을 강조하고 싶은 것이다.

이반 일리치는 이미 오래전인 1982년에, 노동조합과 임금 요구에 대한 투쟁이 아니라 자급 경제를 파괴하는 전쟁이야말로 자본의 진짜 전쟁이라고 말한 바 있다. 사람들의 자급 능력이 완전하게 파괴될 때에만, 자본의 힘은 사람들을 전적이고 무조건적으로 사로잡을 수 있기 때문이다.

자본의 전쟁은 자급 일을 식민화할 뿐만 아니라 우리의 언어, 문화, 식량, 교육, 사고, 이미지, 상징을 식민화한다. 단일 노동, 단일 언어, 단일 문화, 단일 식량, 단일 사고, 단일 의약, 단일 교육이 우리가 지녀왔던 다양한 방식의 자급을 대체하려고 한다. 자급 관점은 단일 문화화mono-culturisation에 대항하는 저항이며, 자급에 반하는 전쟁을 끝내는 것을 의미한다.

'자급'의 개념

우리는 이 개념에 대해 많이 생각해보았다. 이게 어딘지 어색하고 일사천리로 이해되지 않는다는 것을 잘 알고 있다. 이 개념은 설명을 필요로 한다. 수많은 다른 '조형어'처럼 정반대의 목적을 위해 이용되는 것을 피하고 싶기 때문이다. 예를 들어 '지속 가능성' 같은 개념이 그렇게 이용되었다. 우리는 다음의 몇 가지 중요한 이유로 '자급'이란 용어를 고집하기로 했다.

- '자급'은 가장 포괄적으로 우리가 대안 사회를 지향할 때 갖게 되는 기대를 표현하고 있다: 어떤 다른 세계에서가 아니라 바로 여기에서, 필요의 한도 내에서의 자유, 행복, 자기 결정. 더 나아가 영속, 힘, 저항하려는 의지, 아래로부터의 관점, 풍요로움의 세계. 자급자족self-provisioning 개념은 우리가 보기에 경제적 차원만을 지칭하기 때문에 너무 제한적이다. '자급'은 '도덕 경제'와 같은 개념도 포함하면서 모든 차원에서 새로운 삶의 양식을 포괄하고 있다. 이것은 경제, 문화, 사회, 정치, 언어와 기타 모든 영역을 포함하여, 더 이상

서로 분리되지 않는 영역들 전체를 아우른다.

- 우리에게 '자급'의 개념은 역사를 가지고 있다. 또 그것은 북반구의 산업 국가에서 살아가고 있는 우리가 식민화와 개발을 통해 남반구에 있는 저개발 국가들과 역사적으로 연결되어 있다는 사실을 보여준다. 양쪽 모두에서 근대적인 개발이 자급을 파괴하는 전쟁으로 일어났고, 지금도 계속해서 일어나고 있다. 또 남반구 국가들에서 수년간 목격되었던 일들이 오늘날 북반구 나라들에서도 벌어지고 있다.

- '자급'이란 용어는 근대의 모든 언어에서 사용되며 어디서나 같은 의미를 지닌다.

- 역사적 · 지정학적 연속성을 넘어서, 이 개념은 모순적인 본성, 근대 역사의 야누스적인 면을 표현하고 있다. 그것은 관찰자의 관점에 따라 전혀 다르게 보일 수 있다. 살림에 대한 전쟁으로부터 이윤을 얻은 남성과 여성들에게 '자급'은 후퇴, 가난, 단조롭고 고된 일을 의미한다. 이와 반대로 이 전쟁의 피해자에게 이 말은 안전, '좋은 삶', 자유, 자율, 자기 결정, 경제적이고 생태적인 기반의 보존, 문화적이고 생물학적인 다양성을 의미한다.

- '자급' 개념은 우리 안에 있는, 그리고 우리를 둘러싸고 있는 자연과의 연속성을 표현하며, 자연과 역사의 연속성을 드러낸다. 잉여를 추구하지 않고 필요의 세계에 의존한다는 사실을, 더 이상 불행이나 한계로 생각하지 않고, 그것을 좋은 것으로, 우리의 행복과 자유를 위한 전제 조건으로 여긴다.

- 이제까지 자급 경제를 파괴하는 전쟁에서 이익을 얻은 사람들에게

점점 더 큰 위기가 닥치면 닥칠수록 자급 생활양식은 더욱 매력적인 것으로 재발견될 것이다. 이것은 지역화, 지역 경제, 자족성, 새로운 공동체, 대안적인 생활양식, 돌봄 경제, 생활 경제, '제3의 길'과 같은 주제 아래 포괄되는 많은 것을 아우르는 개념이다.

- 우리가 '자급' 개념을 고수하는 이유는 그것이 특별히 오늘을 위한 하나의 관점을 제공하고 있기 때문이다.

우리는 자급 즉 삶의 생산이 근대화와 산업화, 소비 경제의 결과로 사라지지 않을 뿐만 아니라, 오히려 그것이 근대 산업사회와 일반적인 상품 생산의 기초라는 사실을 수년간 강조해왔다: "자급 생산이 없다면, 어떠한 상품 생산도 없다. 반면에 상품 생산이 없어도 자급 생산은 가능하다." 산업화 초기에만 해도 자급 생산은 인간의 삶과 생존을 보장해주었다. 만약 세상 사람들이 일반적인 상품 생산과 보편적인 임금 노동, 그리고 자본주의적 상품 시장에만 의존해야 했다면, 그들은 오늘날까지 생존할 수 없었을지도 모른다. 지금 우리가 빈곤과 저개발로부터 우리를 구원해줄 것으로 환대하는 그것들만으로는 생존이 불가능하다.

산업사회에서 자급 생산은 주로 무보수 가사노동의 형태로 지속된다. 노동력 재생산은 무보수 집안일을 통해 보장되며 싼 값으로 유지되고 있다. 그래서 우리는 자급 생산을 이렇게 정의한다.

자급 생산, 즉 삶의 생산은 직접적으로 삶을 창조, 재창조, 유지하는 데 쓰이며 다른 목적을 갖지 않는 모든 일을 포함한다. 따라서 자급 생산은 상품이나 잉여 가치 생산과는 정반대에 위치한다. 자급 생산의 목적은 '삶'인 반면,

상품 생산의 목적은 점점 더 많은 '돈'을 생산하여 자본을 축적하는 '돈'이다.

이러한 생산 양식에서 소위 말하는 삶은 우연적이고 부수적인 효과에 불과하다. 자신이 공짜로 착취하고자 하는 모든 것이 자연의 일부이며 천연 자원일 뿐이라고 선언해버리는 것이 바로 전형적인 자본주의 산업체제이다. 여성의 가사노동과 제3세계 농민의 일, 그리고 자연 전체의 생산성이 여기에 속한다(Mies 1983).

원래 우리는 자본주의하에서 여성의 무보수 노동 착취를 설명하기 위해, 그리고 생태적으로 지속 불가능한 생산과 소비 패턴을 가진 산업사회의 종말로부터 탈출구를 찾기 위해 자급 개념을 소개했다. 우리는 이미 20년 전에 과학적 사회주의의 유토피아가 자본주의와 동일한 개발 모델에 기반하고 있다는 것을 알고 있었다. 그것은 고도의 생산력 발달을 자본주의를 극복하기 위한 전제 조건으로 가정하고 있기 때문이다(Ullrich 1979).

자급 개념은 종종 부정적인 의미로 이해되기도 하지만 긍정적인 의미도 포함하고 있다. 에리카 마르케Erika Marke가 보여주듯이, 자급은 '독립적인 태도'와 '나 자신의 노력에 의한 생존'을 의미한다. 마르케는 자급의 세 가지 속성을 다음과 같이 열거한다: (1) 자율성autonomy이라는 의미에서의 독립, (2) 비확장주의라는 의미에서의 자족성self-sufficiency, (3) 문화적 정체성이라는 의미에서의 자존감self-reliance(Marke 1986, 138). 자급에 대한 이러한 긍정적 개념은 우리가 새로운 사회적 관점의 필요성을 이야기할 때 결정적이다.

'자급 관점'은 '좋은 삶'에 대한 또 다른 이미지와 연결된다. 최근 생태학 분야의 발전과 통찰은 자급 관점이 자본주의, 가부장제, 식민주의 그리고 근대 산업 체제에 기본적인 구조적 착취를 극복하기 위한 접근임을 보여주었다. 또한 자급 관점은 자본의 자기 파괴적인 성장 논리로부터 우리 안에 있거나 우리를 둘러싸고 있는 자연을 해방시킬 수 있다.

자본 축적의 과정 즉, 삶(생명 활동과 자연)을 상품과 돈 그리고 지속적으로 늘어나는 자본으로 변형해가는 과정은 궁극적으로 양극화로 귀결된다. 이는 되돌릴 수 없는 과정이다. 다시 말해, 돈과 자본이 삶으로부터 생겨날 수는 있으나, 어떠한 새로운 삶도 자본과 돈으로부터 생겨날 수는 없다. 자본을 풍요롭고 아름답게 만들어 우리의 삶으로 가져오기 위해서는, 언제나 삶이 자본에 더해져야만 한다. 더 많은 돈을 스스로 '낳는' 돈이란, 신화에 불과하다.

우리는 죽은 돈/자본에 더해져야 하는 것을 자급, 즉 삶의 생산life production이라고 부른다. 만약 우리가 우리 스스로를 위한 미래, 그리고 우리의 일부인 자연을 위한 미래를 진정 원한다면, 삶의 생산이 자본의 생산으로부터 분리되어 나와야 한다. 삶의 생산이 다시 우리의 중심적인 관심사가 되어야 한다. 다시 말해 현실에서 식민화되고 주변화된 영역(자연, 여성, 어린이 등)이 경제 활동의 핵심적인 부분이 되어야 하며, 돈을 버는 활동은 2차적이고 주변적인 것이 되어야 한다.

자급 관점은 이론적으로 그리고 실천적으로도 필요할 뿐 아니라 가능한 것이며, 이미 시작되었다. 이것은 '개발되기'를 원하지 않는 사람들과 함께 시작되었다. 이들은 자신들이 근대화에 드는 비용을 내야 하지만 결코 그 이익을 거둘 수는 없다는 사실을 아는 사람들이다. 이들은 자율적인 자급의 기반을 유지하기 위해 싸우는 제3세계와 여성, 그리고 토착민들이다. 이 운동들은 '좋은 삶'의 개념으로 자급과 동의어인 '풍요로움'을 장려한다.

북반구 선진국에서는 현재 지배적인 것과는 다른 대안적인 경제 개념에 대한 성찰을 시작했다. 탈산업화된 도시와 지역에서 공동체, 생태 마을, 자치에 기반한 기업, 생산자-소비자 연대, 자조 공동체 프로젝트 등을 만들어내려는 수많은 움직임들이 있다. 그뿐만 아니라 전 지구적인 가부장제 자본주의와는 다른 경제를 생성해내기 위한 체계적인 출발들이 일어나고 있다.

물론 이런 움직임들을 현재의 지배적인 자본주의 생산과 소비 모델에 대한 광범위하고 보편적인 거부나 혁명적인 운동이라고 볼 수는 없을 것이다. 사실 혁명의 오래된 개념은, 국가 폭력과 사회관계에 대한 갑작스럽고 폭력적인 전복을 의미하는데, 이는 자급 관점이 지향하는 것과는 맞지 않는다. 실패하거나 폐기된 수많은 혁명 이후에, 우리는 더 이상 국제 전쟁의 총구로부터 나오는 권력을 믿지 않는다.

자급 관점에 요구되는 변화는 정치적인 아방가르드를 전제하지 않는다. 그렇다고 상황이 '무르익을' 때까지 기다려야 한다는 것도 아니다. 변화는 모든 여성과 모든 남성에 의해 지금 여기에서 시작되어야 한다. 그러나 그들에게는 진정으로 다른 관점, 다른 비전이 필요하다.

자급적 삶의 방식이 유지되는 사회에 살고 있는 여성들은 이 급진적으로 새로운 관점을 개발할 수 있다. 그러나 새장에 살며 천국을 꿈꾸는 중산층 여성들은 이 새로운 관점을 좀처럼 발전시킬 수 없을 것이다. 그래서 우리는 남반구에 살고 있는 여성들이 지배 경제 체제를 어떻게 분석하고 있는지에 귀 기울이고자 한다. 그들은 현재 가장 낮은 위치에서 착취당하고 있기 때문에, 우리 사회에서 가장 여성주의적인 학자보다 경제와 사회에 대해 훨씬 더 분명하게 다른 관점을 갖고 있다.

남반구의 많은 여성들은 더 이상 현재의 지배 경제를 받아들이지 않는다. 이는 1992년 리우데자네이루의 여성 워크숍 기간 동안에 분명해졌다. 고무수액 채취인, 어부, 견과류 채집자, 농부, 코코넛 채집자, 도시에서 작게 장사를 하는 여성들이 리우데자네이루의 유엔환경개발회의 UNCED와 연계해서 "용기와 능력으로 – 농업과 채집 경제에서 자급하는 여성들"(Viezzer 1992)이라는 주제로 워크숍을 열었다. 이 워크숍에서 여성들은 산업 모델이 자신들과 미래 세대, 자연 그리고 북반구에서 살아가고 있는 여성에게 미치는 경제적이고 생태적 결과를 분석했다.

여성들은 서로 발표를 들은 후에 자연이 얼마나 다양성과 풍요로움을 제공하는지, 그리고 그들이 자신들의 생산적인 일을 통해 얼마나 부유함을 창조해내고 있는지를 인식할 수 있었다. 그럼에도 불구하고 자본주의 경제가 자신들에게서 그 부유함을 완전히 빼앗아가버리고 있다는 사실을 알게 되었다. 만약 그들이 이러한 부를 선진국과 부자들에게 수출하지 않고 자기들끼리 서로 내부적으로만 교환한다면, 그들은 생태계를 보호할 수 있을 뿐만 아니라 충분히 행복한 삶을 이끌어나갈 수 있을 것이다. 이들은 서로 이야기를 나누면서 분석하고 조언하고 역할 놀이를 하는 과정을 거친 후, 마침내 다음과 같은 슬로건을 만들었다.

"자본주의 경제 모델을 멈춰라! 풍요로움이여 영원하라!"

2

지구화와 자급

나의 아버지 그리고 바이젠바움 교수와 '블랙홀'

몇 년 전 트리에 응용사상 발기인 모임(Trierer Initiative für angewandtes Denken/Initiative for Applied Thinking, Trier)은 칼 마르크스의 175주기 탄생을 기념하기 위한 심포지엄을 준비했다(마르크스는 트리에서 태어났다). 그들은 저명 교수 몇 명을 초청했는데 매사추세츠 공과대학(Massachusetts Institute of Technology, MIT)의 조제프 바이젠바움Josef Weizenbaum이 기조연설을 하였다. 나 마리아 미즈는 이 남자들만의 모임에서 '페미니스트 관점'을 대표하게 되었다. 조제프 바이젠바움은 컴퓨터 전문가에서 가장 유망하고 급진적인 컴퓨터(특히 인공지능) 비평가로 변신한 사람이었다. 그는 기조연설에서 미국의 과학 현실을 비판하였다. 그는 컴퓨터가 시간과 노동 및 돈을 절약해왔다는 일반적인 생각을 반박했을 뿐 아니라, 컴퓨터 과학과 기술이 대부분 미국 국방부의 지원을 받아왔다고 말했다. 또한 그는 현재 매사추세츠 공과대학 같은 기관에서 수행되는 모든 연구비를 실제로 펜타곤 Pentagon에서 지불하고 있다는 점을 규명했다. 그는 자신의 직업을 좋아하는 젊은 학자들이 이러한 사태에 대해 문제의식을 갖고 있지 않다며 유감스러워했다. 왜 학생들이 과학이 군사주의화되고 있는 현실에 대해 반대하지 않는 가라는 질문을 던진 바이젠바움 교수는, 학생들이 교과과정 때문에 정치적 활동을 할 시간이 없다고 자답했다.

그는 우리 시대의 가장 큰 문제가 핵무기에 의한 전멸 위협이 아니라 인구폭발이라는 말로 연설을 마무리했다. 과학자들은 인구 성장을 억제하는데 모든 노력을 기울여야만 한다는 것이다.

심포지엄의 마지막 부분에 패널 토론이 이루어졌다. 발표자들은 각자의 미래관을 제시하도록 요청받았다. 박식한 교수들은 한 사람씩 완전히 어두운 그림을 그렸다. 나는 청중들을 지켜보았는데, 젊은 사람들은 모두 걱정스런 얼굴을 하고 있었다. 그들은 유명한 연설자들로부터 자신의 미래에 대한 길 안내를 받기 위해 일요일 아침부터 그곳에 왔다. 그러나 연설자들은 우울과 절망으로 가득 찬 종말론적인 그림을 그렸을 뿐이다. 발표문의 요지는 대안은 없고 우리가 할 수 있는 것도 없다는 내용이었다. 나는 더 이상 그러한 비관주의를 참을 수 없어 다음과 같이 말했다. "제발 우리가 어디에 있는지 잊지 마십시오. 우리는 한때 로마 제국의 수도 중 하나였던 바로 이 폐허 위의 도시 트리에에 있습니다. 당시 사람들도 제국의 멸망이 바로 세계의 종말이라고 여겼을 테지요. 그러나 세계는 로마의 종말과 함께 끝나지 않았습니다. 아이펠Eifel의 한 농부였던 제 아버지의 쟁기가 트리에와 쾰른을 잇는 로마의 옛길 위에 있는 돌을 치곤 했을 테지요. 로마 대군이 행진하던 이 길 위에는 풀이 자랐고 우리는 그 길 위에서 감자를 재배했습니다." 나는 거대 제국의 붕괴조차도 세상의 종말을 의미하지 않는다고 말하고 싶었다. 오히려 그때 사람들은 삶에서 중요한 것이 무엇인지, 즉 자급의 의미를 이해하기 시작한다.

이것은 바이젠바움 교수에게는 상상도 할 수 없는 일이었다. 그는 화가 나서 나를 보고 임박한 대재앙 후에 풀잎 하나라도 자랄 수 있을 거라 믿는 것은 극도의 소박함이라고 반박했다. 삶이 그저 지속되리라고 생각하는 것은 무책임하다고 말이다. "아니죠, 오직 지금 필요한 건 우리 앞에 블랙홀 하나가 있다는 걸 깨닫는 것이에요. 그 이후에는 아무것도 없어요. 희망도 없지요." 그는 계속 페미니스트인 나를 공격했다. "그건 그렇고, 당신네 여자들은 그러한 전쟁을 막기 위해 아무것도 한 게 없었어요. 당신들은 성 파업sex strike을 조직한 적도 없잖아요."

그것으로 충분했다. 나는 매사추세츠 공과대학이 펜타곤으로부터 완전히 재정 지원을 받고 있지만 아무도 연구의 군사주의화에 대해 이의를 제기하지 않는다고 말하면서, 전쟁에 대해 여성들을 비난하는 것은 터무니없는 말이라고 대답했다. 우리 여성들은 이런 종류의 남성 논리에 질려 있다. 또한 우리는 남성들의 전쟁 뒤에 매번 쓰레기 더미를 치우며 삶을 지속하도록 요구받는 청소부 노릇에 질려 있다. 나는 말을 마친 뒤 그 자리를 떠났다. 종말론적인 분위기 속에서 '블랙홀' 앞에 앉아 있는 남성들로부터 말이다.

이 일화는 나에게 중요한 교훈을 가르쳐주었다. 즉, 기술적 전능에 대한 광신과 정치적 무기력 사이에 어떤 상호관련성이 있다는 것 말이다. 조제프 바이젠바움 교수는 생애 말년에 와서 자신의 삶과 해온 일들을 돌이켜보고 자신이 전 생애 동안 헌신했던 신神—과학적 진보—이 자신의 아이를 잡아먹는 괴물이었음을 깨닫고 충격을 받은 저명한 남성 과학자 중 한 사람이다. 그러한 남성들 중 몇몇은 이후 사울에서 바울로 개종한다. 그러나 그들은 근대 과학 프로젝트에 대한 과대망상증에서 벗어나지 못한다. 그들이 전지전능한 과학과 기술로 인간성의 문제를 풀 수 없다면, 모든 것을 삼켜버리는 총체적인 대재앙이 기다리고 있다. 그들이 쌓은 공적의 폐허 위에 풀잎 하나조차 자라도록 허용되지 않는다. 거대한 가부장적 프로젝트가 천둥번개와 같이 다가올 때 인류는 끝날 것이다. 미래와 만물은 무無의 구렁텅이로 빨려 들어가고, 종말론적인 시나리오 앞에서 여전히 삶, 감자, 자급, 희망, 미래, 관점을 이야기하는 사람은 적으로 공격받아야 한다. 전능과 무기력에 대한 광신은 동전의 양면이다.

옛 로마의 길에 쟁기를 앞에 두고 서 계신 내 아버지의 이미지는 다른 철학, 다른 논리를 상징한다. 대부분의 남성—또한 몇몇 여성—과학자들에게 이 자급 논리는 이해하기 힘든 것이다. "생명은 스스로 지속된다"는 슬로건에서도, 인간은 자연을 통제할 수 있으며 우리의 지배 기술이 초래한 모든 손상 역시 인간의 손으로 고칠 수 있다는 태도에서도, 그들은 자급 관점을 보지 못한다. 자급 지향성과 과학적 전능에 대한 광신 사이의 차이는, 삶이 단지 스스로를 재생시키는 것도 아니고 공학자의 발명품도 아니라는 걸 이해하는 것이다. 삶이 지속되길 원한다면 우리는 자연적 존재로서 자연과 협력해야 한다.

지구화된 경제라는 '블랙홀'

이 일이 있은 뒤에 나는 산업국가에 살고 있는 사람들이 수많은 '블랙홀' 앞에서 무력감과 절망을 느끼고 있음을 알게 되었다. 대부분의 블랙홀들은 1990년대 초부터 가시화된 경제의 지구화 때문이다. 이 현상은 독일에서 특히 두드러졌는데, 동독의 사회주의 붕괴에 따른 도취감에 이어 구동독과 서독에서 비관주의가 뒤따랐다. 이는 통일된 독일에서 실업률이 극적으로 증가했기 때문이었다. 실업률이 2차 세계대전 이후로 최대치였다. 1998년 1월에 공식적인 실업률은 13%로 실업자 수가 5백만에 달했다(ÖTV Hintergrund, Info-Dienst für Vertrauensleute und Mandatsträger, 1998. 7. 14). 최고 실업률은 구동독에서 기록되었다. 1989년 콜 총리는 동독이 3년 내에 서독의 경제 표준에 도달할 것이라고 약속했었다. 그러나 그 후 정부는 그 목표가 달성될 수 없으며 서독과 동독 간 격차를 좁히는 데 최소 20년이 걸릴 것임을 인정해야만 했다. 주도적인 경제학자들뿐 아니라 정치인들도 완전 고용의 시대는 독일에서조차 영원히 끝났다고 공공연하게 말했다. 젊은 세대와 여성 그리고 노인층이 충분한 소득을 제공하는 안정적이고 장기적인 직업을 구할 것이라는 전망이 급격히 줄어들고 있다. 그들은 고용촉진 같은 걸 통해 임시직이나 시간제 직업이라도 구할 수 있다면 분명히 행복해 할 것이다.

실제로 모든 부유한 산업국가에서 임금 노동의 감소라는 블랙홀이 발견된다. 이는 바이젠바움 교수의 '블랙홀'에 비견될 수 있겠다. 경제가 지구화됨에 따라 절대적인 무력감과 좌절감, 그리고 전망 없음이 지구적 권력과 전능함에 대한 환상의 뒤를 따르고 있다.

'경제의 지구화'란 무엇인가?

경제의 지구화globalisation of the economy가 자본주의의 역사만큼 오래되었음에도 불구하고 그 개념의 근대적 용례는 1990년대쯤 사용되기 시작했다. '지구화'는 신자유주의적 경제 정책의 일부인데, 세계 구석구석으로 물품과 서비스와 자본이 자유롭게 흐르는 걸 방해하는 일국 정부의 보호주의적 규칙 및 관세 규제를 철폐하는 것을 목적으로 한다. 이 정책은 대다수 국가 경제를 하나의 세계 시장으로 통합하는 결과를 가져왔다. 그 결과 대부분의 국가 경제가 하나의 세계 시장에 통합되었다. 이 과정은 경제, 정치, 사회생활에 급속한 질적 변화를 초래했는데, 보통 사람들은 그 변화를 완전히 이해하기 어렵다. 다음의 세 가지 현상이 이 변화를 가능하게 했다. 첫째, 1945년 이후의 케인즈 경제학을 신자유주의로 대체하려는 사람들의 장기적인 정치 전략. 둘째, 커뮤니케이션 신기술. 셋째, 동유럽에서의 사회주의 붕괴이다.

토니 클라크Tony Clarke를 비롯한 몇몇 이론가들은, 2차 세계대전이 끝날 무렵부터 1970년대 말까지 대부분의 산업국가에서 유지되었던 경제 이론과 정책이 저절로 사라진 것이 아니라, 거대 초국적 기업들의 두뇌 집단에 의해 체계적으로 철폐되었음을 보여주었다(Clarke & Barlow 1997, 19ff). 통화주의자monetarists인 시카고 학파Chicago School의 밀턴 프리드만Milton Friedman은 1970년대 이미 케인스식 복지 국가에 대한 공격을 시작했다. 그는 사유화, 그리고 정부의 개입이나 규제 및 보호주의에 의해 방해받지 않는 '자유 시장 공간'의 건설을 옹호했다. 그러나 이 신자유주의적 이론은 1973년 칠레의 피노체트 쿠데타 이전에는 실행되지 않았다. 칠레는 독재정권하에서 그러한 경제 '개혁'을 실행한 최초의 국가였다. 1980년대에 영국의 대처 수상과 미국 레이건 대통령은 칠레의 뒤를 따랐다. 그러고 나서 1990년대 초반에 신자유주의 정책은 세계무역기구WTO가 1995년에 만든 관세및무역에관한일반협정GATT과 같은 지구적 협약으로 보편화되고 안정화되었다. 신자유주의 교리를 모든 지역에 걸쳐 지구화하고 합법화하려는 최근의 노력으로 다자간투자협정(Multilateral Agreement on Investment, MAI)을 들 수 있다(Clarke & Barlow 1997).

두 번째로 지구화를 촉진시킨 컴퓨터 기술은 정보를 빛의 속도로 한 대륙에서 다른 대륙으로 이동시킨다. 공간과 시간은 하나가 된다. 맨해튼에 있는 초국적 기업의 직원들이 자고 있을 때, 홍콩에 있는 그들의 동료들은 같은 직무를 계속한다. 그러한 자료 전송 속도로 인해 뉴욕이나 프랑크푸르트의 증권거래소는 단지 몇 분 동안 일어난 환율 차이를 이용하여 수익을 창출할 수 있다. 이러한 사례는 근대적 지구화의 두 가지 측면을 암시한다. 첫째, 소수로의 자본 집중과 초국적 기업의 지배, 둘째,

금융 자본의 역할 증대이다.

오늘날 세계 무역의 절반이 재정적으로 상호 연결된 초국적 기업들 사이에서 일어나는데, 90%가 북반구 선진국에 기반해 있고 그중 최강의 100대 기업이 모든 차원에서 지배적인 위치에 있다. 지난 몇 세기에 걸친 지구화 덕분에 국가 경제, 특히 가장 힘 있는 선진 7개국의 경제는 일정한 변화를 겪어왔다. 가시적인 이동, 즉 상품 무역은 금융과 교통, 보험과 관광 같은 비가시적인 이동에 비해 덜 중요해졌다. 금융 거래가 이러한 전환에 있어 가장 중요한 역할을 한다. 미국은 그러한 구조조정이 가장 발달된 나라인데, GNP에서 금융 분야의 비율이 1970년 18%에서 1990년 25%로 증가했다. 여기에서 국제적 금융 거래 또는 투기가 큰 부분을 차지한다. 금융 시장은 세계 무역을 원활하게 하는 윤활유에 불과해야 하는데 오히려 독립적인 시장이 되어버렸다. 국가 당국은 금융 시장을 거의 통제할 수 없다(Decornoy, *Le Monde Diplomatique*, 1996. 9. 25).

사회주의의 붕괴는 선진 7개국이 세계를 자신들의 영향권으로 나누게 하는 결과를 가져왔는데, 그 영향권 내에서는 어떤 제한도 없이 거대 자본이 작동할 수 있다. 이 정책은 세계은행과 국제통화기금IMF이 만들어졌던 2차 세계대전 후에 이미 시작되었다. 세계은행과 국제통화기금은 자신들의 역사에서 특히 1989년 이후에 자유 무역과 지구화에 관한 신자유주의 정책을 촉진시켰다.

동-서 냉전의 종결은 세계 경제의 새로운 삼각 구도를 이끌어냈다. 그것은 미국, 유럽연합, 일본과 각각의 영향권 아래에 있는 라틴아메리카, 아프리카, 아시아이다. 핵심 국가는 세계 인구의 12%만을 차지하는데, 세계 생산의 60%는 그들에게 집중되어 있고 세계적으로 군사비 지출의

51%를 통제한다(SEF 1993/94).

그러나 경제적 지구화가 새로운 현상이라고 믿는 건 오류일 것이다. 월러스틴Wallerstein(1974)이 지적한 것처럼, 자본주의 경제는 초기부터 주변 국가와 농업의 주변화 및 착취에 기반을 둔 세계적 체제였다. 이 식민주의적 구조는 18, 19세기에 '자유 무역'이라고 알려져 왔던 것의 기반이었고 지금도 그러하다. 하지만 그러한 식민주의적 세계 구조는 자본주의가 그것 없이는 자신을 확립할 수 없었던 우연한 역사적 현상이기만 한 것이 아니다. 자본주의는 영속적 성장과 축적이라는 자신의 내적 논리 때문에 불가피하게 보편화와 지구적 확장으로 나아가야만 한다. 이는 마르크스가 목격한 대로 자본주의 체제란 구조적으로 지구와 삶의 모든 영역을 포괄하고 변형할 수밖에 없음을 의미한다. 오늘날 새로운 것은 지구화된 경제가 보편적 평등, 정의, 복지의 전조라는 환상이 붕괴된 것이다(Altvater & Mahnkopf 1996).

남반구 국가의 사람들은 초기부터 그 지구적 체제의 희생양이었기 때문에, 세계은행과 국제통화기금이 초국적 기업의 혜택을 위해 그들 정부에 부과한 지구화, 탈규제, 사유화가 기만이었음을 선진국 사람들보다 일찍 이해하고 있었다. 그러므로 수많은 아시아와 라틴아메리카 나라들에서 새로운 신자유주의 체제는 농부와 여성, 노동조합의 반대에 부딪쳤다. 인도에서는 관세및무역에대한일반협정GATT과 무역관련지적재산권 그리고 인도의 농업을 '자유' 세계 시장에 통합하려는 펩시콜라, KFC, 몬산토, 카길 같은 초국적 기업에 대항하는 농민운동이 대규모로 일어났다(Mies & Shiva 1993 ; Mies 1996c ; Shiva 1996b).

독자들은 지구화의 신자유주의 정책에 대한 저항이 왜 북반구에서보다 남반구에서 더 강한지 질문할 것이다. 그 한 가지 이유는 북반구의 복지 국가들이 한편에서는 위축되고 있음에도 불구하고 증가하는 실업자와 빈곤층에 대해 일정 수준의 사회보장을 제공하는 위치에 있기 때문이다. 또 다른 이유로는 '시장 경제의 본질에 대해 품고 있는 환상', 즉 그 것이 궁극적으로 '평등한 삶의 조건'을 창출하고 부유층이 축적한 부가 빈곤층에게로 흘러내릴 것이라는 기대 때문이다. 이 경제 체제를 아래로부터, 즉 여성과 아이들, 식민화된 남반구 국가와 자연의 관점에서 바라보는 사람들은 자본주의가 출발부터 진정으로 무엇이었는지에 대해서 종합적으로 이해해왔다. 오늘날 세계적인 지구화 과정이 이를 입증하고 있다. 지구화된 경제의 다양한 '블랙홀들'을 자세히 살펴보기에 앞서, 1970년대 후반부터 발전시켜온 아래로부터의 분석(Mies, Bennholdt-Thomsen & von Werlhof 1988)의 중요한 부분을 제시하고자 한다.

여성, 자연, 이민족에 대한 식민화

일반적으로 진보란 '미개한' 혹은 '뒤떨어진' 단계에서 시작되고, 과학과 기술의 발전 혹은 마르크스Marx의 용어로는 '생산력'에 의해 추진되며, 무한한 전진으로 끝없이 상승하는 '직선적이고 진화적인 과정'이라고 가정된다. 그러나 이 프로메테우스 같은 프로젝트에서 지구와 시간, 공간과 인간 존재라는 한계는 고려되지 않는다. 제한된 세계에서 '제한되지 않는 성장'이라는 목적은 타자의 희생에 의해서만 실현 가능하다. 또는 한 부분의 진보는 다른 부분의 퇴보 없이는 존재할 수 없고, 어떤 것들의 개발은 다른 것들의 저개발 없이는 있을 수 없다. 몇몇 사람의 부는 다른 이들을 피폐하게 하지 않고서는 불가능하다. 그러므로 우리 세계의 한계를 고려할 때 '무한한 성장'이나 확장된 자본 축적에 기반한 성장(진보, 발전, 부)이란 '타자'의 희생을 담보로 한 것일 수밖에 없다. 이는 '진보', '발전' 같은 것들이 이원론적인 세계관을 따르는 양극화의 과정이라는 걸 뜻한다(Plumwood 1993).

로자 룩셈부르크는 자본 축적이 점점 더 많은 노동과 원료와 시장을 전유하기 위해서 점점 더 많은 '비자본주의적인' 환경을 착취해야 한다는 전제를 갖고 있음을 보여주었다(Luxemburg 1923). 우리는 이러한 환경을 식민지라 부른다. 식민지는 자본주의 초창기의 '원시 축적' 시대에 자본 축적을 시작하는 과정에만 필요한 것은 아니었다. 오늘날에도 성장 메커니즘을 지속시키기 위해서는 끊임없이 식민지가 필요하다. 따라서 '원시 축적과 식민화의 지속'(Mies, Bennholdt-Thomsen & von Werlhof 1988, 15-17)의 필요성에 대해 말하는 것이다.

전 지구적 자본주의에 대한 몇 가지 테제

1. 폭력 없는 식민화란 없다. 자본가와 임금 노동자 간의 관계가 법적으로 등가 교환계약에 임하는 소유주들(자본의 소유주와 노동력의 소유주) 간의 관계인 반면, 식민자와 피식민지 간의 관계는 결코 계약이나 등가물 교환에 기초해 있지 않다. 대신 직접적이고 구조적인 폭력에 의해 강제되고 안정화된다. 그러므로 폭력은 자본 축적을 지향하는 지배 체제를 떠받치는 데 여전히 필요하다.

2. 이 폭력은 성 중립적이지 않고 기본적으로 여성들에게 향해 있다.

일반적으로 근대화, 산업화, 도시화와 함께 남성 지배 체제로서의 가부장제는 사라지고 남성과 여성 간에 평등이 확립될 것이라고 가정된다. 우리의 테제는 이 가정과 정반대로 가부장제는 근대 자본주의 세계 경제의 확장에서 사라지지 않으며, 가부장적이거나 성차별적인 남녀 관계의 유지 및 재창조, 가정 안팎의 불균형적 성별 노동 분업, 의존적인 '주부'로서 여성과 '부양자'로서의 남성이라는 개념을 바탕으로 자본 축적의 영구적 확대가 이루어진다는 것이다. 이 성별 노동 분업은 여성들을 '생산자-주부'와 '소비자-주부'로 조작해내는 국제적 노동 분업과 통합되어 있다.

3. 지구적 세계 체제가 위기로 치달음에 따라 남반구뿐 아니라 북반구의 선진국에서도 여성에 대한 폭력이 증가하는 것을 목격할 수 있다. 이러한 폭력은 식민화와 무한 성장에 기초한 정치경제 체제의 한 부분이기 때문에, 성 평등만을 목적으로 하는 전략으로는 극복될 수 없다. 식민지 상황에서의 평등은 식민주의를 없애지 못한 채 식민 정복자를 따라잡는 것을 뜻한다. 그러한 이유로 페미니스트들은 '평등 기회' 정책에만 만족할 수 없으며, 전 지구적 자본주의 global capitalism 가부장제의 유지에 필요한 모든 착취 관계, 억압, 식민화를 극복하려고 노력해야만 한다(Plumwood 1993).

4. 1970년대 후반에 여성에 대한 지속적인 억압과 착취의 원인에 대해 탐구하면서, 북반구의 부유하고 민주적이며 산업화된 사회에서조차 여성에 대한 폭력이 지속되는 뿌리 깊은 원인에 대해 묻기 시작했을 때, 우리는 가부장제가 하나의 사회 체제로서 지속될 뿐만 아니라 상품, 서비스, 자본의 지속적 성장을 목적으로 하는 자본주의

체제와 내재적으로 연결되어 있음을 재확인했다. 우리는 그러한 지속적 경제 성장의 비결이 흔히 생각하듯, 노동 절약적인 기계를 계속 발명하여 노동력을 보다 '생산적'으로 만들고, 또 같은 메커니즘에 의해 노동력을 여분의 것으로 만드는 과학자와 공학자들의 지성이 아님을 깨달았다. 또한 영원한 성장이나 축적을 마르크스식으로 자본가가 노동자에게 그들이 일하여 생산한 가치의 일부분만을 돌려준다는 사실로 설명할 수도 없다(Mies, Bennholdt-Thomsen & von Werlhof 1998).

우리는 자본가나 국가의 계산에도, 그리고 마르크스의 이론에도, 노동력을 재생산하는 여성의 일이 등장하지 않는다는 사실을 발견했다. 반대로 모든 경제 이론과 모델에서 삶을 생산하고 생명을 보전하는 여성의 자급 노동은 '자유재', 즉 공기와 물과 햇빛 같은 공짜 자원으로 등장한다. 그것은 여성의 몸으로부터 자연스럽게 흘러나오는 것처럼 보인다. 그러므로 여성의 '가정주부화'는 남성의 프롤레타리아화에 필수불가결한 보완물인 것이다.* 우리는 이러한 자본주의적 가부장제 경제를 빙산의 형태로 가시화해보았다.

---

* 이 책의 저자들은 자본주의 경제 시스템의 도입으로 가부장제의 여성에 대한 착취가 완화된다는 입장에 정면으로 반대하고 있다. 저자들은 자본주의 체제가 내재적으로 자연, 여성, 제3세계에 대한 식민화에 기반을 두고 있다고 본다. 이때 생명과 삶을 생산해내는 여성의 자급 일을 착취하는 자본주의의 핵심 메커니즘이 바로 '가정주부화(housewifisation)'이다. 이는 여성은 본성적으로 가정에 머물러 아내 역할을 하는 사람이며, 이들이 가정에서 하는 일은 아무런 경제적 가치를 갖지 않는다는 원리이다. 이렇게 되면 가정과 일터에서 여성이 하는 일이 비가시화되고, 대가를 제대로 지불하지 않아도 되는 여분의 일로 취급

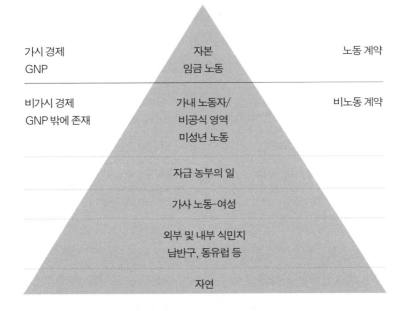

가시 경제 GNP	자본 임금 노동	노동 계약
비가시 경제 GNP 밖에 존재	가내 노동자/ 비공식 영역 미성년 노동	비노동 계약
	자급 농부의 일	
	가사 노동-여성	
	외부 및 내부 식민지 남반구, 동유럽 등	
	자연	

자본주의적 가부장제 경제의 빙산 모델

우리는 마르크스주의를 포함하여 우리 경제의 기능에 관한 지배적 이론들이 물 위에 보이는 빙산의 일각에만 관심을 두었다는 사실을 깨닫기 시작했다. 물 아래 빙산의 기반인 여성의 무보수 집안일, 보살핌 노동 즉 삶의 생산 또는 생계 생산은 눈에 보이지 않았다.

하지만 우리는 오랫동안 제3세계 국가에서 살아오면서 여성의 무보수 가사일, 보살핌 노동이 우리 경제의 비가시적인 기반을 이루는 유일한

되는 착취가 일어나게 된다. 남성이 자본주의에 포섭되는 '프롤레타리아화' 과정에는 여성이 '가정주부화' 되는 과정이 필수적으로 수반된다는 것이 저자들의 주장이다.

요소가 아니라는 것도 알게 되었다. 남반구에 여전히 존재하는 자급 경제에서의 소농과 장인의 노동, 즉 지역적 필요를 위해 생산하는 수백만 소규모 생산자의 노동이 여기에 포함된다. '비공식 영역' 노동으로 개념화되는 모든 노동들은 비가시적 경제의 일부분이다(von Werlhof 1988, 168ff).

우리는 궁극적으로는 자연 자체도 축적을 위해 비용을 전혀 치르지 않거나 적은 비용만을 치른 채 이용하고 착취할 수 있는 '자유재'로 취급되고 있음을 알았다. 그러므로 우리는 빙산 은유에서 물 아래에 가라앉은 '숨겨진 경제'의 모든 부분들, 즉 자연과 여성, 식민화된 민족과 영토를 '백인 남성의 식민지'라 명명했다. 여기에서 '백인 남성'은 서구 산업 체제를 상징한다(Mies 1986b/1999; Mies, Bennholdt-Thomsen & von Werlhof 1988).

이 성장 패러다임과 관련한 우리의 논제는, 영속적 경제 성장 또는 자본 축적이란 비용이 들지 않거나 약간의 비용만을 들여 착취할 수 있는 그러한 '식민지'가 존재할 때에만 지속될 수 있다는 것이다. 그것들은 '비용의 외부화'를 위한 영역이다.

가부장제, 식민화 그리고 가정주부화

가부장제, 가정주부화, 식민화라는 개념은 자본주의에 대한 여성주의 분석에서 중심적인 역할을 한다. 이들은 오늘날 지구화된 경제 분석에서도 중요한 개념이다. 만약 이 경제가 기능하는 방식을 이해하길 원한다면, 뒤로 물러나 우리 사회의 역사를 간단하게 들여다보아야 한다. 먼저 가부장제의 등장을 살펴보자.

여성에 대한 남성 지배 체제로서의 가부장제는 약 5-6천 년 전에 흑해 북쪽의 중앙아시아 대초원 지대에 살고 있던 부족 사이에서 등장했다. 작고한 마리자 김부타스Marija Gimbutas의 연구에 따르면, 그녀가 쿠르간 Kurgan 부족으로 칭한 이 부족의 남자들은 전쟁과 다른 부족의 영토 정복을 부의 원천으로 만들 수 있었다. 쿠르간 부족의 성공 비결은 그들이 우월한 지능이나 문화 또는 유전적 우월성을 지녀서가 아니었다. 그것은 길들여진 말과 낙타 같은 좀 더 효율적인 이동 수단과 활과 화살, 창 그리고 다른 장거리 무기 같은 훨씬 효과적인 파괴 수단 때문이었다. 이러한 무기에 대한 독점으로 쿠르간 부족의 남성들은 외국 남성과 여성 그리고 그들의 영토에 대해 힘을 발휘했는데, 그들 자신의 노동에서 나온 것이 아니라 폭력과 공격에서 나온 그런 종류의 힘이었다. 그러나 효율적인 파괴 수단에 대한 독점은 그 부족과 다른 부족 간의 관계뿐 아니라 인간과 자연, 그리고 특히 남성과 여성 사이의 관계를 변화시켰다. 전에는 남성들이 자기 부족 혹은 씨족의 여성들에게 의존적이었던 반면, 이제는 정복한 '적들'의 여성들을 훔치고 노예로 만들 수 있게 되었다. 게다가 정복자 남성과 전리품이 된 여성 사이의 관계는, 그들 자신의 남성과 여성 사이의 관계까지 변화시켰다. 또한 인간 삶의 창시자에 대한 개념 자체도 변하였다. 전에는 여성이 인간 삶의 시원arkhe이라는 것이 명백했는데, 그 논리가 뒤집어졌다. 새로운 논리가 창조되는데, 그것은 바로 '죽이는 남성he who kills is'이다. 이는 죽일 수 있는 남성이 누가 살아남을지 결정한다는 것을 의미한다. 그는 자신이 죽이지 않은 사람들에게 생명을 '준다'. 이후 고고학자들이 발견한 것은 '지배자 남성들'이 묻힌 거대 고분에서 나온 무기, 말과 여자 노예의 뼈만이 아니었다. 우리는 남성 신-아버지 혹은 문화적 영웅이 여성을 포함해서 모든 것들의 시원이 되는 새로운 기원 신화를 발견한다. '죽이는 남성'은 현재까지 모든 가부장적 논리의 핵심으로 남아 있다(Mies 1986b/1999; Keller 1990). 이 논리는 또한 근대 산업 단계를 포함한 유럽의 문명화 및 식민주의, 자본주의 그리고 핵가족의 '성공' 비결이기도 하다. 가부장적 이데올로기와 구조는 그러한 체제의 유지를 위해 필요하다는 것이 우리의 논제이다. 그러나 이들 구조와 가부장적 이데올로기는 단지 유지될 뿐만이 아니라 분화되거나 수정되기도 한다.

가정주부화

'구舊' 가부장제와 근대 산업 체제의 가부장제 사이에 존재하는 중요한 차이 하나는 노동과 성별 분업 개념에 대한 새로운 정의이다. 새로운 개념화에 따르면, 남성들은 '그의' 가족을 위한 '생계부양자'이다. 그는 가족과 아내와 아이들을 '먹여 살릴' 수 있는 임금을 벌기 위해 노동력을 팔아야 한다. 여성은 그의 노동력과 미래 세대 임금 노동자를 재생산하기 위해 무보수 노동을 해야만 하는 가정주부로 정의된다. 남성과 여성 사이의 노동 분업에 대한 이 새로운 정의는 남성의 천성적인 사디즘의 결과가 아니라 확장된 자본 축적 과정을 위한 구조적 필요의 산물이다.

'가정주부화housewifisation' 개념은 마리아 미즈가 "나사푸르Narsapur의 레이스 만드는 사람들 – 세계 시장을 위한 인도 주부들의 생산"(1982)이라는 연구에 기초하여 만든 말이다. 그녀는 남인도의 가난한 농촌 여성들이 외주 시스템에 기초한 가내 산업에서 레이스를 만드는데, 그 레이스가 유럽, 호주, 미국으로 수출되고 있음을 발견한다. 그 여성들은 농업 노동자의 최저 임금 수준에 해당하는 아주 적은 돈만을 받는다. 레이스 수출업자들은 이러한 착취를 이 여성들은 집에서 하릴없이 앉아 있는 '주부'라는 주장으로 정당화한다.

가정주부화는 노동력의 무임금 생산뿐 아니라 가내 혹은 그와 유사한 관계에서 여성들이 주로 하는 가장 값싼 종류의 생산노동을 의미하게 된다.

여성 노동의 가정주부화는 여성들이 전일제 노동자로 임금 노동 시장에 진입할 때나 그들 가족을 위한 부양자가 될 때조차 사라지지 않는다. 남성과 여성 간의 임금 격차는 계속해서 존재하고 있다. 독일에서 이 격차는 30%에 이른다. 여성의 소득은 단지 남성 부양자의 소득을 보완할 뿐이라는 주장이 남녀 임금 격차를 정당화한다.

식민화

가정주부화 과정을 식민주의 맥락에서 보지 않는다면 그 분석은 불완전할 것이다. 지구화의 첫 번째 국면에서 식민화와 가정주부화의 과정은 동시에 일어났으며 논리적으로도 연결되어 있다. 식민지 정복과 착취 및 약탈이 없었다면, 유럽의 기업가들은 산업혁명을 시작할 수 없었을 것이고, 과학자들은 그들의 발명에 관심을 가질 자본가를 찾을 수 없었을 것이다. 또 부르주아 계급은 '노동하지 않는' 주부를 둘 만큼 충분한 돈을 얻지 못했을 것이다. 식민주의는 근대적 산업 팽창을 가능하게 한 인간 노동의 생산성 발전을 위한 전제 조건이었고 현재도 그러하다.

전형적으로 식민주의적이면서 가정주부화된 노동 관계는 세계 시장 공장들World Market Factories에서의 노동 관계인데, 선진국의 거대 기업들이 매우 낮은 노동 비용으로 세계 시장, 주로 선진국가의 시장을 위한 상품을 생산한다. 남반구에서 노동 비용이 낮은 것은, 그 나라들이 일반적으로 가난하고 실업자들이 많다는 사실뿐 아니라, 세계 시장 공장과 수출 자유 지역의 대다수 노동자가 어린 미혼 여성들이라는 사실에서 연유한다.[3] 젊은 여성들을 고용하는 주요 이유 중 하나는 가정주부 이데올로기와 가사일 수행에서 획득한 숙련 때문이다. 그들은 꿰매고 짜는 방법을 안다. 그들은 '민첩한 손가락'을 가지고 있고 '다루기 쉬운' 존재로 여겨진다. 더구나 그들이 결혼하고 아이가 생기면 직장을 떠나거나 해고된다. 이것은 주부 이데올로기의 결과이고, 그 이데올로기 때문에 여성의 임금은 남성 임금에 대한 단순한 보완물이 된다. 그 여성들의 대다수가 빈곤한 농촌이나 도시 가구 출신이기 때문에 그들은 선진국에서는 허용되지 않는 경악스러운 노동 조건을 받아들인다. 그들의 노동 시간은 하루 12시간에 이르며 비인간적인 노동 속도, 노동 규율, 안전과 건강에 대한 위험 등을 감내할 수밖에 없는 것이다(Mies 1986b/1999; Elson 1994).

지구화의 세 가지 국면

앞에서 말했듯이, 경제의 지구화는 자본주의의 본질적인 특성이다. 그러나 이 지구화가 늘 동일했던 것은 아니다. 우리는 지구화의 상이한 세 가지 국면을 구분하고자 한다.

1. 엄격한 의미의 식민주의 국면. 제2차 세계대전이 끝날 때까지 지속되었으며 대다수 식민지들이 정치적으로는 독립적이나 개발 식민주의로 인해 경제적으로는 종속되었던 단계.

2. 1972-73년쯤 시작된 신국제 노동 분업 단계. 섬유, 전자, 장난감, 신발 등의 전반적 생산 지점이 구산업의 중심부에서 한국, 말레이시아, 필리핀, 멕시코, 대만과 같은 값싼 노동력이 있는 국가들로 이전하는 단계.

3. 현재의 국면. 남반구뿐 아니라 공산권과 북반구에서도 신자유주의 도그마가 유일하게 가능한 경제 이론으로서 보편화되는 단계. 무역과 투자에 대한 모든 보호주의적 장벽의 철폐가 주요 특징이다. 세계은행과 국제통화기금은 구조조정을 통해 국가 경제를 통제한다. 그 결과 자유 무역과 자유 투자, 탈규제, 사유화, 지구화 그리고 더 많은 상품 생산과 소비가 촉진된다.

첫 번째 국면에 대해서는 이미 언급했으므로(Mies 1986b/1999; Mies, Bennholdt-Thomsen & von Werlhof 1988) 두 번째와 세 번째 국면에 집중해서 기술해볼 것이다.

인간의 얼굴이 없는 지구화

전 지구적 구조조정의 세 번째 단계(제3단계)는 대략 1990년 불경기와 함께 시작되었다. 자본 축적의 논리와 실천이 지구의 모든 지역과 삶의 모든 영역에 전례 없이 침투하면서 지구적 '자유 무역'이란 것이 정형화된다. 이 단계에서는 세계 경제의 구조조정 초기에 있었던 대부분의 변화가 지속되었으나, 양과 질에 있어서 차이를 보인다. 제조업을 저임금 국가로 재배치하는 체계는 좀 더 광범위하게 확대되어 남반구의 가난한 나라들뿐 아니라 동유럽, 러시아, 중국 같은 이전 사회주의 국가들을 포함하게 된다. 노동 집약적이고 환경오염을 유발하는 공장을 폐쇄하고, 노동력이 저렴한 국가로 재배치시킴으로써 부유한 국가에 있는 철강 산업, 광산업, 선박 및 자동차 생산 등 좀 더 산업적인 부문들이 영향을 받게 된다. 그것은 유럽과 미국에서 숙련된 노동자, 주로 남성들의 대량 해고로 이어진다. 또 노동자들의 저항을 통해 노동력이 싼 국가에서 임금이 오를 때 회사들은 더 싼 나라로 이동한다. 예를 들면 한국에서 방글라데시로 가는 것이다(Elson 1994).

최근까지 수출 자유 지역의 여성 노동자들은 영웅적인 투쟁을 통하여 국제노동기구가 정한 최저 노동 기준에 도달할 수 있을 것이라는 희망을 품고 있었다. 그러나 현재 그들은 자신들이 일해왔던 초국적 기업이 문을 닫고 훨씬 '더 싼' 국가로 이동하고 있음을 깨닫게 되었다. 그들은 어떤 해고 통고와 보상 및 대안도 없이 직장을 잃는다. 또는 홍콩에서처럼 회사들이 중국 본토에서 온 보다 저렴한 임시직 여성 노동자들을 고용한다.

1995년 아시아 여성 위원회는《비단과 강철》이라는 제목의 책을 출판했는데, 이 책은 한국, 필리핀, 홍콩, 싱가포르, 인도, 방글라데시의 수출 자유 지역 여성들에 대한 전 지구적 신 구조조정을 분석하였다. 여성들은 언제라도 해고 당할 수 있는 임시직과 시간제 직장을 얻는 반면, 남성들은 종신 직업들에서 선호된다. "관리자들이 모성 휴가나 기타 혜택에 대한 비용을 절약하고 싶어하기" 때문에 기혼 여성들이 노동 시장에서 실질적으로는 배제당하게 되는 것이다. 그들은 "흔히 기혼 여성들이 가정 내 의무를 너무나 많이 가지고 있어서 일에 집중할 수 없다"라고 주장한다(CAW 1995, 31).

그러나 그것이 모든 기혼 여성들에게 돈을 버는 '부양자'가 있고 따라서 순수 돈을 벌기 위해 일할 필요가 없음을 의미하지는 않는다. 수출 자유 지역이 좀 더 저렴한 노동력을 보유한 국가로 이전함으로써 임시직이 증가했다. 종신 직장은 시간제, 불안정하고 보호되지 않는 직업으로 변했고, 상근직은 임시직으로, 공장 노동은 가내 노동으로 바뀌었다. 특히 가내 노동은 주로 공장 일을 잃은 기혼 여성들이 한다. 알다시피, 가내 노동은 여성들에게 가족 의무와 지구적 시장을 위한 '생산' 노동을 겸하도록 한다. 갑자기 해고된 여성들 중 많은 이들은 새로 생긴 서비스 기업에서 임시직으로 일한다. 실업 여성의 70%가 이 분야에서 임시직을 찾았다.

이는 그들이 맥도날드McDonald's, 스파게티 하우스Spaghetti House, 맥심 Maxim, 슈퍼마켓 등에서 청소부나 가정부, 성노동자로 몇 시간씩 일하고 있음을 뜻한다. 최근 홍콩에서는 성노동자들이 늘어나는 착취와 폭력으로부터 자신들을 보호하기 위해 일종의 노동조합인 연합체를 결성하였다(*ZiTeng Newsletter*, 1998. 10, 7호). 이 사건은 경제학자와 정치인들이 실업문제를 해결하는 신종 직업 기계로 추앙해마지 않는 '서비스 분야'에서 일어나고 있는 일 중 하나이다.

많은 아시아 국가 여성 노동자들의 상황을 분석해보면 우리가 1988년에 썼던 대로 지구적 자본이 야기한 위기의 영향 아래 노동의 가정주부화가 심화되고 있음이 확인된다. 《비단과 강철》은 그 전략의 결과로 여성들의 노동과 삶의 조건이 악화되는 현실에 대한 풍부한 자료를 제공한다. 또한 필자들은 경제 위기 시 남성들이 종종 가족을 떠나버리기 때문에 여성들이 홀로 남아 아이들과 부모, 형제자매를 부양한다는 사실을 보여준다.[4]

노동의 가정주부화는 자본이 지구화된 경제에서 비교 우위를 실현하는 최적의 전략으로 여겨진다. 왜냐하면 여성들은 어머니와 보살피는 사람으로서 가장 저렴하고 가장 착취하기 쉬운 '값싼 노동력'이기 때문이다. 이 전략은 여성들에게는 재난이다.

남반구에서나 북반구에서 수출 위주의 산업으로 지구적 경제를 재조정하는 것은 거대 초국적 기업들이다. 점점 많은 자본과 권력이 그들 손으로 집중되고 있다. 그들은 신자유주의 전략이 아시아, 러시아, 라틴아메리카에 재정 경제 위기를 초래할지라도 그 전략을 계속해서 밀어붙인다.

이러한 전 지구적 경제의 신식민주의 구조는 세계은행이나 국제통화기금과 같은 국제기관에 의해서, 관세및무역에관한일반협정GATT에 의해서, 그리고 요즘은 세계무역기구WTO, 다자간투자협정MAI 및 유사 협정들에 의해서 지지받고 있다.

GATT란 국가들이 그들 경제와 사회의 특정 영역을 보호하기 위해 만든 무역 장벽을 철폐하고 시장을 개방하여 세계 전역으로부터 온 상품을 받아들여야 한다는 협정이다. 이 신 자유 무역 정책은 모든 무역 파트너들은 동등하며, 모든 무역 파트너들이 비교 우위 원칙을 이용함으로써 이익을 얻을 것이라고 가정한다. 하지만 실제로는 힘없는 파트너, 특히 제3세계 국가들은 자신들의 국가 주권을 위협하는 규정을 어쩔 수 없이 받아들이게 된다. 그들은 농업 분야를 초국적 기업에 의존해야 하고 식량 자급 정책을 버려야 한다. 그들은 선진국 기업이 자신들의 영토에 '더러운' 산업을 설립하는 것을 허용해야만 한다. 그들은 선진국의 은행과 보험 회사를 받아들여야 하고, 무엇보다 무역관련지적재산권(Trade Related Intellectual Property Rights, TRIPs)에 관한 GATT 조항을 통해 외국 기업과 과학자들이 특허 소유자로서 생물학적·문화적 유산과 공유재산을 사유하고 독점하고 상업화하도록 허용해야만 한다.

무역관련지적재산권TRIPs은 생명공학, 유전자 및 재생산 공학의 발전과 함께 제3세계에 특히 위험한 것이 되었다. 이 기술은 이전의 어떤 기술보다도 더 많이 세계를 변화시킬 것으로 예상된다. 생명공학 영역의 초국적 기업들은 특히 남반구 국가들에서 모든 생명체―식물과 동물 그리고 심지어 인간―의 유전자를 독점적으로 통제하려고 애쓰고 있다. 이는 특히 여성들에게 영향을 미치는데, 여성들은 많은 나라에서 종자의 보존을 책임지고 있기 때문이다(Mies & Shiva 1993; Akhter 1998).

하지만 식물·동물의 유전자 조작과 궁극적으로는 인간의 유전자 조작까지 포함하게 될 생명공학은, 북반구 선진국에도 해로운 결과를 가져올 것이다. 선진국의 대다수 소비자들은 이미 식량을 초국적 기업에 의존하고 있기 때문에, 조작되지 않은 식량을 선택할 자유를 잃었다. 생명공학이 확실한 성장 산업으로 간주되기 때문에 윤리적 검토는 계속 밀려나고 있다. 이러한 과정에서 여성과 새 생명을 낳는 여성의 능력은 전략적으로 중요하다. 재생산 기술은 전 지구적으로 확대되고 있다. 재생산 기술은 우생학적, 인종차별주의적, 성차별주의적 조작의 길을 열었고,

여성의 몸을 과학 실험과 생명산업을 위한 생물학적 원료 저장소로 다루는 일이 점점 늘어났다(Mies & Shiva 1993 ; Mies 1996a).

지구화의 또 다른 결과는 남반구 나라들에서 증가하는 빈부 양극화다. 경제를 '자유 시장'이라는 원칙 아래 두기 위해 채무국인 제3세계 국가들에게 부과한 구조조정이 양극화의 원인 중 하나다. 이러한 구조조정은 특히 가난한 여성들에게 비참한 결과를 가져다준다. 지구화의 두 번째 단계에서 빈곤층은 국가가 자신들을 돌봐주기를 여전히 희망하지만, 이 환상은 더 이상 가능하지 않게 된다. 빈곤층과 가난한 여성들은 사실상 고군분투해야 하는데, 살아남기 아니면 죽기밖에 없다. 그들은 사실상 생산자 혹은 소비자로서도 불필요한 존재다. 그러한 이유로 빈곤한 여성들은 인구 통제의 주요 대상이 된다.

반면, 새로운 전 지구적 구조조정은 제3세계 엘리트 계층의 생활양식을 선진국 중산층에 버금갈 정도로 향상시켜놓았다(Sklair 1994). 태국, 인도네시아, 중국, 인도와 같은 아시아의 신흥공업국들이 사실상 가장 빠르게 성장하는 이 단계에 속해 있다. 팜 우달Pam Woodall의 분석에 따르면, 이들 나라의 중산층은 서구에서 생산된 소비품을 사고 싶어하기 때문에, 부유한 국가들이 1990년대 초반의 경기 불황에서 탈출할 수 있었던 것은 이들의 도움 덕분이다. OECD 평가에 따르면 인도와 중국, 인도네시아의 소비자들은 2010년까지 7억 명에 이를 것이라 한다(Woodall 1994, 13). 그러나 우리는 엘리트 소비자와 그들 나라의 빈곤층 사이의 격차는 더욱 커질 것이라고 생각한다.

비슷한 상황을 선진국에서도 목격할 수 있다. '값싼 노동력의 나라'로 산업이 이전됨으로써 미국과 유럽에서는 실업이 증가하고 임금이 감소했으며 빈곤이 늘어났다. 이 위기를 '해결'하려는 전략은 지금까지는 제3세계에만 적용되어온 전략들과 유사하다. 이는 노동의 탈규제 및 유연화인데, 지금까지 정규직이었던 노동 관계를 가정주부화하고 비정규직화하는 것, 그리고 가내 노동의 증가가 그 주요 방법이다. 한 국가 내 값싼 노동 영역의 창조(특히 여성들을 위한)와 복지 국가의 점차적 해체는 제3세계의 구조조정과 같은 패턴을 따른다.

그러한 모든 조치는 결과적으로 선진국에 빈곤 현상을 가져오며 이는 주로 여성 빈곤으로 나타난다. 또 선진국에서도 빈부의 양극화는 증가하고 있다. 전 지구적 구조조정은 그 대변인들이 주장하는 것과는 다르게 모든 사람들에게 더 많은 부와 행복, 발전을 가져다주지 않았다. 반대로 지구적 자본주의 경제는 개별 국가 내에서 그리고 전 세계적으로 불평등을 유지하고 재창조하는 한에서만 성장할 수 있다. 팜 우달은 보수적 주간지 〈이코노미스트Economist〉에서 이에 대해 분명히 말한다.

국제무역의 수익은 국가들이 비교 우위를 똑같이 나눠 갖도록 하는 것이 아니라, 그들의 비교 우위를 착취하도록 함으로써 창출된다. 그리고 제3세계의 비교 우위 중 많은 부분이 빈곤, 특히 값싼 노동력과 환경오염을 감내하는 것에 있다(Woodal 1994, 42).

거대 초국적 기업이 장려한 신자유주의 자유 무역 전략은 노동 상황에 관한 한 특히 아시아와 중남미의 수출 자유 지역과 마킬라도라스maquiladoras* 여성들에게 '블랙홀'을 초래했다. 그뿐만 아니라 남반구 전 지역에 걸쳐 농부들을 대량으로 빈곤으로 몰아넣었고, 식량 생산 농업이 이루어지는 넓은 지역을 양도받으면서 남반구와 북반구의 식량 자급 정책을 파괴했다. 이와 같은 소위 경제 개혁들은 남반구의 농부와 빈곤한 여성들에게 가장 많은 영향을 준다. 신자유주의 신조가 말하는 '비교 우위'가 정말 공평한 경쟁을 창출하고 빙산 경제의 밑바닥에 있는 사람들에게도 혜택을 주는지 알기 위해서는, 신자유주의 전략이 여성, 아이들, 농부, 자연에게 미치는 영향을 살펴볼 필요가 있다.

GATT, WTO, 지역 단위 무역 블록 그리고 식량 안보

1986년 소위 우루과이 라운드Uruguay Round[5]에서 신자유주의 자유 무역 정책은, 관세및무역에관한일반협정에 서명한 국가들의 농업 부문을 포함하는 것으로 확대되었다. 그 전까지는 농업 무역은 지역 농민을 보호하기 위해 자유 무역 정책에서 제외되어 있었다. 우루과이 라운드 회담은 8년간 진행되었고 1994년 마라케시Marrakesh에서 종결되었다. 그로 인해 식량 농업 무역은 지구화되고 자유화되었다. 이로써 GATT에 서명한 나라에서는 외국 기업이 자국 시장에 접근하지 못하도록 규제함으로써 지역 농민이나 소비자를 보호할 수 있는 가능성이 사라졌다. 농업 생산의 주요 목적은 더 이상 자국민에게 식량을 공급하는 것이 아니라, 시장에서 요구하는 국제 수출을 위한 무역 상품을 생산하는 것이 되었다. 게다가 식량 농업 무역의 자유화는 거대 초국적 기업이 제한 없이 다른 나라에 투자할 수 있음을 뜻한다. 그 결과, KFC 같은 기업이 인도 전 지

---

* 멕시코 정부의 개방경제 선언 뒤 육성되는 수출공업 단지. 다른 곳에서 제작된 부품을 저임금으로 조립한다. 현재 50만 명에 달하는 노동자들이 일하고 있다.

역에서 패스트푸드 체인 설립을 시도할 수 있었다.

GATT 규제는 무역관련지적재산권에 관한 조항(TRIPs)도 포함하고 있다. 이 약자 뒤에는 부유 산업국과 그들의 초국적 기업이 남반구 열대지역의 유전자 다양성과 지역 사회가 가지고 있던 식물, 동물, 지구, 건강 등에 관련된 전통적인 지식에 자유롭게 접근하려는 의도가 숨겨져 있다. 이 지식은 유전자 다양성을 산업화, 상업화, 사유화하고 결국엔 독점하기 위해서 쓰여질 것이다(Shiva 1995b). GATT의 보호 아래 무역관련지적재산권 덕분에 연구자와 회사들이 생물학적, 유전적으로 조작된 식물과 동물의 특허권을 얻을 수 있게 된다. 생명체에 대한 특허는 최근까지 가능하지 않았다.

이러한 변화가 지역 농민과 소상인에 미치는 영향은, 최근 GATT와 님나무(neem: 인도멀구슬나무―옮긴이) 생산품에 대한 특허에 저항하는 인도 농민운동을 통해 분명해졌다. 그러한 생산품들은 인도에서 수천 년 동안 천연 살균제와 살충제로 사용되어왔으며, 그 질이 우수하다는 점은 인도에서는 널리 알려진 지식이었다. 미국인인 토니 라슨Tony Larson은 모든 님나무 생산품에 대한 특허권을 취득했고 그것을 초국적 기업인 W. R. 그레이스사W. R. Grace에 팔았다. 그는 새로운 것을 발견한 것이 아니라, 예로부터 전해오던 인도의 지식을 사적 소유권으로 만든 뒤 판매한 것이다. 이후 님나무로 어떤 것을 생산하려는 인도 사람은 라슨과 W.R. 그레이스사에게 특허 사용료를 지불해야만 했다. 반다나 시바 Vandana Shiva와 제러미 리프킨Jeremy Rifkin이 미국 특허청 앞에서 생물 약탈에 대해 성공적으로 싸워냈다(*BIJA*, 15-16호, 1996, 32). 비슷한 과정이 특히 종자 분야에서 진행되고 있는데, 거대 초국적 기업들이 전 지구적으로 종자 및 생물유전자원을 점차적으로 통제해나가고 있으며, 국제법을 이용해 농업 인구에 대항하여 자신들의 상업적 이익을 옹호하고 있다.[6]

GATT 회담이 종결된 후인 1995년 1월에 모든 규제 장치들이 세계무역기구WTO로 이전되었고, 현재 WTO는 위에 기술한 자유 무역 원칙에 따라 세계 무역을 규제하고 있다. 동시에 유럽연합(European Union, EU), 북미자유무역협정(North American Free Trade Agreement, NAFTA), 아시아·태평양경제협력체(Asian-Pacific Economic Cooperation Conference, APEC), 남미공동시장MERCOSUR과 같은 거대 무역 블록들이 건설되었고 현재도 건설 중이다. 이는 전 지구적 경제에서의 경쟁 즉, 시장과 투자, 그리고 생산 및 서비스에 있어서의 경쟁의 결과들이다. 국제연합식량농업기구(Food and Agriculture Organization of the United Nations, FAO)는 GATT와 WTO 틀 내에서 '세계 식량 안보'라는 목표를 달성하려고 노력하고 있다. 농업 부문의 지구적 자유 무역을 연구하는 분석가들은 OECD 국가들의 수익이 매년 미화 250억 달러에 이를 것으로 예상한다(*FAO Technical Paper*, 7호, 1996, 10).

그러한 수익 확보가 식량 안보 획득을 의미하는가는 매우 의문스럽다. 처음부터 그렇게 많은 사람들의 식량 안보를 파괴하기 위해 그렇게 많은 일들을 자행해온 바로 그 제도, 이해, 이론 들에서 식량 안보를 기대하는 것은 애초에 길을 잘못 들어서는 것이다. 우리는 다음의 논제를 공식화했다.

농업, 식량 무역이 세계적으로 자유화, 탈규제되어 있고, 비교 우위, 보편적 경쟁, 수익 극대화, 영속 성장이라는 신자유주의 도그마에 기초해 있는 전 지구적 시장 경제에서 보편적인 식량 안보는 애초부터 불가능한 것이다.

이제 그러한 신자유주의 무역 원칙들이 세계의 빈곤층에게 가져온 결과들을 살펴보자. 잘 알려진 것처럼 빈곤층은 대부분 여성이다. 남반구와 북반구에 있는 여성에게 미친 지구화의 영향은 각각 다르게 분석되고 비판될 수도 있다. 세계 빈곤층의 70%가 여성일 뿐 아니라 신자유주의 개발은 독일에서도 여성 빈곤을 증가시켰다(Bennholdt-Thomsen 1996b). 이것은 식량 안보에 대해 어떤 의미를 지니는가?

자유 무역이라는 지구적 원칙은 비교 우위라는 데이비드 리카도David Ricardo 이론에 주로 기반해 있다. 이 이론에 따르면 상품은 자연 조건이 가장 유리하고 생산 비용이 가장 저렴한 곳에서 생산되어야 한다. 예를 들어 포르투갈 사람들은 섬유가 아닌 와인을 생산해야 하고 영국인들은 와인이 아닌 섬유를 생산해야 한다. 그럴 때 두 국가는 그 상품들의 교역에서 수익을 얻을 수 있다. GATT/WTO 틀 안에 농업과 식량 생산을 적용해보면 이 원칙은 임금이 가장 낮고 환경 보호법이 가장 관대한 곳에서 식량이 생산되어야 함을 뜻한다. 또한 이는 지역 농부들이 더 이상 자기 나라 인구의 필요를 위해 생산하지 않고, 대신에 높은 수익이 손짓하는 외부 시장을 위해 생산함을 의미한다.

그 결과 인도의 예를 들자면 동쪽 해변을 따라 형성되어 있는 비옥한 논들은 새우 농장을 하려는 국제 기업에 의해 매수되거나 임대된다. 그 새우들은 유럽과 일본, 미국으로 수출되고 우리의 슈퍼마켓에서 싸게 구매할 수 있게 된다. 새우 양식장을 설립하기 위해서는 소금물을 땅으로 퍼올려야 하는데 이렇게 되면 땅과 식수를 망치게 된다.

반다나 시바가 증명하는 것처럼 '성장'에 따르는 환경적·경제적·사회적 비용을 지불하는 것은 지역 사회, 특히 여성들이다. 새우 수출이 국내와 국제적 성장 통계에 나타나는 반면, 지역 식량 및 생물 자원의 파괴는 언급되지 않는다. 무엇보다도 오랫동안 벼농사와 어업으로 살아온 어촌 및 농촌 지역의 여성들의 생계 기반이 파괴된다. 그들은 가장 활발하게 새우 농장에 대항하는 사람들이다. 반다나 시바는 타밀 나두Tamil Nadu의 쿠루Kurru 마을에 대해 고빈다마Govindamma의 말을 인용한다.

"그들은 처음에 우리를 해안으로부터 몰아내었기 때문에 우리는 시골에서 일을 찾아야만 했다. 지금 그들은 논에 새우 농장을 만든다. … 우리는 우리의 일도 잃게 되었다. 어떻게 생계를 꾸릴 것인가?"(Shiva 1995a)

인도 동쪽 해안의 삼각주 지역은 벼농사에 특히 적합하다. 오늘날 지역의 자급 기반은 파괴되고 있다. 새우 수출로부터 얻는 재정적 이익은 결코 보상으로 돌아오지 않는다. 첫째 그러한 이익은 주로 외국 및 국내의 사기업들의 몫으로 돌아가고 있고, 둘째 그 산업에서 일감을 찾은 소수 사람들의 임금은 매우 낮아 FAO가 정의한 식량 안보를 거의 보장할 수 없다. 싼 임금은 새우 회사의 비교 우위의 한 부분이다. 그것이 없었다면 그들은 독일이나 일본 해안에 시설을 세웠을 것이다. 게다가 그 산업이 만들어내는 일자리보다 더 많은 일자리들이 파괴된다. 또한 새우 농장은 제한된 시간 동안만 생산적으로 작동될 수 있다. 조개가 병으로 폐사하게 되면 새로운 해안 지역을 구해야 하기 때문이다. 〈푸른 혁명의 폭력〉이라는 비디오에서 볼 수 있었던 것처럼 미성년자 노동 또한 비교 우위의 일부이다.

새우 농장의 예는 수출하기 위해 꽃과 딸기를 생산하는 서인도 지역으로 이어진다. 서인도 지역에서 이전에는 지역 식량을 생산하는 데 사용되던 땅이 지금은 구매력 있는 지역에 사는 과식하는 소비자들을 위한 사치품을 생산하는 데 사용된다.

비교 우위 원칙은 노동과 자본의 이동력이 국가 경계에 의해 제한되는 시점에서 개발되었다. 데이비드 리카도는 자본이 모든 경계를 넘어 자유롭게 이동한다면 비교 우위가 아닌 절대적 우위를 찾게 될 것이라고 분명하게 말한다. 그때 일국 정부와 의회는 더 이상 비교 우위가 아닌 절대 우위를 추구하는 걸 막을 수 없을 것이다. 오늘날 바로 그러한 상황에 이르렀다.

그리고 최종 비용은 자연, 빈곤층, 아이와 여성들이 짊어진다. 농업 및 식량 부문에서 절대 우위를 추구하는 것은, 피폐한 남반구 국가에 사는 농부의 생존과 식량 안보가 자본 성장을 위해 희생되고 있음을 의미한다. 반다나 시바는 인도에서 쌀과 밀의 가격이 이러한 수출 지향 정책 탓으로 상승해왔다고 기록하고 있다. 동시에 빈곤 지역의 가난한 농부들은 수입되는 싼 곡물에 자신들의 시장을 빼앗긴다(Shiva 1995a).

어딘가에 패자가 있을 때에만 지구적이고 자유화된 농업 생산 시장에 승자가 있을 수 있다는 사실은 다음과 같은 미국 농민 정치가의 진술에서 확인된다. "미국이 주요한 경제적 목표인 유럽으로의 곡류 판매를 극적으로 증가시키기 위해서는, 먼저 국내 생산을 독려하는 유럽 식량 안보 정책을 파괴해야만 한다"(Shiva 1995a 인용). 이 진술은 전 지구적 농업 시장에서의 관계가 실제로 무엇인지를 보여준다. 비교 우위나 절대 우위를 실현하려는 몇몇 국가와 초국적 기업에게 다른 지역의 자급적인 생산은 파괴되어야 할 대상이다. 미국은 1970년대 초반부터 밀을 무기로 사용하는 전략을 취해왔다. 이것이 현재 초국적 기업의 고의적인 전략이라는 사실을 인도에 있는 펩시와 '비카네리 후지아'의 예가 보여준다.

비카네리 후지아 사례

비카네리 후지아*Bikaneri bhujia*는 인도 라자스탄Rajasthan의 비카네르Bikaner에서 가내 공업으로 생산되는 전통 스낵이다. 현재 약 2백 5십만 명, 특히 여성들이 여기에서 소득을 얻는다. 펩시Pepsi 회사는 자본력을 가지고 지역 생산자를 싸게 입찰해 그들의 시장을 파괴하면서 이 스낵을 대량 생산하고 있고, 광고에는 전통 명칭을 쓰고 있다. 펩시는 이 스낵을 생산하는 새로운 요리법을 도입하지 않았다. 이 미국의 초국적 기업은 경제 자유화 이후 인도에서 자유롭게 기업 활동을 할 수 있게 되었다. 수백만의 일반 여성이 보유하고 있던 음식 준비에 관한 지식과 전통적 방식을 그대로 사용했고, 그로 인해 그들의 생계 기반이 파괴되었다. 그 스낵의 이름은 지역에서 왔으며, 도시와 시골에서 온, 교육받았거나 교육받지 못한, 그리고 기혼이거나 독신모 혹은 홀로 아이를 키우는 여성들은 그 지역과 완벽하게 들어맞는 이 가내 공업으로부터 소득을 얻었다. 이 스낵을 준비하기 위해 사용되는 나방 편두moth lentil는 비카네르와 조드페르Jodhpur의 사막에서만 자란다. 가내 공업은 안정된 지역 시장을 가지고 있으며 여성뿐만이 아니라 사막 지역에 사는 농부들을 부양했다. 1만 명의 여성이 비카네리 후지아와 함께 먹는 스낵인 파파드*papad* 준비에 고용된다. 그리고 수많은 노점 상인이 이 대중적인 전통 스낵을 팔면서 살아간다.

1996년 2월 20일 델리에서 열린 '지적재산권, 공동체 권리, 생물 다양성'에 관한 회의에서는 비카네르 지역의 거의 모든 인구가 비카네리 후지아의 생산 및 판매에 관여하고 있다고 보고되었다. 펩시는 가내 공업 부문에서 이 상품을 떼어내 첨단 기술 부문으로 이동시킬 것이라고 발표했다. 이것은 비카네르 사람들에게는 재난이 될 것이다. 펩시는 소시민의 시장을 파괴하기 위해 그 전통적인 상표명을 훔친 것이다(*BIJA*, 15-16호, 1996, 29-30).

인도에서는 이와 같은 정책이 지원받고 있다. 지역 인구를 먹여 살리는 데 필요한 농지에서 펀자브Punjab 쌀 대신에 펩시 케첩을 만들 토마토가, 카나타카Karnataka의 쌀과 기장 대신에 해바라기가, 그리고 기본적인 식량 대신에 수출을 위한 마하라스트라Maharastra 딸기나 과일과 같은 수출 식품이 심어지고 있다. 옥수수는 유럽으로 수출하기 위한 동물 사료로 재배된다. 대기업 식량 회사들은 농부들을 계약 생산자로 전환시켜 '새로운 음식' 생산을 위한 원료를 제공하게 한다. 그리고 그것을 '구매력'을 가진 사회계층이 있는 곳에 판매한다.

자유 무역 정책의 결과는 이미 인도에서 감지되고 있다. 농업 생산품 수출, 무엇보다도 곡류 수출은 최근 몇 년 사이 71%나 증가했다. 1988-89년 사이에 2조 1천9백8십억 루피 어치에서 1992-93년 사이에 3조 7천6백 6십억 루피 어치로 늘어났다. 새 경제 정책에 따라 인도 정부에는 기본 식량 가격에 영향을 미칠 권한이 없어졌기 때문에, 식량 가격은 같은 기간 63% 상승했고 이는 1인당 하루 소비량을 510g에서 466g으로 즉각적으로 감소시켰다(Shiva 1995a). 남반구 다른 나라에서도 비슷한 양상을 보인다.

모든 사람, 즉 경제적 약자, 빈곤 여성 및 아이들을 위한 식량 안보를 어떻게 자유 무역에 기초하여 보장할 수 있을 것인가. 반다나 시바는 인도에 대하여 다음과 같이 쓰고 있다.

"식량이 무역 자유화가 요구하는 대로 세계 시장 가격으로만 구매된다면 경제 개혁 이전에도 먹을 것이 충분치 않았던 대다수 빈곤층은 기아를 면할 수 없다."(Shiva 1995a)

민다나오의 옥수수 농부들

지구화된 자유 무역이 어떻게 기아를 발생시키는가에 대한 또 다른 예는 필리핀 민다나오Mindanaao의 옥수수 농부에게서 찾을 수 있다. 그곳의 소농들은 주로 옥수수 생산으로 먹고 살았지만 GATT/WTO의 자유 무역 정책은 그들을 가난과 기아로 내몰았다. 미국이 필리핀으로 옥수수 농부의 생산가보다 훨씬 낮은 가격으로 옥수수를 수출하기 시작하면서, 농부들은 경쟁할 수 없어 농사를 포기해야만 했다. 궁핍해진 농부들은 이미 과밀화된 도시 슬럼가로 이사를 가거나, 농부들의 땅을 무자비한 가격에 사들인 델몬트 같은 식품 관련 초국적 기업 소유의 플랜테이션에서 임시직을 찾으려 애썼다.

운 좋게 플랜테이션에서 임시직을 찾은 사람들은 스스로를 위해 자신의 땅에 식량을 재배하는 대신, 서구 슈퍼마켓에 공급할 파인애플과 바나나, 야채를 생산한다. 그런데 이 모든 것이 '비교 우위' 이론과 자유 무역이 이룬 또 하나의 성공이라고 찬양받는다. 결국 더 싼 가격에 식량을 살 수 있을 때 그것을 재배할 필요가 있겠는가? 이제 미국에서 온 것보다 더 싸게 살 수는 없다. 무역 장벽이 더 이상 존재하지 않기 때문에 미국 중서부에서 재배된 옥수수가 민다나오의 옥수수 시장가의 절반 가격에 판매된다(Kevin Watkins, *Guardian Weekly*, 1997. 2. 16).

역설적이게도 미국의 농업 무역은 진실로 자유롭지 않다. 농부 한 명당 2만 9천 달러까지 정부에서 보조를 받는다. '자유 무역'이 늘 공언하는 것처럼 진실로 공평한 경쟁 기반이 만들어지고 있는 것이 아니다. 즉 승자와 패자가 존재하는데, 승자는 절대적으로 거대 농업, 식량 초국적 기업이고 패자는 소농, 여성, 아이들이다.

그러나 선진국의 소비자는 어떠한가? 그들 또한 승자 그룹에 속해 있지 않은가? 선진 7개국 대표들이 1997년 가을 리옹Lyons 정상회담에서 자유 무역이 식량 가격을 낮춰 소비자들에게도 우호적이라고 말했을 때 그 말은 옳지 않았는가? 국제 소비자 협회들은 모든 상품 가격의 하락 때문에 GATT를 환영했다. 그러나 유럽과 미국의 소비자들은 GATT를 제대로 인식하지 못했다. 대다수 사람들은 일 년 내내 이국적 과일들을 싼 가격에 살 수 있는 이유와, 또 티셔츠가 매년 저렴해지는 까닭에 대해 묻지 않는다. 실물 경제에 관한 그러한 종류의 사회적 무지는 신자유주의 전략의 일부다. 그것은 사람들이 초국적 기업의 이윤을 위해 소농의 존재와 식량 안보를 희생시키고 있는 GATT/WTO의 식량 정책에 대해 의문을 제기하지 못하도록 막고 있다.

북반구 여성들의 블랙홀

북반구 나라들, 특히 선진 7개국G7은 신자유주의적 지구화 과정의 수익자이지만, 그 과정이 진행될수록 남반구뿐 아니라 북반구에서도 빈곤과 기아, 사회적 불안정과 불행, 실직이 눈에 띄게 증가하고 있음이 분명해진다. 사실상 유럽뿐 아니라 미국에서도 사회 양극화 과정을 발견할 수 있다. 이 과정은 처음에는 황금시대의 시작으로 환영받은 독일의 통일이 역설적이게도 실업의 극적 증가를 낳은 동독에서 가장 두드러졌다. 실업 인구의 3분의 2가 여성이다. 이러한 일이 여성의 임금 노동이 90%로 세계에서 가장 높은 나라이자 모든 직업에 여성이 진출해 있는 나라에서 일어났다. 어떠한 대안도 없이 여성들을 부엌과 아이들이 있는 집으로 보내기 위해 오래된 가부장적 전략이 쓰이고 있다.

신자유주의 정책의 결과, 유아 교육 지원금과 사회보장 비용이 삭감되었다. 여성은 그 과정에서 주요 피해자다. 이는 전全 동독뿐 아니라 전 서독과 신자유주의 신조를 따르는 모든 OECD 국가에서도 그러하다. 정부는 사람들을 보호하지 않고 거대 초국적 기업의 이익을 보호하는 것을 주요 과제로 여긴다. 그들은 공적 자산의 사유화를 촉진하고 노동법을 탈규제하기 위해 사회보장, 보건, 교육, 보육, 여성 평등권 분야에서의 공공 지출을 삭감한다. 이 모든 것이 지구적 시장에서 거대 기업의 경쟁력을 증진하고 외국 투자자를 끌어들이기 위해 행해진다. 이러한 정책은 좀 더 많은 일자리를 창출할 것이라는 주장에 의해 정당화된다. 그러나 현재까지 새로운 일자리가 창출되지 않았다는 것은 명백하다. 대신에 합리화 혹은 혁신이 일자리를 파괴하고 소위 '일자리 없는 성장'이란 것을 만들어냈다. 그러나 이 전략은 어디에서도 포기되지 않고 있다.

인공적으로 생산해낸 것이 살아 있는 인력보다 우월하고 훨씬 생산적인 것으로 신봉된다. 인력을 고기술 기계로 대체하거나 '싼 노동력'이 있는 나라로 생산 시설을 이전함으로써 이루어지는 '생산 증가'는 지구적 경쟁에 맞닥뜨린 기업들이 사용하는 주요 기제 중의 하나다.

분할 지배

이 신자유주의 전략은 남반구에 있는 여성뿐 아니라 북반구에 있는 여성에게도 재앙이다. 예를 들어, 독일에서 GDP 대비 사회지출의 비율이 1988년 33%에서 1994년 30%로 감소했다. 주당 40시간 이상 일하는 여성들 중에서 53%는 생계의 주요 비용을 충당할 충분한 소득(1,800마르크로 계산되는)을 벌고 있지 못하다(Moller 1991). 게다가 여성들은 임시직 노동자, 불안정한 일자리의 대다수를 구성한다. 싱글맘 및 여성 가장 가구의 수는 1백만으로 증가한 데 반해 그들의 경제적 상황은 1980년 이후로 악화되었다.

하지만 이 상황은 독일에만 국한된 것이 아니다. 미국, 캐나다, 영국 그리고 선진국의 대다수 국가들에서도 비슷한 현상을 발견할 수 있다. 물론 빈곤의 여성화feminisation of poverty라는 말이, 많은 여성들이 그 나라에서 굶어 죽어가고 있음을 뜻하지는 않는다. 현재의 신자유주의적 지구화 과정은 새로운 가부장적 질서를 만들어냈는데, 이는 직접적인 개입이나 폭력을 통해서만이 아니었다. 이것은 탈가치적인 경제적 우선순위, 즉 모든 것의 상업화 및 수익의 극대화가 전체 사회의 주요 목적이 되었다는 사실로 인해 가능했던 것이다. 이 목표들은 모든 경제 활동에 있어 준準 자연법적 질서로 나타난다. 그러한 경제관은 여성들, 생명, 사회적 존재로서의 인간, 자연에게 기본적으로 적대적이다.

근래 들어 우리는 사회적 연대의 쇠퇴를 목격했다. 분할 및 지배 그리고 위계적으로 나눠진 가부장적 사회의 결과로, 여성들은 이러한 붕괴의 주요 피해자가 되었다. 종종 가정되듯이 사회주의 몰락이 그러한 전환의 원인은 아니다. 단지 악화 요인일 뿐이다. 우리가 최소 2백 년간 피해왔으나 이제 배워야 할 역사적 교훈은, 자본주의와 사회주의 중 어떤 것이 더 나은 체제인가 하는 질문은 잘못되었다는 점이다. 여성의 관점에서 이 질문을 했다면, 그 두 가지 중 어떤 체제도 다른 것보다 낫지 않음을 일찍이 알았을 것이다.

가부장제는 죽고, 주부는 영원하라!

"노동자 계급은 죽고, 주부는 영원하라!"는 클라우디아 폰 베를호프 Claudia von Werlhof가 1983년 독일에서 출판한 에세이의 제목이다(English translation in Mies, bennholdt-Thomsen and von Werlhof 1988, 168). 그것은 노동자 계급과 '노동 사회'의 종말이 처음으로 선언되었던 순간이었다 (Gorz 1983). 베를호프는 이 담론을 통해 노동법, 노동조합, 노동 계약에 의해 잘 보호되었던 남성 숙련 노동자가 더 이상은 최적의 노동력이 아님을 설명한다. 대신 주부가 새로운 자본 전략에 정확히 맞아떨어지는데, 이 시대는 노동의 유연화를 요구하기 때문이다. 이러한 유연화는 마이크로 전자 공학 및 컴퓨터 기술이 야기한 신 노동 합리화의 필수적인 결과라고 선전되었다.

1983년경에 노동조합들은, 유연화가 자본주의로 하여금 불경기를 극복하게 할 일시적인 전략일 뿐이라고 믿고 있었다. 그러나 현재에 이르러서는 이 전략이 산업국가에서 잘 확립되어 보호되고 있는 주요 노동기준을 훼손시키는 데 사용되고 있음이 분명해졌다. 기업들이 '값싼 노동 국가'로 간단하게 이동할 수 있는 지구화 맥락에서, 주요 국가의 노동조합이 그들의 전통적 요구를 계속해서 고집한다면 노동은 자본의 관점에서 더욱 유연해질 것이다. 전 독일 경제부 장관 렉스로트Rexrodt는 공개적으로 독일 내부에 값싼 노동 분야를 만들 것을 제안했다. 그렇지 않으면 독일 자본이 '값싼 노동' 국가, 주로 동유럽, 아시아 또는 남아프리카로 흘러들어갈 것이다. 장관은 심지어 그러한 '값싼 노동 부문'에 고용될 인력 유형에 관해서도 명백히 밝혔다. 그것은 바로 여성, 주부들이다. 그는 여성들이 가사와 자녀 및 노인 돌보기를 생산 노동과 겸할 수 있다고 찬사를 보냈다. 자택에서 컴퓨터 일을 하는 것처럼 말이다.

사실 노동의 유연화는 노동의 가정주부화를 뜻한다. 1983년에 이미 클라우디아 폰 베를호프는 여성의 노동뿐 아니라 남성의 노동 또한 '가정주부화'될 것이라고 쓴 바 있다. 자본의 입장에서 백인 남성 임금 노동자는 모든 노동자들의 미래상이 아니기 때문이다. 모든 자본가들의 꿈은 주부와 유사한 노동 관계의 보편화이다.

더 값싸고 더 생산적이며 더 수익성 있는 노동력은 없다. 그리고 그것은 채찍 없이도 실행될 수 있다. 나는 우리 경제의 구조조정이 남성을 재교육하고 그들에게 가능한 한 여성적인 노동 능력을 강제하려는 노력을 수반할 것이라고 믿는다. (남성) 임금 노동자는 거의 아무것도 하지 않고 아는 것도 거의 없기 때문이다. 그는 임금이 지불된 것만 그리고 계약에서 동의된 것만 할 수 있다(von Werlhof 1988, 129).

요즘 일자리 문제를 해결한 나라들, 예를 들어 미국이나 덴마크, 네덜란드를 살펴보면, 위 진술이 정확하다는 것을 알 수 있다. 그 나라들에서 창출된 일자리는 가정주부화된 직업들이다. 그것들은 임금이 형편없는 시간제이거나 임시직이고 노동법의 보호를 받지 못하며, 노조가 없는 단기적이고 원자화된 일자리들이다. 많은 가내 노동이 있는데 가내 노동에 대한 착취는 오늘날 '자영업'이나 '사업가'라는 개념으로 위장되고 있다. 노동 시장의 탈규제 및 서비스 부문 강화에 대한 강조는 정확히 이 노선을 따른다. 그러한 서비스 부문에 포함되어 있는 많은 일자리들은 상업화된 가내 노동에 불과하다.

실업이라는 '블랙홀'

거대 기업들에게 지구화가 지닌 유혹 중 하나는 노동 비용을 절감할 수 있다는 사실이다. 이는 지속되는 합리화 및 자본 집중과 더불어 모든 산업국에서 수백만의 일자리를 빠른 속도로 파괴해왔다. 그러한 기업들의 수익이 환상적인 정점에 도달한 반면, 그 성장이 새로운 일자리를 낳지는 않았다. '일자리 없는 성장'은 선진국에서 정상적인 현상이 되었다. 심지어 독일에서는 1997년 2월에 공식적인 실업자 수가 4백 7십만 명이었다. 이 수치는 1933년보다 높았는데, 당시 실업자 수는 4백 5십만 명이 못 되었다(*Frankfurter Rundschau*, 1997년 2월 3일).

블루칼라 노동자들이 실직할 뿐 아니라 금융이나 보험 산업에서 일할 자격을 갖춘 사람들 또한 '잉여' 노동자가 되고 있다. 예를 들어 인도의 방갈로르Bangalore*나 하이데라바드Hyderabad 같은 곳의 자격을 갖춘 인력들은 독일이나 네덜란드의 소프트웨어 산업 노동자들이 하는 일을 훨씬 적은 임금을 받고 할 수 있기 때문에, 북반구에서 그런 산업은 대량 폐쇄되거나 이전되었다. 지멘스Siemens, 텍사스 인스트루먼트Texas Instruments, 마이크로소프트Microsoft, 도시바Toshiba, 컴팩Compaq과 같은 기업들은 소프트웨어 노동의 대부분을 재이전시켜왔다. 이는 선진국에서 수백만 명의 일자리를 파괴했다. 마틴과 슈만은 아이비엠IBM, 디지털 이큅먼트Digital Equipment, 지멘스 닉스도르프Siemens-Nixdorf 같은 회사가 방갈로르에 자회사를 설립함으로써 1만 개 이상의 일자리를 없애버렸다고 한다(Martin and Schumann 1996, 143). 그들은 독일 소프트웨어 산업의 2십만 개 일자리 중에서 결국은 2천 개만이 남게 될 거라고 예견한다.

컴퓨터 및 소프트웨어 부문에서 나타나고 있는 현실이 금융, 보험, 서비스 부문에서도 똑같이 나타나고 있다. 이 부문에서 흔히 새로운 일자리 창출원으로 칭송받는 근대화 및 지구화는 실제로 그것이 창출하는 것보다 더 많은 일자리를 파괴할 것이다. 이미 지구화, 자동화, 합리화가 서로 결합하는 과정에서 23개국 OECD 국가에서 일자리가 4천만 개나 사라졌다. 세계은행을 비롯한 다른 연구 기관은 유럽 연합에서 1천 5백만 명이 실직할 것이라는 결론에 도달했다. 이만큼의 숫자가 유럽연합에 현존하는 실업 수치에 더해져야 한다. 마틴과 슈만은 OECD 국가의 일자리 상황을 분석한 뒤 독일에서도 실업률이 9.7%(1996년)에서 21%까

---

* 방갈로르는 인도에서 컴퓨터 소프트웨어 산업의 메카로서, 하이데라바드와 첸나이와 더불어 인도의 IT 삼각지대로 불린다. 그 지역들에는 세계적인 기술을 갖춘 수만 개의 IT기업들이 들어서 있다.

지 증가할 수 있다는 견해를 피력했다(Martin and Schumann 1997, 146ff.).

증가하거나 침체된 실업 수치보다 더 나쁜 것은 정치가와 경제학자들이 그 '블랙홀'을 어떻게 메워야 할지를 전혀 모른다는 사실이다. 또 하나의 심각한 문제는 그들이 지구화, 자유화, 사유화, 합리화 및 경쟁이라는 신자유주의적 신조를 확고히 믿고 있는데, 그 신조가 일자리를 파괴하고 있다는 점이다. 새로운 일자리를 창출할 방법을 전혀 모르는 채 말이다. 지금까지는 20년 전에 우리가 노동의 '가정주부화'라 불렀던 것 이외에 다른 해결책을 가지고 있지 못한 것이다.

금융 전쟁이라는 '블랙홀'

정부들이 사회 보장, 교육, 보건 및 환경 프로젝트에 대한 비용을 삭감하는 이유 중 하나는 재정 예산에서의 '블랙홀' 때문이다. 이러한 '블랙홀'들은 부분적으로는 초국적으로 작동하는 은행과 기업이 '고국'에 세금을 거의 내지 않는다는 사실로부터 기인한다. 그 기업들은 그들의 기반을 세금 천국으로 이동함으로써 세금 내는 것을 피할 수 있다. 하지만 동시에 정부의 산업 보조금으로부터 혜택을 받는다. BMW 기업은 1988년도에 독일 정부에 대한 세금으로 5억 4천 5백만 마르크를 지불했다. 1992년에는 그 총액의 6%만을 지불했다. 1980년부터 지속적으로 독일 정부가 기업으로부터 거둬들인 세금 수입은 37%에서 25%로 떨어졌다. 거대 초국적 기업의 국고(정부 재원)에 대한 기여도는 점점 감소하고 있다(Martin and Schumann 1997, 271-2). 이는 일반 납세자들이 대부분의 세금을 부담해야 함을 의미한다. 1980년 이후 독일의 임금 노동자들이 지불한 세금은 163%나 증가했다. 그 반면 기업이나 사유 자산의 소유주들이 지불한 세금은 단지 33%만 올랐다.

국고에서의 '블랙홀' 스캔들은 다음 두 가지 사실을 일컫는다. 블랙홀이 빙산 경제의 밑바닥에서부터 꼭대기 쪽으로의 재분배라는 사실, 그리고 지구적으로 작동하는 은행, 기업, 투자자들의 자유로운 자본 이동을 국민 국가가 더 이상 통제하지 못한다는 사실. 민주주의와 국가의 통치권을 받치는 기둥 중 하나는 세금을 걷는 국가 주권이다. 그런데 이 주권은 지구적 자본에게 있어 더 이상 영향력을 행사하지 못한다. 마침내 신자유주의는 민주적으로 세워진 정부가 여태껏 사용해왔던 모든 의무와 제한으로부터 '자유로워진' 자본을 갖게 되었다. 자본주의를 '인간화'하는 것이 가능하다고 믿어왔던 사람들은 지구화된 신자유주의적 시장 경제가 일국의 정부에 의해 길들여지지 않는다는 것을 깨달아야 한다. 자본주의는 식민지에게 줄곧 보여줘 왔던 비인간적인 얼굴을 바로 지금 보이고 있다.

지구화는 국고에서 커다란 블랙홀만 만든 것이 아니다. 1997-98년 아시아, 러시아, 라틴아메리카에서 발생한 갑작스런 재정 위기는 신자유주의 신조 수호자와 그 후원자들을 통해 공황의 물결을 보내기도 했다. 역설적이게도, 아시아와 러시아의 재정 시스템 붕괴는 그들이 세계은행이나 세계통화기금, 그리고 미국의 싱크탱크가 주도하는 신자유주의 흐름을 따르지 않았기 때문에 발생한 것이 아니었다. 그들은 모두 자본의 자유로운 흐름을 막는 정부의 통제가 철폐되어야 한다고 요구하는 자유무역 교리를 순순히 따랐다.

미셸 초수도프스키Michel Chossudovsky는 금융 위기가 러시아나 아시아 지역 그리고 또 다른 지역에서 자연 재난처럼 그냥 일어난 게 아님을 보여준 바 있다. 그것은 초국적 은행, 국제통화기금IMF 및 투자자를 비롯한 강력한 행위자들이 시장 세력을 조작한 결과 일어난 '금융 전쟁'의 산물인 것이다. 초수도프스키에 따르면, 이 금융 경제 전쟁은 세계를 '재식민화' 시킬 것이다.

유실된 국토를 재식민화하거나 침략 군대를 파견할 필요는 없다. 20세기 후반에 생산적인 재산, 노동, 자연자원, 제도에 대한 통제를 의미했던 직접적인 '민족 정복'은 이제 기업 회의실에서 비인간적인 방법으로 실행될 수 있다: 컴퓨터 단말기나 이동전화를 통해 명령이 내려온다. 관련 자료는 주요 금융 시장에 즉각적으로 전달된다. 이것은 종종 국가 경제의 작동을 방해하는 결과를 가져오기도 한다(Chossudovsky 1998, 6).

이 전쟁에서 국제통화기금은 중요한 역할을 한다. 1994-95년 멕시코 위기 이래로 불안정한 경제에 대한 국제통화기금의 비상 전략은 그러한 위기에 빠진 나라들을 구제하는 대신에 그들 경제의 주요 영역을 개방하여 사유화하고 세계 거대 상업 은행에 팔아버리는 것이다.

세계 거대 화폐 관리자들은 국제통화기금의 '구제 계획' 하에 나라에 불을 지르고는 불을 끄기 위한 소방관으로 다시 부름을 받았다. 그들은 궁극적으로 어떤 기업이 문을 닫으며 외국 투자자에게 할인된 가격으로 경매될지를 결정한다(Chossudovsky 1998, 8).

'탐욕스런 외국 투자가들'은 유도된 위기로부터 이득을 얻었다. 반면에 국가 경제는 붕괴되고 실업은 밤새 증가했으며, 정부는 임금을 지불할 수 없게 되고, 번영을 위해 신자유주의 노선을 따랐던 나라들에게 가난과 굶주림이 갑작스레 되돌아왔다.

세계 경제의 지도자들은 아시아, 러시아, 라틴아메리카의 갑작스런 경제 붕괴에 대해 설명하지 못했다. 그들은 그곳의 재정 위기가 미국과 유럽을 포함하는 철저한 세계 공황으로 발전할까 봐 두려워한다. 그러나 신자유주의 패러다임에 대한 신념을 포기하는 대신에, 사유화, 자유화, 탈규제라는 동일한 신조를 계속적으로 전파하고 있다. 그들은 현실을 보고도 그들의 이론이 세계적인 블랙홀을 가져왔음을 깨닫지 못했다.

대혼란: 이론에서 종교로

신자유주의가 실물경제에 초래한 무질서는, 곳곳에서 벌어지고 있는 '블랙홀'에 대한 이론적 설명과 그 블랙홀들을 채우기 위해 제안되는 해결책에서도 똑같은 혼돈을 야기한다. 경제학자들은 지구화가 어떻게 상이한 경제 영역들에 영향을 주는지 묘사한다. 그리고 그들의 관점에 따라 긍정적 또는 부정적인 평가를 내린다. 그러나 그 이론들은 왜 북반구의 산업 국가들에서 2차 세계대전 후 이어진 20여 년간의 호황 뒤에 케인즈식 모델이 끝났는지, 왜 스웨덴 같은 성공한 복지 국가들이 더 이상 예전처럼 지속되지 않는지, 왜 여태까지 복지 국가로부터 세계에서 가장 많은 것을 얻어냈고 또 해방정치의 모델로 여겨져 왔던 스웨덴의 여성들이 지금은 '정상적인' 유럽 가부장제로 내쫓김을 당했는지 설명하지 못한다.

이 혼란은 실업이라는 '블랙홀'을 채우기 위해 제안된 해결책을 볼 때 더욱 두드러진다. 다음의 진술은 이 혼란에 대한 실례를 제공한다.

우리는 여전히 정규직 산업 노동자라는 전통 개념을 사용한다. 이 정상적 노동 관계와는 상이한 노동 관계에 고용된 사람들이 많음에도 불구하고 말이다. 그들은 적합한 정규직 노동자가 아니고 임시직 계약을 맺고 있거나 공장에서 일하지 않는 가짜 '자영업자들'이다. 우리는 우리의 집단적 협상 정책에서 이러한 새로운 노동관계를 고려해야 한다고 생각한다(Walter Riester, IG Metall, *Frankfurter Rundschau*, 1997. 3. 20).

한 노동조합 지도자의 이 진술은 노동조합이 임금이 지불되거나 지불되지 않는 노동을 포함할 수 있는 새로운 노동 개념을 아직 개발해내지 못했음을 보여준다. 그것은 페미니스트들이 20년 전에 이미 수행했던 과업이다. 지금 노동의 유연화와 가정주부화가 노동 비용을 낮추기 위한 초국적 기업의 주요 전략이 되고 있음에도 불구하고, 노동조합은 이 과정을 설명할 이론적 틀을 마련하지 못하고 있다.

한편 거대 기업과 그 대변인들의 혼란도 덜하지는 않다. 네슬레의 CEO이자 국제상업회의소의 회장인 헬무트 마우허Helmut Maucher는 그러한 이론적 혼란을 여실히 보여준다.

사실 당신은 보통 사람에게 주식 거래 가격이 날마다 오르는데도, 점점 더 많은 사람들이 직장에서 내쫓기고 있는 까닭을 설명할 수 없다. 반면에 경쟁이 최종적으로 직업을 창출하는 가장 안전한 방법이라는 것이 사실로 남는다. 그 목표를 향한 길이 때로 험난할지라도 말이다(Maucher, Werlhof 인용 1998, 166).

더 많은 일자리를 창출해내는 경쟁의 기적적인 능력에 대한 신념이 현실에서 무너지고, 국제적 자본을 이끌어가는 주요 인사가 독단과 현실 사이의 격차를 인정하고 있음에도 불구하고, 그들은 현실 경제로부터 교훈을 얻기보다는 자신의 신념을 유지하고자 한다.

이 사례는 신자유주의 이론이 과학적으로 검증된 이론이라기보다는 종교적 신념에 가깝다는 것을 보여준다. 이 종교의 신조 중 하나는 "경쟁 없이는 투자 없고, 투자 없이는 일자리도 없다"이다(von Werlhof 1998, 166). 현실로부터 교훈을 얻지 못하는 무능력은 "신자유주의 자본주의 이외에 다른 대안이 없다(There Is No Alternative: TINA)"는 굳건한 믿음 때문이다. 이는 1989년 동독 장벽 붕괴 이후 세계적으로 확산된 믿음이다.

신자유주의가 사실 종교이며 상식적인 합리성이 혼란과 신념으로 인해 무너졌다는 사실은 아시아, 러시아, 라틴아메리카의 재정 파탄 및 그 뒤를 따랐던 급작스런 신용 위기에 대한 국제 금융 자본 분석가와 지도자들의 언급에서도 발견할 수 있다.

우리는 지구화의 장례식에 서 있는 듯한 인상을 받았다. 하지만 애도자들은 그 죽음의 증거를 받아들여야 할지 결정할 수 없었다. 그들은 부인하는 자세에 갇혀 명료하게 마음을 드러내지 못했다. 지구화의 붕괴는 그들에게 종교적 위기와 유사한 지적 위기를 초래했다(William Pfaff, "경제 위기는 유럽 중앙은행에 메시지를 전한다", 국제 헤럴드 트리뷴, 1998년 10월 16일자; 1998년 11월호 *Le Monde Diplomatique*의 독일판에서 Bernard Cassen 재인용-).

1998년 8월 31일 뉴욕 증권 거래소의 주식 대폭락과 9월 23일 투기적 헤지 펀드의 붕괴 이후, 세계에서 제일 막강한 은행가이자 미국 연방준비은행의 우두머리인 앨런 그린스펀조차 공포에 사로잡혔다. 그는 다음과 같이 말했다고 한다. "나는 결코 이와 같은 상황을 본 적이 없다" (Bernard Cassen, *Le Monde Diplomatique*, 1998. 11, 8).

오늘날 지구적 경제의 지도자들은 공황과 혼란, 비합리성과 종교적 독단주의라는 특징을 보인다. 그러나 국내외 경제 지도자들뿐만 아니라, 북반구의 부유한 나라들에 사는 대다수 '정상적인' 시민들 또한 TINA(대안은 없다) 신드롬을 지도층 못지않게 앓고 있다. '대안은 없다'는 신자유주의 자본주의의 논리와 결과를 비평하고자 할 때 가장 흔히 듣게 되는 문장이다. TINA 신드롬에 표현된 광범위한 혼란, 비관주의, 종교적 태도는 자본주의 경제 이론가들이 그들의 신조를 건설할 때 기반으로 삼았던 공리들 axioms과 기본 가정들에 대한 맹목적인 믿음에 그 원인이 있다.

자본주의 강령

1998년 10월 17-20일 파리에서 열린 다자간무역협정에 맞서 조직된 국제 캠페인 모임에서 '신자유주의 교의 8가지 신조'라는 전단이 배포

되었다. 여기에는 '워싱턴 합의'로 불리며 1970년대 초에 공식화되었던 신자유주의의 정수가 담겨 있다(Clarke and Barlow 1997, 14-15).

8가지 신조

1. 경제적 성장 없이는 발전도 없다.
2. 국가 소득의 증가는 자동적으로 사회의 모든 구성원에게 이익을 나누어줄 것이다.
3. 세계 경제에서 지역과 국가 경제의 통합은 모든 사람에게 행복한 일이다.
4. 국제 무역의 자유화로 인해 모든 국가들은 국제적 노동 분업에서 비교 우위를 최대한 활용할 수 있다.
5. 국제 자본 흐름의 자유화는 생산 수단의 배치를 개선할 것이다.
6. 기술 혁신은 현재의 생산 체제가 지닌 생태적 결점을 보완할 것이다.
7. 사유재산권은 희소성scarcity에 대처하는 최상의 제도일 뿐 아니라, 인간 본성에 가장 잘 맞는다.
8. 경제생활에 대한 국민국가의 직접 관여는 항상 비능률과 부패를 초래한다.

우리는 위와 같은 경제적 신조의 목록에 몇 가지를 덧붙이고 싶다. 그것들은 다음과 같다.

a. 인간은 이기적이다. 모든 경제는 개인적 자기 이익에 기초한다.
b. 자연은 인색하다. 경제는 항상 희소 자원에 맞서야 한다.

c. 인간 욕구needs는 기본적으로 무제한적이고 탐욕스럽다.

d. 근대 경제는 영원히 성장해야 한다. '생산적 노동'만이 '일'이다.

다음으로 위에 있는 신조 몇 가지를 자급 관점에서 비판해보겠다.

인간은 이기적이다(a와 7조항)

자본주의 이론의 아버지들(홉스, 스미스, 로크)이 이론 구축을 위한 최소 단위로 부르주아 미혼 남성 대신 어머니를 선택했더라면, 인간의 이기적 본성이라는 원칙을 공식화하지 않았을 것이다. 그들은 인간이 이기적임과 동시에 이타적이고, 공격적임과 동시에 돌보는 특성이 있음을 깨달았을 것이다. 그들은 인간사가 '고독하고 가난하고 더럽고 야만적이고 짧은 것'만도 아니며, 역사 법칙이 '만인에 대한 만인의 투쟁'(홉스)만도 아님을 알았을 것이다. 또 사람들이 서로 상호작용하며 공동체를 이루어 살고 평화롭고 자비로우며 고난 속에서도 삶을 즐기고 축복하는 것을 목격할 수 있었을 것이다.

리제로테 슈타인브루게Lieselotte Steinbrugge는 18세기 계몽철학자들이 이미 자기 이익을 추구하는 경쟁적이고 합리적 계산에 밝은 호모 이코노미쿠스*homo oeconomicus*가 사회를 만들어나간다는 것이 대단히 어려운 일이라는 사실을 알고 있었다고 주장했다. 그들은 물었다. 자비와 평화, 사랑과 관대함 같은 것들은 어디로 갔단 말인가?

그들은 사적 영역에서 공적 영역을 분리하고 윤리를 사적인 윤리와 공적인 윤리로 분리해냄으로써 이 어려움을 해결했다. 남성들은 정치, 군사주의, 경제라는 공적 영역에서 '만인에 대한 만인의 투쟁'을 추구할 수 있었던 반면, '사적' 가치에 대한 책임은 여성에게 맡겨졌다 (Steinbrugge 1987).

자원은 희소하다(b와 7조항)

외롭고 자기중심적인 남성 전사의 인류학은, 영구히 희소한 자원을 가진, 기본적으로 빈곤하고 인색한 자연 개념을 기초로 하는 우주론과 잘 맞는다. 캐롤린 머천트Carolyn Merchant가 그럴 듯하게 논증한 것처럼, 르네상스 이전 자연은 관대한 어머니 자연, 즉 소진되지 않는 부와 자원을 가진 여성 유기체로 개념화되었다(Merchant 1980). 그러나 자본주의 가부장제의 이론가들, 그중 베이컨은 자연을, '이성적 인간'이 폭력과 고문으로 재산을 빼내도 되는 탐욕스런 마녀로 둔갑시켰다.

르네상스 때부터는 줄곧 전前가부장제, 전前산업주의 시대의 사람들은 생존을 위한 기본적 요건인 식량과 옷, 보금자리를 수집하고 생산하느라 늘 바쁘고 가난한 퇴행적인 사람들로 취급받아왔다. 그들은 문화와 교육 같은 삶의 '더 높은' 차원을 위한 시간을 낼 수 없다고 가정되었다. '자연인', '원시인', '석기시대 사람들'과 같은 개념은 이러한 평가를 반영한다. 이들 '원시인들'과는 대조적으로 자본주의 산업사회는 부, 문화, 잉여의 창조자로 보인다.

마샬 살린스Marshall Sahlins는 과거와 현재에 남아 있는 '석기시대 경제'가 본래 풍요로운 사회라는 것을 설득력 있게 보여주었다. 그는 풍요로운 사회란 "모든 사람들의 물질적인 욕구가 쉽게 충족되는 사회"라고 정의한다(Sahlins 1974/1984, 1). '쉽게 충족된다는 것'은 사람들이 '적게 욕망'하거나 혹은 사람들이 기꺼이 '더 많이 생산'할 수 있음을 의미한다. 자본주의는 두 번째 길을 선택했다. 살린스에 따르면, 자본주의가 희소성 개념을 도입한 것이 바로 이 때문이다. 이 체계는 인간의 욕망은 끝이 없다기보다는 매우 거대한 것인 데 반해, 그것을 충족시킬 수 있는 수단은 제한되어 있다는 전제에 기초해 있다. 이때 수단과 목적 사이의 격차는 산업 생산성에 의해 좁혀질 수 있다는 것이다(Sahlins 1974/1984, 2).

산업 생산성은 풍요로움을 창조하는 도구가 된다. 그러나 풍부한 상품을 생산하기 위해서 희소성의 개념이 가장 기본적인 경제적 전제로 받아들여져야 하며, 그 희소성은 경제 구조에 의해 실제로 창조되어야 한다.

시장 산업 체계는 유래 없는 방식으로, 그리고 다른 어떤 곳에서보다 심각할 정도로 희소성을 만들어낸다. 생산과 분배가 가격의 작용을 통해 배열되며 모든 자급이 벌어서 쓰는 것에 의존하고 있는 곳에서, 물질 수단의 불충분성은 모든 경제 활동의 확고한, 그리고 믿을 수 있는 시작점이 된다. 기업은 한정된 자본을 더 나은 곳에 투자해야 하고, 노동자는 희망컨대 더 높은 보수를 주는 고용자를 선택해야 한다. 소비자에게 소비는 이중의 비극이다. 불충분성에서 시작된 것은 박탈로 끝난다. 시장에서는 눈이 부시게 진열된 상품을 이용 가능하게 한다. 이 훌륭한 물건들이 인간 손에 닿아 있다. 그러나 결코 인간의 통제 안에 있지는 않다. 설상가상으로 소비자의 자유 선택이라는 게임에서 모든 취득은 동시에 박탈이다. 왜냐하면 모든 구매는 다른 어떤 것을 잃는 것이기 때문이다(Sahlins 1974/1984, 4).

자본주의 체계에서 희소성은 구조적으로 필요하도록, 그 기능의 내부에 존재하도록 만들어졌다. 주로 자본의 지속적 성장이라는 동기에 의해

주도되는 체제에서 자본은 '충분해'라고 말할 수 없기 때문에 충분함이라는 개념이 없다. 이 때문에 사람들은 자연이 충분히 제공하지 않으며 노동-자본-상품-소비의 순환이 희소성, 기아, '근근이 이어가는 생계'를 모면할 수 있는 유일한 방법이라고 자연스럽게 믿게 되었다.

살린스에 따르면, '단지 자급'이란 것은 희소성의 신화를 창조하고 유지시키는 개념 중 하나다. 동시에 이 개념은 비산업사회 사람들의 자급경제를 평가절하하고 과거와 현재의 '석기시대 사람들'의 삶에 대해 완전히 잘못된 인상을 창조한다. 이 인상은 결코 경험적 사실에 의해 확증된 것이 아니다.

호주 원주민이나 아프리카 칼라하리Kalahari 부시맨들 사이에서 남성과 여성은 충분하고 다양한, 그리고 칼로리가 풍부한 음식을 얻기 위해 하루 6시간 이상 일할 필요가 없다. 살린스는 부시맨에 관한 리Lee의 연구 결과를 인용한다. 그들은 남자들은 사냥꾼으로, 여자들은 채집자로 주당 2.5일만을 '일했다.' 노동 시간은 양성 모두 평균 6시간이었다. 짧은 노동 시간에도 불구하고 그들은 하루 2140칼로리를 소비했다. 그들이 소비하지 않은 것은 개에게 주었다(Sahlins 1974/1984, 20ff).

사람들이 '석기시대 사람들'의 생활양식에 대해 어떻게 생각하든 한 가지는 확실하다. 그들은 가난하거나 굶주리지 않았다. 반대로 그들은 풍요로운 사회에서 살았다. 그들은 '문명화된' 사람들보다 적게 일하고 식량농업기구(Food and Agriculture Organization, FAO)가 영양 부족이라고 정의한 세계의 8억 인구보다 더 건강하고 칼로리와 다양성 면에서 더 풍부한 음식을 먹었다. 식량농업기구에 따르면 사하라에 살고 있는 사람들의 하루 평균 칼로리 섭취량은 1300칼로리다(FAO 1996). 이는 칼라하리의 피그미족이 훨씬 적은 노동을 통해 얻은 섭취량보다 더 적은 것이다. 최소한 그들이 식민화되거나 근대 '개발'에 종속되지 않았다면 말이다.

결론적으로 우리는 인색한 자연이나 저개발의 노동 생산성 때문에 기아와 영양 부족, 희소성과 빈곤이 발생한 것이 아니라고 말할 수 있다. 또한 확인되지 않은 인구 증가의 결과 때문도 아니다. 그것들은 '충분해!'라고 말하지 않는 생산 방식의 결과다. 어머니 자연이 아니라 가부장적 자본주의야말로 희소성의 아버지인 것이다.

그러나 보편적이고 영원한 희소성의 원리에 기반해 있는 것은 자본주의 경제뿐만이 아니다. 마르크스주의와 사회주의 또한 새로운 유토피아를 발전시키는 출발점으로 희소성 가설을 수용해왔다.

인간 욕구는 무한정하다(b와 1조항)

이 조항은 '현실 경제'에서의 일상적인 경험과 완전히 반대된다. 음식, 옷, 보금자리, 온정 등에 대한 우리의 모든 기본적 요구는 만족될 수 있다. 만족을 모르는 것이 아니다. 문화, 이동성, 우정, 인식, 존경, 사랑과 같은 소위 '고급 욕구'조차 무한정하지는 않다. 그것들은 지금 여기에서 만족될 수 있다. 사람들의 욕구가 매우 '확고하다'는 시각은 분명히 성장 지향적 시장 경제의 문제 중 하나다. 한정된 세계의 한정된 욕구라는 문제를 해결하기 위해 자본주의는 좀 더 유행을 타는 '충족자 satisfier'들을 생산함으로써, 욕구를 결핍과 탐닉으로 변형해야 했다 (Max-Neef, *et al*. 1989). 목마름이 물로 풀리지 않고 코카콜라나 와인 혹은 맥주에 의해서만 풀릴 때 이 음료들과 기타 음료들의 생산이 무한정하게 확대될 수 있다. 만약 목마름과 같은 그런 욕구가 탐닉으로, 그 충족자가 유사 충족자로 변형된다면, 그러한 상품화된 유사 충족자들의 무한정 생산이 가능해진다(Mies and Shiva 1993).

그러나 욕구의 만족을 넘어 소비를 촉진하려는 전략에도 불구하고, 지구화된 자본주의의 주된 문제 중 하나는 시장의 확대가 제한되어 있다는 것이다. 이 문제는 남반구 대중의 구매력에 비해 과잉 생산이 이루어지는 것만이 아니라, 구매력을 가진 계층인 중산층이 이미 시장 경제가 생산하는 물질적이거나 비물질적인 상품의 대부분을 소유하고 있다는 것이다. 트레이너Trainer는 전 세계적으로 산업이 매년 광고에 쓰는 돈이 1천억 미국 달러에 이른다고 추정한다. 반면에 사람들은 곧 쓸모없게 되어 쓰고 버리는 상품들을 점점 더 많이 생산한다.

그에 반해 자급 사회에서는 인간의 욕구가 진정으로 충족될 수 있다. 이는 사람들이 진짜 욕구가 충족되지 않음으로 인해 또 다른 보상적 소비를 동시에 자극하는 유사 충족자로 눈을 돌릴 필요가 없음을 의미한다. 사람들과 지역 사회가 그들이 필요로 하는 것을 생산하고 그들 자신의 활동 안에서 생산 활동과 소비의 연관성을 보게 될 때, 유사 충족자 및 보상 소비는 매력을 잃게 된다. 그러한 욕구들은 무한정이지 않으며 충족될 수 있다. 진정한 만족은 항상 자주적 행동self-activity이라는 요소를 요구한다. 사람들이 점점 단순한 소비자로 되어가는 사회에서는 생산에 대한 만족 없이, 또는 어떤 의미 있는 일을 하는 것에 대한 만족 없이, 물건과 돈으로 가득 찬 슈퍼마켓에서 진정한 만족을 살 수 없다. 만약 사람들이 그들이 하는 일에서 의미를 찾을 수 있다면, 그리고 일이 단지 소외된 임금 노동이 아니라면, 무한한 욕구라는 가정은 급격히 감소될 수 있을 것이다.

경제는 영원히 성장해야 한다

– 오로지 '생산적인' 일만이 노동이다(d와 1, 2조항)

"성장 없이 개발 없고, 성장 없이는 경제가 전반적으로 침체되고 붕괴될 것이다." 이것은 신자유주의적 자본주의의 가장 두드러진 조항이다. 경제학자들은 성장을 한 국가에서 일 년 주기로 생산되고 거래되는 모든 상품과 서비스라고 정의한다. 이 성장의 합계는 국내총생산(Gross Domestic Product, GDP)이나 국민총생산(Gross National Product, GNP)으로 측정된다. 만약 회계연도 말에 GNP가 최소 2% 성장하지 않았다면 경제가 위기에 처했다고 말한다. 실업은 늘고 기업은 도산한다. 트레이너는 매년 2%씩 경제가 성장한다면 2060년에는 무슨 일이 일어날지를 계산하고 다음과 같이 말했다. "우리는 현재 생산되고 있는 상품과 서비스의 8배되는 산출물을 가질 것이다. 이것이 환경, 자연 자원, 남반구 사람들, 노동, 국가 간 관계에 대해 무엇을 의미하는지를 이해하기 위해서는 그리 많은 상상력이 필요하지 않다"(Trainer 1996, 21).

그러나 애초에 왜 그리고 어떻게 GNP/GDP 등의 성장지표가 만들어졌는가? 그것은 무엇을 측정하고 무엇을 측정하지 않는가? 매릴린 웨어링Marilyn Waring은 이 지구상에서 행해지는 대부분의 일들, 즉 주부와 어머니의 노동, 특히 남반구의 비공식 부문 노동인 농부와 수공업자의 자급 노동, 그리고 어머니 자연의 자기 생성적 활동은 위 지표에 포함되지 않는다는 사실을 설득력 있게 논증했다. 그러한 모든 생산과 일은 중요하지 않다. 반대로 전쟁이나 환경 및 기타 사고, 기름 유출, 무기 생산과 같은 모든 파괴적 일들은 GDP에 포함된다. 왜냐하면 그것은 더 많은 임금 노동, 더 많은 수요와 경제 성장을 '창조'하기 때문이다. 몇 년 전 캐나다의 태평양 연안에 있는 엑손 밸디즈*Exon Valdez*에서 터졌던 기름 유출 사건은 캐나다 GNP를 가장 큰 폭으로 상승시켰다. 이 재난으로 인한 피해를 복구할 막대한 노동량이 요구되었기 때문이다.

'파괴적 생산'은 단지 GNP의 부차적 구성요소가 아니다. 매릴린 웨어링은 그것이 영국 경제학자 길버트Gilbert, 스톤Stone, 케인즈Keynes에 의해 2차 세계대전 때 발명되었음을 발견했다. 그리고 그들은 전쟁이란 것이 영국 경제에 유익하다는 결론에 이르렀다. 전쟁 경제는 사람들이 생각했던 것과 반대로 국가 성장률에 긍정적 영향을 줄 수도 있다. 전쟁 후 그들이 성장을 측정하기 위해 개발했던 그 지표는 유엔에 의해 UN국가회계체계UNSNA로 채택되었다. 그 후 그 지표들은 세계적으로 국가 전체의 경제적 성취를 측정하는 데 사용되었다(Waring 1989).

그러나 이것은 자본주의적 경제가 영속적으로 성장해야 하는지에 대한 답으로 여전히 부족하다. 이 질문에 대한 답을 찾기 위해서는 모든 자본주의적 생산과 소비의 주요 목적을 기억하는 것이 유용하다. 비자본주의적 자급 경제(Sahlins 1974; Trainer 1996)에서는 사용 가치가 인간의 제한된 욕구를 만족하기 위해 생산된다. 그것이 시장에서 교환될 때 사용 가치는 사용 가치를 위해 교환된다. 예를 들어 감자가 사과와 교환되는 것이다. 마르크스는 이를 '단순 상품 순환'이라 일컬었다. 그의 공식은 C–M–C이다.

상품Commodity → 화폐Money → 상품Commodity

그러나 자본주의 생산 과정은 출발과 목표가 상이하다. 그것은 화폐에서 출발하고 더 많은 화폐 획득을 목적으로 한다. 이는 교환 가치를 생산해내는 인간 노동을 사용함으로써 이루어진다. 교환 가치는 생산 비용보다 높은 가격으로 시장에서 교환되는 것 이외에는 다른 목적이 없다. 이 확대된 순환 공식은 M-C-M′ 이다.

화폐 → 상품 → 화폐′

다음 생산 회기에서 증가한 화폐(화폐′)는 더 많은 화폐(화폐″)를 다시 만들어내기 위한 목적으로 재투자된다. 그리고 이 순환은 무한히 반복된다. 사용 가치 생산과 교환 가치 생산은 두 가지 서로 다른 경제적 목적을 실현한다. 하나는 삶이고 다른 하나는 돈이다. 우리가 자급 생산이라 부르는 사용 가치 생산의 목적은 제한되고 구체적인 욕구를 충족하는 것이다. 일단 좋은 삶을 위해 필요한 재화나 서비스를 생산하고 나면 더 이상 일한다는 건 이치에 맞지 않는다. 반면 교환 가치 생산은 무한 논리에 의해 돌아간다. 그것의 목적은 더 많은 화폐, 즉 추상적 부의 끊임없는 축적이다. 이 무한히 확장되는 축적에 대한 공식은 다음과 같다.

화폐 → ∞

자본주의 성장에 대한 광신을 이해하는 기본적인 실마리는 몇몇 사람들이 생각하듯이 인간의 탐욕스런 욕심이 아니라 바로 이 논리 안에 들어 있다.

사용 가치 생산과 교환 가치 생산을 대조해보면 GNP가 증가하고 자본 축적이 확장되고 생활수준이 상승하는 데도 불구하고, 왜 선진국에서조차 삶의 질이 황폐화되는지를 설명할 수 있다. 데일리Daly와 콥Cobb은 1950년부터 1990년까지 미국의 1인당 GNP가 두 배로 증가했지만 같은 기간에 환경이나 표층토 유실 등의 20가지 지표로 측정되는 삶의 질은 황폐화되었음을 보여주었다(Daly & Cobb 1989, 420). 결론적으로 오늘날 생활수준과 삶의 질이 충돌하고 있다고 말할 수 있다. 생활수준이 올라갈수록, 삶의 질은 떨어지는 것이다(Trainer 1996, 28).

반대로 자급 관점은 사용 가치 생산의 우선성을 주장한다. 제한된 지구상에서 돈과 상품의 무한한 성장은 어쩔 수 없이 파괴적이라는 사실을 인정하는 데서부터 시작하는 것이다. 이러한 파괴를 피하기 위해서는 순환 경제를 위해 노력해야 한다. 지구적 자유 무역과 투자에 기초해서는 안 된다. 자급 관점은 경제적으로 작고, 지역적으로 제한되고, 탈중심화된 지역에서만 실현 가능하다. 그러한 지역적 경제에서만 생산자와 소비자의 이익이 반목되지 않는 방식으로 생산과 소비가 통합될 수 있다.

또한 자급 관점은 노동 및 노동 생산성이라는 현재의 개념에 대한 급진적 비판을 담고 있다. 교환 가치 생산과는 대조적으로, 삶을 생산하고 유지하며 강화하는 노동만이 생산적이라고 불린다. 단순히 무한한 돈을 '창출하는', 돈에만 기여하는 노동은 더 이상 생산적이라 할 수 없다. 더는 삶이 확장된 축적의 부수 효과일 수 없다. 삶은 노동의 주요 목표인 것이다. 삶이란 인간과 인간 사이, 인간과 자연 사이, 노인층과 젊은층 사이, 여성과 남성 사이의 상호 존중하며 사랑하고 돌보는 관계의 산물이다.

그러한 자급 노동은 임금으로만 보상될 필요는 없다. 직접 교환될 수도 있는 것이다. 만약 남성과 여성이 이 필수적이고 삶을 생산하는 노동을 평등하게 나누어 하고, 또 자급 노동이 임금 노동보다 더 높은 사회적 위신을 갖게 된다면, 돈에 기초하지 않은 새로운 가치를 얻게 될 것이다. 이러한 의미에서 자급 경제는 노예제와 가부장제가 없는 고대 그리스의 오이코노미아oikonomia(집안 살림관리)와 같은 게 될 것이다. 그것은 단지 돈을 위해 돈을 버는 활동으로 고대 그리스에서는 멸시의 대상이 되었던 이재학理財學, chrematistics보다 더 높은 직업적 위신을 갖게 될 것이다. 그리고 그러한 변화는 위계적인 성별 분업과 식민지적 노동 분업에서의 변화를 전제로 한다.

또한 '임금 노동 없는 삶이란 없다'는 믿음을 포기하고 그 대신 노동의 새로운 개념을 개발하고 비임금 노동에 대한 새로운 평가를 만들어내는 것을 전제로 한다. 우리는 이미 가사 노동에 대한 분석의 맥락에서 무보수 노동에 관해 이야기하였다. 무보수 노동이 남성과 여성 모두에게 동등하게 공유되며 그것이 사회에서 중심적인 위치를 차지하는 자급 사회에서는 임금 노동을 잃는다는 것이 비극이 되지 않을 터이다. 그것은 배제나 절망으로 이어지지 않으며 관점을 상실케 하지 않는다. 이는 사람들이 임금 노동뿐 아니라 비임금 노동에 기대어 있기 때문이다. 그리고 비임금 노동은 임금 노동보다 더 중요한 활동이 될 것이다(7장을 보라).

그러나 공동체가 토지, 물, 숲, 생물 다양성, 지식 등의 가장 중요한 공유 자원을 되찾고 통제권을 회복하지 않는다면 이러한 일은 벌어질 수 없다. 그러한 사회에서는 건강한 환경을 보전하는 것과 직업을 창출하기 위해 이 환경을 파괴하려는 충동 사이에 더 이상 모순이 존재하지 않게 된다. 결국 노동의 장소는 삶의 장소가 될 것이다.

생산성 증가는 바람직하고 무한정한 것이다

기술 진보는 모든 생태학적 파괴를 보상할 것이다(6조항)

경제가 항상 성장하며 우리의 욕구가 무한정하다는 신조는, 생산성의 성장에 끝이 없다는 믿음에 부합한다. 생산성은 시간당 노동자의 산출로 정의된다. 이 생산성은 과학과 기술로 강화될 수 있다. 자동차 공장의 로봇라인에서 일을 하는 노동자는 구식 작업장에서 일하는 노동자보다 더 많이 생산할 수 있다. 생산성 증가는 똑같은 산출을 위해 인간 노동이 덜 필요함을 의미한다. 그러므로 합리화란 노동력 절약 기술에 의해 인간의 노동을 대체하는 것을 뜻한다. 최근 컴퓨터 기술은 유래 없이 노동 생산성을 증대시켰고 경제학자들은 매년 2%의 지속 성장이 가능할 것이라고 예견하고 있다(Trainer 1996, 23).

생산성 증가는 자연법의 외양을 띤다. 하나의 노동력 절약 기술은 이전의 노동력 절약 기술을 쓸모없는 것으로 만든다. 확장된 축적처럼 과학과 기술 그리고 생산성의 진행 과정은 무한정한 상승 곡선으로 인식된다. 그것은 생필품을 생산하는 데 인간의 노동이 거의 요구되지 않을 때까지 계속 성장할 것으로 예상된다. 이 가정에 따르면 마르크스가 노동의 유기적 복합이라 불렀던 인간 노동과 기술 간의 비율은 점점 하락하여 기계/기술이 노동의 100%를 수행하고 인간은 0%의 일을 하게 되는 지점에 이를 것이다.

그러나 만약 현실 경제를 들여다본다면, 영속적으로 증가하는 생산성이라는 신조는 유럽 중심적이고 남성적인 신화임을 알 수 있다. 빙산 경제의 꼭대기에 있는 인상적인 노동 생산성은 그 아래를 떠받치고 있는 수백만 노동자에게 어두운 그늘을 드리우고 있다. 그들 대부분은 전체

생산 및 재생산 과정을 유지하게 하는 노동 집약적이고 필수적인 '허드 렛일'을 지속적으로 해내는 여성들이다. 예를 들어 컴퓨터 기술의 등장 이라는 역사 속에서 수백, 수천의 여성들은 실리콘 밸리와 동남아시아에 서 잔인한 노동 조건 아래에서 일했고, 서양 남성 노동자들이 첫 번째 칩 을 생산하는데 요구하는 임금의 아주 적은 부분만을 받으면서 일해왔다. 만약 글로벌 컴퓨터 공장에서 일하는 여성들이 독일의 남성 숙련 노동자 와 같은 대우를 받고 동일한 임금을 받았다면 우리는 '컴퓨터 혁명'을 맞이하지 못했을 것이다.

우리가 지적하고 싶은 것은 '생산성 증가'가 단순히 과학자나 공학자 들의 새로운 발명으로 이해될 수는 없다는 것이다. 이러한 발명들을 대 중 소비자 품목으로 변화시키는 데에는 가장 값싼 노동력이 필요하다. 특히 아시아 여성들에 대한 과잉 착취는 컴퓨터 혁명과 생산성 성장을 언급할 때 중요한 요인들 중 하나로 보아야 한다.

노동력 생산성의 증가에 어떠한 제한도 없다는 가정이 초래하는 결과 는 진보의 '어두운 이면'인 빈곤과 폭력만이 아니다. 여기에는 바로 그 진보에 의해 노동자들 자신이 해고된다는 사실이 포함된다. 기술 진보는 사람들을 고되고 반복적인 일로부터 해방시키고 짧은 시간 내 더 많이 생산할 수 있게 하기 때문에 좋은 것이고 또 필요한 것이라고 주장되곤 한다. 그러나 이러한 주장이 제기되는 것은 자본가들이 노동자들을 위해 일을 더 가볍고 쉽게 만들기 위해서가 아니다. 노동 비용을 줄이고 노동 과정을 좀 더 잘 통제해 노동 생산성을 더욱 높여 경쟁자를 이기려고 과 학과 기술을 사용하고 있다는 사실을 간과해서는 안 된다.

자급 지향은 '반anti-기술'이라는 비판을 종종 접하게 되는데, 이는 주요 논점을 놓치고 있는 것이다. 특정 생산 체계의 논리가 과학과 기술 안에 뿌리 깊게 새겨져 있다. 과학과 기술은 체계 중립적일 수 없다. 자급 관점에서 과학과 기술은 축적 논리가 아니라 자급 논리를 따를 것이다. 확실히 기술은 존재하겠지만 그것은 다른 기술이 될 것이다(Mies & Shiva 1993).

기술 자체가 그와 같이 생산성을 증가시키고 노동력을 절약하며, 기술에 의해 초래된 파괴를 되돌릴 수 있을 것이라는 전제는 오류다. 그리고 우리는 기술과 경제 성장에 대한 광신이 결합하여 초래한 환경 파괴의 많은 부분이 복원될 수 없음을 기억해야 한다. 원자력 오염, 유전자 조작 식품, 오존 구멍, 전 지역의 사막화, 생물 다양성의 파괴 등이 그러한 예다. 현대 기술과 자본가의 탐욕은 거대한 블랙홀들을 생산할 뿐이다. 그들은 그것을 다시 채울 수 없다.

대안적 관점의 필요성

현존하는 자본주의-가부장제 세계 체제 분석에 대한 논리적 결론을 내림에 있어, 모든 사람을 절망하게 하는 비관적인 전망으로 끝내고 싶지 않다. 대신에 우리 몫의 파이를 계속 차지할 수 있을 것이라는 환상을 없애고자 한다. 우리가 제한적인 지구에서 모두를 위한 인간적인 사회와 경제를 계속 옹호하고자 한다면, 파괴적인 패러다임을 거부하고 대안을 찾아나서는 수밖에 없다.

그리고 우리는 다음의 두 가지 이유로 지금 이것이 가능하다고 생각한다. 첫째, 전 세계의 점점 더 많은 사람들이 삶의 상품화와 독점화에 저항하고 있다. 둘째, 이 체제의 수호자들조차도 어찌 할 바를 모르는 상태이다. 신자유주의 자본주의가 만든 '블랙홀'을 채우기 위해 그들은 똑같은 것을 더 많이 하라고 제시할 뿐이다.

그러나 신자유주의를 비판함에 있어, 국제통화기금IMF, 세계은행 World Bank, 관세및무역에관한일반협정GATT, 다자간투자협정MAI, 초국적기업TNC은 이 체제가 몰고 온 막다른 길에서 우리가 빠져나올 수 있도록 도와주지 않을 것이다. 이전의 상태를 회복하고 케인즈식 경제 정책과 더 많은 공공 지출을 통해 복지 국가를 재건하려는 요구 또한 작동하지 않을 것이다. 우리가 여성과 아이들이 중심이 되고, 자연이 단기간의 화폐 이득을 위해 파괴되지 않는 경제와 사회를 건설하고자 한다면 좀 더 근본적인 변화가 필요하다.

현재 그런 사회나 경제에 대해 이미 만들어진 청사진은 존재하지 않는다. 또 우리가 실행하려는 새로운 사회 전망을 구할 만한 국가는 세상에 없다. 그러나 주위를 둘러보면 우리가 여기에서 질문하는 것과 똑같은 물음을 자신들에게 묻고 있는 개인, 집단, 조직, 네트워크, 풀뿌리 운동을 아주 많이 발견할 수 있다. 그리고 이들 개인과 집단 대부분이 다음과 같은 질문을 하기 시작했다. "새로운 경제는 어떤 모습일까?", "여성과 아이를 비롯해 사람이 중시되는 경제는 어떤 모습일까?" 이러한 질문을 하고 무언가를 시도하는 사람들이 여성이라는 사실은 우연이 아닐 것이다. 그들은 경제학을 공부한 여성이 아니라 여성과 아이와 자연의 참살이well-being에 마음을 쓰는 여성들이다. 그들은 전 세계적으로 북반구와 남반구에 흩어져 있다. 어떤 이들은 실제적인 생존 투쟁에 관여하고, 또 다른 이들은 좀 더 이론적인 작업을 한다. 그들 모두를 묶어주는 것은 지배 경제 패러다임에 대한 근본적인 비판과 새로운 길을 찾기 위한 노력이다.[7] 그리고 그들은 대부분 대안 경제를 찾는 것부터 시작한다.

지속 가능한 발전이 대안적일 수 있는가?

우리는 식민화 피라미드로 파괴적인 결과를 자초하는 자본주의 경제의 빙산 패러다임으로부터 '지속 가능한 발전'에 관한 몇 가지 테제를 정식화해보겠다.

- '따라잡기식 개발'은 모든 사람들에게 가능하지 않다. 역사적으로 형성된 (전)식민지와 (전)식민정복자 간의 차이, 그리고 젠더, 인종, 민족, 연령 등에 따른 다양한 유형의 노동자들 간의 실제적인 차이는 서로를 반목하는 관계에 놓이게 한다. 그리하여 경제의 지구화가 진행된 결과, 실직하는 북반구의 임금 노동자들은 남반구와 구 공산권의 '값싼 노동력'을 자신들의 적으로 생각하는 경향이 있다. 이는 다시 인종주의와 성차별을 악화시키고 나아가 모든 이를 위한 평등의 가능성을 소멸시킨다.
- '따라잡기식 개발'은 빙산 경제의 꼭대기에 있는, 상대적으로 소수인 사람들에게조차도 바람직하지 않다.
- 지구상의 생명의 토대와 평등, 정의, 연대를 보존하기 위해서는 진정한 지속 가능성 또는 우리가 자급 관점이라 부르는 것을 향해 나아갈 수 있도록 이끌어주는 새로운 사회와 경제의 모델이 필요하다.

우리는 '지속 가능성'이란 개념을 피하고 싶다. 왜냐하면 그것은 애초부터 결함이 있는 말이기 때문이다. '지속 가능한 발전'이란 미래의 필요나 욕망을 만족시키는 능력을 손상시키지 않고 현재의 필요와 욕망을 만족시키는 발전으로 정의된다. 그것은 경제 성장의 휴지休止를 요구하기는커녕 개발도상국이 큰 역할을 하고 큰 혜택을 거두어가는 성장의 새로운 시대로 가지 않는 한 빈곤과 저개발의 문제는 해결될 수 없다고 인식한다(World Commission on Environment and Development 1987, 40).

반면에 환경과 개발을 하나로 통합하려는 원래의 의도는 완전히 왜곡되었다. 오늘날 '지속 가능성'이란 개념은 초국적 기업이 그들의 신자유주의적 성장에 대한 광적인 추구를 합법화하기 위해 가장 자주 사용하는 용어가 되어버렸다. 그들은 '지속 가능한 성장'만을 이야기한다. 그러나 우리는 진실한 지속 가능성과 영구 성장 또는 자본 축적은 명백하게 상충하는 것이라는 점을 강조하고 싶다. 그러므로 우리는 대안적 패러다임에 대한 새로운 전망으로서 자급 개념을 옹호한다.

새로운 자급 패러다임의 주요 특징

1. 노동이 어떻게 변할 것인가?

• 성별 노동 분업이 변할 것이다. 남성들은 여성들만큼 많이 무보수 노동을 할 것이다.

• 임금 노동 대신에 독립적인 자기-결정에 의해 이루어지면서 사회적으로나 물질적으로 유용한 일이 경제의 중심에 설 것이다.

- 자급 생산은 상품 생산보다 우선시될 것이다.
- 오늘날 자급 생산은 화폐 중심의 시장 경제를 보조하고 있다. 이에 자급 생산을 식민화에서 해방시켜, 임금 노동 및 시장(화폐) 경제가 더 큰 사회적 생산성, 즉 삶의 생산을 보조하도록 역전시켜야 할 것이다.

2. 자급 기술의 특징은 무엇인가?

- 자급 기술은 삶과 자연, 보살핌과 나눔을 고양시키는 도구로서 복귀될 것이다. 자연을 지배하는 것이 아니라, 자연과 협력하기 위함이다. 기술은 사람들 사이에서 이용 가능한 지식에 가치를 두어야 한다.
- 기술이 미치는 영향은 '치유되고' 수선될 수 있는 것이어야 한다.

3. 자급 경제의 '도덕적' 특징은 무엇인가?

- 경제는 자연의 한계를 존중한다.
- 경제는 단지 하나의 사회적 하부체계일 뿐이다. 이것은 비용-편익 계산과 경쟁에 기반해 있는 경제적 관계의 변화를 요구한다.
- 경제는 삶을 중심에 두는 체계에 기여해야 한다.
- 그것은 탈중심화되고 지역적인 경제이다.
- 자급 경제의 목표는 하나로 온전히 연결되어 있는 지구 위에, 삶을 생산하고 재생성해내는 자급 사회를 지지하는 것이다.

4. 무역 및 시장은 어떻게 달라지는가?

- 지역 시장은 지역적 필요를 위해 존재할 것이다.

- 지역 시장의 일차적 기능은 모든 사람들의 자급에 관한 필요를 충족시키는 것이다.
- 지역 시장은 또한 상품의 다양성을 보존하며 문화 동질화에 저항할 것이다.
- 자급 욕구를 충족시키기 위해 장거리 무역은 사용되지 않을 것이다.
- 무역은 생물 다양성을 파괴하지 않을 것이다.

5. 필요와 충분성 개념의 변화

- 필요에 대한 충족은 인간 욕구의 직접적 만족에 기초해서 새롭게 개념화되어야 한다. 그것이 점점 더 소수의 사람들 손에 자본과 물질적 잉여가 축적되는 것을 의미해서는 안 된다.
- 자급 경제는 농촌과 도시 간, 생산자와 소비자 간, 그리고 문화 간, 국가 간, 지역 간에 호혜적인 관계가 새롭게 정립될 것을 요구한다.
- 식량 안보와 관련한 자족의 원칙은 자급 경제에서 아주 기본적인 것이다.
- 자연의 사유화 및 상업화에 관련된 부정의injustice에 저항하기 위해 공유자원이라는 중요한 개념과 실천이 재주장될 수 있다.
- 화폐는 순환의 도구가 되어 축적의 수단이 되는 것을 멈출 것이다.

3

자급과 농업

아그네스와 리즈베스: 여성의 손에 달린 토지

다음에 제시한 대화는 1989년 겨울 쉔펠트Schönfeld에서 이루어졌다. 이 대화에는 아그네스 시몬(이하 시몬)과 리즈베스 로이란트(이하 로이) 두 자매, 그리고 소피아 벵겔(이하 벵겔)과 마리아 미즈(이하 미즈) 네 명이 참여했다. 쉔펠트는 주민 150명에 30가구가 거주하는 아이펠 지역의 작은 마을이다. 이 마을은 쾰른Cologne 남쪽으로 약 100킬로미터 정도 떨어져 있다. 1960년대까지는 자율적인 공동체를 이루고 있었고 모든 주민이 농부였다. 모든 주민들, 심지어 장인 노릇으로 생계를 유지하는 몇 안 되는 가족들까지도 약간의 토지를 소유하고 있었고, 자족적인 삶을 영위하며 살았다. 오늘날은 전일제 농부 네 명과 다른 '정규' 직업을 하나 더 갖고 있는 농부 한 명만이 남아 있다.

■ 시몬 농장

시몬: 우리 조상들은 1850년에 이 농장으로 이주했어요. 우리 증조부모님들이었죠. 그 당시 아이펠 지방으로부터 이주 물결이 있었거든요. 증조모는 여기 쉔펠트 출신이었어요. 증조부는 두파흐Duppach 출신이고요. 그분들이 그때 이 농장을 샀어요. 당시 농장을 팔았던 사람들은 아마 미국으로 건너가기 위해 돈이 필요했던 거 같고요. 그때부터 우리 시몬가는 이 농장에서 생계를 유지하면서 살아왔죠.

미즈: 농장 크기가 얼마나 되나요?

시몬: 현재는 20헥타르가 제 소유죠. 전부가 목초지예요. 낙농업만 하고 있으니까요. 전에는 일종의 혼합 농업 경제였어요.

미즈: 언제부터 낙농업만 했어요?

시몬: 1960년쯤부터죠.

미즈: 소를 몇 마리나 기르세요?

시몬: 지금은 젖소 스무 마리에 송아지와 암양이 열다섯 마리 되죠. 이 정도가 저한테는 적당해요. 더 이상은 힘에 부쳐요.

미즈: 갖추고 있는 기계는 어떤 게 있나요?

시몬: 트랙터와 풀 베는 기계, 짐 싣는 웨건이 한 대씩 있고, 건초 압축기 한 대하고 건초를 묶어내는 건초 기계가 두 대 있어요. 착유기 한 대와 비료 살포기도 한 대 있죠. 착유기 한 대는 고정되어 있고 다른 한 대는 소젖을 짜려고 목초지로 나갈 때 트랙터로 운반해오죠.

미즈: 농장에 부채가 있어요?

시몬: 빚은 없어요.

미즈: 기계가 낡으면 어떻게 하시나요?

시몬: 기계를 수리하거나 새 기계를 살 때를 대비해서 기본적인 저축을 늘 유지하고 있어요. 때때로 쓸 만한 중고를 사려면 현금도 좀 있어야 하죠. 한 해 벌이가 생활비와 기계 비용을 충당하는 데 충분하다면 좋겠어요.

■ 아그네스가 농장을 물려받은 이유는?

시몬: 우리가 6녀 2남의 8남매였어요. 저는 일곱째고 리즈베스는 다섯째였죠. 형제 중 한 명이 전쟁이 나기 전에 농과 대학에 다녔고 미래에 이 농장을 맡기로 되어 있었죠. 근데 그 오빠가 전쟁에서 돌아오지를 않았어요. 다른 형제들은 농부가 되고 싶어하지 않았어요. 그 무렵 농

촌 지역의 젊은이들은 도시의 산업화된 일자리만이 그럴듯한 직업이라고 믿고 있었기 때문에 물밀 듯 시골을 빠져나갔죠. 노동 시간이 딱 정해져 있고 고정된 몇 시간만 일하고 자유로운 주말을 보내는 그런 온갖 유혹들 때문에 그런 일자리가 농장 일보다 더 나은 거였죠. 거기에 덧붙여 오빠와 장래 아내 될 사람에게는 개인적인 문제도 있었는데, 그들은 늙은 부모님을 보살피는 걸 원치 않았어요. 오빠는 심지어 부모님께 무뚝뚝하게 "큰 누나네 집으로 가셔도 돼요"라고 말한 적도 있어요. 물론 부모님들이 거절하셨지만요. 그 후 오빠가 농장을 떠났죠. 상황이 더 나빴던 건 우리가 이미 트랙터 한 대를 사버렸다는 거예요. 아버지는 면허증이 없었고 그 당시 예순이 넘으셨는데 말을 다 팔아버린 뒤였거든요. 그런 상황에서 제가 트랙터 면허증을 따고 농장 일을 시작하는 수밖에 다른 수가 없었어요. 때마침 봄이라 들은 농사 지을 준비를 해달라고, 또 농작물들은 씨를 뿌려달라고 떡하니 기다리고 있었죠. 그때만 해도 혼합 농사를 짓고 있어서 감자, 홍당무 같은 다른 작물들도 심었거든요. 여동생이 감자 밭 괭이질하는 거며 홍당무 밭에 잡초 뽑고 감자를 수확하는 일을 도왔죠. 그 일들은 안 하면 안 되는 일이었어요. 사이사이 정원 가꾸는 일도 해야 했어요. 당시에는 어머니가 살아 계셔서 돼지를 키워 새끼를 시장에 내다 팔기도 하셨죠. 그것이 돈줄이었어요.

미즈: 그게 여자들 일이었어요?

시몬: 돼지 기르는 건 언제나 여자들 일이었죠. 어머니의 일이었어요. 당신 자신의 돈벌이가 있었다는 의미죠. 물론 다른 돈에 대해서도 통제권이 있으셨지만요. 어머니는 해방된 여성이었어요. 여성 농민이지

결코 농장 하인은 아니셨죠. 그렇지만 농장에 대한 재정적 부담이 너무 심각해서 제가 그걸 떠맡아야만 했어요. 우리가 트랙터를 사버렸기 때문에 모든 개인적인 소망들은 연기해야만 했었죠. 그뿐 아니라 1945년에는 우리 가축을 다 가져가버렸어요. 더 이상 가축을 기를 수가 없게 된 거죠. 그 당시 암소 네 마리와 황소 두 마리뿐이었는데도 말이죠. 전후戰後에 이 지역이 프랑스 점령지였는데, 프랑스 군이 소와 다른 물자를 정기적으로 조달하기를 요구했어요. 우리는 가축을 적당한 규모까지 모을 수가 없었어요. 먹고사는 건 농장에서 나오지만 현금이 필요할 때는 소나 송아지를 내다 팔아야 했으니까요.

■ 남-여 문제

미즈: 당신은 농장을 물려받은 딸이에요. 이 지역에서 흔한 일은 아니죠. 그런 일이 일어난다 하더라도 사람들은 조만간 남자가 나타나 농장을 경영할 거라고 기대하죠. 남편 말이에요.

시몬: 맞아요. 우리 부모님도 그걸 원하셨죠. 간절히 바라셨어요.

미즈: 그렇지만 당신은 결혼하지 않았죠?

시몬: 네, 결혼하지 않았어요. 제 딸의 아빠는 1963년 제가 아기를 갖기 전부터 오랫동안 알던 사람이에요. 그렇지만 이미 저에게는 농장이 있었고, 부모님에 대한 책임 때문에 농장을 포기할 수 없었죠. 농장을 물려받았을 때 저는 거기에 헌신하기로 했어요. 그건 취미처럼 쉽게 포기할 수 있는 게 아니었어요. 그건 구속이었죠. 그러나 그때 이미 전서른 살이었고 아기를 원하고 있었죠. 그즈음에 우테Ute를 갖게 된 거죠. 이 아이를 낳을 당시 우리는 결혼할 수 없었어요. 그 후로 인생은

흘러가버렸고 저는 더 이상 결혼을 원하지 않게 되었죠. 우리는 서로를 굉장히 오랫동안 알아왔죠. 그는 의사였는데 농장을 가지고 있었어요. 그 후로도 우리는 오랫동안 관계를 이어나갔고 1980년에 헤어졌어요. 우리 두 사람은 농장을 합쳐서 공동 경영을 하려고 노력했어요. 일 년 동안 그렇게 해보기도 했고요. 그런데 그 후로 파산에 이르렀어요. 그는 암소와 송아지를 각각 한 마리씩만 갖고 있었어요. 저는 암소 서른다섯 마리가 있었고요. 그러나 그 한 해 동안 빚은 눈덩이처럼 늘어났고 우리는 모든 것을 잃어버렸죠. 그때 소위 말하는 남자-여자 문제를 겪었어요. 그러고는 나만의 농장으로 돌아가기로 결정했죠. 이곳 쉔펠트엔 암소가 딱 한 마리만 남아 있었어요. 그 소에서 우리 가구를 위한 우유와 버터를 얻었지요. 천천히, 새끼도 낳고 하면서 새롭게 시작할 수 있었어요. 그런데 그때 우유 할당 정책이 시작된 거예요.[8]

미즈: 그게 뭐죠?

시몬: 그 정책은 1983년에 시작됐어요. 공동 경영을 실험해보는 동안 소를 잃었기 때문에 우유 할당량도 같이 잃었거든요. 그때 저는 거의 파산에 이르렀고 할당량을 되찾기 위해 지방 정부와 싸워야만 했어요. 실제로 거의 제로에서 시작해야 했고, 천천히 송아지를 길러 소들을 키워나갔죠. 가축은 단 한 마리도 사지 않았어요. 3년간은 정말 고통스러운 세월이었죠. 제 정원에서 나온 것만 가지고 살았어요. 송아지나 소를 팔 수 있을 때에야 생필품들을 살 수 있었어요. 우유는 가족들만 먹었는데, 이 한 마리의 소가 일 년 동안 충분한 버터와 우유를 공급해주었지요. 단지 소 한 마리가 말이죠!

미즈: 이제 리즈베스에게 묻고 싶군요. 당신은 언제 여기로 돌아왔나요?

로이: 저는 공무원하고 결혼했죠. 그의 이름은 노베르트Norbert예요. 그는 매일 아침 규칙적으로 사무실에 출근하고 오후에 귀가하는 사람이었어요. 그 삶은 저에겐 너무 단조로운 것이었어요. 저는 도시의 아파트에만 처박혀 있어야 했죠. 쉔펠트에서 늘 만나던 사람들이 그리웠어요. 그때 아그네스가 딸을 낳았죠. 돌아와 여기에 다시 둥지를 틀 수 있는 좋은 기회였죠.

미즈: 당신과 남편은 어디에서 살았나요?

로이: 뒤셀도르프Düsseldorf에 살다가 뮌헨글라트바흐Mönchengladbach로 옮겨 살았어요. 저는 늘 향수에 시달렸어요. 그러나 뮌헨글라트바흐에서 쉔펠트로 왔을 때 태양이 달렘Dahlem 뒤로 떠오르는 것을 보고는 가슴이 열리고 바로 집에 왔다는 느낌을 받았죠.

미즈: 맞아요. 그 느낌을 알아요. 저도 여기에 돌아왔을 때 같은 느낌을 받았으니까요.

로이: 어떻게 표현해야 할지 모르겠어요. 돌아가야만 했을 때 쉔펠트에서 뮌헨글라트바흐까지 줄곧 울면서 갔으니까요. 여기 있는 게 그냥 좋았어요. 동물들과 함께하는 것도 좋았고요. 여긴 모든 것이 넓고 자유로웠어요. 마을 사람들하고 접촉하는 게 필요했어요. 맞아요. 그게 바로 저에게 필요한 거였죠. 의미 있는 일을 필요로 했던 거예요. 그러다 우연히 여기에 머물게 되었죠. 이제 절대로 돌아가지 않을 겁니다.

■ 여성 농민에서 가정주부로

미즈: 그런데 사람들은 당신 같은 여자가 남자 없이 농장을 경영하는 것에 대해 어떻게 생각하나요?

시몬: 사람들이 종종 물어보죠. 당신 농장에는 남자가 한 명도 없냐고요.

미즈: 그럼 뭐라고 하세요?

시몬: 우리 농장에서 일하는 남자들은 많다고 대답하죠. 그렇기는 하지만 그들은 제가 하라고 요구하지 않는 일은 절대로 안 하는 것 같아요. 처음부터 말하지 않아도 분명한 사실은 여기에서 명령을 내리는 사람은 저 하나라는 거죠. 그러나 울타리를 치라고 말하면 그들은 자기들이 하고 싶은 대로 울타리를 치죠. 저는 간섭하지 않아요. 보통 저와 같이 일하는 사람들은 이걸 이해해요. 저는 그들을 믿을 수 있죠.

미즈: 이 농장에 남자가 있는 것과 없는 게 다른가요?

시몬: 물론이죠. 남자가 있다면 제가 명령을 내리고 작업을 관리하는 사장은 될 수 없을 거예요. 저는 여기에서 항상 사장이었고 그 사실이 변하는 걸 원치 않아요.

미즈: 그렇지만 여기에서 그건 평범한 일은 아니잖아요. 대부분의 경우에 남자가 사장이지 여자는 아니지요.

시몬: 그게 바로 이곳 여자들이 남편이 원하는 대로만 말하는 이유지요. 그들은 늘 밑에서 보조하는 역할만 맡는데 그게 여자에게 기대되는 바라고 믿고 있기 때문이죠.

미즈: 이곳 리네란트Rhineland의 전통적인 상속법에는 딸들도 아들처럼 땅이나 농장을 상속받을 수 있게 되어 있어요. 여기에서는 많은 여자들이 일찍부터 자신의 재산에 의지했어요. 그런데 요즘은 여자들이 더 이상 자기 땅을 소유하는 데 관심이 없는 것 같아요. 이곳 여자들이 여전히 당신 어머니가 그랬던 것처럼 자신들을 여성 농민으로 보고 있을까요?

시몬: 우리 마을에서 제 나이 또래로 자신을 농부라고 여기는 여자는 딱 두 명뿐이에요. 그들은 저와 같은 방식으로 일을 하죠. 그들도 농장에서 일꾼들처럼 많은 일들을 해요. 그렇지만 소똥이나 액체 비료를 치우는 일은 절대 하지 않아요.

미즈: 그들도 트랙터를 운전하나요?

시몬: 이곳에 사는 모든 여자들이 트랙터를 운전할 줄 알아요. 그렇지만 몇 가지 더럽고 힘든 일은 하려고 들지 않죠.

미즈: 그들은 자신을 농부라기보다는 가정주부로 여기나요?

시몬: 그렇죠. 대부분이 그래요. 그들은 자신을 무엇보다 아내라고 생각해요. 그것이 그들에게 주부라는 것보다 훨씬 중요하죠.

미즈: 그렇지만 그들은 모두 농장 출신이고 농장에서 이루어지는 일을 알아요. 당신 딸 우테는 어떤가요?

시몬: 그래요. 그들은 농장의 모든 일들을 알고 있죠. 이 일들이 아침 일찍 시작해서 저녁 늦게 끝난다는 것도 알고 있어요. 그 때문에 일을 싫어하죠. 제 딸은 농장 일을 돕는 걸 좋아해요. 아침 9시에 시작하는 약국으로 출근하기 전에 가축우리에서 소에게 풀을 먹이고 청소하고 젖 짜는 일을 도와줘요. 8시에 약국으로 출근할 준비를 하죠. 물론 사람들은 박사학위까지 딴 그 애가 아직도 외양간에서 일을 해야 하냐고 물어보죠. 그게 무슨 논리인지 저는 모르겠어요. 박사로서 일하는 거랑 외양간에서 일하는 게 왜 양립할 수 없다는 건지.

■ '농부의 촌 냄새'

미즈: 농장 일에 대한 그런 경멸은 어디에서 나오는 걸까요? 왜 대부분

의 젊은 여자들은 농부와 결혼하기를 거부할까요?

로이: 농장 일은 어디에서나 천대받기 때문이죠.

미즈: 그게 왜 그럴까요? 자동적으로 그렇게 되는 건가요?

시몬: 그건 아니죠. 농장 일에 대한 경멸은 종종 농부들 자신한테서 나오기도 해요. 그게 정말 자신을 괴롭히는 거죠. 그들은 충분한 자부심도 없고 자기 존중감도 없어요. 특히 여자들은 더 그렇죠. 겨우 세 살 먹은 아이들을 유치원에 보내요. 그건 아이들이 더 이상 소를 다루는 법이나 땅을 만지는 법을 배우지 않는다는 뜻이죠. 그렇게 되면 더 이상 이 일을 좋아하거나 존중할 줄을 모르게 되겠죠. 아이들이 어릴 때부터 이 일을 배우지 않으면 그들은 부모들이 집에서 하고 있는 일에서 소외되는 거죠.

로이: 이쯤해서 우리 조카 발터가 들려준 일화 하나를 이야기해야겠네요. 그 일이 일어났을 때 발터는 트리에Trier에 있는 한 병원에 있었대요. 거기에 한 작은 마을에서 성당지기를 하던 노인이 있었다는군요. 온 마을 사람들이 그분을 사랑했고 그분이 연로해지자 많은 사람들이 그분을 보러 왔어요. 하루는 한 방문객이 안내실에다가 "우리 성당지기는 어느 방에 계시지요?"라고 물었더니 이렇게 대답하더래요. "촌 냄새만 따라가세요. 촌 아낙네들이 있는 그런 곳에서 나는 고약한 냄새만 따라가시면 돼요!" 이 일은 트리에에 있는 프리아르Friars 병원에서 바로 지난주에 있었던 일이에요.

미즈: 여성 농민들 자신이 농장 일에 대한 폄하와 경멸에 기여하고 있다고 말씀하셨는데요. 농촌의 여성들을 농부가 아니라 가정주부로 만들어내는 다른 제도들은 없나요?

시몬: 있어요. 농업학교도 부분적으로 그런 역할을 하죠. 학교에 다니는 여성들은 가정학에서 거의 완전히 주부 되는 교육을 받아요. 그 커리큘럼은 영양학, 요리, 세탁, 음식, 칼로리와 건강 등등으로 이루어져 있어요.

미즈: 농촌여성연합the Association of Rural Women에서도 여성에 대해서 비슷한 이미지를 퍼뜨린다고 말씀하셨죠.

시몬: 그래요. 그들은 '사과에 대한 모든 것', '낡은 린넨 재생법' 같은 주제로 세미나를 해요. 손으로 짠 낡은 린넨 시트에 붙이는 엉성한 패턴 몇 가지를 가지고 말이에요. '사과에 대한 모든 것' 같은 코스는 새로운 멤버를 모집하기 위한 속임수에 불과해요. 팔순이 넘은 분들까지 모집한다니까요.

미즈: 그 밖에 농촌여성연합이 하는 일은 없나요?

시몬: 제가 보기엔 이 단체는 충분히 정치적이지가 않아요. 예를 들어 그들은 여자들에게 어떻게 반대하는지, 어떻게 저항하는지를 가르치지 않아요. 이 단체가 굉장히 강한 조직이거든요. 그들은 여성들이 많은 활동을 하도록 움직일 수가 있어요. 가끔씩 의장이 지역 관료와 사진 찍기 위해 포즈를 취하는 것만으로는 충분하지가 않죠.

미즈: 그렇다면 그들이 어떤 이슈를 맡아야 할까요?

시몬: 미국 전투기가 우리 지역을 저공비행을 위한 시험 기지로 사용하는데 그들이 내는 소음에 저항해야만 해요. 핵 로켓 기지를 짓는 데도 반대해야 하고요. 그들은 우리 아이펠Eifel 전 지역을 핵 로켓 기지로 만들고 있어요. 왜 농촌여성연합은 여성들에게 이런 일들에 저항하는 법을 가르치지 않는 거죠?

■ 관계들: 세대, 이웃, 마을

미즈: 많은 젊은 농촌 여성들이 농촌에서의 결혼 생활이 실패하는 원인으로, 젊은 커플에게 특히 며느리에게 충분한 공간을 주지 않는 늙은 시어머니 탓을 한다고 들었어요. 젊은 커플들은 나이 든 사람들하고 가구를 분리해야 한다고 요구하고 있어요.

로이: 네 알고 있어요. 그렇지만 그런 제안은 젊은 여성들보다는 농업학교에서 더 많이 하고 있죠. 이제 젊은이들은 젊은이들대로 늙은이들은 늙은이들대로 가구를 구성해야 한다는 이야기를 어디에서든 들을 수 있어요. 그건 세대 간의 관계에 대한 우리의 생각과는 거리가 있어요.

시몬: 저는 세대 간 분리에는 절대로 반대예요. 젊은 여성들이 쉴 수 있는 자유로운 공간이 필요 없다는 건 아니에요. 그렇지만 이건 내 거실이고 저건 네 거실이라는 식은 아니지요. 농장에는 모두를 위한 공동의 거실이 있어야 해요. 아이들을 조부모와 떼어놓는 것에도 반대예요. 아이들은 나이 든 사람들이 어떻게 살아가고 일을 처리하는지 배워야만 해요. 또 나이 든 사람들은 주변에 젊은 사람들의 활기찬 삶이 있어야 하고요. 노인들은 어린아이들 곁에 있을 때 더 생기 있고 민감해질 거예요. 아이들을 통해서 삶의 기쁨을 경험할 수 있거든요. 그들의 호기심과 삶에 대한 열정을 보게 되니까요. 노인들에게는 이런 것들이 필요하죠. 그리고 아이들은 그러고 싶을 때 무릎에 안길 수 있는 누군가가 필요하죠. 그 누군가가 항상 엄마일 필요는 없지요. 할머니가 될 수도 있잖아요. 그렇게 되면 엄마는 휴식을 취할 수 있죠. 잠깐 외출을 할 수도 있고 한숨 잘 수도 있고요. 이런 이유들 때문에 저는 서로 다른 세대들이 함께 살아야 한다고 생각해요.

미즈: 그러나 요즘 흐름은 반대 방향으로 가고 있죠.

로이: 그렇죠. 심지어 할머니가 아이를 만지는 것도 허용되지가 않아요. 며칠 전 기젤라Gisela를 방문했을 때 들으셨죠? 한 여자가 자기 아이들이 할머니 할아버지한테서 떨어져 있기를 바란다고 말했을 때 저는 충격을 받았어요. 할머니와 손자손녀들은 잘 맞는다고 생각하거든요. 그래야 아이들이 가족 안에 그리고 사회 안에 여러 세대가 공존한다는 걸 배울 수 있는 게 아니겠어요. 그렇게 해야 사회생활이 적절하게 조직되는 거지요.

미즈: 이 이야기는 벌써 미래를 바라보는 관점에 대한 이슈를 건드리고 있군요. 이것은 매우 중요한 점이에요. 그렇지만 우선 이 마을에 있는 다른 사회적 관계들, 즉 이웃하고의 관계에 대해 물어볼게요. 마을이 사람들에게 대단히 강한 사회적 통제를 행사한다고들 하는데요. 보통의 사람들이 그렇게 알고 있죠. 그렇지만 두 분은 이 마을에서 어느 정도 예외인 거 같아요. 두 분은 전통적인 규범이나 양식을 따르지 않았고 지금도 따르지 않고 있어요. 두 분의 삶의 방식이 이 마을에서 문제가 되지는 않았는지요? 두 분은 이웃이나 마을과는 어떤 관계를 맺고 계신가요? 두 분은 전형적인 주부 패턴에는 맞지가 않는데요.

시몬: 마을과의 관계는 아주 좋아요. 이웃들과의 사이도 굉장히 좋고요. 정말 오래된 이웃들이거든요. 아이들과 조부모들이 여러 세대를 통해서 세운 관계들이죠. 관계는 언제나 잘 기능하고 있답니다. 정말 그래요. 어린아이 때부터 넘을 수 없는 경계들이 있다는 걸 배워야 하지요. 이웃과의 관계도 마찬가지랍니다. 그렇지만 '와서 좀 도와주실래요?'라고 이웃을 외쳐 부르면 남자든 여자든 즉시 하던 일을 멈추고

와서 도와줄 거예요. 저도 그런 도움을 요청받는다면 어떤 일이든 가리지 않고 도울 테고요.

로이: 젊은 사람들이 결혼을 해서 마을에 있는 집에 들어오게 될 때도 그런 좋은 이웃 관계는 유지되어야만 해요. 누군가가 부르면 달려가서 돕는 거죠. 부르지 않을 땐 이웃집 냄비도 곁눈질하지 않아요. 우리는 만나면 멈춰서 안부 인사를 나누고 좋은 일이나 나쁜 일에 대해 묻지요. 이웃을 만났을 때는 언제나 좋은 말을 하려고 노력해요. 그냥 지나치는 법은 없지요. 몇 마디 이야기를 나눌 시간은 언제나 있으니까요.

■ 일-문화-삶의 기쁨-페미니즘

미즈: 하루를 어떻게 보내시는지 이야기해주실래요?

시몬: 우리의 하루 생활에는 언제나 어떤 리듬이 있어요. 우리는 새벽 5시 30분에 일어난답니다. 그러고는 저녁에 짜둔 우유를 집유차가 서는 곳에 가져다놓지요. 그리고 나서 커피를 한 잔 마시고 집안 정리를 해요.

로이: 그리고 책을 읽어요. 한 시간 정도 읽거나 이야기를 나누죠. 때로는 그날 해야 할 일들에 대해서, 어떻게 그 일을 처리할 건지를 얘기하기도 해요. 우리에게는 항상 이야기 거리를 제공하는 책이 있거든요. 어떤 날은 딱 한 문장을 집어내서는 이렇게 말하죠. "여기 뭐라고 쓰여 있는지 좀 봐! 끔찍하군! 어떻게 이런 식으로 단정할 수가 있지!" 때때로 딱 한 문장 때문에 화가 나기도 해요. 그럴 때는 그 한 문장에 대해 하루 종일 토론하죠.

미즈: 어떤 종류의 책을 읽으세요?

로이: 요즘은 우타 랑케-하이네만Uta Ranke-Heinemann의 책을 읽고 있어요.[9] 그녀는 여러 가지 문제에 대해서 우리를 계몽해주죠. 예를 들어 예전에는 교회가 얼마나 여자들에게 심하게 대했는지 같은 문제 말이죠. 물론 예전에도 그걸 알고 있기는 했지만, 그 이유가 무엇인지, 또 어떤 배경에서 그런 일이 일어났는지를 알려주죠. 여성들이 산후에 교회에 갈 때는 사제에게 특별한 정화 의식을 받아야만 했던 관습이 있었대요. 그러기 전에는 거리에도 나갈 수가 없었어요. 그 밖에 정치적인 책들도 읽어요.

시몬: 저는 재밌는 소설을 가끔씩 읽어요. 지금은 스타인벡의 《분노의 포도》를 읽고 있어요. 그가 쓴 것은 현재의 우리 상황에 딱 들어맞아요. 하인리히 벨과 시몬느 드 보봐르도 좋아해요. 노박도 제게는 딱이죠. 어떨 때는 그의 책에 쓰여 있는 딱 한 문장을 가지고 하루 종일 생각하기도 한답니다. 저는 또 위기 상황에서 어떻게 행동할지를 아는 것에도 흥미가 있어요. 그래서 《생의 한가운데에서》라는 책을 구했어요. 제가 왜 이런 방식으로 반응하고 저런 방식으로는 하지 않는지 알고 싶어요. 어떤 책을 읽기를 좋아하냐고요? 저를 반항하게 만드는 건 어떤 것이든 좋아요. 예를 들면 도로시 쉘Dorothee Sölle의 책 같은 게 그래요. 저는 그녀를 좋아한답니다.

로이: 우리가 좋아하는 작가들은 많아요. 예컨대 밋쉐르리히Mitscherlich의 《아버지 없는 사회 The Fatherless Society》 같은 책 말이죠. 그런 책을 읽을 때는 '세상에! 그가 옳아!'라고 생각하게 되죠. 그는 정말 명확하게 세상을 본다니까요. 또 그의 《탄식할 수 없음에 대하여 The Incapacity to Mourn》는 또 어떻고요. 상황은 그가 묘사하고 있는 것하고 완전히 일

치하거든요.

미즈: 사실이에요. 그건 오래된 그리고 새로운 가부장제와 관련이 있어요. 이건 우리의 다음 주제가 될 거예요.

시몬: 아마 우리는 전통적인 가부장제하에서 자라지는 않았을 거예요. 그렇지만 일반적으로 우리는 여전히 가부장제 사회에서 살고 있다고 말할 수 있어요. 어젯밤 텔레비전 토론을 보셨어야 하는데, 여자들끼리의 토론이었는데… 그들이 어떻게 직업 전선에서 투쟁해야 하는지에 관한 것이었어요. 그들은 끊임없이 왜 자신이 살아가는 방식대로 살아가는지를 설명해야만 하는 거죠. 한 여자 경찰관이 나와서 자신 역시도 가끔 어떤 행위를 할 때 왜 그리고 어떻게 그 일을 하는지를 설명해야 할 때 놀라게 된다고 말을 하더군요. 남자들에게서처럼 그냥 하나의 사실로 받아들여지지가 않는 거죠.

로이: 아는 사람을 만나게 될 때 우리는 즉시 웃어요. 우리 둘 다 말이죠. 왜냐하면 누군가가 "노베르트(아그네스의 성) 씨는 이 문제에 대해 뭐라고 할까요?"라고 물어보기까지가 5분 이상 걸리지 않거든요. 절대로 15분은 넘지 않아요. 그럴 때 저는 씩 웃죠. 제 주위에 있는 사람들은 제가 무슨 생각을 하는지 알지요. 그런 다음 그 사람에게 말해요. "당신은 꽤 빠르군요. 3분밖에 걸리지 않았어요!"

시몬: 낯선 사람들이 우리 농장을 방문할 때면 자주 남자가 없는 것에 대해서 묻곤 하죠. 최근에 차 한 대가 우리 안마당까지 들어왔어요. 어떤 정부 관리였지요. 오자마자 그가 묻더군요. "세상에! 어떻게 이런 일이! 그건 남자 일이에요." 저는 여자 일 남자 일 같은 건 없다고, 그냥 일 자체가 있을 뿐이라고 그를 일깨워줘야 하죠. 그가 깜짝 놀라서

는 저를 쳐다보더군요. 가끔 형부가 우리를 도와줄 때면, 남자 방문객들이 다가와서 자기들이 물어보고 싶은 걸 물어봐요. "저분이 이 집 주인인가요?" "아니요, 그는 내 남편이 아닌데요." "그럼 누가 여기 주인인가요? 당신은 남편이 없나요?" "아뇨, 몇 명 있기는 하죠."

미즈: 꽤 해방된 조건에 계시군요! 당신의 일과에 대해 좀 더 얘기해주시겠어요.

시몬: 우리는 아침 7시쯤 일을 시작해요. 매일매일 해야만 하는 특별한 과업이 있어요. 오늘은 액상 비료를 내가야 했죠. 내일은 소똥 차례예요. 우리는 아이펠Eifel 지방의 추운 날씨에 맞춰 일을 해야 해요. 여름에는 들판에서 해야 할 일들이 있고요.

미즈: 저녁에는 몇 시까지 일하세요?

시몬: 농부들은 일이 다 끝날 때 일을 멈추지요. 보통 7시 30분쯤 돼요. 늘 그런 건 아니지만요. 여름에 따뜻할 때는 작업 시간이 변동돼요. 저녁에 보통 9시 정도까지 더 오래 일하게 되죠. 일이 다 끝날 때까지 말이에요. 건초를 말릴 필요가 없을 때는 낮잠을 좀 길게 자요. 정원에 누워서 일광욕을 하거나 잠시 명상을 하기도 해요.

로이: 맞아요. 정말로 자신을 내려놓는 거죠. 영혼 속에 말이에요.

미즈: '정말로 내려놓는다'는 건 무슨 뜻이죠?

로이: 깊은 구멍 속으로 떨어지는 거예요. 저는 그걸 정말 좋아하는데, 일상 세계로부터 한 걸음 물러나는 거죠. 넓은 목초지에 누워 있는 것도 참 좋아요. 거기에는 아무도 오지 않아요. 오른쪽에서도 왼쪽에서도 아무도 우리 목초지를 가로지르지 않거든요. 20에이커나 되는 땅 한가운데 누워 있으면 그건 정말 신비스러운 느낌이죠. 그 느낌은 말

로 표현할 수가 없어요. 마치 우주가 제 주위를 내려 비추고 있는 그런 느낌이라고 할까요.

미즈: 그렇지만 매일 아침저녁으로 소에게서 우유를 짜야 하잖아요. 사람들이 말하기를 당신은 소에 얽매여서 자유롭지 않다고 하던걸요.

시몬: 아뇨, 그건 자유에 대한 옳지 못한 개념 아닐까요? 저는 심지어 내 일이 다른 사람들이 돈 내고 하는 운동을 할 수 있는 좋은 기회를 준다고까지 말할 수 있겠는데요. 무릎을 굽히고 몸을 숙이고 사다리를 오르내리고 팔을 들어 올리거나 내리고 물건을 옮기는 일들 말이에요. 모든 움직임들은 제 신체적 건강을 위해서 필요한 것들이죠. 아침에 소와 송아지를 먹이는 동안 그 동작들을 수행하죠. 누르고 밀고 들어 올리고 달리고 소리치고 어루만지고, 제 몸이 개인적으로 필요로 하는 게 다 충족되는 거죠.

미즈: 성공이나 행복에 대한 감정은 어때요?

시몬: 예를 들어 아픈 소를 잘 치유했을 때 이건 저에게는 정말 굉장한 성공 경험이에요. 농장에는 그런 성공 경험이 셀 수 없을 만큼 많이 있어요. 그건 정말 중요한 거예요. 그런 성공 경험들이 계속할 수 있는 용기를 준다니까요. 들판의 풀베기 준비를 마쳤을 때, 혹은 목초지가 아름다울 정도로 깨끗하게 정돈되었을 때, 또 울타리를 손봐서 잘 정리되었을 때, 그런 일들은 정말 대단한 거예요.

로이: 정원에서 일하는 것도 성공의 느낌을 줘요. 직접 그 광경을 보지 않는다면 그걸 표현할 수 없을 거예요. 땅을 다 갈았을 때 그 느낌이 얼마나 놀라운지. 그 냄새란, 정말이지 새로 간 땅의 그 신선한 냄새를 설명할 수 없어요. 직접 냄새를 맡아봐야 한다니까요. 두 손으로 흙을

만져봐야 해요. 그 차갑고도 따뜻한 느낌을 느껴봐야 한다고요. 그리고 땅위에 그냥 앉아서 따뜻한 기운이 당신의 손가락을 타고 흐르는 걸 느껴봐야 알아요. 그 느낌이 얼마나 사랑스러운 느낌인지 말이에요. 우리는 아이 적부터 그런 느낌을 알죠.

시몬: 그런 게 저에게는 행복이에요. 제 손으로 풀을 베고 나서 얼마나 아름답게 변하는지, 어린 식물들이 어떻게 성장해 가는지 보는 게 행복이죠. 정원에 누워서 배 위를 비추는 햇빛을 느끼는 것도 행복이죠. 또 우리 주위에는 우리를 좋아하는 많은 사람들이 있잖아요. 그것도 행복이에요.

미즈: 아그네스, 당신은 무슨 일을 하고 또 언제 그 일을 할지를 자유롭게 결정한다고 말했어요. 그런데 그런 자유의 개념은 일반적인 건 아니에요. 보통 사람들이 '내가 하고 싶은 걸 할 수 있다'고 말할 때 생각하는 그런 자유와는 다르잖아요. 그런 자유를 의미하는 건 아니죠?

시몬: 아니죠, 그런 의미하고는 달라요. 물론 꼭 필요해서 하지 않을 수 없는 일도 있어요. 제가 이해하는 자유의 의미는 결정을 할 수 있는 자유, 지금 가서 나무를 베는 결정을 할 수 있는 그런 자유를 말하죠. 그것이 제가 말하는 자유예요.

미즈: 그건 필요의 틀 안에서 하고 싶은 일을 결정할 수 있다는 그런 뜻이네요.

시몬: 저는 소득 범위 안에서 무엇을 할지를 결정할 수 있고 또 돈을 어떻게 쓸지를 자유롭게 결정할 수 있어요. 이런 것도 제가 생각하는 자유의 일부분이죠.

로이: 글쎄, 소득 범위 안에서라면 넌 그렇게 자유롭지는 않잖아. 어떤

권력이 조금은 통제를 하고 있는 거지.

■ 근대적 농업 정책

시몬: 이 이야기는 경지 정리에서부터 시작되지요. 그건 시작이었어요. 이 지역에서 그 정책은 1960년대 초반에 시작되었어요. 이 시기에 큰 농장들 중에 일부가 마을 바깥으로 옮겨져요. 제가 이 조치의 목적이 무엇인지 이해하기까지는 시간이 좀 걸렸어요. 소농들로부터 토지를 몰수했는데 그들의 논거는 이 농장들이 더 이상 생존 가능하지 않다는 거였어요. 이 토지가 큰 농장 소유주에게 넘어갔죠. 토지 정리 당국은 소자작농들에게 땅을 전부 매입해서 대규모의 재정착 농가에 주었죠.

로이: 새 농장들은 마을 바깥에 자리를 잡으면서 마을 토지의 경계 지역에 세워지게 되었죠. 이건 그들이 더 이상 생산물을 주변 사람들에게 직접 팔 수 없다는 걸 의미해요. 왜냐하면 아무도 우유나 계란을 구하러 그렇게 멀리까지는 가지 않기 때문이죠. 그들은 외부 시장을 겨냥해서 생산을 해야만 했어요.

미즈: 그 다음 국면은 어떻게 되었나요?

시몬: 그 다음 상황은 농장들 사이에 경쟁을 도입하는 것으로 시작해요. 만약에 제가 소 쉰 마리를 가지고 있지 않으면 저의 가치는 다른 사람의 가치보다 못하게 되는 거죠. 여기에 부러움도 한몫을 하게 되죠. 그리고 대형 트랙터가 필요해지는 거죠! 대형 트랙터는 이 과정에서 새로운 가치를 확립하는 데 절대적인 역할을 하게 되요. 젊은 농부에게는 어떤 트랙터, 어느 정도로 큰 트랙터에 앉아서 일을 하는가가 굉

장히 중요한 문제가 되는 거예요. 전 그걸 알아요.

미즈: 그들에게 이 거대한 트랙터가 정말로 필요한가요? 그냥 남자들이 큰 기계를 소유하기를 원했던 건 아닌가요?

로이: 맞아요. 젊은 농부들은 큰 트랙터를 원해요. 트랙터가 없다면 농사일 자체를 전부 포기해버릴 걸요. 그들은 트랙터가 필수적인 기계라고 생각하지는 않아요. 그들에게 그건 지위를 나타내는 상징이죠. 그들은 큰 트랙터를 몰 때 높은 위치에 앉아 있다고 느껴요. 그러면 그들은 사람들을 내려다보게 되지요. 그들은 누가 더 큰 트랙터를 타는가를 놓고 서로 경쟁해요.

미즈: 그래서 많은 사람들이 빚을 지게 되지 않나요? 이제 농업 정책의 후기 국면에 대해서 좀 얘기해볼 수 있을까요?

시몬: 그러죠. 이 국면에서는 우유 할당제가 도입돼요. 이미 그 얘기는 언급했죠. 그 제도는 소농들에게도, 심지어 소를 두 마리만 갖고 있는 농부에게도 영향을 미쳐요. 소를 두 마리만 갖고 있는 사람도 두 마리에 대해서 할당량을 얻어요. 그들은 더 이상의 우유를 팔 수가 없게 되었어요. 큰 농장들은 모두 빚을 지게 되죠. 재정착 농장들, 트랙터 소유주들 말이죠. 국가는 자금 지원을 해서 그들을 구제해야만 했어요. 그렇지 않았다면 전부 파산했을 테니. 정부가 의도한 바는 아니었지만, 대농장을 우대하는 정책을 편 거죠. 그렇게 해서 대농들이 특별 보조를 받게 된 거예요.

미즈: 그런 새로운 농업 정책, 그 모든 새로운 법규와 규제에도 불구하고 당신이 자기 소유의 자급 농장을 용케 유지했던 비결이 무엇이었나요? 당신은 인공 수정으로 하는 근대적 가축 품종개량 규칙 같은 것도

따르지 않는 걸로 알고 있는데요. 당신은 자신만의 황소를 갖고 있었죠.

시몬: 그래요. 이제 더 이상 그럴 수가 없게 되었지요.

미즈: 정확하게 말하면 당신은 새로운 규칙에 따른다면 할 수 없는 일들을 했어요. 어떻게 용케 당신의 황소를 보유할 수 있었는지 말씀해 주세요.

시몬: 먼저 좋은 품종으로 새끼 황소 한 마리를 사서 우리 암소들과 함께 풀을 뜯게 했죠. 인공 수정으로는 암소가 교미기에 있는 정확한 순간을 알기가 어려워요. 뿐만 아니라 어떻게 암소를 무리에서 격리시키고 교미시켜서 다시 돌려보내야 하는지를 알기 어렵죠. 인공 수정 과정으로는 우리 암소들이 임신이 되지 않는다는 걸 알았어요. 일이 무지 복잡할 뿐 아니라 기능적이지도 않았던 거죠. 암소의 교미기가 점점 더 짧아졌어요. 전체 과정을 자꾸만 반복해야 했어요. 그건 돈이 너무 많이 들었죠. 매번 100마르크를 지불해야만 했으니까요. 수정을 해주는 곳만 떼돈을 벌었죠. 그렇지만 인공 수정이 제대로 되지 않는 때가 종종 있었어요. 게다가 우리 암소들은 인공 수정소에서 일하는 몇 사람을 좋아하지 않았고 그럴 때면 전부 실패로 돌아갔죠. 게롤슈타인 Gerolstein 출신 수정사가 있었는데 우리 소가 그를 좋아하지 않았어요. 그런데 우리 황소랑은 달랐죠. 여름 내내 그 녀석은 무리 주위를 배회했죠. 그 녀석을 혼자 내버려두면 거칠게 행동하지 않았어요. 암소와 황소 무리 사이에서 자유롭게 돌아다니는 아프리카 아이들에 관한 영화하고 비슷했어요. 아무 문제도 일어나지 않았죠.

미즈: 그럼 지금도 당신의 암소들한테는 아무 문제도 없나요? 리즈베

스 씨, 당신은 암소들에 관해 모든 걸 알고 있나요?

로이: 그럼요. 황소는 3일 동안 발정기에 있는 특정 암소를 따라다녀요. 녀석이 그 암소를 애무하면서 그녀가 얼마나 아름다운지 얘기를 건네죠. 물론 녀석이 뭐라고 말하는지는 알 수가 없지만요. 그렇게 그녀가 준비가 되면 진짜로 일이 되는 거죠. 그리고 후에 암소가 더 이상 그 녀석을 원하지 않을 때 녀석이 그녀를 혼자 내버려두죠. 다 끝난 거예요.

미즈: 그렇다면 그건 성폭력하고는 전혀 다른 거군요.

로이: 그럼요, 완전히 다른 거죠. '그 남자는 동물처럼 행동한다' 고 말하는 건 정말 어리석은 말이에요. 동물들은 절대로 그렇게 행동하지 않아요. 어떤 동물도요.

시몬: 우리가 근대적 규칙과 절차를 따르지 않기 때문에 우리에게는 아름다운 암소와 송아지가 있지요. 사고 싶어하는 사람들이 많답니다.

■ 미래에 대한 관점

미즈: 당신의 농장이 온전히 자족적인 건 아니죠. 시장에 내다 팔 물건도 생산을 하시잖아요? 현금이 필요할 테고 노인 연금도 부어야 하니까요. 미래에 대한 계획은 무엇인가요? 이제 더 이상 젊은 세대에게 농사를 계속 지어서 늙은 부모를 죽을 때까지 부양하리라고는 기대할 수 없잖아요. 당신의 딸 아그네스도 농부가 아니라 약사가 되었어요. 일이 너무 벅차지면 어떻게 할 거예요?

로이: 그땐 그냥 농장 일을 그만두는 거죠!

시몬: 그럼 되죠 뭐! 근데 연금 부을 돈은 어디서 나오지? 이건 이미 제

문제가 되었어요. 최악의 경우에는 딸이 농장을 임대할 거예요. 제가 필요로 하는 건 누군가가 농장을 임대하는 거죠. 그렇지 않다면 연금을 탈 수가 없을 거예요. 또 농장이 완전히 낯선 사람에게 넘어가는 것도 싫거든요. 만약에 예순다섯 살 전에 미리 연금을 탈 수 있다면 쉰여덟에 그만둘 거예요. 그렇지만 그렇게 되면 후계자가 필요해지겠죠. 아니면 EU에서 하는 휴경 프로그램에 들어가야만 할 거예요.

미즈: 그렇지만 따님이 농장을 인수하기를 더 바라시죠?

시몬: 그럼요. 그렇게 되면 더할 나위 없죠.

미즈: 미래에는 어떤 일이 일어날까요? 이 사적인 질문은 농업 일반의 미래가 어떨지에 대한 더 큰 문제와 연결되어 있어요. 어떻게 되기를 원하세요?

시몬: 제가 진심으로 원하는 건 우리 같은 소농이 지속적으로 번영하는 거예요. 그게 소망이죠. 소농은 생물 다양성을 보존할 수 있어요. 혼합 경작을 하니까요. 감자를 세 줄 심으면 비트beet 뿌리를 세 줄 심어서 동물들이 먹도록 배려하죠. 그들은 '돈벌이가 되는 일자리gainful employment' 같은 건 절대로 따지지 않아요. '돈벌이가 되는 일자리'란 얼마나 어리석은 개념이에요. 그 개념은 여자들의 일에 관해 이야기할 때 주로 나오게 되죠.

■ '돈벌이가 되는 일자리'는 무슨 의미인가?

시몬: 돈을 만들어 내는 일만이 '돈벌이' 일이지요. 어머니는 항상 집에서 일을 하셨어요. 저도 늘 일을 했고요. 제가 이 농장 주인이지만 여전히 '돈벌이로 일하는' 사람처럼 취급되죠. 제 친구 마리아는 저만큼

일을 하지만 그녀는 '돈벌이로 일하는' 게 아니거든요. 왜냐하면 그녀는 직업을 가지지 않았고 임금을 받기 위해 일하는 게 아니기 때문이죠. 하지만 그녀는 남편과 함께 돈을 벌어요.

로이: 여기 있는 모든 소농들은 기본적으로 '돈을 벌기 위해 일하는' 사람들이죠. 그들이 농부로서 어떠한 형식적인 훈련도 받지 않았지만요. 바로 그런 이유 때문에 그들이 여기에 남는 것이 중요한 거예요. 돈을 벌기 위해 일하는 건 임금 노동자들만이 아니에요. 자급 농장에서 스스로의 생계를 이어가는 사람들도 거기에 포함되죠. 그렇지만 우리 경제에서 그들은 계산에 들어가지 않죠.

미즈: 그렇죠, 그들은 계산되지 않죠. 그들은 통계나 국내총생산에 잡히지 않아요. 가정주부의 일과 마찬가지죠. 저는 농촌여성연합 같은 단체에서 이 문제를 정치적 목표로 설정할 수 있다고 봐요. 일에 대한 대안적인 정의를 위해서 싸우는 거죠. 모든 무보수 노동을 일의 개념에 포함시키거나, 아니면 '돈벌이가 되는 일자리'라는 개념을 없애고 삶을 생성하고 유지하는 데 중요한 모든 일을 포함할 수 있는 개념을 창조하는 거죠. 자기 자신의 생계, 즉 자급을 위한 일도 포함돼야겠죠.

시몬: 물론이죠. 소위 말하는 주부들이 그런 일을 하잖아요. 아이들을 키우고 가족을 보살피죠. 그들은 사회를 위해 굉장히 중요한 일들을 하고 있는 거죠.

로이: 농촌여성연합은 이 이슈에 대해 오래전에 생각했어야 해요. 적절한 개념을 찾아서 국가에 요구해야죠. '바로 이렇게 되어야만 한다'라고 말이죠.

■ 자급 지식과 감정들

시몬: 만약에 우리가 유럽의 다른 곳에서처럼 마을이 죽어가는 걸 원하지 않는다면, 지금 무언가를 해야만 해요. 모든 것이 몰락하고 사라지도록 하는 건, 그래서 젊은이들이 더 이상 상추씨를 어떻게 뿌리는지 언제 수확하고 언제 팔 수 있는지 모르게 된다면, 또 김치 담그는 법도 알지 못하게 된다면, 그건 정말 미친 짓 아니에요? 더 이상 밭에서 뭔가를 기르고 생산하는 법을 배우지 않는다면 결국 시장에다 무언가를 내다파는 일이 불가능해지겠지요. 모든 걸 맨 처음부터 다시 배워야 할 걸요. 어떻게 채마밭을 만드는지에서부터 그걸 유지하는 데 필요한 지식과 기술 모두를 말이에요.

미즈: 당신이 아직 보유하고 있는 기술과 지식은 뭔가요? 그리고 꼭 보존되어야 한다고 생각하시는 건 뭐지요?

로이: 예를 들면, 저는 병조림을 하든가 소금에 절이든가 훈제를 하든가 해서 고기를 저장하는 법을 알고 있지요. 우리 집에는 아직 훈제실이 있답니다. 김치 만드는 법도 알고, 콩을 발효시켜서 같은 방법으로 저장할 수도 있어요.

시몬: 맞아요. 과일이나 채소를 유리 단지에 저장할 수도 있지요. 요즘도 그런 일들을 많이 하니까요. 우리는 잼도 만들어 먹고 과일 주스도 만들어 먹어요. 절대 잼이나 젤리를 사먹지 않는답니다. 버터도 만들어 먹는걸요. 버터우유를 이용해서 커티지cottage 치즈도 만들 수 있고 아직 해보진 않았지만 다른 종류의 치즈들도 만들 수 있을 거예요. 지금은 시간이 없어서 못 하지만요. 저는 발효된 반죽으로 만드는 빵도 구울 수 있어요.

로이: 지금은 우리가 이 모든 기술들을 젊은 사람들에게 가르칠 수 있을 거예요. 그렇지만 한 세대 안에 이 모든 지식을 잃어버릴 거예요. 젊은 농사꾼들은 오로지 기계 다루는 법만 배우니까요. 그들은 각종 식물과 약초들을 돌보고 기르는 법은 배우지 않아요.

시몬: 그들은 동물들하고도 더 이상 적절한 관계를 유지하지 않는 거 같아요. 그들에게 동물은 그저 하나의 생산 요소일 뿐이죠. 물론 그들에게는 동물 한 마리 한 마리를 보살필 시간도 없고요. 우리 수의사가 그러는데 큰 농장에서는 동물이 아플 때 더 이상 수의사를 부르지 않는다더군요. 그들은 즉시 도살업자를 부른대요. 그게 비용이 더 싸니까요.

로이: 그런 동물은 쓰레기에 지나지 않는 거죠. 동물과의 이런 관계가 제일 먼저 바뀌어야 해요. 동물은 물건이 아니에요. 그건 생명이라고요. 땅도 마찬가지죠.

미즈: 땅은 돌봐주고 양육해주는 그런 관계를 요구하지요?

시몬: 돌봐주고 양육해주는 것만이 아니라 사랑하는 관계여야 해요. 제가 어릴 때 아버지가 들판에 나가시던 모습을 기억해요. 제 눈앞에 그분을 보는 듯하죠. 어떻게 말해야 할지 모르겠지만…… 하느님이 들판에 나가는 모습을 그려낼 수 있다면 그게 바로 우리 아버지예요. 들판을 가로질러 가실 때나 쟁기질을 할 때 정말 그랬어요. 뭐랄까요…… 가끔 오래된 그림에서 보면 쟁기질하는 사람의 모습을 볼 수가 있잖아요. 공격성이라고는 한 치도 없는 사랑스러운 태도 말이죠.

미즈: 맞아요. 우리 아버지도 그러셨어요.

시몬: 그분들이 들판을 가로질러 가실 때면 곡식이 열린 들에 물결이

이는 것 같은 모습이었죠.

미즈: 맞아요 맞아. 왼쪽에서 오른쪽으로 조금씩 흐르는 물결처럼요.

시몬: 만물이 만물과 어떻게 연결되어 있는지를 보여주는 것도 중요할 거예요. 그건 꼭 강조되어야만 해요. 땅과 인간들 사이의 상호 연결성 말이에요. 다시 한번 사람들에게 그걸 가르쳐야 한다고요.

로이: 저는 늘 이 일과 이 생활이 얼마나 놀라운 것인지를 만나는 사람들에게 설명해주려고 애쓰죠. 왜 우리는 일출의 아름다움을 보지 않는 걸까요? 왜 우리는 새들의 지저귐과 노랫소리를 보고 듣지 않는 걸까요? 쉔펠트에는 아직 그런 것들을 이해하는 농부들이 남아 있답니다. 남자들도 이 모든 것들을 제가 보는 것처럼 보죠. 해가 떠오르는 광경이 얼마나 장엄한지에 대해서 이야기하고, 제가 느끼는 것과 같은 느낌을 느끼죠. 남자들도 이런 걸 느낄 수 있거든요.

■ 여성과 생태학

미즈: 방금 말씀하신 바로 그 점이 제가 준비한 마지막 질문이었어요. 그 모든 상호관계들을 보고 느끼고, 또 머리와 가슴에 새기는 것, 그리고 우리 시대의 생태학적 문제들을 성찰하는 데 있어서 여성의 감수성이 남성보다 더 크다고 생각하지 않으세요? 당신의 의견을 알고 싶군요.

시몬: 일반적으로 말하자면 당신이 옳아요. 그렇지만 그걸 볼 수 있고 거기에 대해서 같은 식으로 느낄 수 있는 남자들도 소수이긴 하지만 있어요. 생태적 문제에 대해서도 관심을 갖고 있고요. 예를 들면 리즈 베스가 언급했던 그 남자의 경우가 그렇죠. 그가 들판에서 우릴 만나

게 되면 보통은 그런 문제들에 관해서 끝없이 얘기를 해요. 물론 그는 자기 친구들한테는 그런 얘기를 할 수 없기 때문에 외로움을 타기도 하죠. 그 남자들은 아마 그 자리에서 '이 친구 약간 돈 거 아니야'라고 말할 거니까요.

미즈: 방금 말한 그런 남자들을 상상할 수 있어요. 그들은 남자답게 느끼기 위해서 큰 트랙터가 필요한 사람들이죠. 그런 남자들은 우리가 말한 그 느낌과 사고를 이해하지 못할 테죠.

시몬: 그렇겠죠. 그들에게는 트랙터의 소음이 필요하겠죠. 그들에게 새소리는 들리지도 않을 거예요.

로이: 그들이 무언가에 대한 향수를 갖는 일은 일어나지도 않을 거예요. 2년 전에 제비들이 너무 일찍 돌아온 적이 있었어요. 아직 봄 서리가 내릴 때여서 새들은 먹이를 구할 수 없었죠. 기후 변화에 따른 생태적 결과였어요. 첫 번째 무리였던 어린 제비 다섯 마리는 얼어 죽었어요. 부모 새들은 용케도 두 번째 무리가 올 때까지 살아남았죠. 저는 그 제비들이 우리 마구간에서 먹이를 먹을 수 있도록 해줬어요. 제비들은 송아지 등 위에 앉아 있었죠. 벽에서 날벌레들을 잡아먹으면서 말이에요. 날벌레들도 먹이가 없어서 약하고 지쳐 있었어요. 그러니까 스프레이를 뿌려서 날벌레들을 몽땅 죽이는 일 같은 건 해서는 안 돼요. 날벌레들이 있어야 새들이 돌아왔을 때 먹이를 구할 수 있잖아요. 스프레이를 뿌리면 뿌릴수록 곤충들은 줄어들어요. 곤충들이 여름에 좀 귀찮긴 하지만 우리는 새들에 대해서도 좀 생각을 해야 한다고요.

미즈: 리즈베스, 소들을 그렇게 철저하게 관찰해보셨으니까 그들에 대

해서 좀 더 자세하게 얘기해주실 수 있겠어요?

로이: 물론이죠. 소는 사람을 이해해요. 우리가 초지로 나갈 때 그들이 우리를 반긴다니까요. 만약에 내일 아침에는 무리를 다른 초지로 옮겨야겠다고 말하잖아요. 그럼 그 다음 날이 되면 소들이 모두 문 앞에 서서 우리를 기다리고 있어요. 그들이 젖을 짜기 위해서 올 때면 어떤 종류의 특별한 질서가 있어요. 저는 그들의 이름을 부르기만 하면 된다니까요. 만약에 제가 "파울라 오너라"라고 말하면 정말 파울라만 와요. 그뿐이 아니에요. 그들은 서로서로 우정도 갖고 있어요. 두 마리의 소가 항상 같이 다닌다니까요. 그들의 송아지들도 서로 친하더라고요. 사람들이 '소처럼 멍청하다'고 말할 때 정말 화가 나요.

미즈: 당신은 당신의 소들과 이야기를 나누시는군요. 그렇다면 어떻게 그 동물들을 도살하는 게 가능하지요?

시몬: 저도 자연의 한 부분이라고 생각해요. 제가 특별하게 육식성인 것도 아니고요. 도움이 되는 한에서만 육식을 하는 거죠. 그렇지만 늘 동물들에게 "용서해"라고 말한답니다. 그게 참 이상한 일이긴 하죠. 그걸 묘사하기는 힘들어요. 처음에는 이 농장에서 동물들을 도살할 때 그 자리에 있을 수가 없었어요. 동물의 눈을 쳐다볼 수가 없었거든요. 늘 누군가 다른 사람에게 도움을 청해야 했죠.

로이: 송아지의 경우는 더 나빴어요. 돼지의 경우는 좀 더 쉬웠고요. 돼지하고는 그렇게 가까운 관계를 맺지 않았으니까요. 바로 그렇기 때문에 우리는 돼지새끼 기르기를 그만두었어요. 소는 정말이지 아름다운 동물이에요. 근데 죽기 위해서 길러지는 거죠. 물론 돼지 잡는 일 역시 마음 아픈 일이에요. 그렇지만 태어나던 날부터 알아온 소를 도살하는

일은 정말이지 저에겐 너무 못 할 일이었어요.

덧붙임

1990년 2월 1일에 아그네스 시몬은 그녀의 전 농장을 이웃 마을에서
온 한 젊은 농부에게 임대했다. 그것은 그녀가 농부 연금을 받기 위한 조
건이었다. 임대 계약은 10년으로 제한되었다. 그녀는 건강상의 이유로
농사짓는 것을 포기했다. 그녀는 등의 통증 때문에 더 이상 트랙터를 운
전할 수 없었다. 30년 노동의 끝에 그녀가 받을 수 있는 연금은 매달 613
마르크였다.

땅, 자급의 기초

자본주의적 가부장제는 우리가 우리의 진정한 근원을 잊어버리고 그
자리에 돈, 자본, 기계, 투자를 대치시키기를 바랄 것이다. 따라서 우리
는 생명은 여성으로부터 나오며 음식은 땅으로부터 나온다는 단순한 진
리를 상기해야만 한다. 바로 그렇기 때문에 땅과 땅이 사용되는 방식이
대안적인 생태 경제와 사회를 고려할 때 가장 중요한 요소가 되는 것이
다. 농경 문화(땅 경작이 중심이 되는 문화)와 소농 경제는 자급 관점에 있
어 결정적으로 중요한 구성요소다.

이 점에서 우리는 최근에 등장한 대부분의 대안적 접근들과 다르다.
'지역 경제'(베를린 기술 네트워크Technology Network in Berlin와 비르크횔쩌
Birkölzer의 작업), '제3섹터'(리프킨Rifkin), '새로운 일'(베르크만Bergmann),

혹은 저널 〈위기Krisis〉의 저자들(쿠르츠Kurz 등)이 견지하는 개념들은 한결같이 자급 관점의 지향성 중 일부를 포함하고 있지만, 땅과 농업을 출발점으로 삼지는 않는다. 그들의 뿌리는 도시 환경에서의 임금 노동이다.

그러나 도시의 노동과 실업에 초점을 두게 되면, 자급 능력이라는 아이디어를 회복하기가 힘들어진다. 예를 들자면, 1995년 영국에는 이미 400개의 레츠(LETS, Local Exchange and Trading Systems)가 있고, 그 안에는 자급 원리에 따라 교환(주로 서비스의 교환)에 참여하는 구성원 2만 명이 있었지만, 그 시스템에 일부 생산물을 내다파는 농업 기업은 단 8개밖에 없었다. 탄야 로지츠키Tanja Loziczky는 이렇게 농업 생산자가 레츠에 참여하기 어려운 이유로, 농산물을 공급받기 위해 노동력을 제공하는 구성원들이 비숙련 조력자들일 수밖에 없다는 점을 들었다. 그들은 농업 생산자들에게 도움이 되기보다는 오히려 문제를 일으키기 쉽다. 도시의 레츠 구성원들은 자급 경험이 부족하기 때문에 농사와 관련된 질 좋은 서비스를 제공할 능력이 없는 것이다(1997, 32). 따라서 1994년부터는 먹거리를 기르고 생산하도록 구성원들을 격려하고 거기에 필요한 지식을 가르치는 '잘 먹고 잘 삽시다 캠페인LETS Eat Campaign' 이 시작되었다. 이것은 먹거리를 포함해야만 레츠가 힘이 있는 대안이 될 수 있다는 자각 때문이었다(LETS Eat Campaign 1996; Loziczky 1997에서 인용). 우리는 더 나아가 직접적으로든, 아니면 사회적으로 신뢰할 만한 시스템을 통해서든, 땅에 대한 접근이 없이는 독립적인 교환 시스템의 위력에서 빠져나올 수가 없다. 세계 시장에 대한 의존과, 독점기업이 임금을 지불하는 일자리들이, 거기에서 빠져나오려고 하는 사람들의 삶을 계속 옥죌 것이기 때문이다.

그러나 좌파적 대안들조차 농업과 소농 경제를 채택하기가 왜 그렇게 어려운 걸까? 한 가지 중요한 이유는 소농 경제가 시대정신에 비추어 퇴보한 형태로 비쳐지기 때문일 것이다. 생산력의 발달에 힘입어 비로소 거기에서 자유롭게 풀려날 수 있었던, 그 지루한 필요의 세계와 다시 연결되는 것으로 보이니까 말이다. 20세기 말에 이르러 땅과 산업자원 사이에는 차이가 없다고 사고되며, 농업은 산업의 한 분야에 지나지 않는 것으로 간주된다. 그러나 우리의 관점에서 땅 혹은 지구는 매우 특별한 '질료'이며 따라서 매우 다른 방식으로 취급될 필요가 있는 것이다.

최근 투칭Tutzing에서 열린 신교도 아카데미의 한 회의에서 이러한 특별함이 강조된 바 있다. 토지의 전 세계적인 파괴는 그것이 또 하나의 산업자원으로 취급되기 때문이다. 지속적인 침식의 결과 1960년 이래 전 세계적으로 농경에 사용할 수 있는 토지 표면의 3분의 1가량이 유실되었다. 그뿐만 아니라 토양은 산업과 교통으로부터의 가스 유출로 인해 과산성화되고, 살충제 오염[10]과 수분 삼투의 결과 과염화되었으며, 기계경작으로 인해 토양 압축이 일어나는 등 심각하게 훼손되었다. 지질학자인 슈테판 라스페Stephan Raspe는 이것을 염두에 두고, 토양을 '생명 없는 물질'로 취급하는 대신에 다시 '자연적 유기체'로 간주해야 한다고 주장했다. 그러면서 그는 다음과 같은 수사학적인 질문을 남겼다. "농작물의 경작이 토양에 적응해야 하는가 아니면 토양이 경작에 적응해야 하는가?" (Frankfurt Rundschau, 1997. 4. 15).

그러나 이 물음은 농작물의 재배만이 아니라 사회 문화에도 적용된다. 농업 생산에 대한 어떤 유형의 사회 조직이 '지구 행성의 피부'를 적절한 보살핌과 주의를 가지고 다룰 수 있겠는가? 산업 농경의 최대화 경제는 필연적으로 토양을 파괴할 수밖에 없는 반면, 소농 경제는 수 세기 동안 토양을 보존할 수 있음을 보여주었다. 이 장의 마지막 부분에서는 두 문화 사이의 차이점들을 기술하고, 오늘날 어떤 점에서 소농 경제가 자급 관점에 기여할 수 있는지, 특히 여성에게는 어떤 영향을 미치는지를 그려보려고 한다. 마지막으로 현 시대에 등장한 자급 관점을 지향하는 농업 프로젝트와 농민운동의 몇 가지 예들을 보여줄 것이다.

생산력의 발전 대 농경

우리 지구에는 수억에 달하는 사람들이 굶주리고 있다. 인류의 약 5분의 1에 해당하는 사람들이 말이다. 동시에 과도한 기술화에 의해 생겨난 거대한 잉여 산물들은 지구의 반대편에 쌓이거나 파괴되고 있다. 그럼에도 불구하고 유엔의 식량농업기구FAO는 주저하지 않고 더 많은 기술(유전 공학)과 열린 세계 시장으로의 진일보를 제3세계의 기아와 싸우기 위한 방법으로 요구하고 있다. 그러나 현실에서 기아는 기술화의 한 결과이다(Mies 1996c). 소위 말하는 기아 구제에 사용되는 미국의 잉여 곡물은 아프리카 농민들의 토착적인 수수 시장을 파괴했다(Imfeld 1975; NACLA 1976). 목축의 생산력과 이윤율을 높이기 위해 자헬the Sahel 지역에 깊은 우물을 파자 수반water table이 낮아지고 과도한 초지화로 인해 사막화가 심화되는 위험한 현상이 초래되었다(J. O. Muller 1988; Comite d' Information Sahel 1975). 식량농업기구가 수차례 기술을 통하여 최대 생산물을 산출하는 녹색혁명을 선포하자, 인도와 태국, 멕시코 등지에서 토지가 최대 자본가에게 집중되고, 땅이 없는 농부들이 저항 군대를 조직하는 사태에 이르게 되었다(Shiva 1989 ; Pare 1979). FAO의 의장인 디우프Diouff 씨가 현시점에서 세계의 기아는 생산 부족 때문이 아니라 부정의한 분배 때문이라는 것, 따라서 기술적 문제가 아니라 사회적 문제라는 사실을 승인한다고 하더라도, 그것은 여전히 진실의 절반만을 말하고 있는 것이다. 그가 기술과 사회적으로 정의로운 분배가, 나란히 서로 독립적으로 진행될 수 있는 것처럼 말하고 있기 때문이다. 그러나 사실, 기술은 결코 사회적 차원에서도 '결백innocent' 할 수 없다.

기술, 즉 생산력의 수준은 그 자체가 사회적이고 문화적인 현상이다. 그러나 소위 대안적이라고 하는, 대부분의 좌파적인 접근들도 이러한 통찰에 대해서는 아무런 설명도 하지 않는다. 그들은 생산력의 수준을 물음의 대상으로 놓기보다는 일종의 물신처럼 내세운다. 고르츠 같은 사람은 자급 지향적인 대안 경제에 대하여 고전적인 진보에 대한 신념으로 대응한다. 그가 보기에 자급 경제는 "산업사회 이전 단계의 필요에 의한 생산으로 회귀하는 것"이며 "자기 자신의 필요를 위한 수공업적인 생산"에 불과한 것이다(Gorz 1989, 166). 그는 국가나 다른 중앙집권화된 권력 기관이 하이테크 산업 생산의 틀 안에서 '사회적 필요 노동'을 정의롭게 분배하면 문제가 해결된다고 전망했다. 그는 기술을 위한 전체주의적인 권력 구조라는 환상으로 결론을 맺고 있는 것이다. 우리는 사회적 필요 노동을 다른 식으로 본다. 그것은 우리를 진정으로 살아 있게 하는 노동이다. 그것은 하향식 권력의 작동에 의해 조직되어서는 안 된다. 그것은 자급을 위한 생산수단인 땅에 대한 접근을 기초로 하는, 상향식의 상호 관계를 통해 조직되어야 한다.

1960년대 이래, 특히 개발 정책의 결과로, 농민의 수는 줄어든 반면, 기아와 영양실조 그리고 식량 부족은 현저히 증가하였다. 1978년 조셉 콜린스Joseph Collins와 프란시스 무어 라페Frances Moore Lappé가 《기아의 신화*Myth of Hunger*》를 출판한 이후에 단일 경작에 의한 산업 생산 증가가 기아로 귀결되었다는 사실이 알려졌다. 소규모의 혼합 경작이 세계를 먹여 살릴 수 없을 것이라는 아이디어는 고의적인 거짓임을 우리는 알고 있다.

우리는 땅에 의지해 먹고 살아야만 하는가?

자급 관점에서 농업의 중요성을 강조하다보면 종종 자동적으로 표출되는 방어 반응을 접하게 된다. 여자든 남자든 대부분의 사람들이 시골로 가서 감자를 키우는 그림을 공포스럽게 상상하기 때문이다. 그러나 이런 그림은 매우 터무니없는 생각이다. 다음의 세 가지 지점에서 그것을 분명히 하려고 한다.

1. 우리가 주장하고 있는 자급 관점은 우리 시대의 산물이다. 우리가 달성하려고 하는 조건은 오늘날 세계를 살고 있는 사람들에게 그럴듯하고 살아볼 만한 것이야 한다. 많은 사람들을 희생하고 특별한 사람들만 성취할 수 있는 그런 것이 아니다. 우리는 오늘날 인간들이, 20세기 말의 조건과 탈식민화의 현실에 적합한, 자급 지향적인 경제와 존재의 형식을 재발명할 필요가 있다고 생각한다.

2. 자급 지향적인 삶과 자급 관점의 발전은 도시에서도 가능하다. 그 뿐만 아니라 도시는 역사적인 현실이다. 자급 개념은 그 자체가 역사적이며, 인간 삶에 대한 현실적인 분석에 기반을 두고 있다. 그것이 미래에 대한 현실적인 관점을 연다고 하는 건 이런 의미에서다. 반대로 정적인 '단계론적' 개념은, 우리가 매우 중요하게 생각하는 현대 세계에서의 자급-생산이라는 영역을 무시한다. 실행 가능한 미래를 여는 작업을 하기 위해서는 현재 존재하는 것과 연결되어 있어야만 온전한 것이 된다.

3. 근대성이 시장과 교환이 일반화되는 경향과 일치한다는 사실이 밝혀지면서 근대 이전의 관계는 시장도 교환도 없는 자급자족 경제 관계일 것이라고 상상하는 사람들이 많다. 반대로 근대성은 어떤 종류의 자급 생산도 없는 순수한 상품 생산으로 그려진다. 그러나 현실에 있어서는 교환 관계가 없는 사회란 존재하지 않았다. 특히나 경작을 하는 집단들 간에는 더욱 그러하다. 오늘날의 세계에서도 시장과 교환이 치열한 경쟁으로 간주될 필요는 없다. 유키탄Juchitan에 대한 조사를 통해 우리가 보여준 것처럼 말이다(Bennholdt-Thomsen 1994). 세계 경제의 핵심 국가에서도 자급 지향적인 교환 관계가 보존되어왔으며 새롭게 발명되기도 했다(6장을 볼 것).

독일에서의 소농 경제 파괴

자본주의 이외의 다른 경제 원리와 연결하는 방식에 있어서, 소농 경제는 제3세계에서뿐만이 아니라 유럽에서도 활용 가능한 전통 중의 하나다. 독일에서 소농 경제의 파괴는 2차 세계대전 이후 어쩔 수 없는 일이 되었다. 서독에서 소농 경제의 파괴는, 독일 FDP(자유민주당)의 조제프 어틀Josef Ertl 농림부 장관이 시행한 '성장 아니면 소멸Grow or Disappear' 프로그램의 공격적인 공언으로 수행되었다. 농장들은 산업 기술을 갖춘 자본주의적 기업이 되도록 요구받았다. 그렇지 못한 농장들은 사라져야 했으며 그 농부들은 임금 노동자로 전락해야만 했다.

반면에 1949년에 당시 독일연방공화국 영토에는 164만 7,000개에 달하는 농장이 있었는데, 1995년이 되면 그 수는 52만 4,800개로 떨어진다. 같은 기간 동안 농업에 고용된 사람의 수는 374만 2,000명에서 57만 1,000명으로 떨어졌는데, 1980년대와 1990년대 사이에 이탈율이 심각하게 증가하였다. 1981년에서 1985년 사이 기간 동안 연간 감소율은 2%에 머물렀지만, 1985년에서 1990년 사이에는 2.6%로 뛰어올랐고, 1990년에서 1995년 사이에는 3.6%로 상승했다(독일농민연합 1997, 128).

단일 유럽 시장이 확립된 이후로 18세기와 19세기의 인클로저*와 유사한 소농 축출 정책이 EU 전 지역에서 실시되었다(Wolf 1987 ; Krammer 1996 ; Hoppichler and Krammer 1996).[11] 농부들은 EU의 보조금 할당 정책에 의해서도 몰락했는데, 1992년에 보조금의 80%가 20%의 기업들에게만 돌아갔다(*Frankfurt Rundschau*, 1995. 11. 11).

---

* 인클로저(Enclosure) 혹은 인클로저 운동은 목축업의 자본주의화를 위한 경작지 몰수로, 산업혁명 때 영국에서 공유지에다가 남이 사용하지 못하도록 말뚝을 박는 것을 뜻한다. 인클로저 운동으로 인하여 토지를 잃은 농민들은 도시로 밀려났다. 이들은 산업혁명으로 공장들이 많이 세워진 도시에서 하층 노동자로 일하게 된다.

서독과 동독 양 지역의 전후 산업화는 가능한 한 많은 노동이 농업으로부터 떨어져 나와야 함을 의미했다. 사람들은 농업이 산업화되면 산출이 늘고 식료품 가격이 하락하여, 임금이 떨어지고 임금의 더 많은 부분이 산업 소비재를 사는 데 지출될 것이라고 기대했다. 이러한 경향은 그 후로도 쭉 방해받지 않고 진행되었다. 30년 전 중간 소득 계층의 가구에서, 100마르크 당 30.7마르크가 식료품에 소비되었다. 오늘날 그 수치는 절반으로 떨어져 14.2마르크밖에 되지 않는다(농업주간신문 Landwirtschaftliches Wochenblatt, 1997. 2). 그 결과 오늘날 인구의 압도적인 다수가 생계를 위해 임금이나 다른 현금 소득에 의존하고 있다.

돈과 경제적 성장에 대한 믿음에도 불구하고, 땅에 대한 접근은 여전히 독일 사람들에게 경제적으로 안전하다는 느낌을 준다. 1949년 이래로 연방공화국에서 20헥타르 미만의 토지를 가진 농장의 수는 120만 8,000곳가량 줄어들었고, 20헥타르 이상을 가진 기업농 수는 5만 9,000곳이 증가하였지만, 모든 농장의 절반가량(전체가 23만 6,000곳)이 아직도 10헥타르 이하를 가지고 있으며, 65%는 20헥타르 이하를 가지고 있다. 독일 동쪽 새로운 연방 주에 있는 기업농(대부분이 1에서 10헥타르 사이의 토지를 가지고 있는)의 수는 1991년 이래로 지속적으로 증가했는데, 이는 이전의 농부들이 그들의 소유였던 땅을 회복하려고 노력을 기울였기 때문이다. 오늘날 이들은 다시 전체 농장 수의 절반을 차지하게 되었다(독일농민연합Deutscher Bauernverband 1995, 111ff.; 1997, 127ff.).

다수의 현실 지표들은, 많은 소농장들이 경제적 합리성의 지배력에 순응하지 않고 있으며, 의식적으로 자급을 목적으로 유지되거나 재개되고 있음을 보여준다. 무엇보다, 종종 합리적인 생산가격조차 보장되지 않을 때도 농장이 운영되곤 한다는 사실이 그렇다. 이렇게 되는 이유 중의 하나는, 큰 농장들이 소유 농지의 헥타르 수에 따라 지급되는 보조금 체계의 이점을 향유하고 있기 때문이다. 대토지를 소유한 농장들은 그것만으로도 몇 명의 식구들이 먹고 살기에 충분한 보조금을 받는다. 땅이 조금밖에 없는 농장들은 그들의 생산물을 팔아야만 필요한 돈을 조달할 수 있다. 중간 규모의 농장들은 큰 농장들과 같은 기계와 건물을 가지고 있음에도 불구하고, 대농들이 한 달에 받는 '국가 자금'을 일 년에 걸쳐 받게 되는 수도 있다. 더 적은 규모의 농장들은 때로 완전히 빈손으로 돌아와야 하는 경우도 있다. 그럼에도 불구하고 많은 소농들이 살아남았는데, 보조금의 문턱에 미치지 못하면 문을 닫을 수밖에 없을 것으로 예상되었던 어틀 농림부 장관 시대에도 여전히 살아남았던 것이다(Wolf 1987). 게다가 많은 소농들은 농사가 아닌 지불 노동에 대하여 보조금을 지급받는 '겸업농'으로 유지되고 있다. 구동독의 경우 1996년에 전체 농장의 절반이 이 범주에 포함되었다.

우리는 농장의 몰락에 관련된 메커니즘에서, 즉 자급 지향에서 이윤 지향으로의 전환에서, 어떻게 하면 미래에도 지속 가능할 수 있는지를 포함하여 많은 것들을 배울 수 있다. 사실상 가장 사라지기 쉬운 농장은 소농이 아니라 중간 규모의 농장들이었다. 농업 연맹의 조언자들이 한 약속을 가장 쉽게 믿어, 자신들을 이윤을 산출하는 기업으로 변모시키기 위해 빚을 내어 투자에 나섰던 이들이 바로 이들이다. 그리하여 이 농장들은 존재 기반을 잃고 투기 대상이 되었던 것이다. 많은 농장들이 빚 때문에 문을 닫고 자산 관리에 들어가야 했다. 수 세대를 거쳐 충분히 생계를 보장받았던 농장들이 '그렇게 작은 규모로는 더 이상 돈을 벌 수 없다'는 이유로 농사를 포기해야만 했다. 그리하여 요즘은 '작은' 농장이란 50헥타르를 의미하기에 이르렀다. 농장 사업이 이윤을 내기 위해 필요한 농지는 '성장의 문턱'으로 알려졌다. 그 이하가 되면 농장의 수가 감소하고, 그 이상이 되면 농장의 수가 증가하는 성장 문턱은 1990년대 초 이래로 꾸준히 높아져, 농경지 50헥타르까지 증가하였다. 1980년대 초에 그것은 30헥타르였다(독일농민연합 1995, 112). 슐레스비히-홀슈타인Schleswig-Holstein 지역에서 이 문턱은 현재 100헥타르에 이르고, 라인 강 북부 베스트팔리아Westphalia에서는 75헥타르다. 가장 낮은 곳은 바이에른 지역으로 그 수치는 40헥타르다(독일농민연합 1997, 128).

소농 경제

독일과 오스트리아, 스위스 등 다른 유럽 국가들에서 모든 농사짓는 사람들, 즉 땅에 대한 직접적인 접근권이 있으며 농업 임금을 받지 않는 사람들을 일컬어 농부(바우에른Bauern)라고 한다. 이 개념에는 여성은 포함되어 있지 않지만, 보는 관점에 따라 암묵적으로 여성을 포함하기도 한다. 독일어에는 농장에서 일하는 여성에 해당하는 단어(보이에린 Bäuerin)가 따로 있지만, 이때의 여성은 농부의 아내라는 의미로 사용될 뿐, 독립적인 여성 생산 주체로는 간주되지 않는다. 우리는 여성이 농장에서 하는 일의 비가시성과 관련해 가부장주의를 좀 더 자세히 검토할 것이다. 그러나 먼저, 모든 경작자를 농부로 동일시하는 데 이미 포함되어 있는 이데올로기적 모호성을 고려해보자. 특히 독일 정치학에서, 이는 대토지 소유주와 소농 사이의 구분을 은폐하고, 진짜 농부(소농)를 농사로 이윤을 창출하는 사업가의 무리에 끼워 넣는 데 기여하고 있다. 이 것이 소농에게 얼마나 정의롭지 못한지를 보여주는 예는, 소농을 몰락시키고 대농에게 여분의 잉여를 제공했던 토지 관련 보조금 정책이다.

진정한 소농 경제의 특징은 그것이 축적을 위해서가 아니라 농장과 그곳에서 여러 세대에 걸쳐 생계를 해결하는 사람들의 재생산을 위해서 운영된다는 사실이다. 그것은 특수한 삶의 방식 문제이며, 그 일부로서 간소한 생활 문화와 관련된다. 소농 경제는 성장 경제와는 다른 세계관에 의해 인도된다. 그것은 땅과 물과 숲, 식물과 동물들 안에서의 경제적 활동이 유한한 기반을 가진다는 사실을 인정한다. 그리고 적절한 보살핌과 절제를 가지고 작동될 필요가 있다는 사실을 받아들인다. 세부적으로는 다를 수도 있지만 원칙적으로 농장 경제는 생태 경제이기도 하다. 우리가 그토록 사랑하는 풍경—히스(황야에 무성한 관목), 초지, 울타리나 개천으로 둘러싸인 들판—은 농장 문화의 산물이지, 순진한 보존주의 정신이 상상해낸 손닿지 않은 자연이 아니다. '농부'라는 단어는, 그런 목가적인 풍경을 파괴하는 활동을 하는 산업 농경 사업가들에게는 오해를 불러일으키기 쉬운 말이다.

또한 소농 경제는 현대 사회의 치열한 경쟁과는 다른 사회적 행위 양식을 포함하고 있다. 세계와 물질적 재화의 한계를 인식함으로써, 사람들이 서로 연결되어 있다는 사실과, 모든 사람들은 내가 그러한 것처럼 자신의 땅을 가질 자격이 있다는 사실을 알게 된다. '함께 살기(live and let live)'는 독일 마을들의 모토가 되어왔으며, 단지 상대적으로만 크고 작은 농가의 구분이 있었을 뿐이다. 사람들은 서로서로를 도왔고 일치를 이루어냈으며, 공동체를 삶의 원동력으로서 의식했다. 물론 여기에는 구조에서 이탈하는 사람을 견제하기 위한 사회적 통제도 포함된다. 특히 젊은이들은 하나를 희생하여 다른 하나를 얻는 것을 금지하는 사회적 통제가 갖는 긍정적 기능을 깨닫지 못하여, 마을에서의 삶이 갖는 이 편협성에 대항해 반항을 하기도 했다.

'함께 살기'라는 원리 속에 포함되어 있는 것은 '도덕적 경제'라는 원칙이다. 경쟁과 성장의 경제와는 대조적으로, 이는 모든 인간이 그들의 존재를 유지하기 위한 생산의 필요조건에 접근할 수 있어야 한다는 것을 의미한다. 사회의 모든 구성원은, 다른 사람들도 생존할 수 있고, 또 그들의 존재 기반이 늘 안전할 것이라는 확신을 가질 수 있는, 그런 방식으로 경제적 활동을 영위해가야 할 의무를 느낀다. 따라서 사회적 행위는 경쟁이 아니라 상호성에 의해 결정된다.

여기에서 '농부peasant', '농장주farmer', '농경 기업가agricultural entrepreneur'라는 서로 다른 개념들에 주목할 필요가 있다. 이들은 지금까지 논증한 것처럼 구분이 가능한 것이다. 일상 영어에서 '농부'라는 단어는 그것이 모욕을 함축한다는 느낌 때문에 '농장주'로 대체되어왔다. 이는 생명의 기본적 필요를 보살피는 사람들에 대한 경멸이 근대적 사고에 얼마나 뿌리 깊게 스며들어 있는지를 예증한다. 아기의 똥을 치우는 어머니에 대한 경멸과 토양을 다루는 농부에 대한 경멸 말이다. 그러나 이러한 근대적 이데올로기를 넘어 역사적 사실을 고려하게 되면, 우리는 문제가 되고 있는 단어에 대한 또 다른 이해에 도달하게 된다 (Shanin 1971; Wolf 1966; 좀 더 일반적으로는 '농민연구저널*Journal of Peasant Studies*'을 보라). '농부'란 위에 기술한 세계관에 기반해 있는 공동의 문화에 참여하는 사람들이다.

'농장주'라는 범주의 경계는 흐릿하다. 농장주는 축적을 위해 생산하는 근대적 농부인데, 이윤을 즉시 농장의 설비나 기계에 투자해야만 한다는 점에서 그렇다. 그는 지속적으로 근대화해야 하며, 그렇지 않을 때 경쟁적 농업 시장에서 퇴출될 수도 있다. 이것은 좀 더 많이 합리화해서 보다 많이 생산할 수 있고, 더 많은 보조금을 받아 더 싼 가격에 생산물을 낼 수 있는 더 큰 대농이 있기 때문이다. 요즘 전형적인 농장주는 중간 크기의 농업 기업을 소유하고 있다. 그들은 대부분 1945년 이래로 농업에서의 개발을 겪은 농장주들이다. '성장하지 않으면 사라지는' 과정 속에서 그들은 사라지거나, 소농으로 남거나, 아니면 산업 농경 기업인 대농으로 변신했다. 사실상, 농장주는 북반구의 근대적 농업 정치학의 희생자다. '농부'를 '농장주'로 대체하는 것은 이러한 사실을 모호하게 한다. 더구나 그 변화는 남반구에서는 대다수의 사람들이 여전히 소농식 생산과 삶의 방식을 영위하고 있다는 사실을 은폐하는 경향이 있다. 그들을 체계적으로 '농장주'라고 칭하는 것은 개발주의 이데올로기를 지지하는 것이다. 그 이데올로기에 따르면 소농식 생산 방식은 미개발된 것인 반면 농장식 생산 방식은 황금기 선진 미래를 열어 나간다.

그러나 독일어에서 '농부'라는 단어가 체계적으로 '농장주'나 '산업 농경 사업가'를 대신해서 쓰일 때, 무언가가 의도적으로 감춰지고 있다. 대부분의 독일 농업은 배타적인 이윤 산출을 지향하고 있으며, 토양이나 식물과 동물에 대한 보살핌, 그리고 마을 내의 상호성에 기반을 둔 소농 문화로부터 물려받은 유산은 거의 남아 있지 않다는 사실 말이다. 그러나 우리가 이윤을 위한 단순한 상품이 아니라 생명을 유지시키는 진정한 음식을 생산하는 농업을 원한다면, 소농식 생산 방식이 유지되어야 한다.

크리스타 밀러Christa Müller가 '자급이론과실천연구소'에서 행한 조사 결과를 바탕으로 작성한 보고서에 따르면, 독일에서의 소농 전통이 일반적으로 생각하는 것만큼 오래전에 사라지지는 않았다는 점을 지적하고 싶다.

베스트팔리아 보르겐트라이히의 소농 경제

상호성의 원리에 입각한 교환 관계는, 1960년대까지는 뼛속까지 산업주의로 무장한 독일에서도 여전히 곧잘 기능하고 있었다. 예를 들어 서부 베스트팔리아Westphalia에 있는 마을인 보르겐트라이히Borgentreich는 인구가 지금처럼 3천 명이고 그중에 95%의 주민이 불과 23년 전까지만 해도 수공업이나 농업에 종사하는 남자와 여자 들이었다. 그러나 수공업에 종사하는 가족들도 대부분 1헥타르 이상의 토지를 가지고 있어서, 농부들이 대장장이나 수레 제작, 마구馬具 만드는 장인이나 목수, 구두 수선공이나 옷 만드는 수공업자 들의 서비스에 대한 보답으로 그 땅을 경작해주었다. 수공업자와 농부 들은 모두 자족적인 삶을 살았다. 그들은 지역적으로 호밀을 키우고 빻아서 빵을 구웠고, 방앗간이나 빵 굽는 사람들은 그들의 서비스에 대한 대가로 곡식이나 돈을 약간 받았다. 그뿐만 아니라 모든 가족은 여러 마리의 돼지, 염소, 닭과 한두 마리의 소를 키웠다. 따라서 생활의 일상적 필수품들은 자기 가족이나 마을 내의 다른 가족들에 의해 생산되었다.

현금은 이차적인 역할만 했다. 계산은 연말에 가서야 이루어지는데, 종종 서로 빚을 상쇄하고 나면 그만이어서 돈이 전혀 필요 없기도 했다. 거의 돈이

돌지 않았기 때문에 사람들은 경제적 거래를 가능한 한 현금 없이 하려고 했다. 예를 들어 농부는 그의 곡물을 빵 굽는 사람에게 주고 1년 치 빵을 받았다. 목수는 식료품 상회의 선반을 만들어주고 소금, 설탕, 생강, 기름 같은 것들을 선반 값으로 받기도 했다.

그러나 이와 다른 경우도 있었다. 예를 들어 외지인에게 재료를 구입해서 옷을 만들 경우, 종이에 쓴 계산서를 받았다. 수중에 쓸 수 있는 현금이 부족한 농부가 그 계산서를 지불할 능력이 없는 경우가 종종 있었다. 그러나 옷 만드는 사람은 청구서를 보내기보다는 기다릴 준비가 되어 있었고, 그러다 돈을 영영 받지 못하기도 했다.

한참을 기다려도 돈을 못 받은 수공업자가 농부에게 가서 호밀이나 씨앗 한두 가마, 혹은 새끼 돼지 두세 마리를 끌고 오기도 했다. 그러나 한 장인급 목수는 "우리는 그런 일들은 그냥 많이 잊어버리는 편이죠"라고 말했다. 빵 굽는 사람은 "대부분의 사람들이 연말에 계산서를 갚지만 한 푼도 없는 사람은 공짜로 빵을 받아요. 궁극적으로 사람을 굶게 내버려둘 수는 없잖아요"라고 말했다.

지역 경제에서는 아무도 변제 청구서를 보내거나 집행관으로 하여금 가난한 사람들(대부분 아이들이 여럿 딸려 있고 땅이 없거나 토양이 나쁜 땅만 가지고 있는 사람들)에게서 돈을 거둬들이도록 할 자유가 없었다. 만약 그렇게 하는 사람이 있다면, 그는 위신을 잃을 것이었다. 모두가 서로를 알았기 때문에, 사람들의 운명은 다른 개인들의 운명과 직접적으로 연결되어 있었다. 그들의 청구권은 자신이 한 일에 대해서뿐만 아니라 고객의 지불 능력에 의존할 수밖에 없었다.

1960년대와 1970년대에 도덕 경제에서 최대화 경제로의 이동이 대규모로 이루어졌다. 그것은 오늘날에도 여전히 보이지 않게 완성되고 있다. 그 과정 자체는 눈에 잘 띄지 않는다. 마을에 처음으로 자동차가 등장하자마자, 사람들은 '보다 싸게' 물건을 사기 위해 자동차를 몰고 도시로 가기 시작했으며 자신들의 생산물을 낮게 평가하기 시작했다. 말은 트랙터로, 나무 바퀴는 고무 타이어로, 큰 찬장은 맞춤식 부엌으로 교체되었고, 마을 벤치에 둘러 앉아 함께 보내던 저녁 시간은 조그만 가족 소파에서 텔레비전을 보는 것으로 바뀌었으며, 농가 주택은 중앙집중식으로 운영되는 축사가 딸린 소도시 가족 주택으로 변천했다.

개발에 대한 저항: 치아파스 농부들의 경우

독일의 베스트팔리아 농부들과는 달리, 치아파스의 남자와 여자 소농들은 개발과 진보의 정치학에 저항했다. 그들 역시 자급 지향성을 포기하도록 여러 약속들과 보조금의 유혹을 받았지만, 곧 성장 경제가 그들에게는 막다른 길이 될 것이라는 사실을 깨달았다. 그뿐만 아니라, 독일의 소농들과는 달리 그들은 세계 시장의 식민주의적 약탈에 참여할 수 없었다.

치아파스 소농들과 개발의 실패

1977년 베로니카 벤홀트-톰젠은, 토착민들이 자신들의 존재 조건을 강탈해가는 개발에 대항해 봉기(이 사건은 우리에게 짜파티스타 반란으로 알려져 있다)를 일으킨 치아파스 지역에서 현장 조사를 위해 수개월을 보냈다. 그녀는 농부들을 자급 농업에서 상업농으로 끌어내려는 세계은행 프로젝트의 효과를 직접 목격했다(McNamara 1973; Bennholdt-Thomsen 1988a). 농부들은 자신들이 먹을 옥수수, 콩, 호박을 기르는 대신에, 수백 킬로미터나 떨어져 있는 관광지에 화훼와 고급 채소를 공급하기 위해 빚을 내도록 유도되었다. 1982년 그들의 수동적인 저항은 멕시코의 부채 위기에 의해 도움을 받았다. 프로젝트 자금과 기계와 직원들이 하루아침에 사라져버렸다. 그렇지만 농부들은 저장고에 아직 옥수수, 콩 등의 주산물이 그대로 있어 감사할 수 있었다.

멕시코 농촌 전 지역에는 여기저기 개발의 폐허가 흩어져 있다. 강수량이 적당한 이 지역에서 작은 댐을 하나 발견할 수 있는데, 이 댐은 관광객을 위해 꽃을 기를 계획이 없었다면 아무짝에도 쓸모가 없는 것이었다. 그 계획은 결국 실현되지도 않았다. 버려진 돼지우리도 여기저기 보이는데, 땅이 좁아 사람들도 겨우 먹고 살 수 있기 때문에 돼지우리는 쓸모가 없었다. 그들은 소나 말 같은 견인용 동물을 기를 여유도 없었던 것이다. 소달구지가 그들에게 떠맡겨지고, 채소를 재배하라고 권유되었다. 그러나 그것은 세계은행 프로젝트와 함께 모두 사라졌다(Bennholdt-Thomsen 1982).

개발주의 이데올로기를 확장시키려는 자들은 사람들을 부채의 덫으로 유혹하여 의존적으로 만들려고 애를 쓴다. 멕시코 시골 지역에서는 마약 중독을 가리키는 'Endrogarse'라는 말을 부채에 빠진다는 의미로 사용한다. 부채의 늪에 빠진 사람들은 얼마나 불쌍한가! 딜러들은 사람들이 더 이상 중독에서 헤어날 수 없게 되면 홀연히 사라지고, 중독된 사람들은 자급의 기반이 산산이 흩어진 채 남게 된다.

그러나 멕시코에서 농부들은 자본주의적 제비뽑기를 불신하는 법을 배웠다. 무엇보다 그들은 더 이상 자급 지향성 때문에 자신들에게 쏟아지던 퇴보적이다, 바보 같다, 이성에 둔감하다 등의 경멸 때문에 상처받지 않았다. 그들은 개발의 길 위에 있는 실패를 감지한 첫 번째 사람들이었다. 그 이유는 아마도 그들의 오랜 농경문화가 그들을 진보라는 종교에 의해 세뇌당하지 않게 만들었기 때문일 것이다.

소농 연구의 기여

크리스타 뮐러Christa Müller가 보르겐트라이히 지역에 대한 연구 결과를 발표하자, 사람들은 일반적으로 불신과 거부의 반응을 보였다. 그들은 상호성에서 경쟁으로, 그리고 자급 농업 지향에서 이윤 극대화를 위한 농업으로의 이동이 지극히 최근에 와서야 일어났다는 사실을 받아들이기 어려워했다. 사람들은 개인적으로, 그리고 능동적으로 변화와 연결되는 것을 원치 않았다고 할 수 있다. 경제의 비인간화dehumanization of the economy 과정은 피치 못할 만큼 필연적이어서, 마치 원시적인 초기 자본주의 시기에 저절로 일어난 것처럼 보였다.

1945년 이후 독일의 농업 사회학자들이나 농과대학들 역시 이러한 접근을 취했는데, 그들은 소농식의 사고방식을 가능한 한 빨리 극복하는 문제에 빠져 있었다. 제3세계에서의 소농 경제에 대한 연구가 일정 정도 새로운 사고를 이끌어낸 이후에야, 유럽의 진실한 역사가 재발견되었고, 자급 지향성을 포함한 소농 경제가 보유하고 있던 잔존 요소들의 가치가 재조명되었다. 1장에서 다루었던 1970년대와 1980년대의 빌레펠트Bielefeld 논의가 이러한 가치 재조명에 중요한 기여를 했다.

소농 연구라는 새로운 사회학 분과가 생겨나기 시작한 것은 1950년대였다. 이 분과 학문의 인류학적인 혹은 민족지적인 전제가 있다면 그것은 사람들의 삶의 양식은 그 자신의 관점으로 포착되어야 한다는 것이었다. 따라서 소위 저개발이라는 것을 설명하거나 극복하기 위한 발전 사회학의 야망과는 대조를 이루는 학문이었다.

주요한 역할을 한 학자는 러시아 출신 망명자였던 알렉산더 차야노프Alexander Chayanov였는데, 그는 1920년대에 고유한 사회 문화적 논리를 가진 독립 소농 경제 이론을 발전시켰다. 농업 경제학자 차야노프는, 농부들을 '콜호스kolkhoz'라는 집단 농장의 임금 노동자로 전환시키려고 했던 공식적인 소비에트 프롤레타리아 공산당 노선과는 반대로, 생태학적이고 사회학적인 적응력을 가지고 있는 소농 경제를 지지했다(Tschajanow 1923/1987). 차야노프는 이러한 관점 덕분에 자신의 일생을 굴락 아키펠라고Gulag Archipelago 수용소 군도에서 지내는 대가를 치러야 했지만, 그의 이론은 이후로 소농 연구의 기초적인 이론이 되었다. 그의 설명에 따르면, 소농 경제 활동은 이윤 극대화가 아니라 필요에 맞게 조정되었다. 그것은 안전하게, 피할 수 있는 위험은 피하며 운영되었다. 목표 이윤에 도달하지 못했다고 하여 농장이 문을 닫지도 않았고, 더 높은 기대 때문에 자본이 다른 영역으로 이전되지도 않았다. 어려운 시기에는 사람들이 허리끈을 졸라매고 더 열심히 일하고 더 적게 소비했다. 시절이 좋아지면 더 많은 여가를 즐겼고, 잉여 수입은 투자되는 것이 아니라 축제를 벌이기 위해 사용되었다. 경제적으로나 사회적으로 현재 존재하는 것을 유지시키는 일이 우선순위였다.

소농 연구의 가르침 중 하나는 소농 경제는 전 세계를 통하여 비슷한 구조를 갖는다는 것, 지역적 특성이나 차이가 아무리 크더라도 같은 종류의 문화적 특성이 발견된다는 것이다(Wolf 1966; Shanin 1971; Sahlins 1972). 자급 접근에 있어서 이는 단지 암시적인 결론 이상을 의미한다. 사람들은 자연과의 상호 교환을 통해 스스로를 먹이고 재생산한다. 그들이 이것을 정착 농업의 형태로 할 때, 인간 신체의 생성과 소멸이라는 자연 과정이 주요한 측면에서는 별 차이를 보이지 않는다는 것이다.

소농 경제와 문화에 대한 논쟁에서 자급 이론 이외에 우리의 독특한 기여는, 근대 초기 이후로 농부에게 부여되던 사회적 지위가 주부로서 여성의 사회적 지위와 유사하다는 주장에 있다. 이 점을 이해해야만 근대성과 식료품이나 생활필수품 생산(즉 자급) 사이의 특별한 관계를 이해할 수 있게 되고, 사회적 종속과 자연에 대한 근접성 사이의 연결을 포착할 수 있게 된다. 농부와 여성은 인간 존재의 직접적이고 일상적인 필요에 종사한다는 바로 그 이유 때문에, 필요의 영역을 극복해야만 자유를 향한 문이 열린다고 믿는 세계에서 가치 있는 존재로 간주되지 않는 것이다. 이러한 태도는 우파나 좌파 모두에서 발견되며, 시몬느 드 보봐르 같은 페미니스트나 악명 높은 여성혐오주의자 모두에게서 찾아볼 수 있다.

우리가 현 세계를 위해 소농 경제에서 배울 수 있는 것

이 소제목은 샤닌Shanin의 책 제목인《소농을 정의하기: 농촌 사회, 외극 경제에 관한 에세이, 그리고 현 세계에서 그들로부터 배우기》(1990)

를 암시하고 있다. 사회주의와 자본주의라는 양 극단의 경제 시스템 바깥에 존재하는 소농 경제를 샤닌은 '외극 경제Expolary Economies' 라고 기술했다. 이 개념은 이미 비판을 내포하고 있다. 두 시스템 중에 어떤 게 더 나은가라는 물음에는 이미 기존 권력의 정치학에 이데올로기적으로 고착되는 한계가 있기 때문에, 양대 경제 양식과 나란히, 혹은 그 내부에, 혹은 그 밑에, 혹은 그들과 연결되어 존재하는 모든 종류의 경제에는 맹점이 있는 것이다.

샤닌은 근대 경제에 내재해 있는 이데올로기적인 전제를 가리키기 위해 마이더스의 손이라는 이미지를 사용했다. 왕이 건드리는 모든 것은 황금으로 변한다. 이것이 바로 주류 사회과학, 경제학, 정치학이 최대화 경제와 그 다양한 사회적 기제를 인식하는 방식이다. 최대화 경제가 건드리는 모든 것은 번쩍거리는 사회 체제로 변하게 된다는 것이다. 그러나 그것은 동화적 낭만주의에 불과하다. 소농 친화적인 이론을 낭만적이라고 공격하는 것은 잘 알려진 경향이지만, 양 극단에 대한 강박적인 고착이 오히려 더 낭만적인 생각이다. 다시 말해, '외극 경제' 는 다른 것들만큼 모호하지 않다. 사실 그것은 대부분의 근대 사회에서 경제 활동의 중심에 있었다. 그럼에도 불구하고 그것은 단지 주변적이거나 혹은 비공식적인 것으로 인식되는 것이다(Shanin 1990).

이 영역의 결함에 초점을 맞추는 대신에, 실제로 그것이 어떻게 기능하며 어떻게 결과물을 생산하는지에 대해 긍정적인 관심을 기울인다면, 현 세계가 당면한 심각한 문제들의 중요성에 대해 배울 수 있을 것이다. 한 가지만은 확실하다. 독일에서도 실업이 증가하고 사회복지가 축소됨에 따라 비공식 영역이 지속적으로 확장될 것이다. 문제는 우리가 어떤 문화 사회적 모델에 의지할 수 있는가 하는 것이다. 룸펜프롤레타리아트 모델인가? 아니면 소농 경제로부터 배울 수 있는 '사회적 경제' 모델에 의지하는 것이 나을까? 여기에서 우리는 샤닌의 생각에 동의할 수 있다(Shanin 1990, 16).

문화적으로뿐만 아니라 직접적인 경제적 의미에서도 소농 경제는 농업 그 자체를 넘어선다. 그 두드러진 특징은 소득을 얻을 수 있는 생산과 보조적인 수입을 결합하는 데 있다. 따라서 수공예와 소농 경작은 항상 밀접하게 서로 연결되어왔다(Shanin 1990, 13). 소농 경제를 보는 데 있어서 남성적 농업과 해외 무역이라는 틀에서만 보는 근대화 이론을 따르지 않는다면 일군의 사람들이 독립적인 가구에 기반해서 자신의 존재를 주장하는 방식을 볼 수 있게 된다. 그렇게 되면 농부인 여성의 모습이 전면에 확연히 등장하게 된다. 성별 분업이 농가 경제의 기초이기 때문에 "여성이 없으면 소도, 우유도, 치즈도, 가축도, 달걀도 없는 것이다." 이것은 소농 경제의 전체 가구에 해당하는 진실이다(Bock and Duden 1976, 126; Brunner 1980). 앞으로 자세히 살펴보겠지만, 그것은 오늘날의 농장에서도 여전히 진실이다.

그러나 임금 노동 역시 소농 경제의 결합 양식에서 한 부분을 이룬다. 그것은 간헐적인 이주 노동 형태를 띨 수도 있고 가구 구성원 중 한 명의 영구적인 노동이 될 수도 있다. 임마누엘 월러스틴과 빙햄턴 대학Binghamton University의 페르낭 브라우델 센터Fernand Braudel Center의 가구경제연구소는 가구 수입의 협력동원pooling을 비공식 영역 경제의 전형적인 형태로 보았다. 이것은 샤닌이나 차야노프가 소농 경제의 특징으로 본 바와 가까운 것이다(Smith, Wallerstein and Evers 1984).

여성 농부와 자급 관점

이 주제에 대한 일반적인 문헌에서 '소농 경제'라는 개념은 '가족 경제' 개념과 잘 구분되지 않는다. 이 같은 맥락에서 20세기 사회를 좀 더 일반적으로 보면, '가족'이라는 표현은 여성에게 좋은 것을 의미하지 않는다. 왜냐하면 오늘날의 독일이나 유럽, 혹은 이전의 러시아에서 농장이 보통은 남성들의 자산이었고 여성은 그중 제일의 하녀로 간주되었다는 사실이 보여주는 것처럼, 집단주의는 여성의 노동을 보이지 않게 만들기 때문이다. 심지어 여성이 농장을 물려받았을 경우—유럽에서는 거의 모든 곳에서 이것이 가능했다—에도 가부장적인 관습은 어떤 결정을 할 수 있는 권한을 남편에게 귀속시켰다.

이러한 상황이 항상 그러했던 것은 아니고, 또 오늘날 세계의 모든 곳에서 그러한 것도 아니다. 그럼에도 불구하고 북반구의 나라들에서 자급 생산에 대한 사회적 비하는 여성 농부와 관련해서 극단에 도달해 있다. 이는 농업 생산자로서의 위치 때문이기도 하고 여자이기 때문이기도 하다. 그렇다면 소농 경제가 어떻게 여성과 페미니스트를 위한 관점의 일부가 될 수 있을 것인가?

이 질문에 대답하기 위해서는, 독일어권 나라들과 유럽 다른 곳의 농장 경제 안에서 여성이 차지하는 실제 위치와 그들이 갖는 구체적인 사회적 힘과 취약함을 고려하는 것이 중요하다. 그러나 뿌리 깊은 편견과 이데올로기가 여성의 현실에 대한 인식을 왜곡하기 때문에, 이데올로기적 담론의 베일을 제거하도록 노력해야만 할 것이다. 우리의 경험으로는 다음의 세 가지 측면이 사람들의 시야를 가리는 데 결정적인 역할을 한다.

첫째, 과거에 대한 관점은 종종 경제 성장에 대한 낭만화로 착색되곤 하는데, 그런 관점에서는 여성과 남성이 과거보다 더 적게, 그리고 덜 심하게 일하는 것으로 이해된다. 이전에 존재했던 모든 삶의 양식들은 수고로움과 어려움으로 가득 찬 것으로 간주된다. 그러나 살린스가 수집한 자료의 도움으로 우리는 이미 2장에서 이 견해를 반박했다(Sahlins 1972). 정확하게 여가와 관련해서, 농부의 낮은 소비 수준은 최대화 경제보다 훨씬 낮은 스트레스와 연관된다는 점을 명확히 해야 한다.

또 다른 측면은 현대 여성들이 그들의 어머니, 그리고 그들의 할머니의 역사와 관계를 맺는 방식에 있다. 그 역사 속에서 여성들에게 모방할 만한 가치가 있는 듯 보이는 것은 아무것도 없다. 현재의 눈으로 보기에 바람직한(이것은 너무나 자주 남성과의 평등으로 단순하게 이해되는 경향이 있다) 종류의 여성 세계를 창조하지 않았다는 이유로, 여성 조상들의 투쟁과 그들이 가졌던 실질적인 힘은 인식되지 않거나 폄하되고 무시되기까지 한다. 그러나 이렇게 되면 세대를 가로질러 사랑과 화해 속에서 여성들을 서로 결속해왔던, 언제나 여성의 잠재력 안에 스며들어 있던 전통적인 요소들 역시 손상된다는 것을 의미한다.

이러한 편견과 오해들은 자연스럽게 미래에 대한 전망에 영향을 미친다. 많은 여성들, 특히 젊은 여성들은 여성을 위한 미래를, 가능한 한 적게 일하고 투쟁 없는 평등을 즐기며, 일상적인 필요에 의한 어떠한 제약도 받지 않는 일종의 파라다이스로 인식하게 되었다.

미래에 대한 이 같은 공주병적인 전망은 과거를 후회로 가득 찬 신데렐라들의 세계로 바라본다. 그곳에서 농부의 삶은 여성에게 어떠한 권리도 부여하지 않는 길고 긴 고통으로 그려진다. 물론 여성 농부가 열심히 일해야만 했다는 것은 사실이지만, 그들은 말 그대로 그들의 삶을 자신의 손아귀에 넣고 있었다. 아그네스와 리즈베스의 경우에 두드러지게 나타나는 것처럼, 즐거움과 고생은 자급 생산 안에서는 서로 밀접하게 연결되어 있었다. 일은, 특히 그것을 통제할 수 있을 때, 만족과 자기실현의 원천이 될 수 있다. 그리고 일은 여성에게도 자기 긍정을 성취할 수 있는 전망을 제공할 수 있다.

'소농 가족 경제'는 무엇을 의미하는가?

'소농 가족 경제'란 무엇을 의미하는가라는 단순한 질문은 우리를 논쟁의 심장부로 이끈다. 이에 대한 대답은 맥락 안에서만 얻을 수 있다. 소농장이라는 가구 경제oikonomia를 제대로 된 경제로 인정하는 사람들은 '소농 가족 경제'를 '소농 경제' 그 자체와 동일한 것으로 언급한다. 그러나 그것을 경제적으로 생산적인 잠재력을 갖고 있다고 보지 않는 사람들은 소농 안에 있는 위계적인 분절을 강조하면서 그것 때문에 소농이 결국은 해체되고 말 것이라고 전망한다. 레닌과 카우츠키에서 비롯된 후자의 전통에서는, 자본주의가 농장들을 자본주의적인 기업농과 땅이 없는 임금 노동자로 분리시킴으로써 농촌지역까지 틈입했다고 주장한다. 오랫동안 이 전통은 여성 농부, 소농 혹은 가족 경제를 보지 못했고, 다만 계급 분화 과정에 사로잡힌 농업 생산자만 보았다.

멕시코에서는 소위 '데스깜뻬시니스따스descampesinistas'(Bartra 1974 ; Pare 1979에 언급됐던 농촌 계급에 관한 논쟁과 비교할 것)라 불리는 사람들이 이 입장을 견지했다. 1976년 "그리고 만약 농민들이 사라진다면⋯(Y si los campesinos se extinguen⋯)"라는 글에서 바트라Bartra는 다시 한번 소농 경제의 몰락을 만족스럽게 예견했다. 그는 소농 경제를 반동적인 정치 체제에 대한 지지로 간주하면서, 프랑스의 나폴레옹 3세 당시의 소농에 대해 마르크스가 쓴 유명한 1852년 논문을 인용했다(Marx 1973). 클라우디아 폰 베를호프Claudia von Werlhof는 베네주엘라 농촌 지역에 대한 자신의 책에 《만약에 농부가 돌아온다면》이라는 제목을 붙임으로써 이에 대해 대응했다. 마르크스주의 용어를 따르자면 그녀는, 좁은 의미의 가족만이 아니라 친족망을 통해 짜여진 마을이나 부족 공동체 같은 농촌 사람들 사이 협동의 중요성을 강조하는 '깜뻬시니스따스campesinistas'* 에 속한다. 이 농촌 인구는 하나의 집단으로서 자본주의 시장에 종속된다. 중요한 것은 그들의 저항적 투쟁을 지지하는 것이지, 그들이 프롤레타리아화되는 경향을 논증하는 게 아니다(Bennholdt-Thomsen 1982).

그렇다면 논쟁의 핵심은 자급 생산이 하나의 생산으로 인정되는지, 아니면 그것이 단지 재생산이나 자본과 임노동 관계의 단순한 반영에 그치는 것으로 해석되는지 하는 문제다. 이 두 접근은 모두 다 가부장적이다. 가부장적 조건하에서 가족은 언제나 여성에게 적대적인 경향이 있다. 그러나 소농 가족 경제는 적어도 자급 생산을 하나의 경제 형태로 인정하는 것을 내포하고 있고, 따라서 여성에게 호의적인 경향이 있다. 왜냐하면 여성 노동력의 경제적 가치가 부정되지 않을 뿐 아니라, 남성 역시 여성과 협력하여 자급 노동을 수행하기 때문이다. 우리가 보기에 이것은 미래를 위한 자급 관점에 포함되어야 할 사항이다. 남성이 다시 그들 몫의 자급 생산을 떠맡게 되는 것 말이다.

---

* '농민 인민주의자(agrarian populists)'를 뜻함.

다양한 유형의 가부장제

　일반적으로 여성이나 여성 농부는 소농 가족 경제에 대한 논쟁에서 전혀 중요한 역할을 하지 않는다. 그러나 여성과 여성의 노동은 정말로 논쟁이 되는 부분이다. 우리는 근대가 소농 경제를 이론적으로나 실천적으로 추방해버린 것이, 여성이 그 안에서 너무 많은 독립을 누린다는 사실에 많은 부분 기인한다는 의심을 떨쳐버릴 수 없다. 누가 바지를 입는가에 대한 산업시대 이전의 논의에서처럼 말이다(Bock and Duden 1976, 142ff.).

　가족 경제에 대한 논쟁에서 친-소농 입장에 서는 사람들은 여성의 기여를 반드시 기술하고 계산에 포함시켜야 한다. 그러나 소농 경제 이론은 여성 노동력의 생산성을 증명하려고 노력하지 않았으며, 특히 남성의 노동과 관련하여 그렇게 하지는 않았다. 소농 경제 이론은 주로, 소농의 자급 지향성에서 어떠한 생산성도 발견하지 못하는 사람들에 대하여, 그리고 역시 여성의 자급 노동을 농업 생산 목록에 기술하지도 계산해 넣지도 않은 사람들에 대하여, 남성 소농의 명예를 회복하는 데 전념했다. 자본주의적 경향이든, 사회주의적 경향이든 근대주의자들은 자급 생산과 남성과 여성 소농의 노동을 탈경제화하는 담론을 생산한다. 여성의 경우에 이것은 암묵적인 과정이다. 그들은 언급조차 되지 않는 것이다.

　'분리해서 통치하라'는 격률에 따라, 소농 경제와 가족 경제의 주창자들은 모두 남성 농부만의 노동이 갖는 경제적 가치를 옹호한다. 결국 그것은 고전적 형태와 근대적 형태라는 두 종류의 가부장제 사이 논쟁이 되는데, 어떤 것도 남성과 여성 관계라는 핵심적인 문제를 다루지 않는다.

고전적인 가부장제에서 아버지는 농장 안에서 일어나는 모든 일들에 대한 권위를 갖고 있었다. 산업화에 따라 임금 노동이 확장되면서 이 권위는 근대적 형태인 형제들의 가부장제로 대체되었다. 아버지가 자급 기반인 토지에 대해 통제권을 가지고 있고, 그것을 그의 아들들에게 물려주는 한, 그는 결정적인 권력의 도구를 장악하는 셈이었다. 그러나 임금 노동은 아들들에게 그들의 아버지로부터 해방될 수 있는 길을 열어주었다. 그들은 남자로서, 같은 성의 구성원으로서 아버지와 동등한 자가 되었고, 더 이상 결혼에 대한 동의조차 필요로 하지 않았다. 근대적 가부장제에서 모든 남성은 '사랑'이라는 이름으로, 이제는 보이지 않게 된 여성의 자급 노동을 무료로 전유할 수 있게 되었다. 이로 인해 더 이상 부모 세대, 그리고 외가 쪽으로부터 허락을 요구하지 않게 되면서, 여성의 노동은 비가시화되고 탈가치화되었다. 이는 젊은 여성들에게 반드시 이로운 것은 아니었다. 가모장적인 전통에서는 어머니가 딸들의 노동이 가치를 보유해나가도록 지속적으로 감시를 한다(Bock and Duden 1976 ; Bennholdt-Thomsen 1987/1994 ; Kandiyoti 1977).

두 유형의 가부장제는 세대 간 관계의 특성에서 다르고, 여성 자급 생산자에 대한 태도 면에서 서로 다르며, 자연과의 관계에서도 다르다. 남녀 관계는 다른 모든 관계를 결정하는 핵심이다. 그러나 이 요소들은 우리가 다루어왔던 (전형적으로 가부장적인) 논쟁에서는 분석되지 않는다. 여성에 대한 연구에서조차, 여성의 지위와 그들의 자연과의 관계가 여러 유형의 가부장제에 따라 달라지는 방식에 대해서는 거의 주의를 기울이지 않았다. 이 영역은 여전히 가부장제라는 단일 개념과 근대성의 낭만주의가 지배하고 있다(Lerner 1986).

여성 농부가 없이는 소농도 없다

《가부장제와 파트너십 사이의 가족 농장》(1964)이라는 책에서 울리히 플랑크Ulrich Planck는 소농 가부장제 문제에 천착했다. 이 책은 유용한 정보를 많이 담고 있지만, 그 정보들은 근대적 가부장제의 전형적인 관점에 의해 다루어진다. 플랑크는 주로 세대 간 관계의 변화를 탐구한다. 성별 관계에 대해서는, 근대의 시작과 함께 남성과 여성이 점점 평등해지고 있다는 신화를 그대로 받아들인다(Mitterauer 1980과 마찬가지로). 그는 근대 이전의 여성 농민이 항상 '남성들에 의해 독립적인 권위를 존중받는 영역'을 확보하고 있었다고 주장하는 일련의 저자들을 인용한다. 그러한 권위는 근대 농장에 오면 단지 예외적으로만 존재하게 된다(Planck 1964, 204). 그러나 여성들의 경제적 기여는, 차야노프의 자료처럼 눈에 확실히 띄는 경우에조차 일반적으로 과소평가된다(Spittler 1987, xx).

이와는 대조적으로 하이데 인헤트빈Heide Inhetveen과 마그릿 블라쉬 Margret Blasche(1983)는 남부 독일의 한 지역을 통해, 오늘날 여성이 농장 경제의 운영과 유지를 위해 얼마나 중요한지, 그리고 여성들이 농장의 유지에 얼마나 깊게 관여하는지를 보여준다. 이는 여성 농민의 노동을 비가시성으로부터 해방시키는 몇 안 되는 근대적 연구물 중 하나다. 이 연구의 결론은, 농장이 갖는 경제 사회적 문제에 대한 결정적인 원인은 여성 노동력에 대한 비하, 농업 통계상 여성 노동력을 둘러싼 침묵, 그리고 여성 농민이 스스로를 주장하고 승인을 얻고자 할 때 당면하는 어려움이라는 점이다. 그러나 이 같은 결론을 두 저자가 끌어낸 것은 아니다.

우리가 보기에 가부장주의의 지속은 오늘날 농장이 갖는 주요한 문제일 수 있다. 여성들은 그 자체로 농민으로 간주되거나 대우받지 못하고,

집에서 보이지 않게 일하는 주부로 취급되며(왜냐하면 어떠한 재정적 수입도 없기 때문에), 가축 축사나 들판에서 가족 성원으로서 농장 일을 돕는 사람 정도로 인식되기 때문이다. 여성의 지위가 과거보다 나아지는 것은 고사하고 절대적 수준에서도 더 낮아지기 때문에, 젊은 농부들이 결혼 상대를 구하기 힘든 것은 놀라운 일이 아니다. 플랑크가 말한 '전통적 가부장주의'가 이러한 경향성을 열었다고 볼 수 있다.

우리는 이것이 많은 농장들, 특히 중간 크기의 농장들이 농사를 포기하며 또 농사를 포기하는 농장들이 점점 더 많아지고 있는 중요한 이유 중의 하나라고 굳게 믿고 있다. 그들이 스스로가 부여한 바로 그 임무를 수행하는 데 실패하고 있기 때문이다. 즉 농부는 기계를 운전하며 동시에 집에 돈을 가져오는 사람이 되는 산업적 기업농으로서 기능하지 못하고 있는 것이다. 이러한 이미지는, 농장에서는 할 일도 없고 발언권은 더욱이 없는 의존적인 아내의 이미지를 포함하고 있다. 농촌에 사는 여성들이 농장에서 과거와 같은 지위를 잃으면서도 도시의 아내처럼 살기를 원하는지 어떤지는 알 수 없다. 많은 중간 크기의 농장들은 통합된 가구 경제가 있을 때만 농장으로서 생존할 수 있다. 그러나 그렇게 되기 위해서는 주부가 아니라 여성 농민이 필요할 것이다. 이러한 의미에서 소농 경제 이론가들이 그것을 필연적으로 가족 경제일 수밖에 없다고 기술한 것은 완전히 옳았다.

일반적인 관점과는 대조적으로 여성 농민의 지위는, 결코 남성 농민에 대한 종속적인 지위로 미리 고정되어 있지 않다. 시대와 문화에 따라 완전히 다른 형식의 노동 분업이 있었다. 사하라 남쪽 아프리카에서 여성은 직접적인 농업 노동의 80% 이상을 담당한다. 이것은 유럽의 경우와는 완전히 다른 전통을 만들어왔다. 게다가 노동 분업이 성별에 기반하고 있다는 것이 자동적으로 위계적임을 의미하지도 않는다. 그러한 오해가 여성으로 하여금 그들에게 자율성과 독립성을 제공할 수 있는 영역들을 포기하고, 남성과 같은 일에서 구원을 추구하도록 이끈다. 여성에게 자율성을 선사할 수 있는 확실한 영역 중의 하나가 농장 경영과 농장 생산물에 대한 마케팅이다. 오늘날에는 다른 어느 때보다 여성이 자급 생산 영역을 자신들의 통제권 안에서 유지하는 것이 중요하게 되었다 (Maria Mies 1996c). 그리고 여성들은 노동 분업 내에서 자신들의 위치가 갖는 가치에 대해서 논의하고 주장해야만 한다. 자산 관계에 대한 규제는 오늘날 농장에서의 삶의 또 다른 중요한 측면이다. 농장에 관한 모든 영역에서 진보의 조건들이 무르익었으며, 가부장적인 질서는 한계에 도달했다. 협동과 상호성의 능력 없이는 소농의 통합되고 순환적인 경제가 제대로 기능할 수 없으며, 미래의 생존을 위해서도 그러한 능력이 결정적으로 중요하게 될 것이다.

여성 농민의 주부화

소농 경제의 분명한 특징 중의 하나는, 근대적 산업주의가 추구하는 최대화 중심의 가부장제가 성별 위계를 악화하면 악화했지 절대 완화하지는 않았다는 점이다. 여성의 지위는 상대적 독립성으로부터 가정주부적인 의존으로 이동했다. 농부는 귀족이나 부르주아, 혹은 프롤레타리아처럼 '보기 좋은 자산 하나', 즉 일할 필요가 없는 것처럼 보이는 주부를 갖고자 했고, 바로 그러한 이유 때문에 자신의 농장을 사업으로 변모시키기 시작했는데, 그것은 궁극적으로 농장을 황폐화시키고 말았다.

'가구 전체'에 영향을 미치는 가부장적 구조(부계 혈통patrilinearity과 부거제patrilocality: 남성 쪽을 이어가는 승계 그리고 여성이 남성의 집에서 거주하는 것이 정상이 되는 시스템)가 여전히 뚜렷하며, 자급 경제에 의해 형성된 협동적인 작업 유형은 위계적인 작업 유형으로 전환되어 왔다.

유키탄Juchitan처럼 소농 경제가 가모장적인 전통하에 존재하는 곳에서는, 강제와 폭력이 단단하게 일상을 죄어 오는 와중에서도, 최대화 경제의 억압적인 메커니즘에 대한 저항이 훨씬 더 강하다. 유키탄의 경우 중앙정부가 1960년대 초에 개발 조치로서 댐과 다수의 관개 수로를 짓고, 토지를 임의적으로 재분배했다. 그 결과 정부의 다양한 협박과 공약들에 의해, 농부들은 그 지역 바깥으로 수출할 생산물을 재배할 목적으로만 수로를 갖춘 토지를 사용할 수 있게 되었다. 그러나 그들은 계속 그 지역 내에서 소비할 목적으로 작물을 재배하기를 원했다. 이 문제는 개별 농부들에게는 중요한 문제였는데, 왜냐하면 그렇게 했을 때 그들은 사업과 생활을 여성과 공유할 수 있었기 때문이다. 유키탄의 여성들은 모두 독립적인 상인이자 수공업자이며, 남성이 생산한 것을 가공하고 판매한다. 경제적 협력 관계 없이는 남성과의 공유된 삶이 있을 수 없다. 이것은 아주 단순한 사실이다(Holzer 1994).

서구에서도 20세기까지 여성 농민은 생산물을 판매한 수입에 대한 처분권을 포함하여 농장 생산의 몇몇 영역에 대해서 통제권을 갖고 있었다. 이 권리는 정부 조치에 의해 잇달아 몰수되었다. 농장이 우유에 대한 할당량과 직접 판매 할당권을 가지고 있지 않을 경우, 그리고 수백 마일 떨어진 곳에서 수입되어 수일에서 수주까지 저장된 원료를 사용하는(농장의 경우 이런 일은 절대 일어나지 않는다) 산업 낙농에게 적용되는 위생 조건을 충족시키지 못할 경우, 우유, 버터, 또는 치즈를 직접 판매하는 것은 금지되어 있다.

여성 농민의 전형적인 생산물인 맥주, 진, 고기, 가금류, 계란 등에 대한 판매와 생산 역시 1, 2차 세계대전을 준비하는 시점에서 국가에 인수되었다. 소비자들 역시 그들의 소비 행위를 통해 이러한 몰수 행위를 유지하고 확대하도록 도왔다(Kolbeck 1985 ; C. Müller 1998).

이러한 과정을 거치며 여성 농민들은 점차 주부가 된다. 공–남성 영역과 사–여성 영역의 분리 역시 보수와 무보수 노동 사이의 분할 선을 따라 농장에 틈입했다. 남성에 의해 운영되며 많은 돈을 들여오는 소위 '집 밖' 경제가 생겨나게 된다. 노동 분업에서 남성과는 대조적으로 여성 농부는 점차 집이라는 네 벽 안에 제한되어갔고, 그들의 일은 도시 중산층 주부들의 일처럼 점점 더 소비를 지향하게 된다. 농부들은 기계 대금을 갚아야 하기 때문에, 생계를 위한 주요 산물에서 잉여를 늘려야 한다는 압박을 받고 있다. 그뿐만 아니라 사탕무, 유채 씨rape seed, 그리고 이제 소위 생물자원에 이르기까지 판매만을 위한 생산을 도입해야 할 압박을 받고 있다. 그 밖에도 갖가지 강제적인 보험금을 내야 하고, 석유, 전기, 물 값, 세금, 쓰레기나 하수 요금 등을 부담해야 한다. 기계화를 목적으로 하는 대출이 일반화되다보니, 빚의 부담도 과도하게 되었다. 그러면서도 때로 기계를 너무 서둘러 구매하곤 하는데, 왜냐하면 기계는 소유자를, 사회적으로 '여성적'이라고 규정되면서 낮은 사회적 평가를 받는 자급 생산자의 위치에서, 사회적으로 '남성적'이라고 규정되며 화폐를 버는 산업 생산자의 위치로 격상시켜주기 때문이다(아그네스와 리즈베스의 앞의 이야기를 참조할 것). 소농 경제의 자급 생산 측면은 가치 없는 것으로 취급되면서, 점점 여성의 몫으로 떨어졌다. 그들은 하루 종일 노예처럼 일하지만, 꼭 필요한 일을 한다고 여겨지지 않는다. 여성 농민은 농부의 아내로 전환되었다.

독립의 전망: 여성 소자작농

새로운 유형의 협동과 생산을 통해 여성에게 특별한 전망을 열어주는 것은 전통적인 소농 개념에 가장 근접하는 작은 농장들의 세계이다. 여기에는 편협하고 가부장적인 유럽식 소농 전통을 극복하도록 도울 수 있는 다양한 혼종 형태들이 포함된다. 누군가가 말한 것처럼 많은 농장들은 '단지' 부차적인 직업으로서만 살아남을 수 있다. 그러나 현실적으로 이는 소농 경제의 일반적 특징이기도 하다. 농장은 그 주변에 다른 경제적 활동들이 배합되는 자급 확보의 기반이다. 종종 부차적 직업이란 남편은 산업 임금 노동에 참여하고 아내는 농장 일을 하는 것을 의미한다. 점점 더 많은 여성 소규모 자작농들이, 현명한 여성이라면 명목상으로도 농부로 인정되도록 확실한 조치를 취한다는 사실을 보여주고 있다. "5헥타르 이하의 독립 농장주 중에 38.3%가 여성들이다; 5헥타르와 20헥타르 사이에서 이 비율은 11.9%까지 떨어진다; 20헥타르가 넘어가면 5.4%만이 여성이다." 독일 전체적으로 여성 농장주의 수가 증가하고 있다. 1976년에는 전체의 5%가 여성이었으나 1994년이 되면 8.7%에 이르게 된다. 24세까지의 나이 집단에서는 그 비율이 15%나 된다(Inhetveen and Blasche 1983, 26; Grossenbacher 1996, 186; Schmitt 1997).

농장 경제가 새롭게 부상하고 있는 또 하나의 영역은 유기농업 분야다. 이는 관행농법이나 화학농법보다 더 많은 노동을 요구하기 때문에 상호 협동이나 파트너십의 형태를 복구하는 것이 긴급하게 필요하다. 오랫동안 전환에 익숙한 것은 주로 소농들이었다. 소농들은 헐값에 팔리거나 아니면 파산을 부르는 보조금을 받고 관습적 경쟁에 치여 문을 닫지 않을 수 없게 되는 대신에, 더 좋은 생명의 가격bio-prices이 자신들에게 살 길을 열어주기를 바라고 있다.

유기농업: 낭비된 기회?

그러나 유기농업에 집중하는 경향은, 이 길 역시 땅과의 장기적인 관계나 땅에 의존하는 경제적인 공동체가 곧 붕괴될지 모른다는 두려움을 갖게 한다. 무엇보다 유기농 조합에 의한 슈퍼마켓 판매는 오스트리아에서는 이미 엄청나게 증가하고 있고, 독일에서도 유사한 경향이 나타나고 있다.[12] 이는 20세기 마케팅과 가공 협동조합의 진화를 연상시킨다. 그것은 점점 농부들의 통제권을 벗어나 결국에는 산업 생산 방식과 기업 공급자 기능을 갖는 대기업이 되었다. 식품 교역이 극심한 독점 구조를 갖고 있음을 고려할 때—식품 회사 10대 기업이 전체 시장의 거의 80%를 차지하며, 4대 기업이 70%를 차지한다—유기농 생산이 슈퍼마켓 판로로 향한다는 사실은 전제적인 독점 시장 권력에 항복하는 것 이상을 의미하지 않는다(*Frankfurt Rundschau*, 1996. 3. 15). 대규모 중앙 집중식 생산자의 명령에 따르는 규칙, 즉 순수한 상업적 계산과 유기농장들 간의 극심한 경쟁이 임박해 있다. 게다가 독일에서는 이러한 경향이 또 하나의 새로운 현상과 조합되고 있는데, 구동독의 집단 농장들이 유기농으로 전환하고 있는 것이다. 이들은 1천 헥타르에 이르는 대농들로 도저히 개인 농부에 의해서는 운영될 수 없을 만큼 규모가 크다.

이러한 경쟁 추구 경향은 실제로 소비자들에 의해서뿐만 아니라, 조합들(주 12를 볼 것)이나 국가, EU에 의해 고무되고 있다. 그 이유는 현재 유력한 유기농법의 개념이 살충제나 약품의 사용을 금지하는 순전히 기술적인 측면에만 기초하고 있기 때문이다. 생산의 사회적 조직이라는 문제는 상관이 없는 것으로 간주된다. 그러나 소농 경제 논리는 현실에서 생태적으로 건강한 기술 사용을 포함할 수 있지만, 그 논리 자체가 변한다면 생태적 원리는 더 이상 지속될 수 없다.

또 하나의 이유는 유기농가 자체의 가부장성에 있다. 베로니카 벤홀트-톰젠은 한 유기농 협회에서 대부분의 남성 농가 대표들이 '유기농 영역'으로부터 빠져나오기 위해 슈퍼마켓 전략을 옹호하는 광경을 목격하였다. 그들은 현실 경제 활동이 이루어지는 곳에 있고 싶어했으며, 악취를 풍기는 자급 농장에 남아 있기보다는 시장에서의 일상적인 투쟁에 참여하고 싶어했다. 그러나 그들이 지금까지 살아남을 수 있었던 것은 바로 그 '유기농 영역' 덕분이었다. 그리고 그들에게 소득을 보장해온 것도 바로 이 영역 간의 차이였다. 그뿐만 아니라 하나의 유기농 영역은 다른 유기농 영역과 겹치지 않는 꽤 넓은 영역을 포괄할 수 있었다. 이제 그들은 모두 이런 식으로 살아가는 대신에 서로에게 경쟁적인 전쟁을 선포하고 있는 것이다.

슈퍼마켓 판로의 또 다른 측면은 좀 더 심각하다. 오랫동안 유기농 시장은 무無에서 시작해야 했기 때문에, 농장 직접 판매나 전체 판매의 큰 부분을 책임지는 시장 노점상을 통해 판로를 확보해왔다. 전형적으로 많은 여성들이 이러한 일들을 맡아서 한때 가정주부화의 제물이 되었던 영역을 회복시켜냈다. 따라서 슈퍼마켓 판로는 다시 한번 여성에게서 독립적인 수입원의 가능성을 빼앗아간다는 것을 의미한다.

소농 경제, 지역화 그리고 자급 관점

우리가 보기에 자급 관점은 자본이 지배하는 세 가지 식민지를 탈식민화하는 것을 의미한다. 자연, 여성 그리고 제3세계. 따라서 식민주의 구조를 전혀 내포하고 있지 않은 소농 경제라는 개념은 우리가 그리고 있는 경제적 대안에서 핵심이다. 이는 어떤 소망할 만한 유토피아적 이상이 아니라, 별 어려움 없이 경험적으로 증명해 보여줄 수 있는 것이다.

독일의 공장식 농장과 특히 가축의 대량 생산이 제3세계로부터의 저가 식료품 수입에 기반을 두고 있는 반면에, 이윤 극대화를 지향하지 않는 소농들은 농장과 사람 모두를 지속시킬 수 있는 통합적인 농업 시스템에 기반을 둔다. 대량 가축 생산은 지역 생명과 동물에 대한 완전한 경멸에 기초하고 있어서, 사료를 위해 가용 면적의 두 배에 달하는 경작지를 요구한다. 이 때문에 독일의 가축 떼는 접시 강River Plate* 옆에서 풀을 뜯는다는 말이 있는 것이다. 예를 들어 수출용 사료로 쓰일 콩을 재배

---

* 지역 주민들의 접시에 오를 식량을 재배하던 땅에 외부 사람들에게 공급할 가축의 사료를 재배하게 된, 식량 식민지 상황을 압축적으로 표현하고 있는 말이다.

하는 데서 발생하는 악영향 등, 제3세계에서 일어나는 부정적 결과들은 이미 잘 알려져 있다. 전통적으로 지역 주민들을 먹이는 데 사용되던 토지의 파괴, 토지 집중과 현업 농부로부터의 탈취, 토양과 물의 화학적 오염 등이다. 이와 동시에 보조금 정책에 힘입어 독일과 유럽에서 아프리카로 쇠고기가 수출됨에 따라 현지의 축산은 붕괴되었다. 반면에 소농 농장은 항상 잉여물을 가까운 지역에만 내놓는 마케팅에 의존한다.

자연에 대한 관계 역시 소농 경제를 통해 탈식민화할 수 있다. 소농 경제는 공장식 농업 경영과는 달리 자연에 대한 약탈에 의존하지 않기 때문이다. 소농은 자신을 이롭게 하기 위해 자연의 생산력을 존중하지 않을 수 없는 것이다. 혼합 농경에서 동물과 토양과 식물의 건강은 농장의 생존을 위해 가장 우선적으로 보장되어야 한다. 그리고 순환 경제 역시 소규모 농장을 위해 가장 비용이 적게 드는 방법이다. 자본 집약적 산업농과 농부의 농경 생산 사이에는 커다란 심연이 놓여 있다. 그것들은 전혀 다른 생산 시스템이다. 토양이 거대 이윤을 제공할 만큼 기름지지 않은 곳에서 소농식 농사의 가치가 발휘된다. 그들은 어쨌든 생태적으로 건강한 농법을 행하고 있기 때문에, 유기농 생산으로 가장 쉽게 전환할 수 있다. 이렇게 해서 도시 거주자들이 휴일을 위한 장소라고 생각할 만한 풍경, 황야, 습지, 구릉지의 숲이라든지 초원이 보존되는 것이다. 그러나 가축 대량 생산에 쓰이기 위해 완전히 풀이 베어진 지역이라 하더라도 소농 경제로의 복귀를 통해 다시 거주하기에 적당한 곳으로 돌아갈 수 있다.

소농 경제는 지역 경제 활동, 즉 농업뿐만이 아니라 농사와 수공업 그리고 다른 직업을 결합하는 삶의 방식을 위한 기반이다. 어떤 경우에도 농장과 농업은 다른 활동들이 일종의 지역적 순환 속으로 퍼져나오게 되는 중심으로 남아 있을 수 있기 때문이다. 생산과 교환과 소비가 지역 안에서, 지역으로부터 이루어진다는 의미에서의 지역화는, 지구적 식민화 그리고 북반구 안에서 우리의 삶에 대한 식민화와 무능력화에 대항하는 정치학을 만들어낼 때 꼭 필요한 것이다. 이때의 정치학이란 아래로부터의 자급 정치학으로, 서로서로에게 그리고 우리 모두에게 열려 있으면서 스스로 권위를 갖는 일상의 전략으로 이해되어야 한다. 가장 쉽고 언제나 할 수 있으면서 매우 효과적이기까지 한 하나의 방법은, 지역에서 생산된 것만을 구매하는 것이다. 이렇게 되면 소농 경제가 강화된다.

그러나 중부 유럽 소농 농장의 가장 큰 문제점은 그 가부장성에 있다. 산업농으로의 조정을 부추기는 농업 정책과 함께, '명예로운' 군사주의 성장 경제에 참여하려는 욕망은, 독일의 보다 많은 농장들이 자급 지향성을 유지하거나 회복하지 못하도록 막고 있다. 이윤과 소비라는 세균이 남성을 감염시켰고 여성 역시 감염되고 있다. 우리가 보기에, 사람들의 가슴과 마음이 가부장적 자본주의 모델로부터 해방되려면, 남성은 부양자이고 여성은 가정주부라는 패턴을 깰 수 있는 다른 사회 조직이 있어야 한다.

새로운 형태의 사회 경제 조직

독일의 많은 농부들은 여성이든 남성이든, 자신들의 농장이 생존해나 갈 수 있게 하기 위해 새로운 형태의 사회 경제 조직을 창조해내고 있다. 이제 더 이상 농장의 2세들이 농장을 물려받으려 하지 않기 때문에라도 그러한 창조가 필요하다. 농장의 부모 세대들은 수 세기를 그렇게 살아왔고 지금 현재도 농장을 통해 생계를 유지하고 있음에도 불구하고, 농장이 이대로 사라져야 한다는 사실을 받아들이기 힘들어 하며, 새로운 모델의 가능성을 탐색하고 있다. 농장 폐기에 대한 지불금이나 임대 수입, 혹은 높은 매매가도 그들이 짐을 싸서 떠나도록 유도하지 못한다.

농업의 산업화에 찬성하지 않는 농부

A 농장은 독일의 중심에 있는 매우 기름진 지역에 자리 잡았다. 이곳은 '힘'의 농경, 다시 말해 기계화, 화학 농법, 대량 축산 등이 매우 발달해 있다. 지역 주민들은 전통적으로 소자작농이었지만, 최근 몇 년간 토지의 집중이 급작스럽게 이루어졌다. 많은 농장들이 문을 닫거나, 소위 성장 사업에 임대되었다. 그렇지만 A 농장은 그렇지 않았다. A의 농장주는 농장을 35년간 운영해오고 있으며, 오랫동안 근처에서는 가장 작은 규모인 17헥타르의 토지를 가지고 운영해왔다. 그는 10년 전에 유기농으로 전환했는데, 그것은 그가 더 이상 토지 오염이나 풍광의 파괴, 혹은 이윤을 최대로 뽑기 위해 동물을 착취하는 방식 등을 참을 수 없었기 때문이었다. 유기농 전환으로 그는 관행 농법을 하는 동료로부터 많은 공격을 받기도 했다. 그는 가정을 지키던 아내의 죽음, 화재, 농업이나 농장의 유지에는 관심이 없는 아이들 등 몇 번의 운명적 타격을 겪었고, 그 일들로 인하여 다른 형식의 조직을 찾아보게 되었다. 결국 그는 통합된 소농 경제를 자신의 농장에 도입하기로 결정했다. 이것은 그에게는 명백하게 자급 지향적인 농장을 의미했다. A 농장주는 마음을 맞출 수 있는 사람들을 찾았고 2명의 여자와 1명의 남자를 농장 파트너로 맞아들였다. 작은 농장이 더 작은 4개의 소작농으로 분리되었는데, 그들은 서로 긴밀

하게 협력했다. 새로 이주해온 사람들은 양도할 수 있는 임차권과 함께 2헥타르의 토지에 대해 평생 사용권을 보장받았다. 또 농장의 일부나 농토를 판매할 수 없도록 하는 법률적 명령을 받아 농장을 상속받는 사람 역시, 이 협의를 존중하고 승인해야만 하도록 만들어두었다.

새로운 길에 대한 다양한 탐색

이제 많은 농장들이 살아남기 위해 새로운 길을 개척해나가고 있다. 새로운 자산 배치, 상응하는 권리와 의무를 가진 동료 협력자들(일반 회사나 유한 책임 회사, 협동조합 등)과의 확장된 순환, 소비자와 생산자 간의 협약 등이 이에 속한다. 이러한 새로운 형식들이 얼마나 소농 경제를 확보할 의도를 가졌는지를 일반화해서 이야기하는 것은 불가능하다. 마찬가지로 그들이 높은 수준의 이윤을 확보하려는 자본주의적 사업을 향해 다른 길을 가고 있는지에 대해서도 일반화시켜 말할 수 없다. 그러나 후자는 드문 경우로, 최근에 와서야 대안적 형식에서부터 파생된 형태로 등장하기 시작했다. 유기농 협회에서 나온 잡지나 〈생태학과 농업Ökokgie & Landbau〉 같은 정기간행물을 읽어보면 알 수 있는 것처럼, 보통 이러한 새로운 길들은 유기농에서 출발했다. 또 그러한 새로운 형태의 배치에는 자연과의 새로운 관계, 그리고 인간 사이의 새로운 관계가 포함된다. 생산과 마케팅 관련 협약들이 그러한 예에 속한다.

생산자와 소비자 간의 관계는 공동체 지원 농업(Community supported Agriculture, CSA)에서 특히 밀접하다. 이는 원래 루돌프 슈타이너Rudolf Steiner의 사상에 기초한 것으로 1980년대에 독일에서 미국을 비롯한 다른 나라들로 전파되었다. CSA는 일종의 생산자와 소비자 간 계약인데,

소비자는 재정 지원을 제공하고 구매를 보장받으며 발언권을 행사한다. 미국에는 이미 300개가 넘는 CSA 농장이 있다. 유럽에서 이와 유사한 선두 그룹은 아직 단일하지 않고 덜 통합되어 있지만, 독일과 스위스의 생산자-소비자 협동조합PCCs을 들 수 있다. 이들은 영국의 소위 '예약 농업'처럼(Loziczky 1997, 22ff) '비용 부담'의 원리에 따라 운영되며 '연합 경제'의 이상을 추구한다(Hermannstorfer 1992).

이전에 지역 바깥에 사는 친척들에 의해 제공되던 농번기와 휴일 일손 돕기는 이제 '선택적 친화력'* 으로 연결된 조직이 제공한다. 흥미로운 사례가 '유기농장 자발적 일꾼(the Willing Workers on Organic Farms, WWOOF)' 네트워크인데, 여기에서는 유기농 농부들이 전에는 모르고 지냈던 도시 거주자들에게 장소를 제공한다. CSA와 마찬가지로 여기에 참여하는 도시민들은 땅, 동물, 식물과 접촉하고 일정 시간 땅에서 일하는 것이 필요하며 바람직하다고 생각한다.

이탈하는 사람들과 돌아오는 사람들

소농 경제의 보존에 특별한 관심을 갖고 있는 '오스트리아 산촌소농 협회Bundesanstalt für Bergbauern-fragen'에서 '농촌 지역의 이탈자들'에 대한 조사를 시행했다. 이 용어는 1970년대 이래로 그 수가 늘어나고 있는,

---

* '선택적 친화력'은 'elective affinities'의 번역어이다. 'elective affinities'는 독일 작가 괴테가 발표한 소설의 제목이기도 하며, 사회학사에서는 막스 베버가 《프로테스탄트 윤리와 자본주의 정신》(1905)에서 프로테스탄티즘과 자본주의 사이에 이것이 있다는 주장을 제기해 유명해진 말이다. 여기에서는 혈연으로 연결된 가족이 아니라, 삶의 지향성을 공유하는 사람들이 자발적으로 형성한 네트워크라는 의미로 사용되었다.

땅에서 일하면서 생계를 이어가는 도시 거주자들을 가리킨다. 이들이 이루는 경제적 형태는 거기에 포함된 사람들의 수만큼 다양하다. 이탈자들은 '대안적인 삶을 건설하기를 원하는 녹색-대안 문화로부터 나온 젊은 사람들', '예술가, 혹은 비교秘敎의 전도사들', '젊은 학자들', '지금까지 생산직, 사무직, 경영자로 일해온 삶으로부터 좌절을 경험한 사람들', '세금을 줄일 수 있는 직업으로 농사를 이용하는 전도유망한 프리랜서들', '취미 삼아 텃밭을 가꾸는 연금 생활자들', '도시 생계비를 감당하지 못하는 실업자들', 기타 그들의 뿌리로 되돌아온 사람들이다. 농장은 성장하고 있는 '특산품' (허브, 산양유 생산품 등)을 직접 마케팅하기 위한 센터가 될 수도 있다. 농사는 다른 임금 노동과 결합될 수도 있고 특별히 영양가 높은 식품을 자급하기 위해 사용될 수도 있다. 드럼과 나무판을 교환한다든지, 양과 곡식을 교환하는 식의 물물교환이 중심적인 역할을 한다(Groier 1997).

특히 '생활양식 이탈자들' 의 경우에, 여러 방면으로 전형적인 농부의 태도를 보인다고 한다. '일하는 시간과 여가 시간 사이의 엄격한 구분을 느슨하게 하기', '삶의 시간으로 이동하기', '일, 노동, 축제를 결합하기', '자급에 대한 강조', '자본 축적보다는 필요를 충족하기 위한 일' 등. 소농 가족 경제가 우리가 살고 있는 세상에서 구현될 때 또 다른 특징을 띤다. '여성과 남성 사이의 노동 분업이나 역할 할당' 에 있어, 이전 세대에게 상속받은 행동 유형, 다시 말해 여성의 자유 시간이 더 적고 대부분의 가사 일을 여성이 하며 농사일은 더 적게 하는 패턴이 인터뷰한 이탈자 가구들에서 발견된다는 점이다(Groier 1997, 180).

그럼에도 불구하고 대부분의 이탈자들은 스스로를 농부로 생각하지 않는다고 미카엘 그로이어Michael Groier는 지적한다. 도시에서 사회화되어 나중에 부모의 농장으로 돌아온 사람들에게서도 같은 현상이 발견된다. 이에 대한 이유로 맨 처음 꼽을 수 있는 것은 소농 전통의 삶이 갖는 보수성(사회-문화적인 편협함)과 거리를 두기 때문이라는 것이다(Groier 1997, 178).

좀 더 현대적이라는 이유로 스스로를 더 우월하다고 생각하는 도시 사람들의 편견이, 얼마나 이러한 거리 취하기에 작동하고 있는지는 확인할 수 없다. 마찬가지로 얼마나 자주 이러한 거리 취하기가 지역 주민들로부터 적대적인 반응을 촉발해낼지도 알 수 없다. 그럼에도 불구하고 이러한 상황은 도시의 이탈자들과 농촌의 이탈자들이 서로 제휴할 수 있는 기회가 될 수 있을 것이다. 확실한 것은 역사를 갖지 않는 미래란 있을 수 없다는 점이다. 여성 농민의 물질문화를 포함해서 소농의 지식과 문화 없이는, 성장 경제나 환경 파괴에 맞추어지지 않는 다른 종류의 농사법을 발전시키기가 쉽지 않을 것이라는 점이다.

공동체, 생태마을 그리고 그 밖의 다른 것들

1980년대 초반에 생활과 재정을 공유하는 '코뮌들communes'이 독일의 시골 지역에 다수 생겨났다. 그들은 여러 가지 독특한 원칙들을 가지고 있었다. 공동 경제 계획, 합의에 의한 의사결정, 집단적인 작업 구조, 소가족 내 성별에 기반한 권력 구조의 종식. 그들은 1968년 도시 학생운동(4장을 볼 것) 이후의 코뮌 조직에서 유래된 사상적, 문화적 축적을 계승하고 있었다. 최근에 발행된 선집에 나와 있는 11개의 코뮌 중에서 9개가 시골 지역에 있고 2개만이 도시에 있다. 시골에 있는 것 중 하나는 최근에 설립된 것이고, 두 개는 최근에 고통스러운 과정을 통해 해체되었다. 따라서 시골에 세워진 공동체 중 잘 기능하고 있는 6개의 코뮌을 살펴볼 것이다. 그중에 하나가 피레네Pyrenees에 있다. 그들은 모두 농사와 시장에 팔기 위한 원예를 다양한 수공예와 겸하고 있는데, 종종 각종 회합을 위해 집을 제공하기도 하고, 드문 일이긴 하지만 코뮌 밖의 임금 노동에 참여하기도 한다(Kollektiv KommuneBuch 1996).

가장 규모가 큰 공동체는 니더카우풍엔Niederkaufungen*인데, 1996년으로 10주년을 맞이하는 공동체로 어른 53명(여자 24명, 남자 29명)과 어린이와 청소년 18명이 살고 있다. 이곳에서의 작업은 다음과 같이 묘사된다.

생태학적이고 사회적인 지향의 일과 생산과 봉사들. 통합적인 혼합 연령 탁아소, 건물 운영/설계, 건축 사무소, 목수, 금속 작업, 혁명적인 재봉과 가죽 제품 가게, 회의와 화합을 위한 집, 공동체와 회의실을 위한 음식 제공, 유기농 채소 농장, 목축, 행정, 식자typesetting, 직업 연금 체제의 구성, 단기 돌봄을 위한 제도의 계획(Ibid, 30).

우리가 개인적으로 이곳을 방문했을 때 관찰한 바로, 이 코뮌은 니더카우풍엔이라는 마을에 잘 통합되어 있어서, 이웃들은 그 구성원들이 얼마나 근면한지 잘 인식하고 있었다. 염려는 모두 사라졌다. 매해 축제가 열려 방문객들이 몰리는데, 2천 명이나 되는 사람들이 참여하곤 한다.

---

* 결코 구매할 수 없는 것이라는 뜻.

일반적으로 농촌 코뮌의 가장 두드러진 특징은 그 기반을 농사에 둔다는 것이 아니라, 모든 것이 한 덩어리로 합쳐진 경제, 그리고 소가족이 아니라 공동체에 중심을 둔 사회 조직의 형태다. 더구나 자급 혹은 자기 의존적인 농사라는 아이디어가 코뮌이라는 맥락에서 근거를 얻고 있다. 최근 이삼 년 동안 코뮌 구성원들은 독일의 실업과 마약에 대한 자신들의 대안에 대해서 사람들에게 알리기 위한 이벤트를 조직해왔다.

그들에게 생태마을eco-villages은 직접적으로 자급의 아이디어를 염두에 두고 설립되었다. 엘리자베스 포스Elisabeth Voss는 같은 선집에서 이를 다음과 같이 표현했다.

'생태마을'이 뜻하는 것은 생태적으로 유기적인 정착을 말하는 것이 아니라, 좀 더 많은 수의 사람들을 위한 생활과 일의 모델, 자본주의에 대한 대안을 제공할 수 있는 형태를 개발하는 공동체를 의미한다. 토지와 건물에 대한 공동 소유권, 마을 사람들의 필요를 중심으로 한 생산(자족성), 양보다는 질을 강조하고 소비에 덜 경도되며 좀 더 삶의 풍미를 추구하는 생태학적이고 사회적인 삶의 양식. 이러한 생각은 10여 년 전에 하이델베르크의 심리학자 외르크 좀머Jörg Sommer가 주창했는데, 그는 이 생각을 실천에 옮길 사람들을 찾아 '생태마을 정보 서비스IDOF'를 창립하기도 했다.

그 이후로 적어도 2개의 프로젝트가 이 노선을 따라 개발되었는데, 둘 다 동독 지역에 있는 새로운 연방 주에서 진행되었다. 1993년 하이델베르크Heidelberg에서 시작된 움직임은 잘쯔베델Salzwedel 근처의 그로스 퀴덴Gross Chüden에 생태마을 프로젝트 센터를 세우면서 시작되었는데,

여기에는 60명의 성인과 어린이가 참여했다. 이 프로젝트의 목적은 300명의 주민으로 이루어진 '마을'을 설립하는 것이다. 1996년까지 후속 프로젝트 지역이 개발되었다. '숙소와 작업 집단들, 손님과 세미나 단위, 자족성과 경제적 운영, 계획 사무소, 자유 학교, 네트워킹'. "사람들은 가족을 이루고 살든, 이상에 따라 이루어진 공동주택이나 집단 주거를 이루든 모두 똑같이 환영받았다"(eurotopia, 1-2/96).

불행하게도 우리가 현재 사용할 수 있는 자료들은 자급 농사와 시장 원예 정도의 진보만을 이야기할 수 있을 뿐이다. 그러나 1996년 '생태마을 프로젝트'가 연방독일환경연구소가 새 연방 공화국 내의 코뮌 생태 운동에 수여하는 활동상을 받았다. 이로부터 우리는 작센 안할트Saxony-Anhalt 정부로부터 더 많은 지원을 기대할 수 있음을 알게 되었다. 디터 할바흐Dieter Halbach가 호소하고 있는 개발주의적인 수사도 바로 이 점 때문이라고 봐야 할 것이다.

전체적인 정착은 새로운 문화적 모델을 창출함으로써 세계가 마을 안으로 들어오고 또 마을은 세계 속으로 나갈 수 있도록 할 것이다. … 지역 개발은 연성 관광soft tourism, 자연 보존, 직접 판매, 수공예 등을 통해 지속될 것이다. … 우리는 생태마을이 알트마크the Altmark와 구조적으로 취약한 다른 지역을 위해 기여할 수 있을 것을 희망한다. … 지역의 발전 잠재력을 높일 수 있을 것이며 그 잠재력이 어떻게 사용될 수 있는지에 대해 충고를 해줄 수도 있을 것이다.

또 하나의 프로젝트는 1993년 드레스덴 북부 지방에서 첫 선을 보인

레벤스굿 폼리츠the LebensGut Pommritz다. 이 공동체가 가진 자급 철학은 우리의 여성주의 자급 접근과 연관이 있던 루돌프 바로Rudolf Bahro에 의해 발전되었다. 〈유로토피아Urotopia〉(1994년 가을)라는 잡지에 따르면 "이 공동체의 목적은 지역 중심적인 장기적 순환 경제를 갖춘 모범적인 생태적 정착 모델을 발전시키고 시험하고 운영해보는 것이다." 작센의 수상 비덴코프Biedenkopf와 직접 접촉하던 바로는 작센 주로부터 기금을 얻어냈다. 정부는 실업 수당이나 사회 보험만을 제공하는 대신에 사람들이 직접 자급 수단, 특히 땅에 접근할 수 있도록 도왔고, 그리하여 자립적인 생활을 해나갈 수 있게 되었다.

그렇게 해서 우리는 작센 주로부터 최상의 조건으로 농장을 임차할 수 있었다. 이러한 출발선상의 보조를 바탕으로 중기적인 관점에서 자족적인 모델에 해당하는 무언가를 발전시켜내기로 되어 있었다. 지역적인 경제 지평을 가지고 소규모 운영에 기반한 사회적이고 생태적으로 지속 가능한 공동체 모델을 만들어낼 것이 기대되었다(eurotopia, 1-2/96, 35).

이미 여러 번 언급했던 〈유로토피아〉라는 잡지는 네트워킹에 필요한 도움과 코뮌 프로젝트에 관해서 적절한 개관을 제공해준다. 그리고 사람들로 하여금 비슷한 모험을 감행할 수 있도록 격려하기도 한다. 이 책의 면면에는 '별처럼 빛나는 마을', '생존의 섬들', '어머니 대지', '생명의 정원', '기독교 농장 공동체' 등에 관한 이야기들이 실려 있다. 독일과 유럽에서 새로운 공동체들을 설립하고자 하는 운동들은 거의 모든 경우에 땅에 대한 직접적인 접근을 추구하는데, 이것은 그들이 자연과의 다른 관계를 원하며 자급자족적인 농사를 공동체의 기초로 보기 때문이다. 이러한 관점에서 '긴 오월Long May' 그룹은 통일 이후 '불가능한 것'을 요구했다. 즉 지방 의회가 위탁하고 있는 국가 소유의 토지를 주민에게 사용할 수 있도록 양도해야 한다고 주장한 것이다. 그러나 "토지의 지역 자치화Communalisation of the Land는 하나의 유토피아로 남아 있다"(1996년 메클렌부르크Mecklenburg의 긴 오월 협동조합이 작성한 포스터).

서로 네트워크를 이룬 공동체들은 '영적인 것'과 '정치적인 것' 사이에 다리를 놓기 시작했다. 우리가 생각할 때 새로운 공동체주의자들과 성장 경제로부터 이탈해서 자신들만의 농사법을 고수하고자 하는 소농들 사이에도 다리가 필요한 것 같다. 왜냐하면 오래된 문화적 전통에 의존하고 있는 소농의 생활양식과 생산 양식은 새로운 공동체들을 도울 수 있을 것이기 때문이다: (1) 일상의 자급 경제 내에서 자급자족적 삶을 다루는 데 있어서; (2) 자기 자신의 생활필수품을 스스로 제공하는 데서 오는 자부심과 자기 확신을 불어넣는 데 있어서; 그리고 (3) 그들의 자율성을 더 높은 상급 권위에 힘입어 정서적으로 안정화하는 데 있어서 소농 문화는 새로운 공동체들을 도울 수 있다.

4

자급 관점과 시장

유키탄의 여성 상인들

유키탄Juchitan은 멕시코 와하까Oaxaca 주의 자포텍Zapotec 시에 있는 인구 8만의 지역이다. 그곳의 여성들은 사회적 지위가 높다. 유키탄에서 남성은 농부, 어부, 장인匠人, 임금 노동자이고 여성은 상인이다. 이러한 노동의 사회적 분업은 수백 년 동안 이어져 오고 있다. 여성들은 가정과 아이를 돌보고 시장에 가는 것, 그리고 먹거리와 수공예 생산 활동을 책임지고 있다. 그곳에는 주부도 없고 여성 기업가도 없다. 유키탄의 노동 분업은 가구경제 내에서 아주 광범위하게 이루어져 있다. 이는 일반적인 세계의 노동 분업 양상과는 사뭇 다르다. 우리가 살고 있는 사회에서는, 산업분야에서의 노동 분업은 늘어나는 반면 가구경제에서의 노동 분업은 줄어든다는 사실에 기반하여 주부라는 개념이 구성된다. 그러나 유키탄의 노동 분업은 가구경제 안에서도 매우 광범위하게 이루어진다. 가구가 한 여성에 의해 운영되지 않고, 여러 종류의 생산품, 특히 여성들이 시장에 내다 파는 조리된 식품이나 저장식품에 있어서의 다양한 특화에 의해 운영되는 것이다. 그리하여 주부들의 자급 활동과 여성 상인들의 시장 활동 사이의 이동이 자유롭게 이루어진다.

여성들은 다른 사람에게 돈벌이 일을 시키기 위해서나 혹은 부를 축적하기 위해서 거래를 하거나 수공업에 참여하는 것이 아니다. 그녀들이 참여하는 목적은 생계 보장을 위함이고, 무엇보다 그 공동체와 다른 여성들의 존경을 받기 위함이다. 가격은 고정되어 있지 않고, 사회적 책임의 정도에 따라 달라진다. 즉 내가 베푼 호의에 대한 대가가 되돌아오거나 혹은 그러한 호의가 미래에 이루어질 것이라는 기대 여부에 따라 다양하게 가격을 매기게 되며, 이러한 다양성이 상호 호혜성 원칙의 일부를 이룬다.

유키탄에서는 '미덕의 향연festivals of merit'이라는 이름하에 잉여생산물을 집단적으로 소비한다. 물질적인 것들이 존경이나 위신 같은 비물질적인 것들을 얻기 위해 사용되기에 '미덕의 향연'이라 불린다. 이러한 미덕의 향연은 상호 호혜적 관계망을 형성하는 데 필수적이며 지역경제가 잘 작동할 수 있도록 도와준다. 의복, 먹거리, 보석, 음악과 선물 등을 거의 믿을 수 없는 정도로 많이 소비한다. 유키탄 시장의 특수성은 바로 위신을 중심으로 한 경제prestige economics 메커니즘과 상호 호혜성에 있는 것이다.

그러나 유키탄의 시장만을 따로 떼어내어 단독으로 언급하는 것이 적절치 못할 수도 있다. 이곳에서도 멕시코 여타 다른 지역의 화폐가 동일하게 유통되고 있기 때문이다. 판–아메리칸 고속도로Pan-American Highway와, 대서양에서 태평양 연안 항구에 이르는 철도가 유키탄을 통과하고 있기에, 유키탄은 북미와 남미를 잇는 중요한 통로에 위치하고 있다. 따라서 이곳은 국가를 경계로 제한되는 국내 시장이면서 동시에 국제적인 성격의 시장이기도 하다. 그러나 유키탄의 시장과 거래 방식은 여전히 자급적인 성향을 지닌다. 한마디로 20세기 말인 오늘날의 시점에서 볼 때, 유키탄 내에서 시장 경제의 모습은 매우 다르게 형성되고 있는 것이다.

유키탄은 모계를 중심으로 이루어진 사회다. 이 사회에서 어머니는 핵심적인 권위를 지니는 존재이며, 어머니–자녀 관계를 기본 단위로 하여 가족이 구성된다. 어머니는 사회적으로 그리고 정서적으로 아이들의 준거점이 된다. 아버지가 일정 정도의 의무를 떠맡을 수 있지만, 남편이 없다는 이유로 여성이 무시당하는 일은 없다. 다른 분야에서와 마찬가지로 경제적인 분야에서도 여성들이 단순히 남성 생계부양자들의 보조적인 존재 정도로 취급되지는 않는다. 요컨대 모든 여성들이 곧 상인이기도 한 유키탄에서 여성의 경제, 혹은 여성 상인의 경제는 자급적 성향을 유지하고 있다. 자급을 위한 생산이 엄연히 사회적 노동으로 인정되며, 생산 활동에 관한 한 공사 영역의 구분은 없다. 여성들은 생계를 유지하고 아이들을 교육시키기 위해서 일을 한다. 또한 다른 문화권에서처럼 남편을 위해서가 아니라 자기 자신의 사회적 위신을 위해 일을 한다. 그들은 수동적 대상에 머무르지 않고 능동적 주체로서 상황을 주도해나간다.

오늘날에도 여전히 유키탄의 상업은 식량 거래를 중심으로 이루어진다. 유키탄에서는 지역적 차원에서 식량이 생산되고 거래되며 소비되기 때문에, 독자적인 지역 내 유통을 육성시키는 것이 가능하다. 이는 유키탄을 비슷한 규모의 다른 도시들보다 번성케 해주는 요소이기도 하다. 여성들 스스로가 면밀한 관리를 통해 식량을 조달해낼 수 있고 이러한 능력은 자아 존중감을 높이고 그녀들이 사회로부터 존중받을 수 있게 해주는 중요한 요소가 된다. 이러한 여성들의 생산 활동이 낮게 평가되고 여성에게 날씬함이 요구되는 독일 사회와는 달리, 유키탄에서는 건장함이 이상적인 여성의 미로 간주된다. 자신의 사회가 모계 혈통으로부터 비롯되었다는 생각이 바로 유키탄을 독립적으로 이끌어가는 주된 힘으로 작용하고 있다. 그들은 자신들의 어머니, 모국어, 자포텍어 구사력, 음악, 회화, 음식문화를 자랑스러워하는 것만큼이나, 모계 혈통에 자부심을 나타낸다. 이와 같은 상이한 문화적 성향은 현대 사회의 시장 경제에조차 뚜렷한 영향을 미칠 수 있다.

유키탄에서 거대 기업주나 독점 기업들은 여전히 고전을 면치 못하고 있으며, 변변한 슈퍼마켓 하나 찾아보기 어려운 상태이다. 중앙정부는 타이완이나 싱가포르, 혹은 마킬라도라maquiladora처럼 세계를 위한 시장이 된 자유무역 지대를 유키탄에 건설하기 위해서, 오랜 기간 의도적으로 이 지역을 공략해왔다. 그러나 결국 이런 계획은 실패했다. 학교나 미디어에서 퍼붓는 끊임없는 이데올로기 공세에도 불구하고, 이곳 주민들은 북반구 강대국식 소비 패턴을 습득하는 방향으로 나아가지 않았다.

유카탄 사람들은 여전히 현대 시장 경제의 규범과 규칙들을 내면화하지 않고 있다. 전혀 다른 가치체계를 지니고 있는 것이다. 멕시코의 많은 지점들을 거느리고 주로 의류와 내구 소비재를 판매하는 미국계 소매기업 시어즈Sears 역시 유카탄에 아웃렛 매장을 개설했던 적이 있었다. 그러나 1970년대 후반 유카탄 사람들은 중앙의 정치 통제에 좌우되는 정책들에 대해 다시금 분노하여 그 상점을 습격하고 약탈하였다. 후에 그 사건이 재발하자 시어즈는 철수가 최선의 방책이라고 판단하여 지점을 폐쇄하였다. 그 이후로 다시는 그런 모험이 감행되지 않았고 상업은 지역 여성들의 손에 남겨지게 되었다.

자급과 시장의 관계는 모순적이지 않다

교환 관계는 항상 존재해왔으며, 인류 역사에서 교환 관계 없는 사회를 상상할 수 없다. 이는 진부해 보이지만, 이 사실은 분명히 할 필요가 있다. 현존하는 사회의 지배적인 존재 조건을 모든 인간의 존재 조건에서 절대적인 것으로 상정하여, 동일한 혹은 비슷한 형태가 발견되지 않을 때는 원시적이라고 특징 지워버리는 건 근대 이데올로기의 특이성이다. 요컨대, 가구의 경제적 자급자족은 시장 관계가 일반적이지 않은 곳에서나 존재하는 현상으로 간주된다.

그러나 셀 수 없이 많은 다른 종류의 교환 관계가 시장 바깥에 또 근대 시장 경제와 나란히 실제로 병존해왔고, 지금도 여전히 존재하고 있다. 선물 교환; 의례적ritual 교환; 친족집단 내의 교환; 안데스, 자헬, 알프스 등 서로 다른 지리적 · 기후적 조건을 가진 민족 집단 사이의 교환; 16, 17세기 미국 식민지 시기에 이루어졌던 스페인의 강제적 교환; 마지막으로 무역을 목적으로 정착했던 고대 페니키아인이나, 오늘날 유럽 일부에 남아 있는 신티Sinti*나 집시 같은 무역 상인들에 의해 행해진 교환 등 여러 형태의 교환이 있다. 물품 거래 그리고 다양한 형태의 화폐를 통한 거래가 이루어진 것이다. 예를 들자면 아프리카 여러 지역과 폴리네시아에서의 조개껍질, 코코아 열매, 정복 이전 시기 멕시코의 케트살quetzal**의 깃털과 흑요석黑曜石을 통한 거래 등이 있다. 다양한 메커니즘을 통해 가격이 형성되며, 시장 체계가 형성되는 조건과 그 시기에 대해서는 의견이 분분하다(Polanyi 1957). 지금까지 상품을 생산하지만 비용-편익cost-benefit 계산에서 벗어나 있거나 혹은 자본의 '전개'를 표시하는 일반 공식인 M-C-M′(화폐-상품-증식된 화폐)에서 벗어나 있는 현대적 교환 관계에 대한 분석은 거의 이루어지지 않고 있다.

상품 생산의 일반화가 진행된 결과 시장과 거래가 현대 사회를 만들어내는 결정 요인이 되었다. 그 결과 전통 사회는 시장이 전혀 존재하지 않는 자급 사회로 상상되며, 전통 사회 속에 실제로 존재해온 시장 관계는 산업사회 이전의 상업 형태를 지닌 시대착오적인 유물로서 간주된다.[13]

---

* 고대 트라키아 민족으로 전통적인 유목 생활을 하는 소수민족.
** 비단깃털새과 새로 중앙아메리카에 분포. 과테말라의 국조이기도 하다.

19세기에 등장한 다윈의 사상에 따르면, '문명화된' 사회 제도를 갖지 못한 민족은 '동일한 시대를 살고 있는 원시적 조상들'로 여겨져야만 한다. 이 이론은 2차 세계대전 이후인 개발 이데올로기 시대, 즉 '원시적인 동시대인들'이 바로 '저개발 국가의 국민'이 되었던 때에 그 전성기를 맞이했다. 자급 사회의 개념이 시장 사회의 개념과 대립하게 된 것은 바로 이러한 맥락에서 비롯된다. 미국 등 제1세계의 선도적인 사회학자들은 마치 식민주의 같은 것은 한 번도 존재하지 않은 것처럼, 혹은 개별 국가 안에서 도시와 시골 간의 식민적인 관계가 존재한 적이 없었던 것처럼, 시골의 '전통적 자급 사회'와 도시의 '근대 시장 사회'를 대조시키는 이원론적 모델을 '저개발 국가'에 대해 적용하여 발전시켰다. 물론 이러한 생각은 자급 사회를 저개발에서 시장 사회라는 더 우위에 있는 단계로 이행시키기 위한 것이었다.[14] 그러나 한 사회가 두 측면을 모두 갖고 있다는 점, 즉 둘 다 자본주의의 일부이며 자본주의는 그 사회학자들이 주장하는 모습과는 다르다는 점을 앞에서 강조한 바 있다(2장 참고).

교환 관계 없이 사회가 유지된 적은 없었다. 단지 이익 극대화를 추구하는 사회의 지배윤리와는 다른 윤리를 따르는 교환 관계가 존재했을 뿐이다. 유카탄과 그 밖의 지역 연구를 통해 드러났듯이, 현재에도 역시 시장과 교환이 반드시 살벌한 경쟁으로 연결될 필요는 없다(Bennholdt-Thomsen 1994; Holzer 1995). 그뿐만 아니라 '이익 실현의 장'으로 정의되는 시장에 대한 개념이 수정된다면, 다양한 형태의 자급 지향적 교환 관계가 유럽에서도 가시화될 수 있을 것이며, 이러한 교환 관계가 경제에 어떤 기여를 할 수 있는지를 인식하게 될 것이다.

시장은 단지 시장이 아니다

시장 관계를 이익 극대화를 우선시하는 관계로만 보는 것은 널리 퍼져 있는 운명론적 인식에서 비롯된다고 볼 수 있다. 사람들은 이익 극대화를 중심으로 하는 시장 관계가 유일한 시장의 형태로 여겨져서 이것이 없다면 시장 자체가 존재할 수 없다고 인식한다. 이것이 내재적인 법칙이라고 생각하기 때문에 무력감을 느낀다. 그리고 그들이 투자를 유인하는 과대 포장된 정책에, 그리고 심지어 복지국가의 쇠락에 굴복하는 것도 같은 이유에서이다. 그들은 '독일' 또는 '영국'은 경쟁적인 체제로 남아 있어야만 하고, 이것은 시장 본연의 방식으로 발전하기 위해 불가피한 시장의 법칙이라 생각한다. 우리는 우리를 압도해버릴 시장의 세계화 물결에 대항하여 아무것도 할 수가 없다. GATT와 WTO의 역할은 정치적인 산물이며, 이들은 오랫동안 이루어진 '개발 정책'의 노정에 속하는 가장 최신판일 뿐이다. 그러나 이러한 사실은 거의 알려지지 않거나 무시되고 있다(2장 참고).

이런 형태의 시장만이 존재할 수 있다는 생각은 시장 자체가 윤리와는 무관하다는 믿음을 정당화하면서 이어져오고 있다. 실제로 시장이 움직이는 데 있어 윤리는 전혀 관여하지 않는다는 전제하에, 다른 형태의 시장 관계는 의심스러운 것으로 간주되거나 존재 가능성 자체가 부정되고 있는 것이다(Rott 1989).

시장에 관한 신화: 시장 자체는 내재적 법칙을 가지고 있다
폴라니는 관념사 연구를 통해 근대 시장 경제가 필연적인 법칙들에 의

해 작동한다는 가정이 확립되는 과정을 밝히고 있다. 그는 2차 세계대전이 어떻게 발생했는지를 살펴보면서 내재적인 경제법칙에 대한 믿음이 하나의 중대한 요인이었음을 발견해내었다. 폴라니는 《거대한 변환*The Great Transformation*》에서 19세기에 이러한 이데올로기가 어떻게 정착되고 경제가 사회로부터 어떻게 독립하게 되는지를 기술하고 있다.[15] 그는 이를 경제 사상과 행위에 있어서 세계사적인 '변환'으로 간주했다. 왜냐하면 이전에 결코 일어나지 않았던 일들이 그때 일어났기 때문이다. 그것은 바로 사회가 경제를 결정짓는 게 아니라, 경제가 사회를 결정짓게 된다는 것이다(Polanyi 1944).

폴라니는 경제와 사회 간, 혹은 경제와 문화 간의 분리, 그리고 경제의 우세함이 현대 시장 사회를 특징짓는다고 보았다. 그러나 우리는 이와는 다른 여성주의적 시각을 주장하고자 한다. 여전히 많은 부분 폴라니의 생각에 빚지고 있지만, 우리는 경제가 사회에 '착근되어 있다embedded'는 폴라니의 아이디어를 근대 이전의 사회관계뿐 아니라 근대 사회에도 적용하는 것이 좀 더 생산적이라 생각한다.[16] 근대 이전의 사회에서처럼 오늘날에도 문화와 경제는 서로 분리되어 있지 않다. 이는 현대 경제 역시 그에 상응하는 문화를 가지고 있고, 현대 문화 또한 그에 상응하는 경제를 가지고 있기 때문이다. 따라서 시장 자체가 본래 고유한 법칙을 지니고 있다는 이데올로기는 특정한 문화적 신념일 뿐이다. 이런 현상에 대한 폴라니의 비판적 분석은 연구를 진전시키는 데 실마리를 제공해주었다. 시장의 메커니즘은 마치 인간의 영향 밖에 있는 자연적인 것으로 여겨지는 반면에, 자연은 그 본성을 잃어버리고 생산을 통한 손익계산의 한 요소로서 인간의 영향하에 있는 것으로 간주된다.

이러한 분석은 과학이나 대중의식에서와 마찬가지로 관념의 역사 속에서, 시장 경제가 내재적인 법칙을 지니고 있다는 가정 뒤에 숨어 있는 진정한 추동력이 무엇인지를 드러내준다. 그것은 바로 근대 가부장적 지배구조다. 이 구조 속에서 시장과 자급에 대한 이해는 근본적인 변형을 겪었고, 이제는 시장이 곧 삶이자 자급이라고 생각되고 있다. 이 관점에 따르면 자급은 경제로부터, 그리고 삶에 필수적인 것으로부터 영원히 사라진다. 오직 한 종류의 경제만이 남는데 그것이 바로 시장 경제다. 그리고 시장 경제를 우위에 둠으로써 남성의 우월성이 유지되고 윤리와 무관하며 전쟁과 유사한 경제에 대한 관점이 확립된다.

폴라니는 분명한 시각이 있었음에도 불구하고 진보의 필연성과 기술의 가능성에 대한 신념이 있었기 때문에, 우리 사회에서 경제와 문화의 통일성을 파악할 수 없었다.[17] 그의 유일한 기대는 진보가 좀 더 사회적으로 참을 만한 것이 되도록 하는 것이었다. 그러나 그는 기술적으로 진보한 시장 경제가 삶에 필수적인 경제의 자급 차원을 망쳐놓았다는 참을 수 없는 사실을 보지 못하였다.

산업의 핵심 지역 내에, 그리고 핵심 지역과 식민지들 간의 사회적 부정의가 없었다면 근대적 기술이 얼마나 발전할 수 있었을까라는 문제 역시 제기된다. 자본주의적, 제국주의적 착취가 없었다면, 특히 이들의 동인이 되는 군사 기술이 없었다면, 기술 발달은 현재 통용되고 있는 의미에서의 진보를 만들어내지는 못했을 것이다. 따라서 기술적인 진보를 포함하여 진보가 다른 양상으로 이루어져서 보존과 생존 쪽으로 향하게 되었을 수도 있는 것이다(비교. Mies and Shiva 1993, 53f.).

자급의 탈경제화

시장의 내재적 법칙은 호전적인 경제 관점과 관련이 있으며, 또한 남녀라는 각기 다른 성이 맺고 있는 근대적 관계와도 관련이 있다. 폴라니의 '거대한 변환'은 실제로 문화와 경제 구조 안에서 이러한 관계들이 서로 결합됨으로써 일어나게 된다. 경제는 내재적이고 물질에 기반한 법칙을 갖게 되며 이것은 피할 수 없는 잔인함을 만들어낸다. 생물학적 남성이 공격적인 상대에 대처할 수 있다는 이유 때문에 경제 영역은 남성의 것이 되고, 동시에 여성은 경제로부터 배제된다. 그러면서 잔혹한 행위가 경제 안에서 정당화된다. 이러한 과정은 16세기부터 상층의 부르주아 사회에서 하층 계급의 사회에까지 서서히 퍼져나갔다. 이것이 바로 여성 노동이 탈경제화de-economisation되는 과정이다.

이러한 탈경제화 과정은 여성의 자리를 주부의 자리로 확고하게 바꿔 놓은 근대적 성별 노동 분업을 통해 경제 구조 안에 자리 잡게 되었다. 그러나 사회 심리학적 측면에서 볼 때, 여성 노동이 탈경제화되는 것은 근대 문화의 필수적인 부분이다. 보살핌과 관련된 경제의 바람직한 측면이 아주 사라지지는 않았다. 그것은 여성들에게 위임되었고 따라서 현재에도 여전히 남아 있다. 근대에서조차 경제 영역 전체가 비인간적이고 호전적임을 선언하는 것은 가능하지 않아 보인다. 가격이란 물론 극도로 제한적인 경제 개념일 뿐이다.

이와는 대조적으로 유카탄에서 여성의 활동은 문화적으로 경제와 동떨어진 것으로 인식되지 않는다. 자급 생산은 시장을 통해 실행될 수 있는 필수적인 경제 활동으로 남아 있다.

여성 노동의 탈경제화와 자급의 탈경제화는 하나의 과정으로 동일한 양상을 띤다. 공사 분리 이전의 경제 단일체가 공적 영역과 사적 영역으로 갈라지고, 그 결과 자급 생산은 시장을 위한 상품 생산에서 분리된다. 따라서 이익을 추구하지 않는 자급은 탈경제화되고 여성은 사적 영역 안에 머물게 된다. 농민의 경우에도 그 목적이 농장의 재생산에만 있고 이익을 증대시키는 데 있지 않는다면 그것은 경제적으로 부적절한 것이 된다. 이런 과정 속에서 자급과 시장의 연결고리 또한 사라진다. 이제 시장은 자본주의-가부장적인 규정에 따라 이익의 실현을 위해서만 존재한다. 이것이 동기가 되지 않는 한, 시장 경제는 작동하지 않는다. 물론 이런 규정은 저절로 구축된 것이 아니라 힘에 의해 강제되어야만 하는 것이다. 여성을 사적 영역으로 몰아넣는 것이 마녀 박해를 시작으로 현재까지 그 형태를 바꿔 가면서 계속되고 있듯이, 자급 시장을 파괴하는 과정 또한 끊임없이 변화하는 양상을 띠며 이루어지고 있다. 이러한 파괴 과정은 여성 농민의 시장을 억압하는 국가 차원의 행위로부터, 지역 주민을 상대하는 작은 동네 상점(독일의 엠마 아주머니의 가게인 Tante-Emma-Laden)을 문 닫게 만드는 경제 정책에 이르기까지 형태가 다양하다.

자급과 시장 사이의 연결을 복원하기

'자급 지향의 시장'과 '자급 지향의 거래'는 교환 과정이며, 이러한 교환을 통해 자급과 시장 사이의 연결이 지속된다. 즉 사용 가치를 지니는 유용하고 필수적인 상품—주로 음식, 그리고 의복, 가재도구, 건축재료, 가구 등—을 거래한다.

또한 자급과 시장은 분리되지 않고 서로 연결되어 있기에, 시장 절차 그 자체는 이윤 추구의 대상이 되지 말아야 하며, 특히 글로벌화된 슈퍼마켓들의 독과점의 대상이 되지 말아야 한다. 유키탄에서와 같은 자급거래는 거래 참여자들이 사회적 관계망 속에서 이루어지는 교환의 방식을 배우는 데 꼭 필요한 기술이다. 또한 자급 거래는 책임을 창출해내는 정교한 기술이다. 따라서 이는 임금 노동으로 대치될 수 없다. 자급 거래는 생산자와 상인 그리고 구매자 간의 오래된 관계와는 상관없이 이윤 창출의 극대화만을 추구하지 않는다. 그 거래에 참여하는 사람들의 생존을 위해서는 물질적 공급만큼이나 자급 지향적인 관계가 중요하며, 이것이 돈보다 더 중요할 수 있다.

게다가 자급 거래는 판매를 위해 물건을 생산하는 기술과 밀접하게 연관되어 있다. 또한 이 거래에서는 상인 스스로가 생산자이기 때문에, 혹은 생산과 판매의 연결이 아주 밀접하기에 기술과 상품의 질에 대한 책임이 방기되지 않는다. 판매자는 생산품의 사용 가치를 따지기 때문에 생산품의 내용이 중요해진다.

자급과 시장이 연결되는 방식은 지역과 역사적 시기에 따라 다양하다. 따라서 우리는 이에 대해 아주 분명한 정의를 내리고자 하지 않는다. 사실 그것은 일반적으로 가능하지 않은 일이기도 하다. 다만 자급 지향적인 시장 거래의 일반적인 경향에 대해 명확히 하고, 자급과 시장 사이의 연결을 복원하는 게 여성에게 특히 중요하다는 것을 주장하고자 한다.

국가들 간의 혹은 인간과 자연 간의 평화로운 공존, 그리고 여기서 우리가 가장 관심을 기울이고 있는 자급과 시장 간의 연결 혹은 재연결에 장애가 되는 것은, 폴라니의 생각처럼 경제의 사회로부터의 독립이 아니다. 오히려 진정 문제가 되는 것은 경제 성장이 우리 사회의 모든 조직망 속에 깊이 새겨져 있다는 점이다. 경쟁적이고 강박적으로 이익을 쫓는 것, 잔인성 그리고 비타협성과 같은 경제의 특성은 북반구 대부분의 사람들과 남반구 부유층의 일상적인 경제 교류 속에 내면화되어왔다. 시장이 내재적이고 추상적인 법칙에 의해 작동한다는 주장은 정치가와 경영자, 은행가들이 자신들의 결백함을 주장하는 데 도움을 준다. 그것은 개인이 일상의 경제 활동에서 스스로의 책임으로부터 손을 떼는 것을 허용해준다. 여성과 남성은 그들 자신이 시장과의 관계에서 전혀 힘을 쓰지 못함을 선언함으로써 그들 자신의 소비주의를, 그리고 환경과 시장에서 자신들이 하는 행위를 정당화한다. 이것은 구매 행위의 익명성을 유지시킨다. 우리의 관점에서 볼 때, 이것은 새로운 자급 시장과 생태적으로 책임 있는 행위에 이르는 데 커다란 장애 중의 하나다.

시장 영역 그 자체는 책임을 수반하는 행위가 이루어지는 자리로 인식되지 않는다. 상인과 소비자가 서로에게 의무를 지는 것은 우리가 속한 세계의 어디에서도 더 이상 일어나지 않는 일이다. 그러나 자급 시장은 저절로 만들어지지 않는다. 글로벌 시장이 너무 많은 자리를 차지하고 있기 때문에, 자급 시장을 위한 자리를 마련해주어야만 한다. 거래에 참여할 때, 장인이나 농민뿐 아니라 상인도, 스스로 선택한 일을 고수하거나 포기하는 데에서만이 아니라, 자급 시장의 형성에 중요한 역할을 할 수 있다.

만약 행위의 현장으로서의 시장이 터부시되어왔다면, 또 인간에 의해 이루어지는 시장의 형성 과정에 대한 논의가 없었다면, 이것은 마르크스 이론의 문 앞에 중대하게 놓여 있는 문제가 될 수 있다. 기술에 대한 진화론적 믿음, 그와 연관된 무산 계급주의와 소농 계급에 대한 경멸, 자급 행위를 경제로 인식하지 못함 등으로 인해 교환 관계는 단순히 '순환의 영역sphere of circulation'에 속하는 것으로 추방되었다. 농민 경제를 다룬 3장에서 보았듯이, 마르크스 이론은 라틴아메리카를 논하면서 현대 시장 경제에서의 착취가 자본과 임금 노동 사이의 관계에만 배타적으로 자리 잡고 있는 것으로 보았다. 따라서 멕시코와 다른 곳에서 농민들의 준-프롤레타리아화 그리고 그들이 온전하게 프롤레타리아가 되는 것이 바람직하다는 논의가 지속적으로 이루어지고 있다. 시장이 자본가가 임금 노동으로부터 뽑아낼 수 있는 이윤을 극대화하는 곳이 되었기에, 시장에 의한 농민들의 빈곤화를 지적하는 사람은 누구나 '순환론자'로 취급된다. 게다가 사회주의자에게 시장은 저절로 작동하는 것처럼 보인다. 교환 과정을 형성하는 데 일정한 역할을 하는 시장의 거래자도 없고 시장 활동의 행위자도 없다. 오직 전前자본주의적 부당 이득자만 있는 것이다. 그러나 우리의 관점은 시장이, 적어도 생산과 소비만큼, 전체 경제 과정을 결정하는 경제 활동이라는 것이다.

여성과 시장 그리고 자급의 수호

전 세계적으로 여성의 시장 지배는 식량 거래와 밀접한 관련을 갖는 것으로 보인다. 여성 노동의 발달에 대한 대륙 간 조사에서 에스터 보스럽Ester Boserup은 이러한 연관성이 여성이 농업에 종사하거나 종사했던 곳에서 생긴다고 주장한다. 다시 말해 그들이 파는 것은 그들 자신이나 그들의 동료 여성들이 만든 생산품이다(Boserup 1970). 이것은 최근까지

아프리카와 독일의 경우에도 타당하고 명백한 것으로 보이지만 유카탄의 사정은 다르다. 유카탄에서 농업은 남성의 일이며 역사적으로도 남성의 일이었다. 그러므로 유카탄 사회를 근거로 하여 생각해볼 때, 교환은 그 자체로 중요한 사회적 행위이며, 거래가 필연적으로 자급 지향성과 일치하지 않는 것은 아니다. 이때 자급 지향성은 농산물 생산에서 직접 파생되는 것이 아니라, 여성이 거래를 정의하고 이해하는 방식으로부터 나오는 것이다.

서아프리카 해안은 강하고 독립적인 여성 상인들이 많은 것으로 유명하다. 또한 지역 연구에서 여성과 시장에 관한 주제가 크게 부각되고 있다. 그러나 연구의 주된 관심은 특히 여성 연구자들의 경우에는, 그곳의 여성들이 매우 핍박받고 있다는 걸 보여주는 것이다. 예를 들어 연구자들은 그 여성들이 기본 식량을 거래한 이래로, 어떠한 번영도 이루지 못했거나 거래의 중대한 확장도 얻어내지 못했다는 사실을 주목한다(Frey-Nakonz 1984; Cutrufelli 1985, 101. 이 외 Ligan, Meillassoux, Bohannan/Curtrin 등이 인용).

이러한 평가는 식량에 관한 거래가 사소하고 가치가 낮다는 가부장적 경제 성장 관점을 반영하고 있다. 이와 같이 여성의 거래 활동에 대한 부정적인 평가 속에서, 서아프리카 여성들이 남성들보다 압도적으로 많은 거래 활동(가나의 경우 80%에 해당함)을 담당하고 있다는 놀라운 사실을 제대로 평가하는 긍정적인 진술들을 찾기는 어렵다(Boserup 1970, 82). 여성들은 어떻게 그렇게 어려운 조건 속에서 식량 거래의 우위를 차지할 수 있는 것일까? 아프리카에서는 적절한 식량 공급이 문제가 되기에, 식량에 높은 가치가 부여된다고 봐야 할 것이다. 유카탄과 그 인접 지역의 관계와 마찬가지로 아프리카 대륙의 다른 지역보다 서아프리카의 유아 사망률이 현저히 낮다(Ware 1983, 10). 알타베Althabe는 이 관계에 주목하여 도시의 일반 대중들이 자급 방식으로 먹고 살 수 있는 것은 여성 상인들 덕택임을 보여준다. 많은 여성들이 이러한 거래에 참여하고 있으며, 현재는 적은 양만을 취급하고 그 가격 또한 비싸지만 그럼에도 불구하고 도시에서 식량을 확보하는 것이 가능하고 일정한 재분배 효과까지 나타내고 있다. 그는 "이것이 점점 증가하고 있는 빈곤을 주변이 함께 나누는 한 가지 방식이다"라고 자급 경제를 긍정적으로 평가하였다(Althabe 1972).

각각의 제반 조건이 매우 다름에도 불구하고 우리가 세계의 몇몇 지역에 있는 여성들이 거래를 잘 주도해나가는 방법을 밝히는 연구를 계속한다면, 그 근본적인 이유가 유키탄에서처럼 어머니 중심의 사회 양상에 있음을 알 수 있을 것이다. 민족지 연구에서 모계 사회를 이루고 사는 것으로 나타난 수마트라 서부 고지高地에 사는 미낭카바우족Minangkabau, 그리고 자바 동부와 중부 사람들 사이에서, 여성들은 거래에 있어서 지위가 막강하다(Tanner 1974, 135f, 145). 서아프리카의 여성 상인들 또한, 요루바Yoruba에서처럼 모계든, 이그보Igbo에서처럼 부계든 간에, 모친 중심의 사회로부터 나온다(Amadiume 1987 ; Tanner 1974, 148f.). 자메이카나 트리니다드 토바고 같은 카리브 해 여성들은 직접 음식 소매업을 한다. '카리브 해' 모친 중심의 가족에는 일정한 규칙이 존재한다. 아버지는 존재하지 않으며 종종 어머니 한 명이 아버지가 다른 자식들을 두고 있다. 이것은 어머니 노릇에 대한 포기로도 해석되고 여성 힘의 원천으로도 해석되어왔는데, 그 여성들은 독립적으로 자급을 해나갈 수 있는

'어머니의 작은 땅'이라는 기반을 갖고 있었다(Gonzalez 1970; Smith 외 1987). 여성이 시장을 조정하고 있는 이유가 무엇이든 간에, 여성의 시장 조절 능력은 강력한 사회적 지위 그리고 자급 지향성과 연관이 있음을 보여준다.

이것은 또한 독일의 경우에도 적용 가능하다. 농부가 생산하는 것이 자급자족적인 방식으로 소비되고 잉여분만이 시장에서 판매되었던 시절에는, 여성 농부의 사회적 지위가 그 이후의 시기보다 훨씬 더 나았었다. 나치하에서 완성된 계획적인 정책으로 인해 여성들이 시장으로부터 방출되었고, 이러한 여성들의 존재는 그들의 사회적 역할이 주부로 변화하는 데 핵심적인 역할을 하였다. 이에 대한 그럴 듯한 구실이 전시 경제 war economy의 예비 단계에서 만들어졌다. 전시 동안 가해진 제한들은 1차 세계대전 이후 철회된 반면에, 2차 세계대전 전前과 대전 중에 가해진 이러한 제한들은 현재까지 남아 있다. 일찍이 1933년부터 여성이 주로 담당했던 치즈나 잼 같은 저장식품 관련 영역을 포함해서 가공과 마케팅 분야는 소규모나 중간 규모의 농장에서 분리되었다. 이렇게 하는 표면적 이유는 그 분야를 좀 더 효율적으로 운영한다는 것, 그리고 식량 생산에 대한 관리를 견고히 한다는 것이었다. 여성 농부들이 이에 반대하여 투쟁할 것은 분명했고, 따라서 이러한 금지는 소비자와 생산자 사이의 구분을 명확히 하는 위생학적 조처인 것으로 위장되었다. 이런 방식으로 여성들은 그들에게 독립적인 금전적 수입을 제공해왔던 시장에서 격리되었다(Kolbeck 1985).

이 마지막 사례는 20세기에도 거래가 자급의 수단이 된다면, 그리고 거래되는 물건들이 생활에 유용하고 필수적인 것이라면, 여성들이 거래를 조정하고 관리할 기회를 가질 수 있음을 시사해준다. 이것은 구체적인 물질 수준과 상징 질서의 연결로 해석 가능해진다. 이와 같은 상황일 때 여성들이 주로 공적 영역을 차지할 수 있다. 그러나 이것은 가부장제 사회에서는 금지될 수밖에 없다. 왜냐하면 이 사회에서 여성성과 자연적 풍요로움은 비가시적 영역에 속해야만 하는 것이기 때문이다. 즉 남성이 만든 인공적인 생산물만이 비옥한 것, 즉 경제를 구성하는 것으로 여겨진다. 만약 여성들이 식량 생산을 통해 공공 시장 영역을 차지하게 된다면, 양육자로서의 그들의 위치가 강조될 것이다.

유키탄에서 시장은 '여성적'이어서 거래에 참여하는 남성은 '남성이면서 여성a man-woman'인, 일종의 호모섹슈얼로 간주된다. 유럽에서 온 방문자들처럼 이러한 규칙을 잘 알지 못하는 외국 남성조차, 여성이 힘을 행사하는 이 영역에 진입하는 것에 대해 두려움을 느낀다.

공급자로서의 상인 여성이 누리는 공적인 지위 덕분에, 유키탄에서는 여성에 대한 비하 표현을 할 수 '없다'. 혹은 적어도 덜 표현한다. 이는 부르주아 사회 상인 여성의 경우에도 마찬가지일 수 있다. 따라서 가부장적 상황하에 있다 할지라도 여성들은 가부장제의 상징 질서에 부분적이나마 저항할 수 있다. 다시 말해 자급 지향성은 현대 사회에서도 여성을 강하게 만들어주는 것이다. 자급 경제의 관리자이자 어머니인 자신들을 경시하고 자신들의 자율적 힘을 부정함으로써 스스로를 비가시화시키는 데 기여하지 않는다면 말이다.

시장 여성들의 저항

프랑스 혁명 기간 동안 바스티유 감옥을 습격해서 빵 폭동bread riot을 이끌어낸 사람들은 다름 아닌 여성들이었다. 프랑스에서뿐만 아니라 세계의 여러 다른 지역에서도 시장 여성들은 유달리 독립적인 존재로 이해된다. 권력과 권위 앞에서 여성들이 얼마나 거침없이 말하고 두려움 없이 행동하는가는 이미 잘 알려진 사실이다.

나이지리아 시장에서 여성들은 그들의 전통인 여성적-모성적인 힘을 의식적으로 행사하면서 다국적 석유기업들에 저항하고 있다. 테리사 터너Terisa Turner와 오쉐어M. O. Oshare는 쉘Shell, 걸프Gulf, 엘프Elf, 판 오션Pan Ocean 등의 기업이 초래하는 경제적, 생태적 파괴와 그 지역의 지구화 정책의 부당 수혜자나 지지자들에게 성공적으로 저항하는 두 개의 운동을 보고하고 있다. 국제통화기금IMF 융자에 통상적으로 수반되는 구조조정 프로그램 뒤에는 소득세 인상, 그것도 주로 여성들을 대상으로 하는 소득세 인상이 잇따르기 마련이었다. 이러한 소득세 인상은 이 지역 여성들이 전통적으로 지녀온 독립성을 매우 민감한 수준까지 자극하였다. 이들 여성들은 일찍이 인두세를 근간으로 아프리카에 대한 구조적 약탈이 진행되던 식민지 시절부터 그들에게 가혹한 세금을 부과하려는 시도들에 성공적으로 저항해왔던 것이다(Van Allen 1972). 1986년, 벤델Bendel 연방정부의 여성들이 한 지역 통치자의 궁전을 포위했다. 그러자 그 통치자는 베닝Benin 시의 군통치자에게로 피신해 그의 비호를 받고 지냈다. 하지만 시장 여성들이 노점을 닫아걸고 수도에 대한 식량 공급을 끊어버리겠다고 위협하자 그 통치자는 결국 여성들에 대한 조세를 철회하지 않을 수 없었다(Turner & Oshare 1993).

주디스 반 알렌Judith Van Allen이 "남성 위에 앉기Sitting on a Man" (1972)라는 그녀의 연구에서 묘사한 대로, 이러한 '포위'는 아주 오래된 저항 형태 중의 하나다. 1984년 수천 명의 여성이 자신의 마을에 대하여 청정한 물과 전기를 공급해줄 것과 토양 오염에 대해 보상해줄 것을 요구하며 한 석유추출센터oil extraction center를 포위했다. 오랜 시간 동안 작업 교대 조들이 전혀 들어갈 수도, 나올 수도 없는 상황이 벌어졌다. 여성들은 이들을 조롱하는 노래를 부르며 벌거벗어 버리겠다고 위협하였다. (나이지리아, 케냐, 트리니다드 그리고 남아프리카에서 공공연히 벌거벗은 여성들은 남성들에게 저주를 퍼붓기 위해 '모성, 농경적 생산력 그리고 생산력 그 자체'라는 상징을 사용했다. 이는 여성들이 남성들에게 행할 수 있는 가장 모욕적인 저항의 방식이다.) 경찰들이 당도했을 때 여성들은 그들의 위협을 실행에 옮김으로써 모든 남자들을 도망쳐버리게 만들었다. 그리고 결국은 그들의 요구를 받아들이겠다는 확답을 받아내었다. 미국 석유회사들로서는 어떻게든 언론이나 주식시장에서 이러한 소요가 언급되는 걸 막는 것이 가장 중요한 관심사였다. 만약 이를 막아내지 못한다면 수십억 달러 상당의 손해가 뒤따를 것이기 때문이었다. 반면 여성들의 주된 관심사는 '토양, 낚시터, 시장, 성소 그리고 그들 자신의 삶의 터전, 즉 온전한 농부로서의 모든 존재기반'에 관한 것이었다(Turner & Oshare 1993, 15).

나이지리아의 시장 여성들은 여성 고유의 힘을 사용함으로써 지구화 정책에 대한 의식적인 저항을 촉발시킨 것이다. 서방 세계의 많은 여성들과 달리 그들은 글로벌 경제와 글로벌 시장 체제 앞에서 무력감을 느끼지 않는다. 이 여성들은 지구 공동의 영토란 있을 수 없으며, 그것을 공동의 것으로 만드는 진정한 공동체에 속하는 지역적인 영토만이 있을 수 있는 것처럼, 인간의 생계를 전 지구적 차원에서 책임질 수 있는 그 어떤 종류의 전 지구적 시장이란 있을 수 없다는 것, 오로지 지역의 장터들과 지역적인 시장-거래만이 있을 뿐이라는 사실을 분명히 알고 또 느끼고 있었던 것이다. 저자들은 나이지리아 여성들이 정부와 협상할 대표를 파견하기를 거부했던 것이, 미국 석유회사에 대한 그들의 저항이 성공할 수 있었던 또 다른 요인이었다고 분석하고 있다. 대표를 파견하는 대신 그들은 수천 명이 함께 뭉쳐서 벌거벗은 채 가능한 한 가장 직접적인 방식으로 정유 기술자들과 경찰들을 망신시켰다. 터너와 오쉐어가 명명한 대로 그들은 '토착적indigenous 페미니스트'라 불리어 마땅하다.

추상적인 시장 메커니즘을 칭하는 '보이지 않는 손'이란 이미지는, 행위가 실제로 이루어지는 장소로서의 시장을 정말로 보이지 않게 만들어 버리는 실재적인 효과를 발휘해왔다. 하지만 시장의 비가시화라는 일반적인 현상과, "지구화가 현실에 존재하는 구체적인 시장들을 파괴시킬 때, 주로 여성들의 시장이 그 대상이 된다"는 사실 자체가 비가시화되고 인지되지 않는 현상은 또 다른 문제다. 대형 상점을 앞세운 지구화가 초래하는 소매업의 붕괴는 특히 여성 상인들의 일거리를 없애고 있다. 독일인들이 이러한 맥락에서 '엠마 아주머니의 가게'를 거론하는 것은 우연이 아니다. 그녀는 그 지역에서는 너무나 잘 알려져 있어서 사람들은 그녀를 '아줌마'라고 불렀다. 아이들은 1페니를 들고 그녀에게 가서 과자를 사곤 했다. 그녀는 모든 사람, 모든 일들에 관한 최근의 소식들을 다 알고 있어서 마치 신문과 인생 상담자를 하나로 뭉쳐 놓은 인물과 같았다. 그녀는 전형적으로 여성적-모성적인 사회적 기능을 그녀의 일에 도입했던 것이다.

인간적인 만남의 한 형태로서 시장과 거래를 생각해볼 때, 여성들이야말로 어떤 노동의 성별 분업 안에서도 필요한 능력들을 다 갖추었다고 할 수 있다.

물론 시장이 자급이라는 이상과는 무관하게 금전을 추구하는 경향이 유별난 것도 사실이다. 그러나 유키탄에서 시장을 통제하는 자들이 남성들이 아니라 여성들이라는 사실은, 아직 시장이 자급자족의 이상과 완전히 무관해져버린 것은 아님을 말해준다. 따라서 우리는 "여성의 손에 자급 시장을!Subsistence markets in women's hands!"이라고 외치는 것이다.

하나의 결론: 구매 행위는 정치적인 것이다

자급의 필요와 밀접하게 연관된 교환과 시장 관계는, 시장 경제 안에 속해 있을 때조차도 이익 극대화라는 경제학의 메커니즘을 벗어날 수 있다. 우리에게 있어 '자급의 필요와 밀접하게 연관된'이란 구절은 유용한 일상의 생필품들, 특히 식량을 가리킨다. 또한 이 구절은 "이러한 시장 절차에 속한 사람들은 사회적 네트워크를 통해 서로 결합되어 있어서 서로 간에 상호작용이 가능하며 필수적이다"는 사실을 의미하기도 한다.

시장 절차 내에서도 상호작용이 가능할 뿐 아니라 요청되기도 한다는 이러한 명제는, 대부분의 유럽에서와 마찬가지로 독일에서도, 생산자-소비자 연합들을 묶어내면서 실제로 실현되고 있다. 독일과 오스트리아에서 행해진 타냐 로지츠키Tanja Loziczky의 리서치에 따르면, 이와 같은 상황은 생태학적 사회 비판을 실천에 옮기고 도시와 농촌 사이에 새로운 연대를 건설하고자 하는 사회운동들에 힘입어 가능해진 것이다. 이 생산자들은 산업화된 자본주의 농업이 통상적으로 내세우는 이윤 극대화라는 목표에 적응할 수도 없고, 적응하고 싶어하지도 않는 농부들이다. 따라서 그들은 같은 이상과 원칙을 공유하는 소비자들과 직접적인 유대를 건설할 수 있기를 열망하는 것이다. "교역에서 가장 중요한 것은 판매 수치가 아니라, 생산자와 소비자 간의 연대가 가져다주는 바람직한 효과, 즉 개인적 이익을 추구하는 경제인Homo oeconomicus으로부터 집단 연대를 추구하는 연대인Homo cooperativus으로 사람들을 변화시키는 본보기가 되어주는 효과다"(Baumhofer 1983. Loziczky 1997, 12에서 재인용).

이러한 원칙을 달리 말하면 "우리는 새로운 도덕 경제를 원한다"는 것이다. 각 개인이 기꺼이 책임감을 짊어짐으로써 이루어낼 수 있는 도덕 경제를 원한다는 것이 이들의 이상과 원칙이다. 21세기 말에 도덕 경제가 실현되는 과정에는 소비만이 아니라 구매도 정치적 행위라는 자각이 포함된다. 차를 몰고 슈퍼마켓에 가는 대신 소비자 협동조합이나 7일장, 농부의 노점이나 농사짓는 이웃 여성에게서 물건을 산다면, 우리는 이미 소농 경제의 가동성, 지역화나 자급에의 지향에 기여하고 있는 것이다.

음식뿐만 아니라 의류, 가구, 건축 소재들도 즉각적으로 자급자족의 전망 안에서 공급될 수 있다. 어떤 식으로든 점차 비공식화되어가는 경제 안에서도, 재단사나 목수가 갖고 있는 기술에 대한 직접적인 수요만 존재한다면 자립적인 삶을 살 수 있는 것이다. 그럼에도 불구하고 사람들은 다른 분야와 마찬가지로 의복이나 주택 문제를 해결하는 데 있어서도 세계 독점 시장 체제의 책략에서 벗어나 우리의 삶을 지역 경제로 되살려낼 수 있다는 사실을 미처 깨닫지 못하고 있다.

논란의 여지가 있긴 했지만 브렌트 스파Brent Spar 원유 저장 시설을 북해 앞바다 속에 가라앉히려 한 쉘Shell 사의 계획에 저항했던 거부운동이 성공함으로써, 소비자들이 구매 결정을 통해 행사할 수 있는 힘이 입증되었다. 우리 각자가 스스로의 구매 행위에 대해 책임을 지는 것이야말로 여전히 우리 안에 자리 잡고 있는 '자연적인 시장 법칙'과 '개인의 무력함'이라는 맹신에 저항하는 첫걸음이 될 수 있다.

5

도시에서의 자급

레이첼 백비Rachel L. Bagby는 1980년대 필라델피아에서 그녀의 어머니 레이첼 에드나 자밀라 레베카 존즈 백비Rachel Edna Samiella Rebecca Jones Bagby 여사가 버려진 산업 공단 지역을 텃밭으로 만들어나간 과정에 대해 보고한 바 있다. 그녀는 그 과정에서 땅을 치유하고 음식을 생산했을 뿐만 아니라 구성원이 5000명에 달하는 도시 마을 공동체를 건설해냈다. 저자는 '마을 공동체' 라는 용어가 이 정착의 유형과 딱 맞아떨어진다고 보고 있다. 비록 그것이 도시 한가운데 있기는 하지만, 일군의 가옥들로 구성되어 "부락 단위보다는 크면서 자치적인 정치적 단위로 기능하고 있고, 공동체 구성원들에 의해 경작되는 반 에이커의 구획된 토지들을 갖고 있기 때문이다"(Bagby 1990, 231). 레이첼 백비는 어머니의 도시 텃밭 이야기를 다음과 같이 요약했다.

산업을 대체한 텃밭

레이첼 에드나 백비는 텅 빈 채 잡초로 우거져 있는 버려진 지역을 둘러보았다. 전에 남부에서 땅을 경작해본 경험이 있었던 그녀는, 잡초가 자라는 곳이라면 무언가 유용한 것도 자라날 수 있을 것이라고 혼잣말로 중얼거렸다. 그녀는 시 당국에 이 땅에 대한 청원을 내서 약 5에이커에 해당하는 땅을 얻어냈다. 그와 동시에 그녀는 그 땅을 갈 소년들 서너 명을 요청했다. 그들은 시간당 3달러를 받았다. 그들은 우드사이드 공원으로부터 비료로 쓸 말똥을 구했는데, 말똥은 비용이 들지 않고 모으기만 하면 되는 좋은 비료거리였다.

그 후 그녀는 자신이 배운 바대로 음력에 따라 당근, 붉은 양배추, 약초들, 토마토 등 모든 종류의 식물을 심었다. 그녀는 씨앗을 사서 어떻게 그리고 언제 서로 다른 식물들을 파종해야 하는지 소년들에게 보여주었다. 아이들은 그녀에게서 배웠다. 공동체의 다른 사람들도 그랬다.

그러나 그녀의 목적은 그 지역의 가난한 사람들의 생계비를 낮춤으로써 그들을 돕는 것만은 아니었다. 그녀는 사람들이 도시의 버려진 지역 안에서 스스로 채소를 심기 시작하기를 원했다. 무엇보다 사람들이 원하기만 하면 그것이 가능하다는 사실을 보여주고 싶었다. 그녀가 회합을 조직하자 점점 더 많은 사람들이 몰려들었다. 그리고 레이첼 에드나는 사람들이 겨울 동안에도 텃밭에서 산출된 과일들을 즐길 수 있도록 채소와 과일을 저장하는 법을 알려주었다. 또 그녀는 씨앗을 땅에 심어서 싹이 트고 자라는 모습을 지켜보는 기쁨을 사람들에게 전하려고 했다. 그녀는 시골에서 보낸 어린 시절에 경험했던 그 느낌을 여전히 기억하고 있었다.

"난 그걸 어떻게 하는지 알아요. 그 일을 몹시 좋아한답니다. 그건 내 일부분이에요. … 나는 무언가를 써버리는 대신에 그것들이 자라나는 걸 보기를 좋아하죠. 세상에, 이 넓은 땅이 다 비어 있잖아요! … 1달러어치만 씨앗을 사서 거기에 뿌리기만 하면 되잖아요. 거기에다 집을 지을 수는 없지만 거기서 나오는 산출물들을 앉아서 먹을 수는 있어요. 저 예쁜 꽃들 좀 보세요. 바로 저런 거라고요. 이게 시작이에요. 모두에게 퍼져나갈 거예요. 두고 보시라고요." (238)

그녀는 저항에 부딪치기도 했다. 특히 텔레비전 연속극에 빠져서 참여하고 싶어하지 않는 젊은 엄마들이 저항했다.

"사람들이 일하기를 좋아하는 건 아니에요. 손에 흙을 묻히고 싶어하지 않죠.

… 야채를 씻기 싫어하는 엄마들도 많잖아요. 그들은 땅을 파고 당근을 뽑고 싶어
하지 않죠. 그들은 땅에서 순무를 뽑고 싶어하지도 않아요. 더러우니까요. 상점에
깨끗하게 진열되어 있을 때만 사봤으니까요. 많은 사람들은 차라리 가게에 가서
그걸 사려고 하겠죠. 그게 상점에 얼마나 오래 있었겠어요? 그걸 지금 당장 여기
서 뽑아 씻어서 냄비에 넣거나 그대로 먹을 수 있는 데도 말이죠. 샐러드에 넣으면
모든 비타민을 전부 통째로 취할 수 있는 데도 말이죠.

　사람들이 저항을 할 때면 자기들은 몸을 구부리거나 숙일 수 없다고 하거나 손
톱이 너무 길다고 말하죠. 그렇지만 긴 손톱 때문에 아무 일도 할 수 없다고 말하
진 않을 거예요."(241)

엄마들은 곧잘 저항을 하기 때문에 그녀는 어린이들과 함께 일하기를 좋아
한다.

　"그렇지만 아이들은 생명을 어떻게 돌보는지 더 잘 이해하고 우리를 둘러싼
세계에 대해서 더 좋은 느낌을 갖고 있어요. … 그래서 내가 보기엔 아주 어릴
때부터 시작하는 게 맞는 거 같아요."(241)

이러한 이유로 레이첼 에드나는 아이들과 함께 일을 하면서 그들에게 어떤
게 잡초고 어떤 게 채소인지를 설명해주고, 또 잡초 역시 유용하다고 이야기
해준다. 잡초는 퇴비를 만드는 데 사용할 수 있으며 살아 있는 모든 것은 순환
을 이루고 있기 때문이다.

기생 도시

　현대 도시는 스스로의 힘으로 유지될 수 없고 자신이 가지고 있는 자원으로만 스스로를 재생할 수 없다. 그것은 도시민들을 위해 제공할 음식, 난방과 공장과 광고 전광판을 위한 에너지, 건축과 의류와 모든 제품을 생산할 원자재 등을 들여올 수 있는 후배지를 필요로 한다. 그뿐만 아니라 도시는 폐기물을 매립하기 위해서도 후배지가 필요하다. 지금까지 그 후배지는 전 세계 혹은 전 세계의 자연이었다. 도시는 자신을 유지하기 위해, 더욱더 자연을 착취하기 위해, 이 후배지에 기계를 내보낸다. 현대 도시와 시골 사이의 관계는 구조적으로 비상호적이며 일방적이고 식민주의적인 헤겔식의 주인과 노예 관계다. 이는 제1세계와 제3세계 사이 관계와 유사하며 우리 사회에서 남자와 여자 사이 관계와도 유사하다. 이러한 관계들의 특징은 지배적인 쪽이 자신의 삶과 생존을 위해 착취당하는 쪽에 물질적으로 의존하고 있다는 것, 그럼에도 불구하고 전자가 후자를 가치절하하고 명예를 훼손하며 주변화시키고 문화적 시민사회로부터 배제하고 있다는 모순적인 사실이다. 착취당하는 쪽은 '야만적인 자연'으로 규정된다. 따라서 주인과 노예의 관계에서 소비자인 도시민들에게 자급 생산에 대한 경멸이 뿌리 깊게 박혀 있는 것은 놀라운 일이 아니다. 이 관계에서 더 나쁜 것은 착취당하는 쪽이 착취하는 쪽을 자신들의 미래상으로 간주하고 있다는 사실이다.

　이러한 기생 관계는 오늘날의 신자유주의 경제 정책을 통해 더 악화되고 지구화되었다. 전 세계적으로 빠르게 확산되고 있는 도시화는, 시골 지역이 피 흘리며 죽어간 대가로 얻어진 착취의 결과물로 간주되지 않는다. 그것은 특히 젊은이들이 저항하기 힘든 도시 문화의 흡인력으로 인한 유사-자연적인 현상인 것처럼 이야기된다. 특히 '폭발적인 인구 증가'가 이 급속한 도시화의 원인으로 비난받는다.

　도시에서의 자급에 관한 논의를 할 때 우리는 먼저 이 기생 관계에 대한 인식을 확산하고 거기로부터 빠져나올 수 있는 방법을 찾고자 한다. 우리가 분석한 바에 따르면, 이 관계가 근본적으로 변화되지 않는 한, 여성의 해방도, 제3세계의 탈식민화도, 자연의 구출도 이루어질 수 없다는 것이 분명했다. 그러나 이 관계로부터 이윤을 취하는 사람들의 문화적 무지가, 이미 일어나고 있는 것, 이미 현실이 되어버린 것을 경멸하는 거만한 오만을 낳고 있다. 그들은 그들이 누리고 있는 특권을 역사적인 식민화의 결과로 바라볼 수가 없다. 대신에 그 특권이 본질화되고 보편화된다(이 포스트모던 용어들이 여기에서는 바람직한 것으로 보인다). 따라서 우리는 자급 지향성이 이미 도시에도 존재한다는 경험적 증거를 먼저 제공할 것이다. 그런 후에 왜 자급 지향성이 도시에서 꼭 필요한가를 예증해보려고 한다. 그런 다음에야 우리는 다른 도시, 다른 시골, 그리고 도시와 시골의 다른 관계에 대한 개념들을 다룰 수 있게 될 것이다.

이미 시작되었다: 경험적 발견들

제3세계 도시에서의 자급

　우리가 자급 경제라든가, 자급자족적인 일이 도시의 한가운데에서 여전히 혹은 다시 수행되는 곳이 어디인지 물을 때 가장 먼저 언급되는 곳이 제3세계다. 자급이란 거대 도시의 슬럼에서 사람들이 생존하기 위해서 하고 있는 일이다. 쓰레기를 모으거나, 여자나 남자나 임시적인 일을 하거나, 온갖 종류의 수선하는 일들, 매춘, 삯일, 시중드는 일 등등. 그렇지만 사람들은 화폐 수입에만 완전히 의존하지 않기 위해, 자신의 판잣집 주변에 몇 가지 채소들을 키우고, 자기 집은 스스로 짓기도 하고, 닭이나 돼지, 거위를 치기도 한다. 봄베이나 캘커타, 리우데자네이루나 멕시코 등의 큰 슬럼가를 방문해본 사람이라면 누구나, 사람들이 자신의 생계를 확보하기 위해서 하고 있는 활동의 다양성과 창조성 앞에 놀라지 않을 수 없을 것이다.

생명의 물질적 필요는 자급 지향성에 의해서도 충족되지만, 때로는 공동체적인 유대, 상호 부조의 원리, 슬럼 문화(리우데자네이루의 파벨라스 favelas라는 삼바 학교의 예에서 창조된 것 같은), 공동체 조직 등에 의해서도 채워진다. 슬럼은 보통 땅에서 떨어져 나온 빈곤화된 소농들이 도시로 흘러들 때 가장 먼저 도착하는 지점인데, 그들은 아직 농촌에서의 자급 능력을 상당히 보유하고 있고 또 자급자족에 대한 지향성을 가지고 있는 경우가 많다.

여성의 경우에 특히 그러한데, 그들은 자신과 아이들의 생존을 확보하기 위해 가능한 온갖 종류의 일들을 하려고 노력한다. 남성 생계부양자가 있는 핵가족 모델은 가난한 환경에서는 곧잘 붕괴하고 만다.

남반구 거대 도시의 슬럼가에서 점점 증가하고 있는 자급 지향성은, 자유로운 선택에 의한 것은 분명 아니다. 현금 수입이 보잘것없고, 국가나 도시가 이 극빈층들을 전혀 지원하지 않을 때, 특히 구조조정 프로그램 이후에, 자급 생산은 생존을 확보하는 필수적인 수단이 되었다. 지금까지 수년 동안 개발 전문가와 경제학자들은 도시의 자급 경제를 결코 빈곤을 드러내는 것으로만 간주하지는 않았다. 그들은 다양한 활동과 생산 방법들 속에서 산업화된 국가의 잘사는 사람들이 오랫동안 잊고 살아온 창조성을 발견해냈다. 또 그동안의 경험을 통해 남반구 국가들에서 복지국가를 제도화하는 것이 경제적으로 불가능하다는 사실이 분명해지기도 했다. 따라서 빈곤층이 소위 '비공식 영역'에서 자급 생산을 통해 생존을 확보하는 것은, 국가에게나 자본에게, 또 지배 계급에게도 빈곤층을 잠잠하게 하는 데 가장 값싸고 편리한 방법인 것이다.[18] 그뿐만 아니라 비공식 영역은 마르지 않는 가장 값싼 노동력 공급원이 됨으로써, 필요하면 언제라도 사용할 수 있는 것이 되었다(2장 참조).

이 같은 사실들은 잘 알려져 있다. 그러나 여기에서 우리의 흥미를 끄는 것은, 비공식 영역에서 일어나는 사람들에 대한 착취, 특히 여성들에 대한 착취의 문제가 아니다. 그보다는 남반구 거대 도시에서 빈곤층에 의해 수행되고 있는 자급 지향성이, 비공식 영역이 공식 영역에 의해 더 이상 착취되거나 식민화되지 않을 때도, 중요한 기능을 할 수 있는 경제 구조적인 요소들을 포함하고 있겠는가 하는 문제다.

유엔 인간거주회의UN Habitat Conference에서는 제3세계 도시들 중 일부가 자신이 필요로 하는 식량의 15%까지 자신의 경계 안에서 생산해낸다는 보고서를 발표했다(Uwe Hoering, *Frankfurter Rundschau*, 1996. 6. 10). 이러한 도시 식량 생산은 거의 전부 여성들이 수행하기 때문에 통계적으로 잘 잡히지 않는다. 그것은 집안일처럼 '그림자 일shadow work'다. 직접적인 식량 생산에 음식 준비, 음식 교환, 온갖 종류의 서비스들, 타인 돕기, 물 길어오기 등 다른 다양한 형태의 생계 노동을 포함시킨다면, 이들 도시에 사는 대부분 사람들의 생존은 여성의 자급 노동에 의존하고 있음이 명백해진다. 물론 남반구 도시들에 살아 있는 자급 지향성은 착취의 결과다. 그러나 그것은 경제적이고 생태학적인 혁신의 기반이 될 수도 있다.[19] 이것은 1996년 11월 15일 로마에서 열린 FAO 세계 식량 정상회의의 NGO 포럼에서 있었던 '여성 식량의 날' 에서 분명해졌다.

나이로비에서 온 모니카 오폴Monica Opole은 '토착적 지식 체계와 그 부산물을 위한 센터CIKSAP' 를 만들었는데, 거기에는 오늘날 잡초로 간주하는 오래된 식용 식물들이 수집되어 있었다. 음식이 준비되고 오래된 요리법들이 대중화되고 보급된다. 이 센터의 목적은 전통적인 생태 지식을 보존하는 것 외에도, 가난한 사람들에게 도시에서도 이용 가능하면서 거의 돈이 들지 않는 영양의 원천들에 접근할 기회를 제공하는 것이다.

세계의 가난한 사람들은 살아남기 위해서 오래된 생계 지식을 재발견해내야 하고, 그것을 더 발전시키기 위해서 혁신적이며 창조적이 되어야만 한다. 그들은 IMF 구조조정 프로그램의 결과, 빈곤층을 위한 정부의 건강 지원 기금이나 식량 보조금 등이 삭감되거나 없어진 현실을 대면해야 한다.

이전 '사회주의' 국가들의 자급 회귀

이전의 사회주의 국가들 중 일부 대도시 역시 비슷한 상황에 있다. 그들은 서구 시장 경제로의 빠른 전환을 약속받았었다. 그러나 실제로는 거대한 새로운 시장과 값싼 노동력 공급을 원했던 서구 자본주의의 신식민지로 탈-개발de-developed되고 있다. 살아남기 위해서 그들도 제3세계 비공식 영역과 유사한 노동 조건을 받아들여야만 했다. 정부 공급 체계가 거의 붕괴되고 시장 경제는 단지 마피아적 형태로만 기능하고 있었기 때문에, 겨울이 되면 모스크바나 소피아 같은 도시에서 사는 사람들은 기아와 추위의 위협을 견뎌내야 했다. 목격자들에 따르면 모스크바에서 많은 사람들이 도시 외곽이나 도심 안에 주말을 이용해 채소를 심기 시작했다고 한다(Meyer-Renschhausen 1997). 1996년 가을 소피아의 대학 교수들은 식량을 구하기 위해 시골 지역으로의 이주를 고려하는 상황에까지 이르게 되었다.[20] 폴란드에서는 실업자들이 겨울을 보내기 위해 시골로 돌아가곤 했다고 한다(Kindl 1995). 쿠바에서는 미국의 봉쇄 정책 결과, 정부가 국민들에게 모든 발코니와 빈 땅, 또 길옆에 채소를 심고 옛 생계 기술들을 다시 활성화시킬 것을 당부했다(Rengam 1997). 이전 사회주의 국가와 쿠바에서 자급 관점의 재도입이 어떻게 진행되었는지에 대한 완전한 연구는 아직 존재하지 않는다. 무엇보다 사람들이 이 필요에 의한 생존 경제를 어떻게 판단했는지에 대한 연구가 없다. 그들은 그것을 근대 이전 시대로의 회귀로, 잠시 지나가는 필요악으로 여겼을까? 아니면 그들은 자급 경제를 새로운 기회로 인식할 수 있었을까? 그것은 그들에게 더 큰 독립과 안전의 느낌을 주었을까? 그것은 만족스러운 이웃 관계를 새롭게 창조해냈을까? 이 반강제적인 자급 생산을 새로운 마피아 자본주의보다 나은 경제 체제의 출발로 간주할 수 있을까? 이러한 물음들은 열려 있다. 우리는 이들 나라의 대다수 사람들이 자급 경제로의 회귀가 진정 필요하다는 점을 인정했다고 생각한다. 그러나 그들은 단지 임시적인 것으로만, 곧 적절한 자본주의 시장 경제로 발전하거나 이전의 사회주의로 되돌아감으로써 궁극적으로는 대체될 중간 단계로만 생각한 것으로 짐작된다.

남반구 도시에서처럼 이전 사회주의권 도시에서도 자급 경제는 많은 사람들에게 생존을 확보하기 위해 필수적인 것이다. 이는 그것이 반드시 자급 관점으로 나타나야 한다는 것을 의미하지는 않는다. 그러나 이전 사회주의권 국가에서의 자급 회귀는 산업사회의 기반이 얼마나 빠른 속도로 붕괴될 수 있는지를 예증하고 있다.

우리는 사회주의의 붕괴를 뒤따라 산업 자본주의가 자동적이고 필연적으로 붕괴할 것(Kurtz 1991)이라는 몇몇 사람들의 의견에 동조하지는 않지만, 조만간 제1세계의 사람들 역시 현재의 영속적인 위기에 당면하게 될 것이며, 그와 함께 생계 확보 문제에 부딪치게 되리라고 믿는다. 점점 더 많은 사람들이 자급 관점에 대해 생각하기 시작했다. 이러한 관심은 산업사회가 그 자신의 틀 안에서는, 그리고 자신이 갖고 있는 수단들로는, 스스로가 만들어낸 문제를 풀 수 없다는 인식에서부터 나온 것이다.

구체적인 유토피아로서의 자급

대안 경제

새로운 도시 자급 지향성의 출발은, 이윤을 추구하는 자본주의 시스템과 동구의 국가 통제 '사회주의' 경제 양자를 모두 비판하는 학생운동 진영에서도 발견된다. 1968년 이후 반항적인 학생들은 우선적으로 이념적 이유에서 코뮌과 거주 공동체를 건설하고, 거기에서 그들의 원리를 실현하려고 했다. 사유 재산과 권위주의의 폐지, 평등, 자기-결정, 모두 같은 일을 하고 한솥밥 먹기, 직접 민주주의와 합의에 의한 의사 결정, 더 많은 자율성. 그뿐만 아니라 코뮌과 거주 공동체들은 그곳에서 어린이 가게나 자발적 부모 모임 같은 자조 프로젝트를 진행하기도 했다. 분명해진 사실은 복지국가가 기본적으로 필요한 많은 것들을 위한 편의 시설을 제공하지 않는다는 것이다. 1970년대에 여성운동이 퍼져나감에 따라 자립적으로 운영하는 여성 프로젝트들이 시작되었고, 이들도 비슷한 원리를 따랐다: 여성 서점, 여성 출판사, 여성 공예품 가게, 여성 저널, 여성 카페, 여성 숙박시설, 여성 교육센터, 여성 코뮌과 여성 거주공동체. 그들은 1970년대와 80년대를 거치면서 빠르게 대안 영역으로 성장해, 자본주의 시장과 국가 사회주의에 대한 대안으로서의 위치를 확고히 했다. 서독에서는 1989년에 활동가 8만 명이 자조 프로젝트 1만 개를 진행했고, 활동가 2만4천 명이 대안 경제 프로젝트 4천 개를 수행했다 (Grottian and Kuck, Sarkar 1987에서 재인용, 256ff). 다수가 미디어나 문화 영역(24%)에 관련된 프로젝트고, 다음으로 무역(18,8%), 그리고 가구 제작 같은 생산과 수선, 미술 작업(16%) 영역에 있는 활동들이다(Huber, Sarkar 1987에서 재인용, 260).

이들 대안적 기획들이 명백하게 비-자본주의적인 원리들을 기반으로 출발하긴 했지만, 상당수 자본주의 시장에 다시 포획되었고, 오늘날에는 다른 기업들과 거의 구분할 수 없게 되었다(Sarkar 1987, 261ff.). 한편 헤센Hessen 주에서는 약 절반 정도의 자조 기업들이 10년의 세월이 지난 뒤에도 그들의 오래된 원리들을 고수하고 있다는 새로운 연구가 발표되었다(Heider, Hock, and Seitz 1997).

정치적 목적과 원리를 고수하는 프로젝트와 모임들은 대부분 자기 방향성과 자기 결정성의 원리에 자급 원리를 부가한 공동체들이다. 정치적 목적과 실천의 연속성에 대한 좋은 예가 바로 마리아 미즈가 소개한 '사회주의 자조 쾰른(Socialist Self-Help Cologne, SSK)'과 거기에서 파생되어 나온 '사회주의 자조 뮐하임(Socialist Self-Help Mühlheim, SSM)'이다 (Mies and Shiva 1993). 이 집단들은 수년 넘게 자율과 자급의 원리뿐 아니라 사회주의와 생태주의 원리를 고수해왔다.

1970년대 중반에 도시에서 조직된 자조, 자급 프로젝트들 중에는 자급 공동체나 식량 협동조합 들이 몇 개 있다. 그들 역시 오늘날 같은 정치적 목적을 유지하고 있다. 자급 협동조합들은 1970년대의 생태주의, 반핵 대안운동에서 발전해 나왔는데, SSK와 SSM은 학생운동에 기원을 두고 있다. 대부분의 활동가들은 핵발전소에 대항해서 싸우는 동안 국가와 핵 산업에 대항해서 싸우는 것만으로는 충분하지 않다는 것을 깨달았다. 미래 세대를 위해 지구를 구하고자 한다면 생산과 소비에서 근본적인 변화가 필요하다는 사실을 알게 된 것이다. 또 그들은 토양을 오염시키지 않고, 제3세계를 착취하지 않고 생산된, 건강한 음식을 원했다.

다음은 도시 자급 협동조합의 정치적 자급 지향성의 한 예로 브레멘 자급 협동조합의 이야기를 소개하고자 한다. 이 협동조합은 1977년에 설립되었다. 다음은 1987년 10주년 기념사에서 인용한 것이다.

우리의 목적
- 식량 생산물의 생산과 제조 방법을 조화시키기 위한 소비자와 생산자의 자율 조직; 소비자는 생태적인 공급과 청정 기술을 돕고 발전시킬 수 있다; 대안적인 기술 개발.

- 도시인들을 더 이상 농촌 사람들로부터 소외시키지 않기; 그리고 생활과 노동의 공간적 분리를 폐지하기.
- 생태적 방법을 사용해서 농업 생산 개선하기; 인공 비료나 살충제, 단일 경작의 증가로 인한 농업 환경 문제를 개선하기.

이 집단에서는 생산자-소비자 협동조합의 목적을 다음과 같이 표명한다:

1. 생산자와 소비자 간 관계에서 익명성 줄이기·서로의 생활 여건과 필요에 대해서 상호적인 지식을 나누기.
2. 질의 통제: '질'이라 함은 우선 인간관계의 질로서 이해된다.
3. 정의로운 가격: 비용-편익 계산법이 아니라, 생산자와 소비자의 재정적 능력이라는 관점에 기초해서 협상된 가격.
4. 상호 의존: 생산자와 소비자가 함께 위험을 부담하는 관계. 경쟁을 대신한 상호 배려와 때 묻지 않은 인간관계.
5. 건강한 음식: 자기의 이해관계를 위해서만이 아니라 생태에 대한 관심에서부터 농업에서 화학물질을 거부하기.
6. 지역적인 공급 시스템: 음식은 가까운 지역에서 공급되어야 한다. 운송 체계는 짧을수록 좋고 소비자와 생산자가 직접 접촉할 수 있어야 한다.
7. 계절에 맞는 공급: 온실이나 제3세계로부터 온 음식을 거부하기. 겨울에 식량 공급이 부족할 때는 꼭 필요한 만큼만 공급한다.
8. 가축의 경우 그들의 필요에 따라 사육된 동물로부터만 고기를 취

한다.

9. 다른 나라 사람들에게 비용을 전가하거나 그들에게 해를 끼치지 않으며, 우리나라에서 생계를 이어간다는 것이 다른 나라 사람들 역시 그들 나라에서 생계를 유지할 수 있게 하는 전제 조건을 창출해내도록 하는 원리들.

(브레멘 자급 협동조합Selbstversorgungs-Cooperative Bremen 1987)

생산자-소비자 협동조합은 자급 협동조합이나 식량 협동조합이 좀 더 발달한 형태로 볼 수 있다. 1986년 10월에 열린 제1회 식량협동조합 연대회의에서는 독일의 식량 협동조합의 수가 400개에서 500개 사이에 이르는 것으로 확인되었다. 1990년까지 그 수가 800개까지 증가할 것이다. 1987년 알텐키르헨Altenkirchen에서 열린 생산자-소비자 협동조합 연례 회의에서는 서독에 그런 협동조합이 100개가량 존재한다는 사실이 확인되었다. 현재 정확한 숫자는 알지 못한다. 그 당시 생산자-소비자 협동조합과 식량 협동조합은 여전히 자신들을 명확하게 자급 지향적이며 자급적인 자율 조직으로 인식하고 있었다. 그들은 자신들의 조직을 반-자본주의적인 것으로 규정했으며, 민주적이고 생태적이며 국제적인 대안 경제의 훈련 기반으로 자각하고 있었다. "그들은 실현 가능한 정치학으로서 정치적 요구들을 실천해내고 대안적 가치와 행동 양식을 사회 속에 보급시켜내기 위한 '촉매' 구실을 한다"(Selbst-versorgungs-Cooperative Bremen 1987, 71). 1989년 독일 최초의 생산자-소비자 협동조합인 귀터슬로Gütersloh의 브르젤베르크Wurzelwerk 식량 협동조합은 엘텐키르헨 선언의 기본적인 원리들을 재천명했다. 틸만 슈뢰더Tilman Schröder는〈브르젤베르크 신문〉에 다음과 같이 기고했다.

'브르젤베르크'는 무엇보다 윤리적 기준을 지향하는 (경제적) 행동의 개념
이다. 자연과 사람에 대한 착취를 허용하지 않는 경제 시스템은 착취에 기반
한 경제 시스템과 경쟁할 수 없다는 것을 인식하는 것이 중요하다. 그것은 마
치 상품에 대해 정당한 가격을 지불하는 상인이 장물아비와 경쟁할 수 없는
것과 같다. …

우리 희망의 근거는 사람이다. 신식민경제의 소비주의 사회에 대해 우리가
이미 알고 있는 사실들과 우리의 일상적인 경제적 행위 사이에 존재하는 공동
의 틈새를 극복하기 위한 사랑을 여전히 간직하고 있고, 그 사랑에 의해 준비
되고 단련된 사람들이 바로 우리의 희망인 것이다. 그들은 이윤이 창출되는
곳에서는 어디서나 희생자가 발생한다는 사실에 대해 경각심을 늦추지 않는
다. 또한 그들은 단순하게 싼 값으로 공급되는 물건을 구매하지도 않는다(브
르젤베르크 신문, 1989. 4, 14면).

현재 부유한 산업 국가의 도시들에서 식량 협동조합과 생산자-소비자
협동조합이 지속적으로 조직되고 있지만, 그들은 10년 전처럼 자급 지향
적이지는 않다.[21] 1997년 열린 생산자-소비자 협동조합 회의에서 회원
들은 '녹색 상업'이 정치적 목적을 능가하고 있는 현실을 인정해야만 했
다. 브르젤베르크의 길라 짐머만Gila Zimmermann은 그동안 생산자-소비
자 협동조합들 사이에 광범위한 국제 결연이 형성되고 있다고 보고한다.
예를 들어 브르젤베르크 협동조합은 그리스와 우크라이나의 생산자-소
비자 협동조합과 결연을 맺고 있다. 또 이전에는 없던 새로운 이유로 인

해 생산자-소비자 협동조합들이 생겨나고 있는데, 그중에 하나가 유전자 조작 식품을 거부하는 사람들이 늘고 있다는 것이다.

자본주의 시장의 위력이 저항할 수 없을 정도로 강력해 보이긴 하지만, 생산자와 소비자를 다시 소외되지 않은 관계로 회복시키려는 노력이 지속적으로 국제화되고 있는 것이다. 벨기에에서는 소위 '식량팀Voedsel teams'이라는 이름으로 1996년 가을에 소규모 협동조합이 창설되었는데, 이것은 일본의 세이카츠 (생활) 클럽Seikatsu club을 모델로 하고 있다. 예네케 반 드 벤Jeannecke van de Ven이라는 아르데베르크Aardewerk의 여성 활동가가 《에코페미니즘》(Mies and Shiva 1993)이라는 책을 읽다가 이 일본 생산자-소비자 협동조합을 알게 되자, 즉시 그 아이디어를 행동에 옮겼던 것이다.[22] 1996년 9월과 1997년 4월 사이에 200개에 달하는 '식량팀'이 출발했는데, 그 각 팀은 10명에서 15명의 소비자로 구성되어, 20여 명의 생명 농업 생산자들과 협동하고 있는 형태를 취하고 있었다. 예네케 반 드 벤에 따르면 이들이 벨기에 생산자-소비자 연합을 창설하는 데 있어 효시를 이루었다. 수요는 대단히 많았다. 도시 소비자들과 농촌 생산자들 사이에 생생한 정치적 토론이 촉발되면서 건강한 먹거리 이외의 문제들에 대해서도 토론이 이루어졌다. 점점 더 많은 사람들이 먹거리가 매우 정치적인 이슈임을 깨닫게 된 것이다.

캐나다에서는 도시의 농업 지원 운동이 단순히 소비자의 행동 패턴을 변화시키는 수준을 넘어 진행되었다. 이곳 도시 주민들은 농부들과 진정으로 협동하고 그들이 생태적 농업을 계속할 수 있도록 보장해야 한다는 책임을 느끼고 있다.

물물교환 동아리, 레츠, 지역 경제

오늘날 자급을 위해 도시에서 이루어지는 노력들은 주로 물물교환 동아리나 레츠(LETS, Local Exchange and Trading Systems), 그리고 다양한 지역 화폐 유통 체계 등 여러 형태를 띠고 있다. 이 기획들 역시 착취적인 자본주의 경제에 대한 대안을 모색하고 있긴 하지만, 이들은 생산 관계의 변화를 통해서보다는 자본주의적 시장 관계를 대체할 교환 관계의 변화를 통해서 그러한 모색을 시도한다. 물물교환 동아리는 가장 먼저 미국에서 발전되었다. 그것은 1980년대 레이거노믹스의 결과 초래된 대규모 빈곤화에 대한 대응이었다. 물물교환 동아리는 일은 일 혹은 서비스와 서로 교환된다는 원리로 기능한다. 측정의 단위는 등록기에 기록되는 시간이다. 다른 사람의 목초지에서 풀 베는 일을 2시간 동안 한 사람은, 어떤 형태의 일이든 다른 구성원으로부터 2시간 동안의 작업을 요구할 권리를 갖게 된다. 독일에는 현재 이 같은 물물교환 동아리가 약 300개 존재한다.

물물교환 동아리가 단순히 시간을 '돈'이나 교환의 단위로 사용하는 데 반해, 1989년 캐나다의 브리티시 콜롬비아에서 시작된 레츠는 다양한 지역 통화를 발명해냈다. 이러한 물물교환 동아리들은 유럽 대륙에서는 스위스에서 가장 먼저 등장했는데, 그곳에서는 '달란트talents'가 화폐로 사용되었다. 그 이후로 많은 달란트 통화들이 오스트리아, 스위스, 독일 등지로 퍼져나갔다. 그들은 모두 같은 원리하에 기능한다. 만약 A가 B를 위해 일을 하면 그는 시간등록기로부터 400달란트의 신용을 받게 된다. A는 이 400달란트에 대해서 B나 C, 혹은 D로부터 일이나 서비스를 제공받을 수 있다. 이러한 교환 속에서 일하는 사람의 자격과 일의 질에는 차이가 없다. 시간 계좌에 이윤은 붙지 않지만, 서비스는 재화로 교환될 수 있다. 통화의 이름은 매우 다양하다.

영국의 도시 지역에는 이러한 물물교환 동아리들이 200여 개 이상 존재한다. 그들은 서비스뿐만 아니라 식료품이나 다른 생산품들도 교환한다. 데본Devon 지역의 토트네스Totnes에는 레츠를 통해 교환되는 서비스와 재화를 위해 매주 열리는 시장까지 있다. 이상적으로는 계정의 균형이 바람직하다. 즉 당신은 다른 사람이 당신을 위해 써준 시간만큼 다른 사람을 위해 쓰면 되는 것이다. 그러나 때로는 자신의 계정을 차월해서 써야 하는 경우도 생긴다. 예를 들어 싱글맘 같은 경우에 그럴 것이다. 이럴 경우 그들은 계정을 탈퇴할 필요는 없지만 자신들의 문제를 풀 수 있는 방법을 찾기 위해 노력한다. 몇몇 도시에서는 식당이나 슈퍼마켓들도 레츠 교환에 참여한다. 그들은 재화나 먹거리, 마실거리 등을 일이나 서비스와 교환하기 위해 내놓는다.

엄격하게 말하면, 이 같은 교환은 전혀 새로운 것이 아니다. 그것은 전-산업사회 '도덕 경제'의 요소인 상호성, 신뢰, 상호부조의 원리들을 사용하고 있기 때문이다. 그들은 성장과 이해관계와 이윤을 거부하고, 사용 가치에 기초한 지역 경제를 목적으로 한다. 서비스나 유용한 상품의 교환 외에도 그들은 소외되지 않은 관계를 발전시킨다. 그들은 공동체를 재창조하기를 원한다. 그러한 이유로 뮌헨에 있는 물물교환 동아리는 구성원을 3천 명까지로 제한하고 있다. 사람들은 서로서로를 알 수 있어야만 한다.

물물교환 동아리와 레츠의 일부는, 1916년에 이해관계를 포함하지 않는 돈을 골간으로 하는 '자연 경제 질서' 이론을 세운 실비오 게젤Silvio

Gesell의 이론적 아이디어를 내걸었다. 게젤은 이러한 돈을 '자유 화폐'라고 불렀고, 그의 추종자들은 이 '자유 화폐' 이론을 기초로 삼았다. 그들은 실업과 싸우기 위해 '자유 화폐'를 가지고 독일, 오스트리아, 스위스, 프랑스, 스페인, 미국 등지에서 실험을 했다. 뵈르글Wörgl의 티롤리안 공동체Tyrolian community는 1932년에 '자유 화폐'를 도입하고 3만2천 실링의 가치를 갖는 '노동확인증work confirmations'이라는 지폐를 발행했다. 모든 노동이 이자가 없는 이 화폐로 지불되었다. 매달 말까지 자신이 소유한 '자유 화폐'를 다 쓰지 못한 사람들은 사용자 벌금이라는 마이너스 이자에 의해 벌칙 적용을 받았다.

일 년 동안 3만2천 '노동확인증'이 463회 유통되면서 14,816,000실링 어치의 재화와 용역이 산출되었다. 그해 동안 실업은 25%나 감소되었다. 그러나 170개의 오스트리아 공동체들이 베르글의 이 실험을 따르고자 했을 때, 오스트리아 정부가 개입해서 '자유 경제'를 금지했다. 국립은행의 독점이 위협을 받고 있었기 때문이다(Kennedy 1990, 43).

실비오 게젤의 아이디어는 독일에서는 1990년 마그릿 케네디Margrit Kennedy에 의해, 그리고 1993년에는 헬무트 크로이츠Helmut Creutz에 의해 다시 대중화되었다. 그들은 경제와 생태 위기의 주요 원인이 화폐제도에 있다고 믿었다. 지역에 기반한, 이자 없는 화폐라는 아이디어는 화폐를 다시 축적될 수 없는 교환의 매개로 개혁하는 것을 목표로 했다.

1970년대와 80년대의 자조 협동조합, 생산자-소비자 협동조합 연합들과 오늘날의 물물교환 동아리들, 레츠 그리고 달란트 화폐 교환 등을 비교해봤을 때, 초기의 운동들이 훨씬 더 광범위하고 포괄적인 정치적 개념에 기초해 있음을 알 수 있다. 그들은 자신들의 자기-해방을 자연의 해방, 도시-시골 대립의 철폐, 제3세계에 대한 착취의 종식, 그리고 사람과 사람 사이, 사람과 자연 사이의 비소외적 관계와 연결하고 있었다. 무엇보다 그들은 물물교환 시스템의 경우에 대부분 그러한 것처럼, 도시에만 배타적으로 주목하지 않았다. 초기의 생산자-소비자 협동조합과 식량 협동조합들은 생산 영역과 소비 영역의 연결을 매우 중요시했다. 그들은 무엇을 생산할 것인가뿐만이 아니라, 어떻게 그리고 얼마나 생산할 것인가 하는 문제에 대해서도 똑같이 관심을 갖고 있었다. 이와 달리 물물교환 동아리들은 주로 재화와 서비스의 유통에 주목했다. 그들은 무엇을, 어떻게, 혹은 얼마나 등과 같은 물음들은 묻지 않았다. 이렇게 관점이 축소된 이유는 물물교환 동아리나 레츠 등은 우선적으로 실업과 빈곤에 저항하기 위해 설립되었기 때문일 것이다. 따라서 생태적이거나 사회학적인, 그리고 특히 국제적인 지향성은 다소 덜 발달될 수밖에 없었다. 양 접근 모두에서 성차별주의 없는 노동 분업이라는 페미니스트 아이디어는 무시되었다.

도시 텃밭 가꾸기

1970, 80년대의 프로젝트와 90년대의 프로젝트들이 다를 수밖에 없는 것은 경제적 상황이 바뀌었고, 따라서 일반적인 사회 심리적 분위기가 변화했기 때문이다. 도시의 대안운동들은 생태적인 사회와 경제의 기초로서, 생활양식의 자발적인 변화를 우선적인 목표로 삼았다. 1980년대 초반에 이미 실업 인구가 수백만이나 되었지만, 그 당시까지만 해도 완전 고용이 종식되리라고는 아무도 상상하지 못했다. 도시나 농촌에서 자급을 원했던 사람들은 자발적으로 이 노선을 택했다.

오늘날 사정은 많이 달라졌다. 도시 지역에서의 대안적인 지역 경제에 대한 추구는, 주로 증가하는 실업과 대면한 무력한 사람들, 완전 고용이 옛말이 되어버렸다는 것을 자각한 많은 사람들로부터 시작되었다. 그뿐만 아니라 급속한 기술 발전과 지구화로 인한 무자비한 국제 경쟁은, 더이상 충분한 이윤을 만들어내지 못하는 점점 더 많은 공장들을 남아돌게 만들었다.

많은 나라에서 그런 개발의 폐허들과 버려진 상업 단지들이 넘쳐났는데, 그것은 신자유주의 경제의 정치와, 전역에 걸친 탈산업화의 결과였다. 이러한 탈산업화의 과정은 미국과 영국에서 레이거노믹스와 대처리즘의 결과로 가장 먼저 시작되었다. 한 회사가 먹여 살리던 도시들은 그 회사가 옮겨감에 따라 급속하게 황폐해졌다. 이러한 일들이 디트로이트, 리버풀, 필라델피아, 시카고 등지에서 일어났다. 특히 미국에서는 놀고 있는 산업 용지의 일부에 재-농촌화 과정이 일어나기 시작했는데, 이는 자칭 '도시 텃밭'이라는 운동에 의해 힘을 얻었다. 이들은 땅을 치유하고 도시에서의 자급을 증진시킬 수 있는 텃밭을 만들려고 했다.

귄 커크Gwyn Kirk는 산업화에 의해 가장 황폐화된 도시 중의 하나인 디트로이트에서 일어나고 있는 자급 재창조를 위한 풀뿌리 운동에 관해 보고하고 있다. 이 운동의 목표는 이 도시를 그 기저에서부터 다시 건설하고 다시 창조하고 다시 생기를 불어넣는 것이다. 이 운동은 제너럴 모터스나 다른 회사들에 의해 통제되던 옛 자본주의 도시를 수선하기를 원한게 아니었다. 그들은 사람과 자연을 위해 존재하는 새로운 도시를 창조하려고 했다. 이렇게 자본주의에 의해 버림받은 도시를 재창조하는 작업, 폭력과 범죄, 빈곤과 마약 그리고 무기력을 통해 사회적 생태계의 붕괴를 드러내던 도시에 대한 청소 작업, 그리하여 땅을 경작 가능하게 만드는 작업은 조경 설계사나 도시 계획가들이 고안해내는 위로부터의 '녹색' 도시와는 사뭇 다르다. 디트로이트 시 행정부는 제너럴 모터스 사에게 세금을 일시적으로 면제해주는 혜택을 부여했으며, 공유 자산을 사유화하고, 새로운 산업 센터를 개발한다는 명분으로 교회나 작은 상점들, 거주지, 병원을 파괴했다. 지금 독일에서 하는 것처럼 말이다. 최후에 가서 시 행정부는 경제를 활성화하기 위해 도박 카지노를 추진했다. 이 모든 조치들은 성공을 거두지 못했다. 도시는 점점 더 쇠퇴해갔다.

1993년에 시 당국은 도심을 폐쇄하기로 결정했는데, 수도와 전기를 공급하고 쓰레기를 치우는 비용이 너무 비싼 것으로 추산되었기 때문이다. 디트로이트에서는 전체 인구의 3분의 1과 아동 인구의 절반이 빈곤선 아래에서 살아가고 있다. 비참함을 목격하기 위해 제3세계까지 가야 할 필요가 없는 것이다.

귄 커크는 그럼에도 불구하고 디트로이트에는 황폐함과 빈곤, 폭력과 범죄만이 있는 것이 아니라, 공동체를 재활성화하고 지역 경제와 새로운 사회관계를 재건하기 위한 다양한 창발성과 활동들이 존재한다고 말한다. 이러한 프로젝트들 중의 하나가 바로 4H 도시 텃밭 프로젝트다.[23] 이 프로젝트는 농장과 텃밭 일을 한 경험이 있는 남부 출신 아프리카계 미국 여성들에 의해 시작되었다. 그들은 스스로를 '텃밭을 가꾸는 천사들'이라고 불렀다. 1994년 이래로 그들은 100개 이상의 텃밭을 만들어냈는데, 거기에서 야채, 과일, 약초 등을 길러 자가 소비하거나 내다 팔기도 했다. 그들은 지역 주민들에게서 지식과 경험을 수집하고, 땅을 생태적인 방식으로 사용했으며, 생태적 손상을 치유하고, 싼 값에 생산하면서 동시에 공동체 구성원들 간의 새로운 관계를 창조했다. 그들의 주된 관심은 자기-신뢰와 자급자족, 그리고 개인적 힘을 강화하는 데 있었다. 그 모든 것 외에도 그들은 젊은이들에게 텃밭을 가꾸는 방법을 가르쳤고 그리하여 세대 간, 서로 다른 공동체 간의 유대를 강화했다. 디트로이트 시의 도시 텃밭 프로젝트는, 자급 지향성이 있다면 경제적 · 생태적 · 사회적 · 문화적 측면들이 모두 하나의 프로젝트 안에 통합될 수 있다는 사실을 보여주었다.

이는 디트로이트 재생을 위한 또 하나의 프로젝트인 '여름 디트로이트' 프로젝트에도 적용된다. '여름 디트로이트' 는 1992년에 다문화, 세대 간 젊은이 프로그램으로 시작되었다. 이 프로젝트에서는 디트로이트를 재건하기 위해 도시 및 다른 곳으로부터 자원 활동가들을 초대했다. 그들은 숙식과 작업장까지의 여비를 무료로 제공받았다. 그들은 또 사회 문화 교육 프로그램에 참여하여, 새로운 도시 경제 건설 방법 같은 것을 배울 수 있었다. 이 자원 활동가들은 도시의 여성들, 남성들과 함께 일하고, 가옥을 고치거나 칠하고, 깨진 돌들은 치우고, 텃밭과 놀이터를 만들었다.

'여름 디트로이트' 는 제임스 보그James Boggs, 그레이스 리 보그Grace Lee Boggs, 쉐 하웰Shea Howell이 주도했던 운동에 기원을 두고 있다(Kirk 1996/97, 12). 새로운 도시에 대한 그들의 비전은, 사람들이 아무런 책임을 지지 않고 어떠한 성실성도 없는 대기업의 투자 결정과 자금력으로부터 독립하는 것이었다. 그들은 그 대신에 자율성, 자조, 공공성의 창조와 증진이라는 원리에 기초한 지역 경제를 건설하고자 했다. 그들은 산업 구조 속에서 일자리를 구할 수 없는 젊은이들에게 중요한 것은, 좋은 교육이 아니라 자급 능력을 습득하는 것이라고 생각했다. 이러한 자급 지식의 중요한 부분은, 일이 다른 방식으로 간주되고 가치화된다는 것이다. '여름 디트로이트'의 자원 활동가들은 그들이 활동을 수행하는 데 사용했던 네트워크를 기초로, 돈보다 상호적인 요구를 충족시킬 수 있는 관계가 더 중요해지는 새로운 경제를 건설할 수 있다는 사실을 경험을 통해 깨달았다.

미국에서 '도시 텃밭'은 전체 도시의 탈산업화라는 신자유주의 정책의 희생자가 된 사람들의 대응책이었다. 이와 유사하게 영국에서도 노화되고 산업화에 의해 버려진 도시에 거주하면서 소득이 적고 주변화되어 살아가는 점점 더 많은 사람들이 자조, 자율조직, 그리고 일부는 자급자족을 지향하는 공동체들에 몰려들었다. 그러나 독일과는 달리 영국에서 이 같은 비영리 조직들은 국가의 지원을 받았다. 왜냐하면 그들이 사회적 서비스의 예산 부담을 덜어주었기 때문이다. 예를 들어 런던의 공동체개발재단(Community Development Foundation, CDF)은 시 행정부에 압력을 행사하여 버려져 황폐화된 도시 지역의 재생을 유도하는 자조 집단이나 자원 활동을 지원한다.[24] CDF는 사적 영역과 국가 영역 사이에 제3섹터가 발전되어야 한다고 믿고 있다. 즉 공동체 영역의 발전이 필요하다는 것이다. 공동체 영역은 지역 경제의 근간이며 무엇보다 빈곤층에 대한 일종의 생명 보험 역할을 할 수 있다. CDF가 공적·사적 재정 자원을 사용해서 지원하는 대부분의 프로젝트들은, 주택 건설, 소규모 무역, 도시 재생 등과 같은 도시 프로젝트들이다. 그러나 공동체들이 공적인 업무에 참여하도록 하거나 의사결정 과정에 사람들이 직접 관여하도록 독려하는 일도 하고 있다.

그럼에도 불구하고 CDF는 노동의 측면에서는 임금 노동의 우선성을 그대로 둔다. 즉 공동체 영역은 일차 노동 시장에 비해 부차적인 상태로 남아 있다. 공동체를 위한 자원 노동이 좋기는 하지만, 임금 노동을 대체해서는 안 된다는 것이다. 자원 노동은 위기 시에, 일반 경제가 사람들을 다시 1차 노동 시장에 통합시킬 수 있을 때까지, 사람들이 생존하고 노동 능력을 유지할 수 있도록 도와야 한다. CDF에 따르면 공동체 영역과 자원 노동은 반드시 위기 상황을 타개하려는 목적에 복무해야 한다. 그러나 공동체 영역 안에는 단순한 위기관리를 넘어서고자 하는 주도성도 존재한다. 고층 건물의 녹색화Greening of the Towers라는 시민 주도 운동이 1996년 샐리스베리Salisbury에서 시작되었다. 사람들은 황폐한 고층 아파트의 발코니 같은 곳에 과일과 야채를 기르기 시작했다. 처음에는 두세 가지 활동에서 시작되었지만 점점 더 많은 사람들이 참여했다. 이 공동의 먹거리 재배 프로젝트를 통해 처음으로 주민들 사이에 일종의 공동체가 만들어진 것이다. 디트로이트와 필라델피아의 경우에 그랬던 것처럼, 식물을 공동으로 재배하게 되면 다른 공동체 활동들이 잇따르게 마련이다. 회합의 장소로 사용하기 위해 카페를 열고 거기에서 가공된 과일을 판매하거나 미래에 진행시킬 프로젝트에 대해서 의논하고, 또 관료주의에 대처하는 방법이나 새로운 재원을 찾는 법에 대해서 배우기도 한다. 고층 건물의 녹색화가 인간 공동체의 '녹색화'를 유도한 것이다 (Evans 1995). 1996년 여름에 CDF는 폐허가 된 영국의 여러 도시에서 그런 프로젝트를 출범시키기 위한 신청을 출원했다.

도쿄의 '야생 농부들'

미국의 '도시 텃밭'과 영국의 고층 건물 녹색화는, 1980년대 이래 지속된 경제 위기에 대한 대응이라고 할 수 있다. 도쿄에서도 1978년에 이미 거대 도시 한가운데에서 농사를 짓는 사람들이 생기기 시작했다. 그들을 스스로를 '야생 농부들Yabo farmers'이라고 부르면서, 아직 건물이 들어서지 않은 히노 등 교외 지역에서 공동으로 쌀이나 야채, 다른 곡식들을 재배한다. 자족성을 회복하는 것이 그들의 목적이다. 테츠오 아케마인Tetsuo Akemine은 그런 야생 농부 중 한 명이었다. 그는 실천으로 복귀한 농경학자였다. 그가 1997년 사회주의 자조 밀하임SSM의 초청으로 쾰른에 왔을 때, 도쿄의 자급 농업에 관해 얘기한 적이 있다.

일본의 산업화는 1960년에서 1990년 사이의 굉장히 짧은 기간 동안 이루어졌다. 이는 도쿄가 인구 1,100만의 거대 도시로 확장되면서 가장 중요한 산업 센터가 되었을 뿐 아니라, 정부가 벼농사를 짓는 농부들을 체계적으로 방출했음을 의미한다. 1970년에 정부는 쌀 생산에 할당제를 도입하고, 미국에서 헐값의 쌀과 옥수수를 수입했다. 일본인들은 쌀 대신 빵을, 그리고 생선 대신 고기를 먹는 법을 배웠다. 옥수수는 동물들의 사료로 사용되었다. 일본은 2차 세계대전 전에 100%에 달하던 식량 자급 정책을 포기했다. 그 대신에 자동차와 컴퓨터의 생산과 수출에 박차를 가했다. 오늘날 일본은 밀의 60%, 콩의 80%, 옥수수의 90%를 미국에 의존한다. 1993년 GATT에 서명한 이후, 일본은 태국과 미국에서 쌀도 수입해야만 했다. 지금 일본의 식량 자급률은 선진국에서 가장 낮은 수준인 46% 선에 그치고 있다.

야생 농부들은 자급 모델을 가지고 식량 수입에 의존하는 신자유주의 모델에 반대하고자 한다. 그들의 목적은 도시를 다시 경작 가능한 땅으로 만드는 것이다. 그들은 함께 일하고 수익금도 나눈다. 인공 비료나 살충제는 사용하지 않는다. 50여 종의 식물을 재배하고 닭, 돼지, 염소를 기른다. 유기적 순환을 유지하기 위해 닭똥으로 퇴비를 만들어 밭에 준다.

야생 농부들은 전일제 농부는 아니다. 그들은 출판사 직원이거나 싱글맘, 혹은 컴퓨터나 커뮤니케이션 회사의 노동자들이다. 그들의 목적은 완전한 자족성이 아니라 부분적으로 참여적인 자급자족이다. 야채의 경우 100% 자급을 이루었고 쌀의 경우 자급률은 70%에 이른다. 아케마인에게 이러한 자급 농업은 특히 도쿄에서 굉장히 중요한 프로젝트다. 일본에서 도쿄는 지구적 자본의 중심부다. 최근에 모든 초국적 기업이 도쿄의 중심부에 땅을 샀다. 땅값은 폭발적으로 상승했고 사람들은 점점 더 주변으로 밀려났다. 최근까지 재정 정책은 도쿄에 남아 있는 소수의 자급 농부들을 우대해왔다. 그러나 이 정책은 이제 변질되었다. 토지 소유주들은 건축을 요구했다. 그에 따라 야생 농부들의 사회 프로젝트가 위협을 받고 있다. 현재 알케마인과 그의 동료들은 입법을 강제해내기 위해 유사한 도시 파트타임 농부들의 전국 네트워크를 조직하려고 애쓰고 있다. 지금의 법률 상황에서는 자급을 지향하는 농부들은 시장을 위한 생산을 하지 않을 경우 농부로 간주되지 않기 때문이다.

일본의 도시 중심부에서 테츠오 아케마인과 '야생 농부들'만이 돈 쟁탈전보다 자급 농업을 선호하는 것은 아니다. 〈주간 니케이지〉의 1996년 1월 18일자에 따르면, 최근에 대학을 졸업한 젊은이들 사이에서 귀농하려는 경향이 나타나고 있다고 한다. 그들은 일시적으로는 자유 시장 경제 원리에서 이탈하지만, 장기적으로는 농업을 통해 자족 기반을 얻을 수 있으리라 전망하고 있다는 것이다.

　도쿄나 그 밖의 도시에서 일어나고 있는 농업으로의 회귀는, 도시화되어 뿌리를 잃은 농부의 아들딸들의 향수어린 취미가 아니다. 그들은 사회적 학습의 장을 통해, 도시와 농촌 지역 사이의 지배적인 관계를 리모델링하는 것을 목표로 한다. 도시로 하여금 자급 농업 생산에 대한 책임을 지게 하는 것도 그 일부이지만, 농촌 공간을 새롭고 다른 방식으로 가치 평가하는 과제도 있다. 도시를 다시 경작 가능하게 만든다는 것은. 결국은 도시가 문화, 자유, 정치, 사회적 삶, 일자리의 유일한 중심이 되기를 그친다는 걸 의미한다. 도시들은 이제 더 이상 기생적 존재 방식을 그만두고, 수동적인 소비만 일어나는 장소가 아니라 삶의 필수품들을 생산해내는 공간으로 변모해야 한다.

　도시를 경작 가능하게 만드는 일은, 농촌의 새롭고 비–식민주의적인 문화와 직접적이고 상호적인 관계를 창조할 것이다. 농촌이 더 이상 단순한 도시의 후배지이기를 그만둘 때 농촌 일에 대한 지금과 같은 경멸은 변할 것이다. 젊고 잘 훈련된 사람들이 다시 시골에 살고자 하고, 그들이 시골에서 일을 찾을 수 있을 때, 농촌은 다시 매력적인 공간이 될 것이다. 그렇게 되면 시골은 다시 문화의 공간이 될 것이다. 현재 우리가 가지고 있는 문화나 자연에 대한 개념은 근본적으로 변화될 것이다. 우리는 문화와 자연. 혹은 도시와 시골 사이의 관계를 지금처럼 식민주의적이고 위계적이며 이분법적으로 구조화된 관계로서가 아니라, 상호성에 기반한 평등하고 다원적이며 풍부한 관계로 상상할 수 있게 될 것이다.

　이러한 사례들은 도시에서의 자급이 단지 하나의 유토피아적인 몽상에 그치는 것이 아니라, 다양한 방식으로 실천되고 있다는 것을 보여준다.[25] 이런 사례들이 단지 지역적이고 특수한 경우에 지나지 않으며, 포괄적인 대안으로서의 경제 개념을 제시할 수는 없다는 반박이 있을 수 있다. 사실 이들 도시 자급 생산의 사례들은 이론적으로 종합적인 모델에 기초해 있지는 않다. 자급 관점은 하나의 견고한 모델로 강요될 수는 없다. 그러나 이제는 도시가 어떻게 자급 공동체로 변화할 수 있는지를 제시하는 좀 더 포괄적인 이론적 접근들이 존재한다. 호주의 테드 트레이너Ted Trainer는 도시 자급 경제 이론가이다. 그는 '도시를 위한 지속 가능한 경제' 라는 개념을 발전시켰다. 그가 지속 가능한 경제라고 부른 것은 우리가 '자급 지향성' 이라고 부른 바와 대체로 일치한다(Trainer 1996). 그는 팽창주의적인 산업 경제의 세 기둥인 영속적인 성장, 자본주의적 시장, 그리고 이윤 극대화를 거부했다. 그는 이에 대해 다음과 같은 새로운 원리로 저항한다.

- 가구, 마을, 지역, 국가 안에서의 자족성
- 단순한 생활양식: 말할 수 있는 사람들, 그것으로 충분하다!
- 협동과 상호성
- 제로 성장

트레이너는 목표가 자급이라면 식량 차원에서는 자급 경제가 도시에서도 가능하다는 것을 보여준다. 그는 아파트 단지들 사이, 후면, 내부의 모든 장소에서 텃밭이 만들어질 수 있다는 것을 증명했다. 또 이용되지 않고 있는 도시의 땅들이 식량 생산에 사용될 수 있음을 보여주었다. 미국에서 이루어진 연구들은 한 사람을 먹여 살리는 데 필요한 땅이 2,500

평방피트(약 230평방미터)면 충분하다는 사실을 보여주었다.

자급을 지향하는 도시는 거대 도시가 되지는 않을 것이다. 트레이너는 1만 명의 주민으로 이루어진 마을은 부분적으로 자급을 이룰 수 있고, 주변이 10킬로미터만 되면 기본적인 필요는 대부분 충족시킬 수 있다는 추정치를 내놓았다. 트레이너는 그러한 지역적인 경제에서는 모든 것이 한층 비쌀 수밖에 없을 것이라는 주장에 반대한다. 물물교환이 좀 더 많이 이루어지고 구매는 더욱 줄어들 것이기 때문이다. 원거리 수송은 없어질 것이고 생물자원이나 풍차 같은 에너지원이 사용될 것이다. 사람들은 스스로 필요한 것들을 갈수록 많이 생산하게 된다. 이렇게 되면 화폐의 필요성이 급격하게 줄어들겠지만, 사람들은 더 잘살게 될 것이다. 아케마인과 마찬가지로 트레이너 역시 이 모든 아이디어들은 도시 개념과 도시 시골 간의 관계에 대해 근본적으로 새로운 개념을 요구하고 있다고 여긴다. 자본주의적인 성장의 환영에 작별을 고하는 새로운 개념이 필요한 것이다. 그러나 지속 가능성이 공허한 어구로 남지 않으려면 자급 경제 외에는 다른 선택이 있을 수 없다(Trainer 1996, 135-42).

그러나 도시를 다시 경작 가능하게 만들기 위한 실천적이고 이론적인 시도들은 다음과 같은 의문을 남긴다. 우리가 다루고 있는 것이 단순히 일시적인 위기관리의 문제인가? 사람들이 자본주의나 국가 사회주의의 산업 체계가 남긴 폐허 속에서 생존해나가려는 시도일 뿐인가? 그러한 시도라면 자본이나 국가도 비용을 줄이기 위해서 원하는 것이다. 그러한 시도들은 더 많은 착취와 축적에 사람들을 적응시키기고, 파괴된 자연을 수선할 수 있도록 돕는 것이기 때문이다. 전 지구적인 구조조정 정치학이 실행되고 있고, 사회적 지원 체계가 신자유주의적인 정부에 의해 파괴되고 있는 상황에 직면하여, 이와 같은 자급 생산 유형으로 도시를 농촌화시키는 작업은 기업들도 환영하는 바일 것이다. 그것은 특히 실업자와 주변화된 사람들의 분노와 실망을 완화시킬 수 있고, 그러한 분노를 생산적인 방향으로 유도할 수 있기 때문에 환영받을 것이다.

그렇다면 결국 도시에서의 자급은 단지 자본주의 시스템을 유지하고 보조하기 위한 도구일 뿐인가? 소위 비공식 영역에서 여성이나 소농들이 해온 생존 노동(Bennholdt-Thomsen, Mies and von Werlhof 1983/92)을 좀 더 넓은 기반 위에서 하는 것일 따름인가?

우리는 이 물음에 대해 간단하게 '예' 혹은 '아니오'로 대답할 수 없다. 우리는 자본주의의 작동 방식에 대한 분석을 통해, 자본의 축적이 자급을 착취하고 파괴할 뿐만 아니라, 자급의 폐허 위에서 새로운 축적의 순환이 자라날 수 있다는 것을 배웠다. 그러나 자기모순 속에서 발생하고 있는 산업 시스템 자체의 폐허들이 도시의 새로운 폐기물이 되고 있다. 이전에도 늘 그랬던 것처럼, 사람들, 특히 여성들이 이 폐허 위에, 그리고 그 속에서, 자본에 의존하지 않고 자신과 아이들의 삶을 생산하고 재생시킬 때, 그것은 어떤 사람들이 주장하는 것처럼 단순한 반작용에 그치는 게 결코 아닐 것이다. 이것은 도시 사람들이 다시 대기업과 축적의 논리에만 자신들의 삶을 의탁하기를 원치 않을 것이라는 가능성을 제시하고 있다. 그들은 삶의 생산과 재생산이 지도 원리가 되는 새로운 도-농 복합도시를 건설하기를 원한다. 이는 디트로이트에서 이미 계획되고 있는 것이다.

6

공유지 지켜내기, 되살리기, 다시 만들기

가축 사료로부터 쓰레기까지:
공유지 파괴와 EU의 농업정책

산업화된 국가에서 공유지를 되살리고 다시 만들어야 함을 주장하기 전에 두 가지 이야기로 논의를 시작하고 싶다. 이는 다음과 같은 물음들을 불러일으킨다. 왜 오늘날 이러한 이슈가 제기되는가, 누가 공유지를 파괴하는가, 왜 공유지를 다시 만들어야 하는가, 전 지구적 공유지라는 것이 있을 수 있는가, 부유한 산업 국가에서 무엇이 '새로운 공유지'가 될 수 있는가.

나, 마리아 미즈는 쾰른 남쪽 구릉 지대의 작은 마을 출신이다. 내가 어렸을 때 그 마을엔 서른두 명의 농부가 살았다. 그 농부들은 유제품이나 감자, 때로는 돼지나 소를 팔아서 얻는 정기적인 현금 소득으로 자급자족했다. 마을엔 여전히 공유지로서의 숲과 땅 그리고 작은 시내가 있었고 이러한 공유지들은 개별 가구들이 참여하는 자유로운 공동 노동을 통해 유지되었다.

예를 들면 도로를 만들어야 하거나 길에 쌓인 눈을 치워야 한다든지 혹은 마을 숲에 나무를 심어야 하는 등의 꼭 필요한 공동체 작업의 경우에, 각 가구의 남녀 모두 자유롭게 노동에 참여했다. 나는 이러한 공동 작업들이 매우 즐거운 일이었다고 기억한다. 또한 각 가구 역시 공유지로부터 혜택을 입고 있었다. 오늘날에도 모든 가정이 마을 숲에서 일정량의 장작을 무료로 얻고 있다. 옛날엔 풀을 뜯어 먹게 하기 위해 소나 돼지를 마을 숲으로 몰고 가곤 했으며, 가난한 이들이 마을의 땅을 이용하곤 했다.

그런데 오늘날 이 마을에는 단 두 가구만이 농사를 짓고 있으며 나머지 가구들은 농사를 포기하거나 마을을 떠났다. 마을 공유지는 사유화되거나, 땅을 사거나 대여받은 거대 기업농이 사용하고 있다. 마을 숲만이 공유지로 남아 있을 뿐이다. 하지만 자유로운 공동 노동의 모습은 완전히 사라지고, 그 자리를 임금 노동이 차지했다.

이러한 변화는 1940년대 이후 EU의 농업 정책에서 비롯된다. 이 정책으로 인해 근대화, 기계화, 화학화, 자본화되는 농업의 양상 속에서 농민의 수는 급격히 감소했다. 유럽은 그 자체가 하나의 산업화된 지역이 되었고, 농업은 산업에 종속되었다.

이러한 개발 모델의 강력한 영향력 아래 농민에게 할당된 농업 보조금과 값싼 대출금이 팽창주의, 거대 투자, 거대 기계화, 시장을 위한 생산에 사용되도록 강요되었다. 여기에서 경쟁력이 없는 사람들, 특히 공장에 고용되기를 원하던 젊은이들은 농업을 포기했다.

이러한 발전에 따라 '마을 가꾸기' 캠페인이 행해졌다. '가꾸기'라는 것은 마을을 하나의 교외 지역처럼 보이도록 만드는 것이다. 아이들을 위한 공원과 잘 닦인 포장도로가 있고, 헛간과 외양간이 달려 있던 집들이 관광객을 위해 아파트가 되며, 잘 다듬어진 잔디로 변신한 뒤뜰을 가진 잘 보존된 집들이 있는 그런 교외 지역 말이다. 그러한 개발 정책 덕분에 내 어머니 슈테펠른Steffeln이 살던 마을은 1만 마르크나 되는 빚을 지게 되었다.

한편 점점 더 많은 농부들이 풀 같은 유기물을 돼지나 닭을 위한 사료나 비료로 쓰는 것을 포기함으로써 자연 농법은 사라져 갔다. 길가의 잔디를 가꾸는 데 정신을 쏟다보니, 이전에 염소나 양, 소를 먹였던 풀이 이제는 '녹색 쓰레기'가 되어버렸다. 게다가 마을에 새로 생긴 공원이나 개인 정원에 있는 잔디가 또 하나의 '녹색 쓰레기'를 만드는 원천이 되었다. 마찬가지로 공유지길 주변의 관목이나 나무들이 말끔히 다듬어져야 했다.

쓰레기의 양이 증가하는 것은 당연했는데, 그중에서도 유기물 쓰레기가 어마어마하게 증가하게 되었다. 생산과 재생산의 오래된 순환이 사라져버렸기 때문에 이런 유기물 쓰레기가 마을이나 주변에 내버려지게 되었다.

지역 당국은 해결책으로 '유기물 쓰레기'를 위한 '녹색 쓰레기 처리 저장소'를 도입했다. 그리고 지금은 이 유기물 쓰레기를 산업 비료 회사가 있는 튀링겐Thüringen 지역에 팔고 있다. 독일의 가장 서쪽 지역인 튀링겐에 이 비료를 파는 이유는 이전에 동독이었던 이 지역의 임금이 싸기 때문이다. 따라서 전에는 어느 정도 자급적이고, 훼손되지 않은 공동체와 생태계 그리고 지역 문화 등의 공유지 체제를 간직하고 있던 소규모 지역 공동체들이 이른바 '유기물 쓰레기'를 폐기하기 위해 멀리 있는 폐기물 산업으로 수출해야만 하는 일이 벌어지고 있다.

재정적인 측면에서 볼 때, 마을 주민과 지역의 관련 기관 모두가 이러한 쓰레기의 이동에 드는 비용으로 인해 감당할 수 없을 정도로 빚을 지게 되었다는 사실은 지금의 상황이 얼마나 불합리한지를 잘 보여주고 있다. 그러나 EU 농업 정책은 농민을 '쓸모없는 잉여 인구garbage population'로 선언했고, 땅에서 나온, 바로 상품이 될 수 없는 생산물들은 쓰레기로 처리했다. 그런데 이같은 쓰레기 처리가 원거리 수송으로 인한 생태적 손해만을 가져오는 것은 아니다. 그것은 막대한 비용 역시 초래한다.

우리는 이러한 과정들을 분석하면서, 폐기물, 특히 유기물 쓰레기가 '부정적인 공유지'의 산물로 간주될 수 있음을 이해하기 시작했다. 오래된 공유지 제도는 파괴되었다. 자유로운 공동 노동이라는 옛 시스템은 사적 임금 노동으로 대체되었다. 공유지 사용권은 사적 소유로 바뀌었고, 개인의 이윤을 추구하는 것이 최상의 동기로 간주되었다. 이는 공동체의 윤리를 변화시켰을 뿐 아니라 공동체 자체를 파괴했다. 오늘날 사람들은 자신들이 만들어낸 쓰레기에 대해 더 이상 책임을 지지 않기 때문이다. 사람들의 유일한 걱정거리는 삶의 생산 과정 속에서 생기는 원치 않는 잉여물을 제거하는 것이다. 이러한 삶의 산물은 더 이상 살아 있는 상호 관계적 통합체 안에, 즉 공생적 관계를 전제로 한 유기적 순환구조에서 인간 공동체와 그들의 문화가 연속적임을 보여주는 생태계 안에 뿌리내리지 못한다. 대신 이러한 잉여물은 모든 유기체(식물, 동물, 미생물)로부터 차단되고 분리되면서 그 가치를 인정받지 못하며, 그것이 삶의 한 과정이며 부분이라는 사실 또한 이해되지 못한다. 그것들은 그저 사라져야 할 쓰레기가 되어, 적어도 사람들의 눈에 띄지 않거나 그 냄새조차 맡지 않도록 제거되어야 한다.

우리는 사적 소유 제도와 개인의 이윤 그리고 축적의 논리에 기반한 사회, 즉 근대 산업사회의 폐기물 문제에 접근하면서, 가레트 하딘Garret Hardin의 발견, 즉 비극은 공유지의 불가피한 파괴에 있는 것이 아니라 사적 소유와 개인의 이윤 추구가 '부정적 공유지'인 폐기물 문제를 풀 수 없다는 데 있음을 깨달았다.

이러한 사회에서 모든 공유지는 사적 이해관계에 의해 점유되고, 쓰레기의 재활용이나 제거는 오직 수지가 맞을 때만 행해질 것이다. 지금 이러한 사회들은 유기 폐기물이나 산업 폐기물, 독성 폐기물을 다른 사람들의 '공유지'인 '자유 접근 지역'이라 불리는 남반구에 수출하려고 하고 있다. 공기와 물, 열대우림과 사막은 부유한 산업사회를 위한 쓰레기장이 되었다.

남반구 공유지를 지키기 않고는 북반구 공유지를 다시 만들 수 없다

오늘날 독일과 같은 산업사회에서 일어나고 있는 일의 과정을 그 지역에 국한하여 살펴보는 건 그 과정이 일어나는 전체적인 맥락을 이해하지 못한, 절반의 이해가 될 것이다. 왜냐하면 독일의 시골 마을에서 일어나는 일은 단지 그 마을에만 국한되는 게 아니며 독일 정부나 EU에만 국한된 것도 아니다. 그것은 자본주의 세계 경제의 전 지구적 재구축 과정에서 나타난 결과다. 이 전 지구적 '자유' 시장 체제에는 리카르도의 비교우위 법칙이 적용된다. 따라서 먹거리를 산업화된 국가의 소농으로부터 사는 것보다 노동력이 값싼 남반구 국가에서 수입하는 게 비용 면에서 더 나은 것이다. 오늘날 자본주의의 전 지구적 무역과 투자 시스템을 통제하고 추진시킨 기구들이란 바로 세계은행, IMF, GATT, WTO이며, EU, NAFTA, APEC과 같은 지역 무역 연합, 그리고 다자간투자협정 등이다.

따라서 우리가 산업화된 나라의 공유지에서 무슨 일이 일어나는지 혹은 그것이 어떻게 다시 만들어질 수 있는지 이해하기를 원한다면, 지구 반대편으로 가서 그곳 공유지에 무슨 일이 일어나고 있는지 조사해야 한다. 이러한 두 개의 과정은 겉으로 보기에 분리되어 있는 것처럼 보이고 또한 사람들의 마음속에서는 분리되어 있지만, 전 지구적 '자유 무역' 속에서는 항상 연결되어 있기 때문이다. 그러나 우리가 공유지를 재창조하고자 한다면 전 지구적인 것은 하나의 지역 안에 있으며 지역적인 건 전 지구적인 것이라는 사실을 깨달아야만 한다.

새로운 '전 지구적 공유지global commons' (Goldman)라는 담론 속에서, 세계은행, IMF, 다국적 기업 같은 '전 지구적 자원 관리자들은' '지구촌global village'이라는 목가적인 개념을 사용한다. 그것은 조화로운 '세계 공동체' 같은 것인데, 이곳은 '지구적 공유지'를 관리할 글로벌 수준의 의사 결정 능력을 지닌 엘리트만을 필요로 한다. 이러한 수사학을 뛰어넘어 현실을 본다면, 자본주의 세계 경제 시스템을 대변하는 이들 세계 기구들이 지역 공동체에 의해 사용되고 관리되던 공유지 자원에 대한 접근권을 얻기 위해 폭력적인 강요와 포획, 분리, 파편화, 분절화라는 메커니즘과, 계급서열화 및 중앙집중화를 이용하고 있음을 알게 된다.

지역 공유지와 남반구 공동체에 대한 파괴와 파편화 그리고 포획은 개발, 진보, 효율이라는 이름하에 정당화되었다. 세계은행의 다니엘 브롬리Daniel Bromley와 마이클 커니어Michael Cernea는 "공유지를 만들고 또 공유지에 사는 사람들을 더욱 생산적이고 효율적으로 만들"(Goldman 1995, 8에서 인용) 필요성을 주장한 바 있다.

'개발'을 통해 '공유지를 좀 더 생산적으로 만든다'는 이 말은 '농부를 자급으로부터 벗어나게 한다'는, 세계은행 스스로가 공언하고 있는 목표를 연상케 한다. 농민으로 하여금 자신의 자급이 아니라 세계 시장을 위해 생산하게 함으로써 '좀 더 생산적으로' 만들고, 남반구에서 여성의 노동력을 '좀 더 효율적으로' 이용하기 위한 목표 말이다.

공유지 지키기: 파푸아뉴기니의 사례

두 번째 자급에 대한 이야기는 자신들의 공유지를 성공적으로 지켜낸 파푸아뉴기니Papua New Guinea 민중들의 투쟁에 관한 것이다. 공공 토지들에 대한 '토지 동원 프로그램Land Mobilisation Programme'에 저항한 이 운동은 세계은행과 IMF의 토지에 대한 규제와 사유화 및 지배를 목적으로 만들어진 구조조정 프로그램(Structural Adjustment Programme, SAPs)에 저항하면서 시작되었다(Faraclas 1992b, 3).

구조조정 프로그램은 대부분의 남반구 채무국들의 경우와 마찬가지로, 세계은행과 그 밖의 외국은행들이 거의 3조 키나kina(약 1조 달러)에 달하는 부채를 갚도록 하기 위해 파푸아뉴기니에 강요한 것이다.

공유지에 대한 신식민지적 엔클로저에 저항한 파푸아뉴기니의 운동이 흥미로운 점은 바로 세계은행, IMF, 초국적 기업들의 개발정책에 대해 지역민들이 정확하게 분석해냈다는 것이다. 세계은행 등은 기름야자나무 플랜테이션을 시작하거나 광산 자원을 찾기 위해, 혹은 열대 원목에 대한 접근권을 갖기 위해 지역 공유지에 접근하고자 했다. 그러나 그곳에는 자신들의 생계만이 아니라 문화와 언어의 기반이 되는 공유지를 계속 사용하면서 공동체의 관습적인 권리를 유지하길 원하는 공동체들이 있었다.

파푸아뉴기니 토지의 97%는 여전히 전통적인 공유지다. 파푸아뉴기니 대학 언어 문학부의 패러클래스Faraclas 교수에 따르면, 각 부족들은 자신들이 공적 토지를 소유하고 있을 뿐 아니라 400만 민중이 부족 혹은 부족이 땅과 연관된 869개의 지역 언어를 사용하고 있다고 한다. '어떤 언어 혹은 인종도 정치적으로나 수적으로 지배적이지는 않다(그 어떤 부족도 인구의 7% 이상을 차지하지 않는다.).' (Faraclas 1992b, 1).

땅과 언어, 문화와 공동체는 분리된 것이 아니라 모든 이들이 땅에 접근할 수 있는 방식 속에서 서로 얽혀 있다.

인구의 85%가 농촌지역에 살면서 매일매일 일상생활에서 이러한 토지 이용 시스템의 혜택을 받고 있다. 그러나 도시 마을에 사는 5%의 인구와 급속히 증가하는 10%의 도시 슬럼가 주민들도 언제든지 자신이 원하면 조상 대대로 살던 고향으로 돌아가서 땅을 이용할 수가 있다. 이러한 시스템 때문에 기아와 노숙과 실업 문제는 없었고, 덕분에 파푸아뉴기니는 다른 나라들에 비해 훨씬 더 설득력 있는 사례이자 진정한 개발 성공 모델이 되었다. 다른 나라들의 경우에는 개발이라는 이름으로 수많은 사람들을 땅도 없고 집도 없는 굶주린 빈민으로 추락시켰고, 급기야 자신의 몸과 노동을 아주 싼 가격에라도 필사적으로 팔려고 하도록 만들어놓았다(Faraclas 1992b, 1).

그러므로 세계은행의 명령으로 수행되는 '토지 개혁'에 대한 저항은, 공적 토지 관리를 요구하는 투쟁만이 아니라 언어, 문화 그리고 생계 보존을 위한 투쟁이다. 정부는 근대화 또는 개발이라는 이름 아래 '토지 동원' 혹은 '토지 해방'의 형태로 민중들에게 토지 개혁을 실시하려 했다. 정치 엘리트들은 자신들의 운명, 국가와 개발 사이에 밀접한 관련이 있다고 보았다. 어떤 논평가는 일간지 〈내셔널National〉에서 다음과 같이 비판했다.

오늘날 국가는 엄청난 외화 보유 부족 상태에 직면해 있기 때문에 토지 소유자[관습적인 공용권자 - M.M]들은 적어도 3천억 키나kina[지역통화]를 감당하고 있는 것이 된다. … 결국 토지 소유자들이 정말 힘을 가지고 있는 것처럼 보인다. 결국 그들이 최종적인 공식 허가를 내면서 통치를 흉내 낸다. 그럼으로써 정부의 역할을 쓸모없는 것으로 만든다(*National*, 1995. 4. 18).

논평가가 개탄하고 있는 것은, 지역 공동체를 무기력하게 만들지 못하는 국민 정부의 무능력함이 이러한 공동체들이 가지고 있는 주권의 신호가 된다는 것이다. 파푸아뉴기니 공동체들은 근대 국민 국가와 거기에서 선출된 정부가 자신들의 이해와 생계를 보호해줄 수 없다는 사실을 알고 있다. 그들은 다른 의미의 민주주의, 즉 땅과 언어, 문화를 공동으로 소유하는 것에 기반한 이른바 민중 혹은 공동체 민주주의, 즉 공동체의 권리를 확실히 수호하고 있다. 공동체 권리는 서구적 주권 개념이 담을 수 없는, 혹은 더 이상 담을 수 없게 된 어떤 것이다. 서구적 개념의 권리는 마을이나 부족, 농민 공동체, 여성 공동체 등의 권리가 아니라 단지 개인이나 국민-국가의 권리다. 땅과 물, 생물 다양성과 같은 자원들이 공동체 관리하에 있는 한, 오늘날 GATT와 WTO에 의해 추진되는 개인 소유권과 WTO의 조항인 무역관련지적재산권(Trade Related Intellectual Property Rights, TRIPs)은 쉽게 실행될 수 없다.

그러므로 땅이 민중에 의한 공동체 관리하에 있는 한, 서구식 자본주의 기업정신은 발전할 수 없을 뿐 아니라 초국적 기업들도 거기에 접근할 수 없다는 사실은 분명하다. 또 다른 논평가는 다음과 같이 쓰고 있다.

나라 전체의 거의 모든 땅이 공동체 수유다. 사람들이 플랜테이션이나 다른 사업을 위해 충분히 오랜 시간 동안 공동체의 땅을 묶어두기 어렵다는 사실을 발견하게 될 것이므로, 그와 같은 시스템은 서구 개인 기업들을 무가치한 것으로 만든다. 공동체로부터의 그러한 압력은 어쨌든 기업을 파괴시킬 것이다 (*National*, 1995. 7. 17).

재정 관련 기관은 감히 공유지에 대한 기업 투자를 수용할 수 없다. 지역 언론은 토지 동원이나 토지 해방이라고 하는 파푸아뉴기니 정부 정책의 배후가 바로 세계은행임을 분명히 했다. 자유 시장 경제의 자유롭고 무제약적인 성공을 촉진시키는 기구로서 세계은행이 이러한 [토지 동원의] 과정에 자금을 조달해야만 하는 것은 당연하며, 그 일환으로 파푸아뉴기니를 원조하는 것이다(*National*, 1995. 7. 17). 이 구절은 비판을 의도하지는 않았지만, 만약 지역 공동체가 계속해서 관습적인 공유지를 유지하려 하고 공유지에 대한 사유화에 대해 계속 저항한다면 세계은행과 IMF, 다국적 기업들이 자본 축적을 지속하기가 얼마나 어렵게 될 것인지를 보여준다.

파푸아뉴기니의 수상 줄리아스 찬Julias Chan은 한편으로는 세계은행과 IMF의 구조조정 프로그램, 그리고 외국 투자 자본과의 채무 이행 약속에 시달려야 했고, 다른 한편으로는 토지 동원령에 맹렬히 저항하는 민중들의 압력에 시달려야 했다. 절망에 빠진 수상은, '거지가 되면 선택권을 가질 수 없다며' 사람들에게 법을 따르도록 권고했다. 그러나 이 말은 분노한 사람들의 저항의 편지가 신문사에 불꽃처럼 쇄도하게 만들었다.

다음이 그 한 예이다.

우리는 부자 나라에 사는 거지가 되고 싶지 않다

… 사전에는 '거지beggar'를 돈이나 자원이 없는 사람으로 정의하고 있다. 또한 '구걸beg'이라는 것은 공식적으로 초라하고 간절하게 요구하는 것을 의

미한다. 여기서 나는 묻고 싶다: 왜 우리가 구걸을 해야 하는가.

이 성명서는 7월 18일, 관습적 토지 등록과 세계은행/IMF의 정책 전반에 포함된 모든 형태의 구조조정 프로그램에 반대하는 학생, 사회경제정의를 위한 전국연합, NGO, 노동조합, 멜라네시안 연대(Melanesian Solidarityl, Melso)와 교회조직 등이 주도했던 시민들의 항의로 만들어졌다. …

파푸아뉴기니에 사는 우리는 거지가 되어본 적이 없고 또 거지가 되기를 원하지도 않는다.

우리 조상들이 이 땅에 살았던 수천 년 동안, 그들은 다른 나라 사람들에게 구걸하지 않고도 살아남았다. 조상들은 지속 가능한 삶을 살아낼 그들 자신의 시스템을 개발했다. 그들이 만약 수상인 당신이 제시한 대로 살았더라면, 당신이나 나나 멸종한 종족으로 책 속에 기록되었을 것이다.

우리 조상들이 준 교훈이 있다면 그것은, 우리가 외부세계나 국제기구로부터의 과도한 통제와 조정 없이도 살 수 있다는 것이다. 수상은 우리가 보유하고 있는 자원을 통해 풍성하게 축복받았다는 것을 알면서도 마치 우리가 아무것도 가지지 않은 것처럼 만든다. 우리는 우리가 가진 것으로 충분히 풍요로운 사람들이다. 자신들이 땅과 진정으로 연결되어 있다는 걸 아는 사람들은 이를 이해할 것이다.

땅을 가져가면 우리는 우리 땅에서 진짜 거지가 된다. …

민중들, 비정부기구들, 학생회 그리고 앞날을 염려하는 파푸아뉴기니 사람들은 자생적인 대안들을 공식화하기 위한 도전들을 제기해왔다.

우리의 어제다는 단지 우리들의 토착성과 복지를 지키고 살려내는 것이며 외부자에 의해 강제되지 않는 것이다.…(*National*, 1995. 7. 27)

이러한 저항운동은 파푸아뉴기니 민중들의 '자각 훈련 캠페인'과 '문맹퇴치운동'에 의해 진행되고 고무되었다. 이 '자각 훈련'으로 민중들은 파푸아뉴기니의 사회, 경제, 문화, 교육 현실에 영향을 미치고 있는 세계은행과 IMF의 구조조정 프로그램의 의미들을 알게 되었다(*Uni Tavur*, 1995. 8. 4).

세계은행과 IMF의 구조조정 프로그램과 '토지 동원령'에 저항하는 학생운동은 1995년 7월에 시작되었는데, 지역의 수장들, 무역노조, 교회, 심지어 무역장관으로부터도 지지를 받았다. 여성들은 이 운동에 매우 적극적이었다. 그들은 주로 교회 교구 차원에서 조직되었다. 씨족들이 여전히 모계 사회 전통을 가지고 있는 뉴브리튼New Britain에서 여성들은 자신의 관습적 토지 권리를 포기하라는 데 절대 넘어가지 않았다. 이스트 뉴브리튼 여성평의회의 지도자인 바타Bata 여사는 다음과 같이 호소했다.

이스트 뉴브리튼 여성평의회 지도자로서 나는 여성 여러분들에게 정부가 토지 동원 프로그램으로 우리의 귀중한 토지권을 빼앗아 가도록 허락하지 말 것을 주장합니다. 우리는 우리의 땅을 강력히 붙들고 있어야 하며 그것을 개방시키고 수탈하려는 소수의 부유한 계급들로부터 무슨 수를 써서라도 지켜내야 합니다. … 우리는 토지를 등록할 필요 없이 있는 그대로 우리의 땅을 계속 지켜야 합니다. 그러면 아주 부자인 자나 아주 가난한 자나 누구나 다 땅에 계속해서 접근할 수 있습니다(*Post-Courier*, 1995. 8. 3).

파푸아뉴기니 민중들은 개발에 대한 다른 개념, 즉 경제 성장과 세계 무역 대신 생존과 자급에 기반한 개발 개념을 신뢰했기 때문에, 자신들의 공동체 토지권을 지켜냈다. 그들은 이전의 수많은 식민지가 그랬듯이, 이른바 근대화라는 것이 결국 그들을 거지로 만든다는 걸 확실히 알고 있었다. 1995년 7월 29일 정부는 다음과 같은 선언을 하였다. "파푸아뉴기니 민중들은 관습적 토지 등록에 대해 '아니오'라고 말한다." 이 선언의 마지막 구절은 다음과 같다: "최종 결론은 관습적 토지에 관한 한 정부나 거대 회사를 신뢰할 수 없다는 것이다. 당신은 당신의 토지를 스스로 관리해야 한다"(*Saturday Independent*, 1995. 7. 29). 관습적 토지권은 헌법에 보장되어 있었기 때문에, 수상은 곤란한 상황에 처했다. 저항운동은 몇 대의 차가 불타고 한 학생이 경찰에게 총격을 당한 학생 시위로 인해 더욱 고조되었다. 이 운동은 '학생 파워'를 칭찬하는 민중들로부터 강한 지지를 받았다. 결국 한 소대의 군인들까지 학생들의 시위를 지지하기 위해 모레스비Moresby 항으로 행진했다. 두 명의 여성 활동가가 이 자리에서 연설했다. 군인들의 지도자 중 한 사람은, 군인들도 다른 시민들처럼 공유지의 공동 소유자라고 말했다. 따라서 필요하다면 그들이 이 토지권을 지켜낼 것이다(*National*, 1995. 7. 19).

마침내 수상은 이러한 집단 저항운동에 굴복해야만 했다. 1995년 7월 19일에 토지 동원령은 철회되었다(*National*, 1995. 7. 19).

파푸아뉴기니 사례는 오늘날 누가 근대화와 개발이라는 이름으로 공유지를 파괴하고 있는지 명확히 보여줄 뿐 아니라, 만약 공동체들이 다음과 같은 원칙, 즉 당신은 당신의 땅을 스스로 관리해야 한다는 원칙을 확고히 고수한다면 세계은행과 IMF, 국제 자본 그리고 심지어 지역 정부마저도 무력해진다는 사실을 보여주고 있다.

남반구와 북반구 사이의 접점은 있는가

앞에 나온 두 이야기를 비교해보면 공유지를 둘러싼 몇 개의 이론적 이슈들이 명확해진다. 이를 요약 정리해보면 다음과 같다.

- 자본은 자신의 지속적 성장과 축적을 계속 진행시키기 위해서 타인의 공유지에 대한 식민주의적 엔클로저를 계속해야 한다.
- 독일의 소농이 '쓰레기 같은 인간' 혹은 잉여가 될 수 있다는 사실은 다음과 같은 두 가지 사실과 인과적으로 연결되어 있다. 한편으로 그것은 과도한 외부 투자와 시장을 위한 생산만을 하는 근대 산업농에 통합되는 것과 연관된다. 다른 한편으로 그것은 식민지화된 남반구의 값싼 노동력으로 얻어진 원료와 먹거리를 수입하는 것과 연관되어 있다. 따라서 소를 먹이기 위해 브라질이나 태국에서 유럽으로 수출되는 콩이나 타피오카Tapioca(식용 전분)는 수출국인 브라질이나 태국에서뿐 아니라 유럽에서도 소농들의 존재를 말살시키고 있다.
- 반면, 남반구의 민중들은 자신의 자급 혹은 생계와 자신들의 공유지에 대한 관리 사이에 존재하는 연결고리를 여전히 알고 있다. 이러한 통찰력은 북반구에서는 거의 사라졌다.
- 유럽에서 공유지를 둘러싸는 것(일명 '엔클로저')은 19세기에 시작되었다. 천연자원은 주로 사적 소유이거나 국가 관리하에 있었다. 다른 한편으로 이 과정에서 잉여인간이 된 사람들은 산업화된 도시나 식민지로 떠남으로써 또 다른 생계 수단을 찾았다. 좀 더 많은 먹

거리들이 세계 시장에서 북반구의 여러 슈퍼마켓으로 수입되면서, 도시 소비자뿐 아니라 농촌의 생산자들도 그들의 생계가 땅과의 관계에 의존하고 있다는 사실을 망각하게 되었다. 그들은 자신의 생계 원源으로서 돈과 시장만을 떠올리게 되었다.

• 이것은 자본에 의한 새로운 엔클로저 운동에 대한 저항에 있어 직접적인 함의를 가진다. 파푸아뉴기니에서는 여전히 민중의 권력과 주권의 기반인 공유지와 공동체가 긴밀히 연결되어 있다. 그러나 북반구에선 시골 마을조차 더 이상 살아 있는 공동체가 아니다. 그들의 생계와 삶은 더 이상 땅과 공유지를 관리함으로써 보장받지 못하며, 대신 국가로부터의 보조나 글로벌 슈퍼마켓에 의해 훨씬 더 영향을 받는다. 소농이 사라지고 공유지의 엔클로저가 점점 가속화하고 있는 바로 이 현실이 독일이나 다른 유럽 지역에서 GATT에 대한 어떤 저항도 거의 일어나지 않는 이유이다. 게다가 남반구에 대한 식민주의적 착취가 세계은행과 IMF의 책무로서 계속되는 한, 산업화된 세계 속의 WTO와 다국적 기업 그리고 국가들은 얼마 동안 그들의 엔클로저 정치의 희생자들(잉여인간이 된 농부, 실업자, 땅을 잃은 자, 홈리스)을 먹여 살릴 여유가 있을 것이다. 그러나 최근 통계에 따르면, 이런 부유한 나라들에서조차 사회복지 상황이 나빠지고 있고 빈곤이 급속히 늘어가고 있다.

• 이런 상황에서 지금은 참으로 파푸아뉴기니로부터 배울 때다. 파라클라스Faraclas가 우리에게 말한 대로 어떻게 기존의 공유지를 지킬 것인가, 그리고 새로운 공유지를 어떻게 재창조할 것인가. 이것이 북반구의 산업사회에서 사는 사람들을 위한 생존의 질문이다.

새로운 공유지와 새로운 엔클로저

공유지의 엔클로저와 폭력적인 식민화 과정은 북반구와 남반구 모두에서, 전前근대에 속하는 어둡고 추한 부분으로 간주된다. 마르크스는 그 속에서 자본의 원시 축적의 현현을 보았으며, 그것이 과학적 진보와 자기-재생산적 성장 기계인 자본주의와 함께 사라지게 되리라고 생각했다.

이미 지적했듯이 우리가 오늘 '새로운 공유지'에 대해 논의하고 있다는 사실은, 이러한 원시 축적 과정이 결코 끝난 것이 아니라 자본주의적 축적에는 수반되고 있음을 보여준다. 이것은 이러한 생산 양식 속에 내재되어 있는 하나의 문제를 지적하고 있다. 즉 그 생산 양식은 물질적인 공유지와 비물질적인 공유지를 포위하고 식민화하고 착취할 수는 있지만, 그것들을 재창조할 수는 없다는 것이다. 아직도 그것은 지속적인 축적을 위해서 공유지를 필요로 한다. 도대체 무슨 일이 일어나고 있는 것일까?

최근 자본주의 경제의 신자유주의적 세계화 국면은 세계의 점점 더 많은 지역과 현실의 점점 더 많은 차원을 개방시키려는 것을 목표로 세웠다. 이것은 엔클로저와 지속적인 원시 축적 과정을 위한 공유지가 점점 더 많아짐을 의미한다. 이 과정에서 '욕망의 대상'이 되는 것은 토지, 광물 자원과 열대 숲만이 아니라, 열대지역 나라들의 생물종 다양성과 식물, 동물, 종자와 재생 과정에 대해 토착민들이 가지고 있는 전통 지식까지 포함한다. 생명공학, 특히 유전공학, 새로운 '미래의 테크놀로지'와 결합한 경제의 세계화는 공유지 엔클로저의 새로운 국면으로 향하고 있다. 제러미 리프킨Jeremy Rifkin은 이에 대해 다음과 같이 쓰고 있다.

특허권의 인정은, 영국와 유럽 대륙 전체에 걸쳐 산재했던 작은 농촌 촌락의 마을 녹지에서 불길하게 시작되었던 500백 년간의 공유지 엔클로저 운동의 최정점을 보여주고 있다. 오늘날 심지어 생명의 모든 구성물들도 그 자체가 엔클로저화되어 사유화되고, 시장에 내다팔 수 있는 상품으로 환원되었다(Rifkin, *Ecologist*, 1992).

오늘날 WTO에 의해 보장되며, 지적 재산권 관련 무역TRIPs 조항으로도 보장되는 GATT는, 토착 민중들의 전통적인 공동 지식에 대한 엔클로저 혹은 약탈 행위라는 새로운 신식민주의적 시도의 확실한 사례다. 인도의 님나무neem Tree가 살충제로서 가치가 있다는 사실은 매우 오래전부터 인도 민중들 사이에 내려오는 공통의 전통 지식이었다. GATT는 이 님나무에 대한 특허권을 가져갔으며, 이는 토착 민중의 공동 지식에 대한 새로운 엔클로저의 한 예다.

2장에서 언급한 대로, 미국 시민 토니 라슨Tony Larson은 1992년 미국 기업 W. R. 그레이스W. R Grace와 함께 자신이 그 어떤 새로운 것을 개발하거나 발견하지 않았음에도 불구하고 님나무 생산물에 대한 특허권을 얻을 수 있었다. 그가 한 것은 단지 님나무의 살충 성분azadirachtin을 분리하고 보존한 정도였다. 그러나 그는 줄곧 공유해왔던 인도 민중의 전통 지식을 사유화하고 상업화한 것이다(Shiva 1995b).

님나무 사례는 왜 국제 자본이 지금까지 공식화되지 않은 공유지에 대해 자유롭게 접근할 수 있는 권리에 관심을 가지는지를 보여준다. 님나무 생산물과 같은 바이오-살충제에 대한 특허권을 얻는다는 것은 세계 시장에서 막대한 경쟁 우위를 가질 수 있음을 의미한다. 가장 최근에 엔클로저의 실질적인 위험 아래 놓여 있는 사례는 바로 인간 게놈 프로젝트다. 유네스코 윤리위원회는 인간 게놈을 '인류의 공동 재산' 혹은 '전 지구적 공유물'로 선언하고 인간 게놈 조작에 대한 윤리적 틀을 만들기 시작했다.

하지만 이 이슈에 대한 유네스코의 문서들을 좀 더 자세히 살펴보면, 인간 게놈을 '전 지구적 공유물'로 정의한 것은 바로 상업적이고 과학적인 사적 이해관계에 의한 '자유 접근'을 허용하고 있음이 드러난다. 한편으로 인간 게놈은 인간의 존엄성이라는 이름하에 신성불가침한 전 지구적 공유물로 선언되었지만, 다른 한편으로는 유전자 기술과 상업적 이해관계에 그 접근을 허용하고 있다.

이러한 모순적인 이야기가 바로 공유지에 대한 오늘날의 전형적인 담론이다. 반다나 시바Vandana Shiva는 제약회사와 농업회사 자본들이 어떻게 제3세계의 유전적 자원들에 대한 자유로운 접근권을 얻으려고 노력하는지에 대해 서술하고 있다. 그들은 원료 물질에 대한 "자유로운 접근을 보장받기 위해 그 자원을 '세계 유산'으로서 인정하도록 GATT와 FAO(세계식량기구)에 압력을 행사하고 있다. 국제 전매권과 특허 협정은 약품, 식량, 에너지원으로 개발 가능한 가치 있는 유전 물질에 대한 독점권을 안전하게 보장해주는 데 점점 더 이용될 것이다"(Shiva 1993, 82).

만약 다국적 기업들이 '세계 인류 유산'과 '전 지구적 공유물'로서 지역 공동체(농부, 부족민들)가 아직까지 수중에 두고 지키고 있는 것들을 자원으로 선언하길 원한다면, 그들은 이러한 자원들을 사유화하고 상업화하고 독점화하길 바랄 것임이 확실하다. 그리고 그 과정은 다음과 같은 단계를 따를 것이다.

- 타인이나 공동체의 공유지는 '전 지구적 공유지' 혹은 '세계 인류 유산'으로 선언된다.
- 다국적 기업들은 이러한 전 지구적 공유지에 대한 자유로운 접근권을 보장받는다. 반면 이러한 도둑질은 새로운 법(특허법)에 의해 국가를 '공공선'의 수호자로 선언함으로써 합법화된다.
- 사유화, 상업화, 독점화는 진보와 개발이란 이름으로 합법화된다.
- 그 결과는 지역 공동체가 몰수되고 빈곤화되는 것이다(Mies and Shiva 1993).

골드만Goldman은 세계은행과 IMF 같은 전 지구적 자원 관리자를 공유지에 대한 자유로운 접근권을 얻는 데 관심을 가져온 집단 중 하나로 보았다. 이들은 모두 이중 철학을 구사하는데, 공유지와 공동 소유자들을 좀 더 생산적이고 효율적으로 개발할 수 있도록 하기 위해 공유지를 보호하는 것처럼 가장하는 것이다(Goldman 1995, 8). 파푸아뉴기니의 민중들은 그들이 이러한 개발 패러다임을 신뢰하지 않는다는 것을 보여 주었다.

북반구에서의 공유지 재발명

전 세계적인 세력들이 실제적으로 온갖 방식으로 공유지를 공격하고 있는 데 대해 저항하기 위해서, 우리는 산업사회에서 공유지를 재창조하는 것이 공동체에게 어떤 의미를 갖는지 명쾌하게 설명해내야 한다. 지금까지의 설명으로 공유지를 재창조한다는 게 단지 더 많은 엔클로저, 투자, 자본 축적을 위한 새로운 '자유 접근' 영역의 개방을 의미하지 않는다는 사실이 분명해졌을 것이다. 그것은 물질적이고 비물질적인 현실의 영역들, 삶의 영역들, 자연의 영역들을 지역 공동체에 의한 삶의 생산과 재생산의 기반으로서 재천명한다는 것을 의미해야 한다. 만약 우리가 '언어의 엔클로저'에 의해 바보가 되길 원하지 않는다면 우리는 다음과 같이 명확히 말해야 한다. '전 지구적 공유지란 없다. 왜냐하면 공유지라는 것은 하나의 **공동체**를 전제로 하기 때문이다.' 공동체의 사람들을 위해 특정의 지역 공동체가 지키고 보살피고 사용하며 규제했던, 오랜 세월 동안 생계의 기반이 된 공유지는 어디서나 존재해왔다. 오늘날 전 지구적 공유지 즉 '인류 공공선'의 수호자인 척하는 세력들은 결코 하나의 공동체가 아니다. 그 세력들은 적대적 이해관계에 의해 갈라져 있다. 그들은 자신들의 생계를 위해 구체적인 영토나 지역에 기대지 않고 세계 시장에 의존한다. 그들의 목표는 사적 이윤이며 자본 축적이다.

익명의 세계 시장 시스템으로 유지되는 산업사회 내에서 공유지를 재발명한다는 것은 무엇보다도, 생계를 위한 기반으로서 구체적인 생태지역인 삶의 영역과 현실을 담당하고 그에 대해 책임을 느끼는 공동체를 다시 창조한다는 것re-create communities을 의미한다. 우리는 개인의 자기 이해라는 도그마가 최상의 지위를 차지하는 이 원자화된 산업사회 안에서 그러한 공동체를 세우는 일이 얼마나 어려운지 잘 알고 있다.

확실히 해두어야 할 두 번째 핵심은 공동체, 공유지, 문화와 자급 윤리 간의 필수불가결한 연결성이다. 그것이 작용하는 한 공유지 체제는 자급, 즉 '도덕 경제'의 일부다(Mies 1992). 그것은 사적 소유, 영구적인 성장, 자기 이해라는 패러다임으로부터 나온 범주로는 설명될 수도, 분석될 수도 없다. 그러한 도덕 경제에서는, 삶의 과정의 다양한 영역들이 구획되고 파편화된 자본주의 세계 시장 시스템의 경우처럼 서로 분리되지 않는다. 도덕 경제 속에서는 인간 공동체와 자연 사이의 경계가 엄격하지도 견고하지도 않다. 대신 상호 침투가 용이하다. 경제는 윤리와 문화 그리고 영성과 분리되지 않는다. 생산은 재생산과 분리되지 않으며 또 재생산보다 우월한 지위에 놓이지 않는다. 공유지 체제가 중요한 부분을 이루는 도덕 경제 속에서는 어떤 것도 이분법적이고 위계적 질서 속에 놓이지 않으며 적대적인 이원론 또한 유지될 수 없다.

생산과 소비 사이의 연속성을 위해서라도 도덕 경제는 더욱 필요한 진리일 수 있다. 공유지 체제 안에서 이 둘은 분리되지 않으며 서로 밀접히 연결된다. 생산 과정은 구체적인 지역 공동체의 필요를 충족시키려는 동기로 이루어지며 익명의 세계 시장에서 인위적으로 만들어진 수요를 지향하지 않는다. 그러한 경제 안에서 예컨대 쓰레기라는 개념은 존재하지 않게 된다. 소비되지 않는 것 그리고 특정의 생태 지역 내에서 흡수될 수 없는 쓰레기를 발생시키는 물건은 생산되지 못한다. 한 지역에서의 그러한 도덕 경제는 분명히 그 지역의 자기 재생 능력을 지속시킬 책임감을 느끼는 공동체를 필요로 한다.

오늘날 자본주의 시장 체제 안에서는 특정 지역을 위한 책임 의식과 돌봄이 나타날 수가 없다. 왜냐하면 생산과 소비는 전 세계를 횡단하는 원거리 수송으로 인해 서로 분리되어 있기 때문이다. 더군다나 생산과 소비는 서로 다른 논리를 따른다. 생산자(임금 노동자)는 자신의 생산물의 사용 가치에 대해 관심이 없다. 그들의 주요한 관심은 자신들의 임금이다. 반면 소비자는 그들이 구매하는 상품의 사용 가치에 관심을 갖는다. 그러나 그 상품이 어디서 왔는지, 그것의 쓰레기가 어디로 가는지에 대해서는 관심이 없다. 그들의 자기 이해는 자신의 개인적 필요에 대한 즉각적인 만족에 달려 있다. 그들은 상품의 생산자나 생산 과정의 생태적 결과, 혹은 자신들의 소비 과정에서 발생하는 쓰레기로 인해 무슨 문제가 발생하는지에 대해 의문을 갖지 않는다.

앞에서도 말했듯이 쓰레기 문제는 생산과 소비가 함께 가야 할 필요성에 대해 지적해주고 있다. 그렇게 되어야만 특정 지역의 삶의 지속성에 대한 공통의 책임감이라는 새로운 감각이 출현할 것이다. 만약 사람들이 자신들의 삶의 과정 속에서 스스로 남긴 것 혹은 쓰레기에 대해 책임을 느끼기 시작하면(이것은 오로지 하나의 공동체에서 이뤄질 수 있다) 그들의 소비 패턴뿐 아니라 생산 패턴까지도 틀림없이 바뀌게 될 터이다. 산업사회에서 공유지를 재창조하는 것은 자기 지역 내에서 자신들의 쓰레기에 대한 책임감을 갖는 공동체로부터 시작할 수 있다.

쓰레기로서의 공유지

지금까지 이야기해온 바대로, 산업사회의 지역 공동체에 '공유지를 재발명' 해내는 것은, 적어도 현재의 시점에서는 불가능한 일로 보인다.

그러나 미국과 유럽 등지에서 일련의 사회적 실험으로 이와 같은 시도들이 행해지고 있다. 이는 어떤 부분에서는 필연성의 산물로 현재의 복지 제도가 더 이상 늘어나는 인구를 다 돌볼 수 없는 상태이기 때문에 행해진다. 또 다른 부분에서 이런 시도들은 사유 재산이나 자본 축적에 좌우되지 않는 새로운 생산 방식과 삶의 방식을 실험하고 싶어하는 사람들에 의해 이루어진다. 탈산업화된 도시의 폐허 속에서 공동체의 정원을 창조하는 일(5장)은 새로운 공유지를 위한 운동이라 불릴 수 있을 것이다. 마찬가지로 지역 경제를 통해 새로운 공동체를 세우는 운동(3장), 재화와 서비스의 직접 교환(LETS와 같은 새로운 화폐 형태) 등은 모두 자신의 생존을 위해 자본과 국가에 의존하는, 원자화된 이기적 개인을 만드는 사회의 한계를 극복하려는 시도들이다. 그러나 이 장의 첫 번째 이야기에서 보여준 바와 같이, 우리는 기존의 쓰레기 처리 시스템이 갖는 모순과 불합리를 살펴봄으로써 여기서 한 걸음 더 나아갈 수 있다고 생각한다.

다시 한번 상식적으로 생각해보자. 계속되는 경제 성장 속에서 쓰레기는 계속 증가한다. 그러나 지구는 그 크기의 한계가 있으므로 더 이상 그것을 처분할 수가 없다. 쓰레기를 경제 상품으로 만들려는 시도는 단지 문제를 악화시킬 뿐이다. 자본주의 세계 시장의 틀 안에서는 쓰레기 처리 문제에 대해 만족할 만한 해결책이 없다. 만족할 만하다는 것은, 사람들과 생태권, 그리고 바로 여기와 그 밖의 다른 곳 모두에 해를 끼치지 않는다는 것을 의미한다.

이러한 상식이 마리아 미즈의 마을 사람들에게 이해되기 시작했다. 튀링겐으로 유기물 쓰레기를 보내는 것이 지역 당국으로서는 너무나 비용 부담이 크기 때문에, 이 지역 어느 곳에 비료 처리 시설을 세울 것인가 하는 문제가 논의되었을 때였다. 지역 당국은 현대식 비료 처리 시설에다 마을의 모든 유기물 쓰레기를 비료로 처리하는 민영 기업을 유치함으로써 문제를 해결하려고 했다. 그러나 시설을 어디에 세울 것인가 하는 문제가 생겼을 때 마을의 어느 누구도 이러한 목적을 위해 공공의 토지를 제공하려고 하지 않았다. 왜냐하면 사람들은 이 현대적 시설이 둘 혹은 셋 이상의 일자리를 창출하지도 않고 오히려 지하수에 해를 입히며 또 쓰레기 운송을 증가시킬 것이라는 사실을 알고 있었기 때문이다. 더군다나 이 회사는 자신의 이익을 창출하기를 원하고 또 확장시키길 원할 것이므로 다른 지역의 녹색 쓰레기들이 이 지역으로 수입되어야만 할 것이다. 대부분의 마을들이 자신의 뒷마당에 비료 처리 시설이 들어오는 것을 거부했다.

비록 이러한 저항은 말하자면, 전형적인 님비(not-in-my-backyard) 반응이었다. 그러나 시골 지역 공동체에 여전히 거름더미를 쌓는 농부들과 정원이 있는 한, '유기물 쓰레기'라는 개념의 터무니없음을 사람들에게 상기시키기란 그리 어려운 일이 아니었다. 서독의 마을에서 동독의 튀링겐 비료 처리 시설로 유기물 쓰레기를 내보내는 게 생태적으로든 경제적으로든 불합리한 것임이 즉각적으로 명확해졌다. 이런 상황에서 각각의 지역 공동체가 유기 잉여물을 처리하기 위한 공공의 방식에 대해 토론한다는 것은 어려운 일이 아니었다. 그와 같은 탈중앙집중식 해결 방법은, 만약 그것이 생태적인 방법으로 수행된다면 운송의 필요성을 피할 수 있을 뿐 아니라 생태계에 타격을 입히지 않으며, 심지어는 일자리를 창출할 수도 있을 것이다.[26]

각각 구체적 사례 속에서 자각과 저항은 님비 수준을 넘지는 못했다.

하지만 이러한 상황을 통해 쓰레기, 특히 유기물 쓰레기를 '부정적 공유물'로 선언하게 되었다. 이것은 곧 공동체가 '우리는 우리의 쓰레기를 스스로 처리한다'는 모토에 따라 자신들의 생활 과정에서 생긴 찌꺼기를 처리할 책임에 대해 선언했다는 것을 의미한다. 만약 쓰레기가 우리 삶의 과정의 일부분으로, 그리고 '그 어딘가'에 버려질 수 없으며, 공동체가 의존하고 있는 지역 생태계의 재생산 주기에 맞게 다시 돌아가야 하는 것으로 여겨지게 된다면, 상품의 순환뿐만 아니라 생산 과정 역시 변화해야 할 것이다. 필연적으로 포장이나 광고에 쓰이는 불필요한 쓰레기를 줄이는 데 관심이 생길 것이다. '부정적인 공유물'로서의 쓰레기에 대한 새로운 공동 책임은 새로운 지역 경제를 이끌어나가는 데 필수적인 다음 단계가 될 것이다.

북반구의 현 상황에서 공유지를 재창조한다는 것은 궁극적으로 파푸아뉴기니에서처럼 공유지를 사유화하려는 지방 정부나 중앙 정부의 권리에 대해 사람들이 의문을 제기하기 시작한다는 것을 의미한다. 왜냐하면 그들은 자신들이 채무의 덫에서 빠져나오기를 원하기 때문이다. 공유지와 공유지 자원은 가난한 자들의(특히 복지 상황이 더 이상 모두의 안녕을 보존할 수 없는 단계에서는) 생계와 자급의 기반으로서 보존되어야 한다.

공유지, 여성 그리고 자연

수년 전에 우리는 초국적연구소Transnational Institute가 개최한 '공유지의 재창조'라는 제목의 워크숍에 참가해달라는 요청을 받았다. 우리는 지역 주민들이 그들의 공유지를 재발견하고 다시 살려내야 한다고 확신했기 때문에 워크숍에 참가하기로 결정했다. 그러나 위와 같은 주제를 상세하게 논의하고 있을 때 주제를 평가하고 개괄하던 마이클 골드만 Michael Goldman의 서론 부분을 듣고 우리는 깜짝 놀랐다. 가레트 하딘 Garet Hardin의 "공유지의 비극The Tragedy of Commons"(1968년 12월 *Science* 지에 게재)이라는 제목의 에세이가 앵글로 색슨족의 세계에 핵심적인 공헌을 한 것으로 여겨지고 있었고, 그 모든 토론이 하딘의 주장에 찬성하든 찬성하지 않든 기본적으로 그의 견해에 따라 구성되었던 것이다. 그것은 놀라운 일이었다. 왜냐하면 우리가 그동안 관여해왔던 공유지에 관한 토론에서 하딘은 전혀 중요하지 않았기 때문이다. 그 이유를 다음과 같이 설명하려 한다.

"공유지의 비극"을 다시 잘 살펴보면서, 우리는 새롭게 출현한 '전 지구적 공유지' 담론에 대해 많은 것을 배웠다. 사실상 하딘은 공동체에 사는 지역 주민들의 실제 공유지를 파괴함으로써(여기서 '파괴'라는 단어는 매우 적절하다) '전 지구적 공유지'를 창안하는 데 크게 기여했다. 나아가 '공유지를 재창조'하는 데는 서로 상반되는 두 가지 개념이 있다는 것에 대해서도 알게 되었다. 첫 번째는 우리의 관점으로서, 지역 민중을 위한 풀뿌리 운동을 통해 아래로부터 공유지를 지키고 개선하고 또 재창조하는 것을 의미한다. 두 번째는 위로부터 건설되고 고안되는 것으로서, 다름 아닌 '전 지구적 공유지'인데, 그것은 주로 다국적 기업의 이익을 위해 국제 기구나 국제 전문가들에 의해 도입된 것이다. 이것 역시 재창조이기는 하다. 그렇지만 왜곡된 것이다. 왜냐하면 그것은 자본에 봉사하기 위해 공유지라는 단어와 사상, 그리고 공유지에 대한 긍정적 느낌들을 찬탈하면서, 실제적이고 역사적인 공유지를 부정하는(혹은 포위하는) 데에 기반하고 있기 때문이다. 하딘이 실제 공동체의 공유지를 부정하고 비방하는 방식은, (그가 그 개념을 창안하는 데 명백히 기여한) '전 지구적 공유지'라는 발명품의 의도와 이데올로기에 대해 많은 것을 우리에게 가르쳐주었다.

이른바 '공유지의 비극'이라는 것

하딘의 테제는 다음과 같다. "공유지가 사용되는 강도로 미루어볼 때, 앞으로는 공유지 사용에 있어서 개인에 의해 충족될 수 없는 도덕성이 요구된다. 왜냐하면 이 도덕성은 개인의 자기 이해와는 상반되는 것이기 때문이다. 이 문제의 해결책은 오직 정치적으로만 가능하다"(1973년에 독일어로 출판된 하딘의 책 개요). 그는 하나의 예를 들어 이 주제에 대해 상술하고 있다. "목장이 모두에게 개방되는 것을 상상해보라. … 각각의 목동은 될 수 있는 대로 많은 소들을 목장에 두려고 노력한다. … 이성적인 존재로서 각각의 목동은 자신의 이익을 최대화하려 한다." 그리고 그 결과는 과잉 방목이 될 것이다. "공유지에서의 자유는 모두에게 파멸을 가져온다"(Hardin 1977, 20). 이 문제를 전 세계 차원으로 이동시켜 적용해보면, 그것은 우리가 한정된 공간에 너무 많이 살고 있다는 걸 의미한다. 하딘에 따르면, 비극은 개인의 사적 자유가 모든 개인, 즉 인류를 함께 멸망하도록 이끈다는 사실 속에 존재한다. 따라서 우리는 "재생산에 있어서의 자유방임주의라는 현 정책"을 계속 유지할 수가 없다(Hardin 1977, 19).

공유지의 비극적 종말을 피하기 위해서는 공유지를 둘러싸야 하고(엔클로저) 사유화해야 한다. 오직 그렇게 함으로써 공간과 암소 숫자 사이의 정확한 관계에 대해 개인이 책임을 질 수 있는 구조가 될 것이다. 목장이 황폐해지는 대신 그 생산력은 최대에 이르게 될 것이다. 하지만 공유지에 접근하는 데 한계를 설정하는 것이 개인의 자유를 감소시킬 수 있다. 그러나 "인류가 서로 약탈하는 것에 반대하는 법을 통과시키는 데 합의할 때 인류는 더욱더 자유롭게 되었다"(Hardin 1977, 29). 그러므로 우리는 "인구 과잉이라는 악덕을 피하기" 위해 "아이를 갖는 자유를 억눌러야"만 한다. 하딘은 이것이 구체적으로 무엇을 의미하는지 말하지 않는다. 그는 생물학자이지 UN의 직원이 아니기 때문에 이러한 태도를 취할 수 있었다.

공유지에 대한 논쟁 속에서 하딘의 핵심 내용은 명확하다. 이미 그의 주장에는 아주 간결하게 세계화, 자유화, 사유화라는 모든 이데올로기와 그것의 정당화 과정이 포함되어 있다. 우선 하딘은 (전통적인) 도덕 경제를 지금의 시대와는 맞지 않는 것으로 반박한다. 대신에 그는 정치 즉 위로부터의 중앙 집중 권력 장치가 이 세계의 문제를 가장 잘 해결해준다고 믿는다.

그래서 그는 자유주의라는 사상적 조류에 기초한 자유라는 개념을 소개하고 있다. 하딘에 따르면 오늘날 자유의 주요 구성요소는 모든 이들에게 탄생의 평등이나 평등한 권리에 기반해 있는 것이 아니라 사유 재산에 의해 생겨난 한계에 기반해 있다. 생존이란 것은 지역 공동체를 중심으로 그 공동체를 이루어나가는 사람들의 상호적 관계망 속에서 보장되는 것이 아니다. 사적 자본을 중심으로 세계를 구획 짓는 것, 즉 자본의 지배 아래에서 생존을 위해 공동체를 조직해나가는 것이 최상의 방법인 것이다.

우리는 그 주장의 단순함에 놀랐다. 그러나 무엇보다 더 놀란 것은 하딘이 자신의 주장을 위해 사용한 이미지들이었다. 더군다나 그것들이 신뢰를 받아온 듯이 보인다는 사실에 놀랐다. 그는 세계를 목장에 비유했고 인류를 소떼(더 자세히 말하면 새끼를 키우는 암소 떼)에 비유하고 있다. 그의 이론에서 보자면 지금의 세계화 시대에는 자본의 소유주/관리자/정치인 같은 실제적인 "전 세계의 새로운 군주"(Ramonet 1995)는 울타리를 치는 목자요 적절한 재생산을 책임질 분별 있는 양육자인 것이다.

여성 길들이기와 공유지 엔클로저

전 지구적 공유지의 담론 아래에 숨어 있는 아젠다를 알아채기 어려운 이유는 무엇인가? 사실 우리 대부분은 물, 환경(오존층, 기후), 생물 다양성이 인류의 공동 유산이라는 생각을 하게 될 때, 그런 생각이 바로 이 지구를 파괴로부터 막는 올바른 방법이라고 느낀다. 왜 우리는 그렇게 쉽게 기만당해 버리는가? 바꾸어 말하면, 전 지구적 공유지라는 담론의 어떠한 요소가 이러한 신비화로 이끄는가? 이후에도 살펴보겠지만, 이 담론은 자본주의 가부장제의 이데올로기적 요소들과 결합하여 작동한다. 즉 자연 그리고 자연과 직접적으로 교환 작용을 하는 일(이 경우 자연에 대한 공동체의 접근을 통한 일)은 비생산적이고 가치 없는 일로 간주된다.

실제로 공유지가 전 지구적 관심사로 만들어지는 방식은 또 다른 엔클로저 과정인, 이른바 자본주의 출현 과정에서 여성 노동의 가내화dome-stication를 떠올리게 한다. 이런 과정 속에서 주로 여성에 의해 이루어지는 지속적으로 아이들을 돌보거나 농장을 유지시키는 가내 노동의 경제적 중요성은, 사회적으로 완전히 비가시화될 때까지 천천히 점진적으로 무시된다. 지금 그것은 더 이상 노동으로 간주되지 않고 단지 사랑의 행위로 간주된다. 다른 말로 하면, 여성의 노동은 이상화됨과 동시에 비경제화된다. 삶을 재창조하는 활동에 관련된 일이나 사람들에 대한 긍정적 느낌과 존중은 그 일의 구체적이고 물질적인 현현과는 분리되어왔다. 그 효과는 두 가지 면을 갖는다. 존중이라는 행위는 더 이상 진지하게 받아들여지지 않으며 불확실한 어떤 것, 즉 감성적인 일이 되어버렸다. 반면에 경제는 사랑 없이 이루어지는 무엇이 되었다. 즉 다른 경제 행위자, 식물, 혹은 노동 대상에 대한 적극적 감정 없이 이루어지는 것 말이다.

여성의 자급 일은 더 이상 일로 간주되지 않으면서, 거기에 대한 대가를 지불하지 않는 것이 적절하며 착취가 아닌 것으로 정당화되었다. 우리는 그것을 여성의 노동만이 아니라 여성 자신의 '가정주부화house-wifisation' 혹은 '가내화domestication' 라고 불러왔다(Bennholdt-Thomsen 1988b). 근대가 시작될 무렵인 16세기 이후, 그리고 근대 마녀 사냥 시기에 '주부' 라는 사회적 범주는 여성들의 현실이 되어왔다. 이와 함께, '프롤레타리아' 라는 사회적 범주는 남성의 범주에 속하는 것으로 받아들여졌다. 여성도 물론 '플로레타리아' 화되었지만, 어쨌든 그들은 사회적으로 주부로 범주화된 점에서 사정이 달랐다. 여성이 더 낮은 계급이 되었다는 점에서 이것은 하나의 낙인이다. 여성의 계급이 더 낮아진 이유는 여성이 출산을 위해 운명 지워졌다는 것이 아무런 (경제적) 가치를 갖지 않기 때문이다. 이것은 임금 노동자로서 여성이 남성보다 임금을 덜 받는 이유를 설명해준다(오늘날에도 여성들은 여전히 어디에서나 평균적으로 남성 임금의 절반에서 3분의 2 정도의 임금을 받는다). 이것은 계속적으로 여성의 자급 노동을 '순수한 사랑'으로 이상화하는 결과를 초래하고 있다 (2장을 볼 것).

근대의 도래와 함께 공유지에도 이와 비슷한 일이 일어났다. 공유지는 사회적이고 관습적으로 조직화된 어떤 유형의 경제로 간주되지 않는다. 공유지는 지역 주민들의 생활을 지탱해주는 매우 필수적인 부분이지만 그것들은 천천히 그러나 지속적으로 사라지고 있다. 공유지는 공동체에 속한 모든 구성원이 관습적인 권리를 가지며 자신들의 생계 수단을 구할 수 있는 도덕 경제의 한 부분을 이룬다. 그러나 오늘날 이런 형태의 경제 는 물질적으로는 풍요롭지만 문화적으로는 무지한 매우 협소한 경제 범 주 속에서는 존재하지 않는다.[27] 공유지의 사회적이고 경제적인 측면은 비가시화되었다. 반대로 공유지는 매우 높게 이상화되었다. 그리고 모 두가 그것을 '보호'할 자격을 갖는다고 느낀다. 즉 '모두의 이익'이라고 말해지면서 그것을 조작할 자격을 갖는다고 느끼는 것이다. 이러한 과정 에 의해 공유지는 높게 이상화되며 겉보기에는 탈경제화된다. 그리고 결 국 자신들의 삶을 공유지에 의존해온 사람들로부터 땅을 빼앗는다.

공유지가 존재할 만한 가치가 있다는 공유지에 대한 긍정적인 감정들 은 구체적인 물질적 필요와 분리되었다. 도덕적인 것은 경제적인 것과 분리되었다. 여전히 도덕적 감정들은 남아 있지만, 그것은 추상적인 것 이 되었다. 그래서 결국 그 개인이 공유지를 재생산해내는 공동체에 소 속해 있든 없든 상관없이, 공유지는 누구나가 다 접근할 수 있는 '만인의 권리'가 행사될 수 있는 곳으로 쉽사리 조작될 수 있다. 공유지가 더 이 상 경제의 한 부분으로 여겨지지 않기 때문에, 공유지가 순수한 자연 혹 은 '야생의 어떤 것'이 아니고 실제로 재생산되어야 하는 것이라는 사실은 무시된다. 이것은 '부정적 재생산', 즉 '파괴'의 사례 속에서 좀 더 명확해진다. 북반구에 사는 사람들은 그들이 사회적으로 또 물리적으로 공유지를 파괴하고 있다는 사실을 잊으려고 한다. 아마존 열대림이 지구의 대기를 정화시키기 때문에 자신들을 위해 그것의 보호를 요구하는 도덕적 권리가 있다고 느끼는 데도 불구하고 말이다(모성애나 고향과의 동일시 같은 긍정적 감정이 구체적인 개인적·경제적·지역적 맥락에서 추상화되어 왜곡되고 조작되는 방식은 제3제국*의 사례에서 볼 수가 있다).

자연 길들이기와 엔클로저

여성의 자급 노동과 공유지의 존재는 둘 다 지역 민중들의 실질적인 생존을 위한 기여에도 불구하고 이상화됨으로써 비가시화된다. 그 방식은 둘의 경우 동일할 뿐 아니라 공통의 뿌리를 갖는다. 근본적인 배경은 자연과 경제를 분리하는 근대적 세계관이다. 이러한 근대적 세계관에 따르면, 인간과 자연과의 교환에 기반한 생산 방식은 어떤 것이든 간에 경제적 사실로서 비가시화되면서 자연 과정 그 자체로 간주된다. 자연과, 자연에 대한 인간의 새로운 관계는 이상화되고, 그 관계는 더 이상 필수적인 것으로 간주되지 않는다. 불필요하고 비경제적이며 이상화된 자연과 인간의 관계들은 공유지에 대한 자유로운 접근권을 만들어냈고, 여성 노동에 대가를 지불하지 않은 채 자유롭게 접근할 수 있는 권리를 부여했다. 이런 식으로 여성은 공유지로 취급되고,[28] 공유지는 여성으로 취급된다.[29] 그리고 그 접점에 있는 것이 바로 근대의 자연 개념이다.

---

* Third Reich. 1933년 1월부터 1945년 5월까지 독일 나치 정권의 공식 명칭.

근대 사회에서 자연은 무언가를 창출해내는 생산적인 것이 되기 위해 착취되어야 하는 하나의 자원으로만 인식된다. 오로지 인공적으로 만들어진 것, 즉 인간에 의해 만들어진 것만이 삶을 생산(재생산)하는 경제적 가치를 갖는다. 자연의 풍요로운 능력은 무시되며, 자연은 인간의 통제를 받아야 한다는 베이컨의 말처럼 자연은 조심스럽게 자신만의 비밀을 드러낸다. 그 안에서 과학자들이 자연법칙을 고안해내고 이것이 곧 대량 생산의 근간이 된다. 하지만 근대 이전에는 자연이 어머니 자연 혹은 어머니 지구로 인식되어 숭상되었다. 그런데 절대적으로 인공의 생산력이 높이 찬양됨과 함께 기계적 세계관으로 이동하면서 어머니 자연의 원칙은 상징적 차원에서 그 성스런 모습을 잃고 말았다. 또 현실적 차원에서 여성은 열등한 사회적 지위에 맞닥뜨리게 되었다(Merchant 1980 ; Fox 1985 참조). 그리고 공동체들은 오로지 '자연법'의 통치 아래에서만 평등해질 수 있었는데, 그것은 인간 존재의 평등성이 하나의 어머니에게서 똑같이 태어났다는 사실에 기초함을 의미한다. 따라서 그러한 자연법은 본래적으로 어머니의 법이라고 블로흐Bloch(1961)는 말한다. 자연을 단순한 자원으로 환원시켜, 그 물질적 기반인 공유지와 공동체를 파괴하고, 동시에 그 어머니의 존재를 가치절하하는 것은 더 이상 놀라운 사실이 아니다.

'비극'에 저항하는 역사

마이클 골드만의 공유지에 대한 리뷰(1995)를 읽고 난 후 우리는 가레트 하딘의 "공유지의 비극"(1968)을 자세히 살펴보았는데, 베로니카 벤홀트-톰젠이 하딘의 글을 주목했던 것은 그때가 처음이었다. 거의 25년간 공유지에 대해서 연구해왔음에도 불구하고, 그때까지 그녀의 논의에서 하딘의 글은 나타나지 않았다. 그녀의 연구 분야는, 원주민 공동체, 즉 멕시코 원주민 공동체였는데, 이른바 공동체의 토지 소유, 공동체의 사회 경제적 응집력, 그리고 공동체를 재생산하는 종교적 제의의 세계관에 대한 것이었다(Benholdt-Thompsen 1976). 1970년대 초반, 멕시코의 (원주민) 농부 공동체는 이러한 자신들의 공동체가 유지되고 존속될 수 있을 것인가 아니면 사라지고 말 것인가에 대해 논쟁을 했다. 이것이 그 유명한 깜뻬시니스따스-데스깜뻬시니스따스campesinistas-descampesinistas 담론이다. 우리는 이것을 푸코의 용어를 사용하여 담론discourse이라 부른다(Foulcault 1976). 왜냐하면 데스깜뻬시니스따스는 공동체가 사라지길 원했고 그에 따라 그들은 항상 마치 공동체가 이미 사라진 것처럼 말했기 때문이다. 그들은 사회주의자의 정치적 프로젝트를 따랐다. 그들에 따르면 토착 농부들의 공동체 속에 이루어진 유기적 연대는 노동자의 기계적 연대보다 열등하며, 더 나아가 노동자의 정치적으로 올바른 의식들을 숨겨버린다(Feder 1977/78 참조). 어쨌든 이른바 진보적인 사람들이 한 것은, 그들이 인정하든 안 하든 멕시코에서 일어난 하나의 과정을 정당화하고 있었다. 지역에 기반한 공동체들은, 점점 커져서 공동체를 대신하게 된 국가에 의해, 그리고 겉으로 보기에는 공동체적 원칙에 따라 조직된 것처럼 보이는 집단 기업 혹은 협동 기업이라는 국영 재산 제도와 생산 제도에 의해 착취되고 또 파괴되었다. 이러한 정책의 배후에 존재하는 철학은, 더욱 커지고 더 기계화되는 게 모두를 위해 바람직하다는 것이었다. 이는 곧 산업화와 거대화를 위한 일반적 주장이다. 지역의 구체적인 상호부조 관계는, 효율성이라는 이름으로, 그리고 추상적인 경제적 시장으로부터의 보상을 통해 얻어지는 일반인을 위한 익명적 혜택이라는 이름으로 파괴되었다.

깜뻬시니스따스–데스깜뻬시니스따스 논쟁에 의해, 실제로 공동체가 무엇이고 또 공유지는 무엇인가를 역사적인 관점에서 그리고 사회적 재생산의 메커니즘이라는 관점에서 이해하는 것이 가능해졌다. 상호부조에 기반한 공동체, 즉 공유지의 공동 사용자에 의지하는 공동체와, 그것들 위에 군림하는 이른바 공산주의 체제가 어떻게 차이가 나는지 알 수 있게 된 것이다. 집단화, 그리고 협동 기업을 위해 이루어진 여러 협동 단계들은, 정부가 농업을 산업화하기 위해 이전의 농부들을 지배하는 하나의 수단에 다름 아니었다. 현실적으로 농부들은 이러한 정책적 수단에 의해 강제로 도시 프롤레타리아로 내몰린다. 아마도 이러한 메커니즘은, 고용이 보장된다는 긍정성으로 인해 사회주의적 정책 속에서 더욱더 강제적인 게 될 것이다. 자본주의 기업들은 다소 덜 폭력적인 방법으로 농부들의 토지를 빼앗지만, 어쨌든 대부분은 결국 포기하지 않을 수 없다. 결국 사회주의의 협동 제도와 자본주의의 사적 제도 간의 차이는 사소한 것이거나 혹은 존재하지 않는 것으로 드러났다. 유사하게 현실 자본주의와 현실 사회주의 간의 차이도 실제로는 존재하지 않거나 아주 사소한 것이었다.

이러한 논쟁을 통해 우리는 경제 조직과 소유의 방식을 중앙 집권화하는 것으로부터 만인이 수혜를 받을 수 있다는 이야기가 얼마나 이상적인 것인지, 여기에 작동하는 힘들이 무엇인지 깨닫게 된다. 이러한 경험을 통해 다음과 같은 결론을 얻는다. 즉, 공동체 없는 공유지란 있을 수 없고, 상호부조 없는 공동체란 있을 수 없다.

문화적 무지

다시 하딘의 글로 돌아와 보자. 하딘의 글은 1968년에 출판되었다. 그는 멕시코, 라틴아메리카 그리고 중부유럽의 소농 연구가들이 위에서 언급한 그 논쟁에 관여했던 시기와 거의 같은 때에 그 글을 썼다.[30] 하딘이 논쟁 전반을 다 이해하지 못한 것은 분명하다. 거기에는 다음의 몇 가지 이유가 있다. 첫째, 그는 농업이나 농민 문제에 대해 전문가가 아니었기 때문에 정보를 별로 얻지 못한 것으로 보인다. 그런데 공유지 문제는 무엇보다도 농지 소유제도에 관한 것이다. 둘째, 글을 쓰기 전에 실제로 공유지에 관해 알려고 하지 않았다. 왜냐하면 그는 공유지의 역사적 사실, 혹은 그것들에 대한 과학적이고 정치적 논쟁에 관심이 없었기 때문이다. 셋째, 그가 공유지라는 제목으로 글을 쓰기는 했지만, 사실 공유지에 관해서 쓴 것은 아니다. 실제로 그는 자기 스스로 그렇게 명명하고자 했던 '인구 문제', 즉 비록 그가 그 주제에 대해 몇몇의 저자들을 언급하긴 했지만 사실 별로 상술하지 않은 인구 문제에 대해 쓴 것이다. 결론적으로, 하딘은 역사적 사실이나 이 분야 전문가들의 업적에서 그 근거를 찾아보지도 않고 그가 '비극'이라고 말할 정도로 심각하다고 여긴 문제들에 대해서만 주장하고 있는 것이다. 물론 이런 일은 가능하다. 즉 누구나 어떠한 의문에 대해서라도 글을 쓸 수 있다. 그런데 흥미로운 점은 바로 그것이 가져오는 결과다. 그의 생각은 세상에 광범위하게 퍼진 의견을 반영한 것에 다름 아니다. 다른 말로 하자면, 그는 매우 대중적인 이데올로기를 확실하게 글로 설명해낸 것이다.

사실 하딘의 글은 공유지에 대한 것도 아니고 또 인구 성장에 대한 것도 아니다. 오히려 그것은, 북반구와 남반구의 부자들과 중산층 계급에 의한 과소비를 정당화하는 것이다. 그는 맹목적으로, 경제의 거대화를 정당화하는 글을 쓴 것이다. 특히 대다수 사람들을 희생시켜 이와 같은 경제 형태로부터 이익을 얻는 자들의 태도를 말이다. 그는 정말로 진실을 거꾸로 돌려놓는다. 그는 가난한 자들이 우리, 즉 부자들의 물과 공기, 공간을 파괴하고 있다고 말한다. 그의 주장은 자신의 몸과 문화, 경제 형태, 사회구조, 자원, 물, 공기, 공간을 관리할 개인 주권에 대한 공격을 의미한다.

하딘은 자기가 사는 사회의 경제 형태, 특히 그가 속한 계급 혹은 카스트를 정당화하는 글을 썼다. 이런 생활 방식이 모두를 위해 가장 최선이라 전제하고, 이를 앞으로 계속 유지하면서 살아가기 위해서 해야 할 것이 무엇인지를 질문하면서 말이다. 우리는 하딘의 이러한 방법론을 '문화적 무지'라고 부른다. 이것은 인류를 본질적인 그 무엇으로 일반화하고 보편화함으로써 모든 인간을 단일한 존재로 만들려는 계획으로 이루어져 있다. 그러나 이런 추상적인 인류는 다음과 같은 존재로 쉽사리 동일시된다. 그것은 곧 남성이고 백인이며, 18세 이상의 성인이고 산업화된 환경에서 살고 일하며 그에 따라 사고하는, 이른바 여피족을 의미한다. 그러므로 문화적 무지는 타자에게만이 아니라 자기 자신의 사회에도 적용된다. 왜냐하면 이러한 사고방식은 자기 자신의 문화조차 알지 못하게 하기 때문이다. 따라서 방법론의 기본적 원칙은 오로지 다른 사람의 상황에서 성찰함으로써만이 자기 자신에 관해 알 수 있음을 보여주고 있다. 동시에 이는 인종차별주의를 극복하는 필수조건이기도 하다.

경제 합리성 논리:
경제는 삶을 가져다주지만 어머니와 공유지는 삶을 파괴한다

하딘의 글은 여러 곳에서 비판받았다. 그러나 그의 논의에 대한 많은 지지와 비판이 공존함에도 불구하고 그것은 중요한 글로 자리 잡고 있다. 이런 일이 발생한 이유는, 그가 제시한 사회적으로 용인되고 전통적으로 내려온 긍정적인 감정과 가치의 복합체가, 내재하는 도덕적 원칙의 뻔뻔스러운 파괴와 결합되어, 독자들이 마침내 이러한 구태의연한 감성을 떨쳐버리고 부조리한 근대를 정당화하게 되었기 때문이다.

하딘 글의 주제는, 인간과 자연 간의 교환과 협동이라는 경제적인 질을 탈경제화하거나 무시함으로써, 그리고 자연의 다산성을 파괴적인 것으로 범주화함으로써, 자연의 풍요로움과 어머니 원리를 격하시키는 것이다. 하딘 이전까지 그리고 오늘날에도 여전히 인간과 자연의 상호작용이 가져오는 경제적 특성을 드러내지 않고 감추어왔다. 예를 들어 여성의 자급 노동은 경제적으로 비가시화되어왔다. 그런데 이것은 여성의 자급 노동을 높이 평가할 만한 어떤 것으로 이상화함으로써 이루어졌다. 그런데 하딘은 한 단계 더 나아가 그것이 경제적으로 적합하지 않을 뿐 아니라 파괴적인 것이라고 공공연히 선언한다. 그는 어머니 지구를 존중하던 세계관과 180도 다른 세계관을 취한다. 지금은 오로지 인공적인 것, 사람이 만들어낸 생산품이 삶을 보증하며 그것이 풍요로움을 만들어낸다는 것이다. 그에 따르면 생명을 탄생시키는 것은 삶을 위협한다.

하딘은 여성이 아이를 낳는다는 사실을 무시함으로써 그 누구도 화나게 하지 않고 자신의 결론에 도달했다. 널리 퍼진 담론인 그의 견해에 따르면 생명을 낳고 돌보는 것은 인간의 행위가 아니고 순전히 자연이다.

그의 인구 성장 개념은 틀림없이 맬서스주의다. 이에 따르면, 사람들은 제지를 받지 않는 한 그저 식물처럼 증식한다. 사회적 해결이나 여성의 자각적인 결정은 무시된다. 여기서 작동하는 것은 잔인한 폭력을 사용하여 여성의 생식 결정 능력을 파괴하는 마녀 사냥적인 태도다.

공유지에 대한 하딘의 생각 속에도 똑같은 원칙이 적용된다. 생명을 낳는 여성의 역할은 탈인간화되며, 이와 똑같이 공유지와 공동체는 의식적인 인간의 재생산과 유지로부터 제거된다. 하딘은 공유지, 그리고 일반 자연환경을 사회적 책임하에 돌볼 수 있다는 것을 상상하지 못한다. 왜냐하면 그 스스로가 그런 방식으로 움직이지 않기 때문이다. 그에게 존재하는 단 한 가지의 이성적 형태는 바로 자신이 명백히 인정한 대로 환경을 파괴하는 '경제적 이성'이다. 그에게 경제적 이성이 아닌 것은 곧 변화해야만 하는 것들이다. 즉 경제적 이성에 따라 움직이지 않는 사람과 사회, 문화 들은 사라져야만 하는 것이다.

하딘의 글에서 공유지는 구체적인 물질적 관계와 상관없이 누구나 어디서든 평등하게 참여할 수 있는 어떤 것으로 더 이상 이상화되지 않는다. 그는 공유지를 탈경제화한다. 사실 그러한 이상화는 맥락과 분리되어 있기 때문에 감상적이긴 하지만, 어머니 대지가 우리 모두를 먹여 살린다는 느낌 같은 것을 주었다. 하딘은 한 걸음 더 나아간다. 그에게 있어 사적으로 소유할 수 없는 건 불합리한 것이다. 왜냐하면 그것은 경제적 관점에서 볼 때 생산을 위해 합리적으로 사용할 수 없기 때문이다. 따라서 하딘에 따르면 공유지는 내재적인 모순 때문에 고통을 겪는다. 공유지는 풍요로움과 자유를 주지 않고 불가피하게 기업의 경제 활동을 실패로 이끈다. 이러한 하딘 논의의 맥락에서 볼 때, 엔클로저되는 것은 사유 재산이 아니라 공유지여야 하는 것이다. 사유 재산을 소유한 인간들만이 경제적으로 적절하게 행위하는 인간이고, 그 나머지는 '잉여' 인구인 것이다.

공유지 다시 만들기: 자급 관점

우리의 관점에서 보면 공동체 없는 공유지는 없다. 마찬가지로 오이코노미아oikonomia, 즉 사회적·자연적 가구 내에서 인간 재생산의 의미에서 볼 때, 공동체는 경제 없이 존재하지 않는다. 따라서 공유지를 다시 만드는 것은 공유지 경제를 재발명해내는 것과 연결된다.

그러한 경제란 어떤 것일까? 우리는 공유지 경제를 재생하는 것이 하나의 과정이 되어야 한다고 생각한다. 이러한 과정은 다음과 같다.

- 공적 공간을 지켜내고 다시 만드는 것. 북반구와 남반구 모두에서 더 이상의 사유화를 막는 것. 예를 들면 북반구에서 공유지를 다시 만드는 것은 '부정적 공유지'라고 우리가 지칭한 것, 즉 쓰레기에 대한 책임으로부터 출발할 수 있다.
- 세계화의 물결에 저항하는 지역화와 지방화. 이것은 곧 일정 지역 내의 생산, 교환, 소비를 의미하며, 그래서 결국 생태적 지역 생산이 이루어지는 것이다. 사람들은 오로지 그런 지역에서만 공동체를 형성할 수가 있고 지역에 대한 책임을 느낄 수 있다.
- 탈중앙집중화.

- 기계적인 대중 연대에 저항하는 것으로서의 상호부조. 우리가 말하는 기계적 연대란 모두가 환경을 약탈해서 얻은 전리품을 똑같이 나눠 가져야 한다는 것을 의미한다. 이것은 늘 사회 정의라고 불린다. 이 과정은 기술 진보에 대한 사회주의자들의 믿음에 대한 우리의 비판을 반영한다. 기술 진보란 생태계 파괴와 여성 종속의 결과를 낳는 산업과 프롤레타리아화를 위한 변명을 제공해줄 뿐이다.
- 위로부터의 정책이 아닌 아래로부터의 정책. 이 개념은 상호부조를 포함하여 지역 공동체에 사는 민중들의 삶의 한 과정으로서의 정책을 의미한다. 우리는 전 지구적 해결책을 믿지 않으며, 때때로 '전 지구적 거버넌스Global governace'로서 언급되는 새로운 거대 정부의 전 지구적 정치 또한 믿지 않는다. 이러한 전 지구적 해결책은 오로지 자본주의자의 정당화와 제국주의적 권력을 위해 봉사할 뿐이다. 여성의 경우 글로벌 정치학은, 모든 여성은 평등하며 따라서 가부장제하에 있는 북반구 국가의 도시 백인 여성의 기준에 따라 평등하게 취급되고 지배될 수 있다는 담론을 만드는 데 봉사한다. 오늘날 이것의 정확한 사례가 무엇이고 이 담론이 어떻게 작동하는지를 알고 싶다면 하딘이 가시화한 방식대로 작동하고 있는 세계 인구 정책을 들여다보면 될 것이다.
- 공동체를 실현하는 다중적 방식, 그리고 공동체의 다양성.

7

임금 노동과 자급

자급에 대한 다음 이야기는 코리나 밀본Corinna Milborn의 연구에서 나온 것이다. 그녀는 1996년에 과테말라의 두 지역에 있는 레지스탕스 공동체를 7개월 동안 조사했다(Milborn 1997a and 1997b).

임금 노동 전과 후에도 삶은 지속된다: 과테말라의 레지스탕스 공동체들

레지스탕스 공동체인 CPRs(Comunidades de Poblacion en Resistencia: Communities of People in Resistance)는 과테말라 군사 정권의 집단 학살 정책에 반대하는 마야인 집단으로 이루어져 있다. 처음에 이 조직은 1980년부터 1982년까지 많은 사람들이 비행기를 타고 탈출할 정도로 극도로 탄압이 심했던 시기에 만들어졌다. 오늘날 레지스탕스 공동체들은 과테말라에서는 비교적 접근하기 어려운 세 지역인 시에라 산맥the Sierra, 익스칸 산맥the Ixcan(둘 다 퀴쉐Quiche 지역에 속함)과 페텐 산맥the Peten에 있다. 시에라 산맥에는 전체 40개 마을에 있는 레지스탕스 공동체들이 주로 익씰Ixil과 퀴쉐Quiche 언어권과 마야족에 속해 있다. 익스칸 산맥의 레지스탕스 공동체들은 과테말라의 22개 민족 모두를 대표하는 종족들로 이루어졌다. 이 '종족적 혼성'으로 인해 마야인 공통의 정체성에 대한 인식이 강화되었고 각 민족 지역공동체들 간의 오랜 고립이 사라졌다. 이후 CPRs는 소규모의 고립된 조직이 아니라 어엿한 하나의 저항운동으로 나아갔다.

1996년 12월 마침내 평화협정이 체결된 이후, 레지스탕스 공동체들은 자신들이 더 이상 추방되지 않고 권리를 박탈당하지 않을 것이라고 기대했다. 레지스탕스 공동체들과 함께 마야인은 소농 자급 경제를 재건했고, 매주 열리는 지역 시장이 교환과 소통의 장소로 중요한 역할을 했다. 레지스탕스 공동체 사람들에게는 임금을 받는 어떠한 노동(이주 노동을 포함하여)도 수행하지 않는 것이 중요한 저항 중의 하나였다. 이들이 아무리 어려운 위험에 처한다 할지라도 이러한 저항 행동은 그들에게 자신감을 심어주고 자긍심을 불어넣어주었다.

수 세기 동안 과테말라 원주민들은 스페인 식민 통치자들에게 강제 노동자로 끌려갔다. 특히 해안가 경작지를 소유한 대토지 지주들을 위한 임금 노동은 과거부터 현재까지 이어지는 강제 노동이다. 20세기 중반 무렵, 고랭지에 살던 대부분의 사람들이 거의 해마다 7개월 동안 해안가 쪽으로 이동하기 시작했다. 그들은 국가 정책 때문에 강제로 이렇게 해야 했는데, 그 정책들은 일부 메스티소mestizo*와 백인 지주들, 그리고 외국의 초국적 농업 기업(과테말라는 대규모 바나나 수출국이다)을 위해 마을의 공동 경작지를 강탈해버렸다. 게다가 농민들의 식량인 옥수수와 콩 대신 수출을 위해 돈이 되는 곡물을 재배하라는 압력을 받게 되자 이들의 자급 기반이 점점 줄어들게 되었다(이러한 메커니즘은 앞의 2장에서 다룬 멕시코의 치아파스에 대한 설명과 유사하다.) 마야의 소농들 역시 다른 사람들에게 잘 속았으며 술에 취했고 빚도지게 되었다. 그런 다음 그들은 빚의 굴레를 짊어진 상황에서 강제로 이주 노동을 하게 되었다.

1970년대부터 이들은 저항하기 시작했다. 공동체들은 (특히 새로 정착한 익스칸 지역에서) 서로 연계하고 협력해서 자신들의 자급운동을 조직화했고, 마을 사람들은 게릴라전을 지원했다. '자급 경제와의 전쟁'(이반 일리치를 인용)이 제대로 성공하지 못하자, 군대는 대학살을 자행했다. 과테말라 고

---

* 스페인계·포르투갈계 백인과 아메리칸 인디언 간의 혼혈인종.

랭지 전 지역이 절멸했고, 수많은 사람들이 도망가거나 살해당했다. 그러자 피난민들은 숲과 언덕 등지에 다시 삶의 터전을 만들기 시작했다. 이들은 살아남기 위해 먼저 스스로 생계를 꾸려갈 수 있어야만 했다. 이렇게 해서 레지스탕스 공동체들의 새로운 자급 경제가 탄생하게 된 것이다.

레지스탕스 공동체들은 임금 노동을 강요받고 탄압받기 전 시절에 무의식적으로 해왔던 생산 형태와 문화와 조직으로 의식적으로 돌아갔다.

- 토지는 공동 소유다. 비농업 노동을 포함해서 모든 일은 상호호혜의 원칙에 따라 이루어진다. 그래서 사무실이 있는 사람은 농사일에서 일시적으로 면제되고 물적인 지원을 한다. 단 이것을 우열이라는 위계적 의미로 가져가지는 않는다. 잉여 생산물은 공동 축제를 통해 집단적으로 소비한다.
- (여러 종교와 분파로 이루어진) 신앙 체계는 의식적으로 마야인의 문화적 전통과 연결되어 있기 때문에, 다양한 마야인 집단과 언어 사이에 있는 차이를 쉽게 조정해준다.
- 정치적 결정은 합의의 원칙에 따라서 이루어진다. 그래서 모든 사람은 자기 의견을 적극적으로 개진할 수 있다. 각 마을에서 연장자인 남성과 여성, 중년의 여성과 남성, 젊은 두 남녀를 뽑아서 일 년에 한 번 민회를 소집한다. 민회에서는 합의에 따라 결정하게 되고, 모든 중요한 문제는 주민 투표를 거친다. 단기적 사안은 지역별로 결정한다. 법정은 없으며, 토론으로 해결될 수 없는 모든 분쟁은 연장자들로 구성된 평의회에서 해결한다. 레지스탕스 공동체들은 지역을 초월한 더 높은 권력 제도를 지향하기를 단호히 거부한다.

• 치유 능력과 지식은 공동체 내부에서 활용되고 전수된다. 다시 말해, 그들이 무엇을 알고 있다면, 그 지식은 다른 이들에게로 전승된다. 그래서 과테말라의 다른 원주민 공동체에서는 문맹률이 80~90% 사이에 이르는 반면, 지난 15년간 레지스탕스 공동체에서는 문맹률이 구성원 전체의 20%로 떨어졌다.

오늘날 과잉 산업화 국가에서 비임금 노동이란 무엇을 의미하는가?

"임금과 월급 생활자의 완전 고용 사회로 가면 고용 정책은 막다른 길에 이른다." 이 말은 생태 공동체 운동이나 지역 공동체를 표방하는 '민중경제' 이론가의 말이 아니라, 기독사회연합(Christian Social Union, CSU)의 바이에른 주 총리이자 '최적 입지' 정책[31]을 옹호하는 지도자인 에드문트 스토이버Edmund Stoiber가 한 말이다(*Frankfurter Rundschau*, 1996. 3. 11). 이 정책은 국제 자본의 투자를 위한 최적 입지로 독일을 선택하도록 하기 위해 사회 재정적 인프라를 만드는 것을 의미한다. 그러나 이러한 투자를 통해 월급쟁이들을 위한 또 다른 고용 창출 효과를 얻을 수 있을까?

스토이버는 바이에른 주에서 기독민주당과 기독사회연합이 약속했던 완전 고용이란 목표에 사실상 안녕을 고하려고 한 것일지 모른다. 그는 분명히 대기업의 정규직이 아니라 기업이 필요로 하지 않는 노동력에 대해 말하고 있다. 현재 구서독 지역 피고용인 중 불과 3분의 2만이 기간

제한 없는 풀타임 노동계약을 하고 있다. 20년 전에는 그 수치가 5분의 4
였다. 국가가 대기업과 은행을 지원하면 할수록 모든 사람에게 이익이
될 것이라고 주장하는 최적 입지론자들의 이데올로기에 따르면, 스토이
버의 연설은 대단히 정직한 것일 수도 있고 대단히 무책임한 것일 수도
있다. 여하튼 이것은 심지어 최적 입지론자들의 관점에서도 현재는 자본
의 성장과 고용 확대 간의 분리가 불변의 사실이라는 걸 의미한다.

　이 바이에른 주의 총리는 비임금non-wage 노동과 무보수non-pay 노동
중 어떤 형태를 생각하고 있을까? 스토이버가 1996년 뮌헨의 기술 박람
회 개회식에서 위와 같은 연설을 했을 때는 아마 독립적인 수공업이 대
규모 산업 생산과 나란히 생존할 수 있으리라고 생각한 듯하다. 그러나
자급적인 수공업이 얼마나 살아남을 것인지는 의심스러울 수밖에 없다.
목공이나 재단 같은 전형적인 수공업 생산에 전자식으로 조절되는 생산
방식이 적용되어온 이후로 자급적인 수공업은 계속해서 사라지고 있기
때문이다. 차례로 집약 과정이 강화되면서,[32] 예전의 수공업 기술은 사
라지고 있거나 소규모 산업 형태로만 남아 있게 되었다.

　세계 시장이 활짝 열려 값싼 상품이 들어올 때, 과연 얼마나 많은 소규
모 산업이 자신의 상품을 팔 수 있을까? 거대 기업이 구멍가게(슈퍼마켓)
와 음식점(스낵바와 레스토랑 체인점)뿐만 아니라 건물 유지와 관리 업무
(보안, 청소부터 외벽 페인트칠)까지 장악하게 된 상황에서 소규모 서비스
업이 어떻게 독립적인 고용을 제공해야 할까? 안타깝지만 스토이버는
이러한 부분까지 생각하지 못하고 있다.

　20세기 말 우리에게 불어 닥친 지구화 시대에, 자영업(혹은 창업)self-
made employment은 제3세계에서 '비공식 부문'이라고 불리는 영역에서

발견될 수 있다. 여기에는 구두닦이에서 전문치료사, 핫도그 노점 주인에서부터 집에서 일하는 소프트웨어 전문가와 잡지 원고를 쓰는 고용되지 않은 사회학자에 이르기까지 다양한 사람들이 포함된다. 이들 대부분은 불안정한 수입에 사회보장과 의료보험 혜택이 거의 없다. 스토이버와 같은 제1세계 보수주의 이론가와 정치인들이 이러한 자영업에 대해 긍정적인 이미지를 더 많이 갖고 있는 것은 자연스러운 일일지도 모른다. 그들이 보기에 모든 자영업자는, 충분히 열심히 일하기만 하면 구두닦이 소년도 록펠러 같은 기업 거물이 될 수도 있고, 컴퓨터 해커가 빌 게이츠 같은 소프트웨어 백만장자가 될 수도 있는 성공 가능성을 지닌 소상공인 혹은 소자본가다. 국가의 거대 자본에 대한 투자가 어떤 직업도 창출하지 않는다는 사실은 이 개념에서 보면 전혀 모순적이지 않고 오히려 당연하다.

이 발상에는 결과적으로 전체 경제가 활성화될 것이라는 기대도 들어 있다. 국제 개발 정치학에서 이것은 기업 이윤이 국민 표준 생계지수에 영향을 주는 '낙숫물 효과trickle-down effect'로 이해된다. 그러나 미래의 노동자로 치켜 올려지고 있는 단기간의 '자영업자들'은 실제로는 매우 보조적인 역할만을 하며 거대한 시장의 힘에 정치적으로 종속되어 있다. 어떤 사회적 보호도 제공하지 않으면서 짧은 기간 동안 '자영업자'의 노동을 사용할 수 있는 것이 바로 거대한 시장의 힘이다.

그래서 우베 진 하우저Uwe Jean Hauser는 독일에서 50만 명 이상을 대상으로 소위 '새로운 창업' 분야를 포함하여 '610마르크'*짜리 직업을 찾는 숫자가 끊임없이 증가하는 현상을 조사했다. "이 중에는 예전의 고용주가 화물 자동차 운전사에게 모든 법적 의무와 함께 화물 자동차를 팔아서 운전사가 스스로 운영하면서 그 차를 운전하게 되는 경우도 있다.” 수습 제빵사와 도축사도 그들의 예전 사장에게 이런 방식으로 “고용된다”(*Die Zeit*, 1997. 2. 14). 사업상의 어떤 위험도 자영업자들의 어깨에 고스란히 남겨두면서 그 이윤은 이를 소유한 은행과 기업에게 고스란히 돌아간다.

사회주의 국가의 노동 기준을 옹호하는 정치 활동 능력은 상당히 위축되어 왔다. 20세기 말 대기업과 금융기업의 경제적 지배가 너무나 압도적이어서 국가 자체도 그들의 이해관계를 따르도록 압력을 받고 있다. 이것은 신자유주의 정치의 출현을 통해서만 초래된 결과는 아니다. 그것은 이미 수십 년 전 특히 1945년 마샬 플랜 이후, 그리고 세계은행과 IMF에 집중되었던 국제적인 성장 정책 수립과 함께 만들어졌던 사회문화적 경향이 지속되어온 과정에서 발생한 필연적인 산물이다. 더욱 중요한 사실은 축적의 메커니즘에 동조하는 문화가 바로 그 시기에 형성되었다는 점이다. 그래서 우리는 최대화를 지향하는 경제뿐만 아니라 최대화를 지향하는 사회에 대해 이야기해야 한다.

임금 노동에 집착하는 사회

한때 정상적이라고 여겼던 상황에 대해서 이제는 아무도 믿지 않는다. 이제 아무도 고용안정성을 누리는 숙련 노동이 모든 근로 인구에게 가능

---

* 한화로 약 33만 원.

하리라고 생각하지는 않게 되었다. 적어도 서구 산업사회에서는 오랫동안 모든 노동 관계가 이런 이상적인 형태로 유지될 수 있다고 생각해왔다. 다시 말하면 현존 경제 체제에서는 모든 사람이 적절한 보수의 안정된 직업을 갖는 게 자연스러운 것이라고 생각했다. 이러한 임금 노동의 생활 방식을 얼마나 빨리, 어떤 방식으로 보편화할 것인지는 (예를 들면, 임금의 재분배와 양도를 통해) 노동조합과 정부 정책에만 의존하면 되는 것처럼 보였다.

그 이후 사회 현실에 대한 진지한 각성을 통해 다른 비전이 요구되었지만, 이상주의적인 임금 노동 담론을 내면화한 결과 새로운 비전은 나타나지 않았다. 다른 노동관계를 고안해내는 것이 불가능하다는 전제가 문화 속에 깊이 뿌리박혀 있었기 때문이다.

스토이버는 사회 전반에 팽배한 방향 상실의 현실에 냉소적으로 대처하지 않고, 그 배후에 놓인 원인을 언급하며 앞서의 소견을 이야기했다. "임금과 월급 생활자의 완전 고용 사회로 가면 고용 정책은 막다른 길에 이른다"라고 한 말은 확실히 옳았다. 비록 이 말이 막다른 길에 처한 문제를 별로 어렵지 않은 것처럼 보이게 만드는 것 외에는 별다른 기능을 하지 못한다 할지라도 말이다. 그러나 우리는 바이에른 주의 기독사회연합 의장이 다음과 같이 말하리라고 결코 기대할 수는 없다. 우리는 최대화를 지향하는 경제라는 막다른 길에서 돌아서서, 이익과 이윤 메커니즘의 정치권력에 의해 지속적으로 강등되어왔던 근무 조건의 지배로부터 해방되어야 한다. 결국 고려한 점을 아무리 많이 제시한다고 하더라도, 스토이버는 자본과 임금 노동의 지배적인 관계가 진보라는 천국에는 필수불가결하다고 믿고 있다. 그리고 그의 상대인 좌파 마르크스주의자들도 이러한 믿음을 더 맹목적으로 갖고 있다.

사회주의가 가진 기술과 중앙 집중적인 생산, 그리고 생산의 집중에 대한 신념은 임금 노동(임금 노동자)이 역사적으로 가능하고 도덕적으로 옳으며 사회적으로 필요한 유일한 목적이라는 확신과 항상 함께해왔다. 심지어 임금 노동에 대한 이미지 안에 있는 지배적인 숙련 노동자의 이미지는 사회주의적 사고방식에 오랫동안 자취를 남겨왔다. 그럼에도 불구하고 현존 사회주의가 붕괴하기 전에 월러스타인이 이미 지적했듯이 (Wallerstein 1983, 93), (국가 자본으로 시작한) 사회주의 국가들은 자본주의에 대한 대안이 아니라 자본주의의 한 변형을 보여주고 있다. 그러나 좌파든 우파든 지금까지도 이 사실을 놓친 채 이에 대해서는 진지하게 고민하지 않고 있다. 만약 이런 고민을 진지하게 했더라면, 전 지구적으로 성공한 독점 자본주의가 왜 사회주의와 똑같은 한계에 직면하고 있는지와 같은 질문처럼 최근 세계 경제 위기에 대한 논쟁 속에서 다루지 않았던 문제가 제기되었을 것이다. 정말 그런 현실이 나타나고 있다. 최대화를 지향하는 사회가 자연과 지구 환경, 그리고 살아 있는 노동력의 재생산 그 자체에는 관심을 기울이지 않기 때문에 한계가 도래하고 있다.

임금 노동 체제라는 이데올로기

두 개의 자본주의 체제는 임금 노동과 너무 밀착되어 있어서, 임금 노동은 일과 동의어가 되어버렸다. 그래서 서너 명의 아이를 키우는 주부에게도 "일하지 않는다"고 말한다. 이 체제에는 보수를 받는 노동 외에 다른 노동에 적용되는 일의 개념이란 없다. 제3세계에서 경제와 자본-임금 노동 관계 사이의 융합은 서로 다른 모든 활동들을 소위 '비공식 부문'이라는 범주로 묶어버렸다. 이것이 압도적으로 많은 사람들의 삶을 구성하는 실질적인 경제임에도 불구하고 말이다.

세계의 다른 곳과 마찬가지로 독일에서는 대부분의 일이 임금 노동의 범주에 포함되지 못하고 또 전통적인 임금 노동의 개념으로는 접근하기 어렵다. 이러한 상황에서는 미래의 일 개념에 관한 논쟁에서 중요한 역할을 차지하는 질문을 해야 한다. 즉 '정상적으로 일하는 상황'이 무엇을 의미하는지 질문해야 한다. 이 개념은 임금 노동과 자본 간의 긍정적인 관계를 환기시키기 때문에 '경제 상황이 좋으면, 우리 모두가 다 좋다'는 믿음을 강화해주었다.

어떤 이상적인 형태의 임금 노동이 보편화될 수 있다는 환상이 사회 전반에 퍼지면서 절대 현실에서 나타나지 않는 임금 노동 체제라는 허구적 환상은 어떤 반대에도 부딪치지 않고 우리 사회의 보편적인 형태로 자리 잡았다. 임금 노동 체제에서는 경제와 정치권력 사이의 특정한 관계가 확립되어, 압도적으로 많은 사람들이 현실적으로는 그럴 수 없지만 실존적으로는 임금 노동에 자신들의 생계를 의존하게 되었다. 우리는 지금 점점 이 함정을 알아가고 있다. 그러나 이 난국에서 빠져나오기 어려운 이유는 부르주아 이론과 사회주의 이론 모두 기술 발달에 대해 확신하기 때문이다. 생산력이 자본-임금 노동 관계와 묶여 있어서 어떤 다른 체제의 일은 생각할 수도 없다고 믿는 것이다. 하지만 자급 관점은 이 고정관념을 따르지 않는다. 자급 관점에 대해 좌와 우 모든 스펙트럼에서 보여준 반응을 통해, 우리는 이 금기를 없애기 위해서는 임금 노동이 아닌 것에 초점을 맞추는 이론이 필요하다는 사실을 알게 되었다.

실업 문제를 해결하기 위한 공공의 논의는, 케인즈식 복지국가와 신자유주의적 글로벌 시장 경제를 더 허용하는 '슬림' 국가 논의 사이에서 왔다갔다하고 있다. 여기에서 신자유주의적 자유 시장 경제는 결코 '새롭거나' '자유로운' 것이 아니라는 점을 다시 한번 강조하지 않을 수 없다. 그것은 금융 자본, 다국적 기업, 선진국과 같은 경제 전쟁의 진정한 승리자에 대한 대량의 국가적, 국제적 지원으로 이루어져 있다. 양자는 모두 임금 노동 체제를 고수하고 있다. 신자유주의 논의는 자영업을 낭만화하면서도 케인즈식 복지국가보다 더욱 강하게 임금 노동 체제를 고집한다. 왜냐하면 신자유주의 이론과 정치학 모두 임금 노동 체제를 전제로 하기 때문이다. 여기서는 모든 노동자들이 자신이 존재하기 위해서는 자본에 의존해야 한다는 데 의심할 필요가 없다.

로버트 쿠츠Robert Kurz는 우리가 이 딜레마로부터 자유로워져야 한다고 말한다.

투쟁적인 신자유주의자들을 놀라게 하는 답을 주는 것이 영리한 일은 아닐 것이다. 우리도 알다시피 다윗과 골리앗처럼, 개인적인 동기에서 출발한 탈중심화된 조직이 국가주의라는 공룡보다 더 강하다. 그러나 이것이 곧 대안적인 삶은 영리를 추구해야 한다고 우리에게 말하는 것은 아니다(Kurz 1991).

쿠츠는 비영리 조직NPOs과 비정부 조직NGOs 등 새롭게 출현하고 있는 제3섹터 자율 영역에서 이 방향으로의 첫걸음을 찾고 있다. "그들은 공동 주방을 만들고, 정원을 만들고, 수도파이프를 깔고, 쓰레기를 처리하고, 거리의 아이들을 돌보고, 주거가 가능한 주택을 만들고, 스스로 학교 수업을 조직하는 일 등을 한다." 그러나 쿠츠도 생산력과 기술 발전에 대한 맹목적인 숭배를 없애는 게 가능하다고 하거나 그것을 바라는 건 아니다. "아마도 미래는 집단을 기본 단위로 삼는 '첨단 자연 경제'에 속할 것이다"라는 그의 비전은 마치 조지 오웰의 《1984년》과 《로빈슨 크루소》의 섬 사이를 오고가는 것 같다.

남성에 대한 고착

우리가 어떤 문화적 장애물로 인해 스스로 자급에 대한 조절을 회복하지 못하고 있는가? 우리 사회에서 일에 대한 이미지가 종속적인 노동으로 제한되어 있는 이유는 무엇인가? 과거 200여 년 이상 사회 정의에 대해 폭넓게 논의했음에도 불구하고, 어떻게 이것을 사회 진보에서 의심할 바 없는 전제 조건으로 상정한 채 그냥 내버려둘 수 있을까? 민주주의 사회에서 지배와 종속이라는 위계적인 맥락을 전제하는 노동 관계가 어떻게 나타났던 것일까? 그것은 바로 관계 자체가 위계에 내재되어 있는 일부분이며, 힘의 이해관계와 억압적 메커니즘이 임금 노동 상황에 얽혀 있기 때문이다.

임금 노동에 대한 집착은 바로 근대 가부장제 이데올로기의 도구다. 이 개념은 여성적 요소에 대한 배제와 부정이라는 점에서 남성 중심적이다. 임금 노동은 일상생활, 특히 아이들과 노인에게 직접 필요한 부분을 제공하는 어머니와 여성의 일이 아닌, 산업화된 남성의 노동 모델이다.

따라서 동등한 임금, 동등한 직업, 동등한 승진과 같이, 임금 노동에서 여성의 역할이란 결국 남성이 만들어놓은 삶의 방식에 여성이 점차 적응해야 하는 것을 의미한다는 사실은 그리 놀랍지 않다.

자본-임금 노동 관계는 성별 간의 가부장적 관계를 사회의 일반적인 상황으로 확장시킨다. 생산 증가와 이윤 극대화를 의미하는 경제 성장, 시장에서의 획득과 경쟁에 대한 생각은 이러한 생산 관계를 결합시켜 경제의 이미지를 남성적인 기획으로 주조시키고 있다. 일의 개념이 임금 노동으로 축소되듯이 경제의 개념은 이렇게 상품 생산으로 축소되었다. 경제의 평화적이고 보존적인 측면 없이는 '살인자의 얼굴을 한 자본주의' 조차도 유지될 수 없음에도 불구하고, 이러한 측면은 여성적인 본질로 이미지화된다. 이렇게 가치를 구분함으로써 지배 경제에 대한 동의와 정당화가 가능해진다. 여성 혹은 인간의 '모성'적 측면은 외부적 부속물로서 생산 관계로부터 배제된다.

임금 노동자를 가장 잘 설명해주는 이미지인 숙련 노동자도 남성으로 인식되며 이 숙련 노동자는 가족의 '생계 부양자'로 가정되었다. 그래서 그의 임금이 가정주부를 먹여 살리고 지원한다고 여긴다. 그러나 실제로 가정주부 없는 임금 노동자는 상상할 수 없다. 왜냐하면 사실 임금 노동자라는 상품, 즉 노동력을 먼저 생산하지 않고서는 상품 생산 영역에서의 활동은 일어날 수 없기 때문이다. 그의 노동력 역시 재생산되어왔다. 패스트푸드가 제공되고 서비스 상품이 여가를 대체함에도 불구하고, 살아 있는 사람에게는 주부라는 역할 역시 필요하다. 여성과 여성 사이에서도 주부 역할은 요구된다(Christa Müller 1994).

그뿐만 아니라 임금 노동자는 그 존재의 비물질적인 측면에서도 가정주부 없이는 생각할 수 없다. 왜냐하면 그녀의 종속적 지위는 과거부터 현재까지 지속적으로 임금 노동 관계 안에서 그의 종속에 대한 '보상'이 되어왔기 때문이다. 남성을 임금 노동에 고정시키는 것은 그대로 가정주부의 서비스에 대한 요구를 고착시킨다. 이 사실은 모든 노동조합과 남성들이 자본가와 공모해왔음을 말해준다. 왜냐하면 이들은 1970년대까지 성별 분리 임금과 그로 인한 임금 불평등에 대해 아무런 일도 하지 않았기 때문이다. 마찬가지로 노동조합은 여성의 파트타임 일자리를 사회적으로 보호하기 위해 투쟁하는 대신, 노동 시간 단축을 통해 '정규' 남성 임금 생계벌이자를 보호하려고 끝까지 투쟁했다. 이미 1983년에 우리가 예상한 대로 주 35시간 노동에 대해 논의할 시기가 왔을 때, 이러한 배제는 노동의 '유연화'라는 형태로 다시 남성 노동자에게 그대로 나타났다. 마지막으로 1993년 현실의 쓰쓸한 상황을 잊어서는 안 된다. 그때 독일노동조합연합DGB 의장은 이 주제에 대한 언급을 거부함으로써 '여성 먼저!'라는 노동절 슬로건을 번복했다.

여성 스스로도 자신이 삶과 일터에서 가정주부나 임금 노동자가 되는 것을 자신의 유일한 장래라고 생각하면서 임금 노동에 대한 집착에 기여하고 있다. 여성들은 대부분 가정주부란 존재를 지옥으로, 임금 노동자를 독립이라는 천국으로 보는 게 여성주의적이고 가부장제에 반대하는 것이라고 생각한다. 그러나 이것은 정말 매우 잘못된 오해다!

앞의 2장에서 우리는 임금 노동자들의 주부와 같은 처지가 동시대적으로 세계에 널리 퍼져 있는 사실을 살펴보았다. 그 전형적인 형태는 전 세계의 컨베이어 벨트와 수출 생산 지역 공장에 있는 젊은 여성 노동자들의 모습이다. 또한 북반구의 복지 국가에서도 직업 안정성이 파괴되고 신자유주의가 공격해온 결과 가정주부와 유사한 노동이 늘고 있다. 현재 노동의 유연화는 남성에게도 영향을 미치고 있고, 세련된 가부장제 형태는 여성을 더욱 나쁜 일자리로 내몰고 있다.

대부분의 사람들이 가진 임금 노동에 대한 집착으로 인해 그들은 위계적이지 않은 다른 일자리는 있을 수 없다고 생각한다. 이 집착은 곧 성별화된 지배 메커니즘을 의미한다. 이 결과, 자본과 임금 노동의 위계는 현재와 같은 역사적 시점에서도 공고히 결합되어 더욱 강화되고 있다.

우리는 임금 노동과 떨어져 살 수 있을까?

자연과의 사회적 교환 양식은 노동 양식과 밀접하게 연관된다. 노동 양식은 자연과 사회가 연관되어 있는 방식을 나타낸다. 오늘날 세계에서, 환경과 노동력은 둘 다 최대화라는 절대적인 명령을 목적으로 삼고 있다. 다시 말해, 경제 활동의 목적이 환경이나 노동력의 재생산('지속 가능성')을 보장하는 게 아니라, 이와 관계없이 단지 가능한 한 더 많이 얻는 것에 있다는 사실이다. 우리는 이를 노동력과의 관계에서가 아니라 자연과의 관계에서 이해하려는 경향이 있다.

현재 임금은 살아 있는 노동력을 재생산하는 것이 아니라 단지 상품에 의존하는 노동력만을 재생산하는 데 초점을 두고 있다. 이 사실은 자본주의적 합리화 시대에 더욱 분명해지고 있다. 왜냐하면 이미 충분한 노동력을 사용할 수 있어서 사회 전체로 보면 재생산은 어떤 의미도 없기 때문이다. 그러나 자본에게 재생산은 값비싼 투입 비용의 절약을 의미한다. 이 절약으로 인해 상품으로서의 지위를 넘어서는 모든 형태의 노동력이 생겨나며, 그로 인해 인간의 생애 주기와 연결된 모든 것들이 생긴다. 아픈 노인은 그들이 연금을 탈 시기가 되기 전에 해고된다. 임신한 여성은 애초에 고용되지 않는다. 결국 완전한 상품 노동력을 제공하는 사람들은 성인 남성과 가족을 꾸리기 한참 전에 있는 젊은 여성들이다. 완전한 상품에 가까운 노동 조건에서 고용주는, 자기 마음대로 고용하고 해고할 수 있으며 노동 시간과 여가 시간을 유동적으로 정할 수 있다. 이게 진정한 새로운 자영업이다. 이런 이유로 '최적 입지론자'는 우리가 취미를 개발하기를 원하고 있다. 이것이 현재 미국에서 대단한 열풍을 몰고 있는 '일자리의 기적job's miracle'의 근간을 이루고 있다.

사회 연대라는 민주주의 이데올로기에 따르면, 국가는 상품 노동력뿐만 아니라 생활 노동력에도 임금 지불을 보장하는 것을 임무로 한다. 그러나 글로벌 신자유주의 현실에서 '최적 입지'를 강조하는 국가는 분명이 규제 기능을 벗어던졌다. 그리하여 우리는 오랫동안 문제로 생각하지 않았던 것, 우리가 살아가는 데 필요한 최소한의 것을 잃어버리고 있다는 사실을 자각하게 되었다. 사람들은 임금 노동을 신비화함으로써 임금 노동을 통해 자신의 존재를 재생산할 수 있고, 국가와 노동자 투쟁 그리고 자본이 마침내 모든 것을 다 잘 해결해줄 것이라고 확신하는 믿음을 갖게 되었다. 그러나 자본-임금 노동 관계에서 노동력이란 가치를 창출하는 요소일 뿐이며, 가치를 창출하는 원천은 살아 있는 노동력에 있다.[33] 그러나 가치를 창출하는 과정에서 살아 있음이라는 질적 특성은 대체되지 않고 다 사용되어버린다.

인간의 삶은 자본과의 교환이 아니라 자연과의 교환에서 그 자신을 재생산한다. 그러나 근대적 이데올로기 장치인 근대 문화로 인해 이 평범하지만 근본적인 진실이 우리의 의식에서 지워지게 되었다. 인간과 자연(이는 경제와 자연, 사회와 자연을 의미)은 서로 분리된 것처럼 보이기 때문에, 자본-임금 노동 관계에서 살아 있는 노동력은 자동적으로 재생산되는 자연 자원으로 간주되기 쉽다. 마르크스는 "자본가들이 노동자 계급의 재생산을 노동자의 자기 보존과 자기 증식을 위한 욕망으로 안전하게 놔둘지 모르겠다"라고 말했다(1976, 718; cf. Neusüss 1985).

전형적인 근대의 세계관에서는, 자연의 피조물인 인간을 자연적인 욕망으로 남겨두고, 이들의 재생산이 여성의 본능을 통해 일어난다고 보며, 이게 바로 여성의 의무임을 강조했다. 반면 진정한 근대적 '인간'인 호모 이코노미쿠스를 합리적인 남자로 인식했다.

노동력의 자연화

지역 단위의 생산이 수천 년 동안 완벽하게 잘 보존되어왔던 남반구에서 기아가 점점 늘어나고 있다. 상품의 과잉 속에 있는 북반구 땅에서도, 여성들이 보살핌과 존중의 분위기에서 아이들을 키우는 것이 점점 더 힘들어지고 있다. 그 이유는 소위 농업, (아무것도 없이 무언가를 끊임없이 만드는) 주부-어머니, 공동 토지와 부락과 같은 소위 '자연적으로' 재생산되는 자원이 손실되고 있다는 데서 찾아야 한다. 이 손실은 두 가지 형태로 나타난다. 첫째, 경제 활동이 외부와 인간 본성 사이의 교환을 가능하게 한다는 사실을 경시함으로 인해 자연적인 물적 자원의 토대가 파괴되고 있다. 둘째, 사람들은 자본과 독립적으로 재생산을 위한 자연적인 조건에 직접 접근하는 것으로부터 점점 더 차단되고 있다. 이들은 점점 더 높은 '벽을 만들고' 사유화되어간다. 이것은 지리적으로 씨앗과 유전자 특허권의 사례에서 입증되고 있으며, 지금은 인간의 재생산 자체에까지 적용되고 있다. 임신과 출산은 거의 완전히 의료화·자본화되었고, 재생산 기술에서 여성이 제공하는 것은 단지 어떤 '부품'에 불과할 뿐이다.

지금 로자 룩셈부르크가 오래전 1913년에 예견했던 상황을 그대로 목격하고 있는 게 아닐까? 자연 경제가 완전히 소멸하는 한, 자본은 이윤을 현실화하는 게 더 이상 불가능한 것이 아닐까? 자본주의 그 자체, 즉 산업 성장 경제 자체가 무너지고 있는 것이 아닌가? 1장에서 우리가 논의했던 것처럼, 로자 룩셈부르크는 자연 경제에서 축적의 개념을 너무 좁게 이해했다. 그러나 그녀의 분석에 비추어볼 때, 우리는 다양한 자본주의 사회 안에서 자본주의 메커니즘에 의해 끊임없이 다시 자연화되고 있는 영역들이 있다는 사실을 알게 되었다.

이 메커니즘 중 하나가 동서독 통일 이후 전체적인 사회 조정 시기에, 계속해서 여성을 가정주부의 위치로 몰아갔던 성차별주의이다. 또 다른 메커니즘은 독일에서 2차 세계대전 후에 일어났던 것처럼 전쟁을 통해 자연 경제에 가까운 상황을 만들어내는 것이다. 그리고 높은 부채가 있는 남반구 국가들에게는 IMF와 세계은행에 의해 강요된 구조조정 프로그램이 있었다. 사회적 차이를 평등하게 하는 정책이 중단되었다는 사실은 많은 사람들이 자신의 허리띠를 계속 조이며 생존 수단을 확보하기 위해 강도 높게 더 많이 일해야 하는 것을 의미했다.

이것은 바로 개인의 노동력뿐만 아니라 모든 국가 경제에 영향을 미치는 가치절하devalorisation의 메커니즘이다. 예를 들어, 1994-1995년 멕시코의 경우를 생각해볼 수 있다.* 이것은 자본주의적 생산 양식의 더 많은 특징들이 주기적으로 나타나고 있는 제3세계에서 특히 더 심각하다. 1929년의 세계 경제 위기에서처럼 자본의 가치절하가 주기적으로 일어나고 있으며, 현재 신자유주의적 '최적 입지' 환경에서처럼 노동력의 가치절하가 다시 등장하고 있다. 이런 식으로 살아 있는 노동력과 그 재생산의 영역이 점점 더 자연화되면서 자급 생산이 확대되고 있다.

순수히 자연 경제의 노정을 따르는 사회의 조직과는 대조적으로, 자연화는 우리의 삶에서 끊임없이 문화적이거나 사회적인 맥락을 박탈하는 더욱 비참한 삶의 상황들을 만들어내고 있다. 이것이 무엇을 의미하는지는 슬럼가, 노숙자, 피난민 보호 캠프에 가보면 알 수 있다. 로자 룩셈부르크가 얘기한 것처럼, 산업화된 자본-임금 노동 관계가 세계의 안팎으로 퍼져나감에 따라 가치절하의 흐름은 더욱 짧은 주기로 계속될 것이다. 이 흐름은 미국에서 이미 일어났듯이, 점차 소수의 핵심 인력과 다수의 임시 노동자로의 이분화를 영구적인 형태로 자리 잡게 만들 것이다. 우리는 새로운 신분 사회의 출발점에 서 있다. 이 역사적 과정은 단선적인 진보를 위한 혁명적 투쟁이 아니라 순환적이고 물결과 같은 운동으로 나타나고 있다.

---

* 멕시코는 1994-1995년 시기에 전면적인 시장 개방으로 인해 경상수지의 만성적인 악화와 페소화의 폭락으로 국가 최대의 경제 위기를 겪었다. 국내 고용의 불안정과 사회적 불안을 야기한 경제 위기는 1997년 미국, IMF 구제금융과 정부의 긴축 정책을 통해 이후 안정을 되찾았다.

중심과 주변 모두 종속되지 않는 자본주의란 없다

살아 있는 노동력, 즉 살아 있는 사람들과 자본, 임금 노동 체제가 맞물려 돌아가는 상황이 보편화되어있는 한, 노동력의 자연화와 가치절하 메커니즘은 자본의 위기를 해결하는 수단으로서 기능한다. 세계 자본주의 체제의 중심에서 이러한 힘은 지배와 종속이 인간의 머리에서 최종 완성된다는 사실로 보장된다. 봉건 질서가 종교적 신념을 통해 보장되고 정당화되었듯이, 자본의 지배는 기술과 생산력에 대한 신념과 진보라는 종교를 통해 정당화되었다. 만약 신권神權이 지배 이데올로기의 메커니즘으로 충분하지 않았다면, 봉건시대의 통치자들은 최초로 자신이 권력을 세웠던 무력을 그대로 사용했을 것이다. 자본주의 질서의 경우에도 마찬가지다. 신자유주의 선언에 따라 규제 권력으로서의 국가는 약화된 듯 보이지만, 실제로는 자본주의 질서와 임금 노동 체제의 지지대로서 법, 경찰, 군사력의 독점이 강화되고 있다. 독일에서 외국인에 대한 새로운 법률, '도청에 관한 법'과 원자력 및 보존에 대한 법률 등을 통해 이를 알 수 있다. '비공식적' 폭력은 일부 남성들에게서 증가하고 있다.

최근 전 지구적 자본주의의 출현과 함께, 이러한 정치·군사적 기능은 민족 국가뿐만 아니라 유엔, IMF, 세계은행, NATO, G-7, GATT/WTO와 같이 전후에 만들어졌던 초국적 국가 기구를 포함한 초국적 국가에 의해 이루어지고 있다. 1990년 9월 걸프전 발발 당시, 부시 대통령은 이를 '새로운 세계 질서'라고 불렀다. 그것은 '평화와 안전, 자유, 법의 질서'가 이길 것이라는 의미에서였다. 노암 촘스키는 "새로운 세계 질서는 진짜 현실"이라고 말한다.

(새로운 세계 질서의) 기본적 요소는 이미 20년 전에 알아볼 수 있었다. … 경제적인 힘이 서구 진영 안에서 분배되었을 때 말이다. 미국은 지배적인 군사력을 유지했지만, 경제적 우월성은 사라지고 있다. … 소비에트 정권의 붕괴로 미국은 이전보다 더 많은 군대를 배치할 수 있는 자유를 누렸다. … 새로운 세계 질서에서, 일부 제3세계 국가들은 여전히 때때로 군대에 의해 통제되어야 할 것이다. … 미국은 … 다른 이들이 비용을 지불하는 동안 그 역사적 임무를 고수할 것이다.

그러나 촘스키는 "물론 군사력은 최후의 수단일 뿐이다. 해군이나 CIA보다 IMF를 사용하는 것이 비용 면에서 훨씬 효율적이다"(Chomsky 1991, 69ff.)라고 설명하고 있다.

과테말라 사례가 보여주듯이, 제3세계에서 임금 노동 체제는 제1세계에서와 같은 방식으로 사람들의 마음에 주입되지 않는다. 이곳에서 진보라는 종교와 가식적인 문명화 과정을 지지하는 사람들은 거의 없다. 주변부에서 국가 폭력은 이단자들, 즉 아직도 (계속해서) 자본의 통제 밖에서 그들의 자급 생산을 유지하는 사람들에게 잔인하게 가해진다. 이것은 거대한 토지 소유자를 호의적으로 볼 수도 있는 중세적 성격의 초기 자본주의 방식의 문제가 아니다. 그보다는 글로벌 자본을 섬기는 초근대적 정치의 문제다. 과테말라에서는 다른 많은 제3세계 국가들처럼 자급 생산이 미국의 기업농업 형태로 즉각적으로 대체되고 있다. 코라나 밀본이 지적한 것처럼, 과테말라 정부는 농업 수출에 기반한 경제 모델을 계속해서 유지하는 것이 주요 임무였다. 그 결과 자급 기반을 통해 가능한 한 스스로 재생산하기를 기대했던 토착 노동자들은 언제든 이주노동자로 살아야 하는 존재가 되었다. 이들에게 진정한 경제적 독립은 허용되지 않았다.

1982년 군대는 원시림에 레지스탕스 공동체가 만들어졌던 익스칸에서 자급 경제를 지향하는 익스칸 그랑데Ixcan Grande 협동조합 관련자들을 대량 학살했다. 3월 14일 장이 서는 일요일에 군인들은 쿠아토 푸에블로Cuarto Pueblo(4번째 마을)라는 조합 거래 센터를 에워싸고 주민과 마을을 모두 파괴했다. 유일하게 젊은 남성 두 명이 살아남아 증인이 되었다. 그 사건에 대한 보고서를 썼던 베르톨트 운프리드Berthold Unfried는 대량 학살을 다음과 같이 증언했다.

이 자급에 기반한 농업은 사회적 차별화에 장애가 된다. 그것은 어떤 큰 이윤을 발생시키지 않는다. 땅이 조합에 속해 있어서 개인이 팔거나 부를 축적할 수 없다. 아무도 밭을 하나 이상 가질 수 없고, 땅이 없는 사람도 아무도 없다(*Neue Zurcher Zeitung*, 1997. 1. 3).

인도네시아에 속한 뉴기니 서쪽 지역인 이리안 자야Irian Jaya 사람들의 눈앞에서도 과테말라 주민과 비슷한 사건이 지금도 일어나고 있다. 지난 20년 동안 뉴올리언스의 채광회사인 프리포트Freeport 사는 그곳에 있는 금과 구리에 대한 채굴권을 주장해오고 있다. 인도네시아 정부는 아문그미Amungme와 코모로Komoro 부족 사람들 조상의 공유지 100평방킬로미터를 회사가 사용하도록 내어주었다. 그 지역 거주자들은 군대에 의해 쫓겨나고 새로운 땅에 마을을 '다시 세웠다'. 그러나 프리포트 사에 소속된 폭력배들은 (임금) 노동이 채광 지역과 그 주변에서 조금씩 계속되고 있다고 확신했다. 채굴 장비를 분류하는 누군가가 시달리고, 납치되고, 고문당하고, 살해되었다. 큰 굴착기가 땅을 파괴하고 있고, 채굴 장비는 강물과 공기와 토양을 오염시키고 있다(Jurgen Dauth, *Frenkfruter Rundschau*, 1996. 11. 25). 얼마 전 언론에서는 땅에서 쫓겨난 사람들의 사진을 찍었다. 그들은 몇 년 전까지만 해도 형형색색의 얼굴과 털에 단단한 근육을 가지고 우리에게 미소를 지었다. 그러나 지금 사진 속의 그들은 굶주림과 야윈 모습에 마치 집단 수용소 사람들 같은 얼굴을 하고 있다.

세계 자본주의 심장부에 살고 있는 사람들은 자신들이 그러한 사건에 공모하고 있다는 사실을 직시해야만 한다. 자본의 법칙은 지속적인 지구화를 통해 전체주의적 성격을 조금도 잃지 않았으며 점점 더 전체주의적인 체제로 되어가고 있다. 여기에서 임금 노동 체제는 권력의 잔인한 도구가 되고 있다. 자급에 대한 지배는 임금 노동 체제의 일부이고, 재화와 용역에 대한 다양한 형태의 임금 계약과 판매 계약은 살림에 대해 확고한 통제력을 쥐고 있다.

'농민을 자급 농업에서 상업 농업으로 이끄는' 정책을 표방하는 세계 은행의 정책은, 계속해서 이 기능을 수행하고 있다. 그들은 이 정책을 합법화하기 위해 마을 주민들이 경제적 자족성을 유지해온 동안 모든 시장 거래를 피한 것처럼 이 정치적 좌우명을 사용해왔다. 그래서 개발 원조만이 이들을 원시적이고 고정된 상태에서 '해방시킬' 수 있다고 보았다. 마찬가지로 '기아 구제' 정책은 농민들이 일단 그들의 자급 체제를 떠나서 식량을 사기 위해 필요한 수입이 없어서 굶주리기 시작할 때부터 작동하는 것이다(3장을 보라). '기아 구제'는 독립적인 자급을 증진시키는 게 아니라 계속해서 의존하게 만들며, 심지어 지역 시장을 파괴해서 더 많이 의존하도록 만든다.

임금 노동 체제로부터의 해방

제1세계의 중심에 있는 우리는 여전히 더 큰 빵을 만들어서 나눠야 한다는 생각, 진보와 개발 그리고 임금 노동이 삶을 보장해줄 것이라는 신념을 깰 필요가 있다. 우리는 풍요롭게 사는 방법, 그리고 하고 싶은 일을 하지 못하면서 상실했던 자존심과 자신감을 회복하는 방법을 다시 배워야만 한다. 자급 관점과 결합된 태도만이 과테말라, 이리안 자야, 나이지리아 그리고 또 다른 글로벌 자본의 많은 전쟁전시관에서의 살인자들과 우리가 공모하는 것을 멈추게 할 수 있다. 우리의 의지에도 불구하고 우리가 여전히 희생자가 되고 있는 상황은 자급을 지향하는 태도로 인해 멈춰질 것이다. 자급으로의 전환은 경제 위기가 우리에게 제공한 기회다. 자급 관점은 폭력으로부터 자유롭다. 크고 작은 결정을 할 때마다 우리는 이로 인해 더 많은 자급의 자유를 얻을 수 있는지, 아니면 단지 우리 자신을 훨씬 자유롭지 않은 돈과 더 자유롭지 않은 소비, 그리고 잘못된 일에 더 많이 공모하도록 내버려둘 것인지 질문하게 된다.

우리의 사고방식을 바꾸고 우리 자신과 아이들의 삶을 만드는 것이 궁극적으로 우리 자신임을 스스로 깨닫게 되면, 다르게 행동하고 실천하는 게 쉬워질 것이다. 왜냐하면 실제로 인간은 '자연적으로' 즉 자동적으로 자신을 재생산하는 것이 아니라, 일과 음식, 보살핌, 사랑과 애정을 통해 자신을 재생산하기 때문이다. 살아 있는 노동력은 '진정한' 생산의 전제 조건으로서 제공되는 요소라는 의미에서 천연 자원이 아니기 때문에, 우리는 이 과정을 '재생산'으로 말하지 않는다. 대신에 자급 생산이라고 말함으로써 우리가 수행하고 있는 필수적인 과정의 창조적 측면을 강조하고자 한다. 왜냐하면 임금 노동 체제의 보편적인 확대, 모든 재화와 용역을 상품으로 전환하는 것은(Wallerstein 1983) 자급 생산의 여지가 점점 더 없어지는 현실을 수반하기 때문이다. 자본과 함께 잘 살기 위해 더 나은 임금 노동을 하려는 헛된 희망에 집착하는 대신, 자급의 조건과 수단을 우리 자신의 손안으로 되돌려야 한다.

각각의 장들에서 이러한 종류의 자급 정치를 현실로 만들고 있는 많은 풀뿌리 사례들을 보았다. 이 사례들은 모두 제3세계에서 온 것이다. 이 사실이 그리 놀랍지 않은 이유는, 거기 있는 대부분의 사람들이 식민화 과정에서 고통을 받았으나, 북반구의 경우와 다르게 식민주의에 의해 침식되지 않고 남아 있었기 때문이다. 과테말라의 레지스탕스 공동체들과 같은 곳에서 제1세계 북반구에 대응할 만한 자각과 명석함을 찾게 된다. 이러한 이유로 우리는 자본주의 세계 체제의 중심부에 있는 사람들이 임금에 의존하는 경향을 버리고 가슴과 마음을 탈식민화하는 일이 중요한 '자급 운동'이라고 생각하게 되었다. 이 장은 바로 임금 노동을 탈신비화하는 것과 주로 관련된 장으로, 다른 장에서는 임금 노동을 떠나서 새로운 방향을 잡기 위한 노력을 북반구에서 어떻게 보고 있는지에 관한 사례를 다룰 것이다.

결론: 프리초프 베르크만에게 암소를

결론적으로 우리는 독일에서 많이 논의되어왔던 임금 노동의 전통적 개념에서 벗어나 새롭게 출발해야 한다. '새로운 일New Work'은 미국에서 최초로 나타났던 도시의 자조, 자기 조직화, 자기 적응을 실천하는 풀뿌리 운동이다. 미국의 앤아버 대학에서 가르치고 있는 오스트리아 출신 철학 교수인 프리초프 베르크만Fritjof Bergmann이 이 아이디어를 냈다. 그는 디트로이트와 플린트에서 이 모델을 최초로 시도한 바 있다.

베르크만은 일의 개념을 재정의해왔다. 그는 매일 생계를 유지하는 소외된 직업이라는 의미로서의 일을 폐기하고, 일을 천직 개념과 다시 결합시키고자 했다. 모든 사람은 자신이 천직이라고 느끼는 일을 해야 하며, 사람을 무력하게 만드는 일은 기계로 이뤄져야 한다는 것이다. 모든 사람은 현대 컴퓨터 기술을 사용함으로써 스스로 생산적인 일을 해야 한다.

개인이 일하는 데 훨씬 더 적은 시간을 사용하면서도 삶을 위해 필요한 것의 80%를 생산하는 건 충분히 가능한 일이다. 모든 사람은 자기 안에 잠재된 글쓰기, 예술, 발명과 같은 창조적 능력을 다시 회복해야 한다. 베르크만의 생각에서 보면, 사람들은 더 이상 (복지 국가를 포함한) 국가에 의존하지 않고 그들 자신의 능력에 더 많이 의존해야 한다. 강력한 조합들이 많아지면서 국가는 더 이상 강력하지 않을 것이기 때문이다. 베르크만은 자신의 '새로운 일' 개념이 자본주의에 반하는 전략이라기보다는, 대규모의 실업 원인을 정치와 경제에 있다고 보는 잘못된 방향을 극복하는 방안이라고 생각했다. 그는 더 나은 자동화로 인해 미래 사회에는 오늘날 지불되는 산업 노동의 10분의 1 정도밖에 남지 않을 것이라고 예상했다.

　한 잡지와의 인터뷰에서 베르크만은 진보적 기업인들과 손잡고 '새로운 일' 프로젝트를 수행하고 있는 디트로이트의 '여러 회사'에 관해 이야기했다. 그곳에서 사람들은 일주일에 2일 동안 정규적인 일을 하고, 2일은 고도 기술을 이용한 자급자족 노동에 사용하며, 그리고 나머지 2일 이상은 그들이 항상 정말로 하고 싶어했던 일을 하는 데 시간을 투여하고 있다(*Kolner Volksbaltt*, 1997. 6. 18).

　그러나 베르크만은 자급을 이야기함에도 불구하고 자급 관점을 따르지는 않는다. "당신은 사람들이 다시 농민이나 자급자족하는 사람으로 돌아가기를 원한다고 생각하는가?"라는 질문에 그는 "당연히 아니다"라고 힘주어 말한다. 그는 '하이테크' 기계로 자신의 일을 함으로써 옷감, 음식, 시설 생산을 위한 그의 모든 제안이 수행되어야 한다는 점을 재차 강조했다. 그러나 이러한 그의 생각은 일상의 필수품에 대한 애정이라기보다는 기본적인 필요 영역을 넘어서려는 고전적인 가부장적 욕망일 뿐이다. 거기에는 단지 창조의 자유만 있을 뿐이다. 이렇듯 분명 멈출 수 없는 기술에 대한 집착, 특히 컴퓨터 기술에 대한 남성의 맹목적인 고착을 보면서 우리는 어떤 관점을 가져야 하는지 생각해보자.

- 그것은 고도로 환경을 오염시킨다(프라이부르크 생태연구소).
- 그것은 군사적 목적을 위해 고안된 기술이다. 그래서 그것이 그 본래의 논리로부터 얼마나 자유로울 수 있을지 의문이다(Weizenbaum, *Personal Communication*; 2장).
- 누가 그리고 누구를 위해 그것을 생산하는가?(2장)

- 우리는 전자 장치의 탈중심화된 적용 가능성에 대해 믿지 않는다. 이것의 생산과 판매는 매우 독점적이다. 또 그 사용은 항상 조지 오웰이 관심을 보였던 에너지와 케이블의 중앙 공급에 의존한다.
- 자급 일이 더 이상 쉽지 않다는 많은 증거가 있다.
- 그래서 누가 그것을 사용하라고 했는가? 매일의 기반을 제공하는 일을 누가 하는가? 이 모델에서 보살핌을 받는 아이들은 없는가?
- 그것은 필요하지 않다. 수백 수천 년 동안 시도하고 노력했던 자급 기술들이 있다. 그것은 그 환경의 공동체 구조와 문화적 특징에 적용된다.

자급 관점은 자연스럽게 "현재 존재하는 것과 연결하기, 실천적 저항을 강화하고 확장하기, 그리고 유토피아를 발명하지 않기"와 깊게 관련되어 있다(Informationsblatt of the ITPS). 베르크만처럼 기술에 집착하는 미래 사회의 청사진에서는 여성적이고 모성적이며 농업과 가까운 자급 실천과의 연결 지점을 찾을 수 없다. 베르크만은 땅이나 그 땅에 사는 사람들과는 아무런 관계도 맺고 싶어하지 않는다. 그의 사유에는 제3세계의 현실이 포함되어 있지 않다.

디트로이트의 '자기 공급'을 위한 생산물과 하이테크 기계는 어디에서부터 온다고 생각하는가? 어떻게 그리고 어떤 조건하에서 그것들이 생산되어 디트로이트에 보내지는가? 북반구 사람들, 특히 남성들은 어떤 자급 노동에 참여하려면 반드시 '투입'이 필요하다고 생각한다. 그러나 전 세계 수백만 사람들은 '투입' 없이 자신들의 자급을 생산해낸다. 북반구 남성들에게 일이란 그저 너무 더럽고 천한 것이란 말인가? 디트

로이트의 '새로운 일' 프로젝트에서 나오는 쓰레기를 치우는 사람들의
성별과 피부색은 어떤가?

이 책 서문에서 우리는 방글라데시의 마이샤하티 여성들이 가진 자급
활동에 대한 지혜와 뛰어남에 대해 이야기했다. 이를 마음에 담으면서
우리는 다음과 같은 슬로건으로 '새로운 일'의 모델에 대한 조건을 요약
해본다. 프리초프 베르크만에게 암소를!

8

여성 해방과 자급

'이 모든 것이 페미니즘과 어떤 관계가 있는가'

1997년 5월 나 마리아 미즈는 "에코페미니즘: 새로운 비전의 필요성"이란 주제로 세미나를 열었다. 나는 정치가, 노동조합 지도자, 경제학자들이 애초에 지금의 위기를 야기했던 해묵은 대책 외에는 현재 우리가 당면한 위기, 즉 더 많은 경제 성장, 좀 더 새로운 노동력 절약 기술, 지구화, 탈규제(자유화) 그리고 사유화를 치유할 수 있는 어떤 해결책도 제공하지 못하고 있다는 점을 지적했다. 이러한 분석 이후 나는 우리가 알고 있는 경제와는 근본적으로 다른 원칙에 기초한 경제, 즉 자본 축적의 확장이라는 끝없는 과정을 달성하기 위해 식민지, 여성, 다른 계급과 사람들, 자연을 착취할 필요가 없는 경제를 창조해야 할 필요성에 관한 몇 가지 테제를 제시했다. 이어진 토론에서 몇몇 여성들이 "좋습니다. 이 모든 게 그럴 듯하게 들립니다. 하지만 이것들이 페미니즘과 무슨 관련이 있죠?"라고 물었다.

나는 놀랐다. 나는 내 발표가 페미니즘에 관한 것이고 특히 에코페미니즘에 관한 것이라고 생각했다. 어째서 이것이 분명히 전해지지 않은 것일까? 나는 "당신에게 페미니즘은 무엇을 의미하나요?"라고 물었으나 대답이 없었다. 그리고 나서 우리는 자급 관점에 의한 전 지구적 자본주의 가부장제에 대한 비판과 대안적인 경제와 사회에 대한 비전이 여성주의적인 것임을 분명히 하고자 했다.

위 일화는 오늘날 많은 여성과 남성이 페미니즘에 대해 매우 협소하게 이해하고 있음을 보여준다. 우리의 이론적 틀을 발전시켰던 1960년대부터 80년대 초반까지 많은 페미니스트들은 여전히 제3세계의 착취, 생태

이슈, 군사주의, 평화, 경제와 같은 문제들이 여성주의적 이슈임을 알고 있었다. 사실상 우리는 모든 이슈가 여성주의 이슈라고 생각했다. 페미니즘은 '여성 문제'로 출발한 운동으로 간주된다. 그러나 그 문제를 해결하기 위해서는 '전체'를 개혁해야만 한다는 게 분명하다.

　페미니즘과 그 목표에 대한 이러한 넓고 전체적인 이해는 그동안 훨씬 협소하고 '이상주의적인' 이해로 대체되어왔다. 대부분의 근대 페미니스트들은 우리 사회의 경제 기반, 즉 마르크스 개념으로서의 '물적 토대'에 신경 쓰고 싶어하지 않는다. 그들은 이것을 국가나 대기업 책임이라고 여긴다. 페미니즘은 주로 평등 정치학과 문화 페미니즘으로, 성적 지향이나 언어와 사회적 행동에서의 변화를 의미하는 것으로 좁혀져왔다. '사적인 것이 정치적이다'라는 슬로건은 처음에는 개인적이고 가장 가까운 문제가 페미니스트 분석의 출발점이며 이것이 일반적이고 가장 멀리 있는 이슈와 시공간적으로 연관되어 있음을 의미했다. 그러나 오늘날 이 슬로건은 개인주의적이고 자기중심적인 관심사만을 가리키게 되었다.

　남반구 여성들의 성공적인 저항에 대해 이야기할 때 여성주의 정치학에 대한 이와 같은 협소한 이해를 자주 경험한다. 많은 서구 여성들은 "그래요, 이 모든 게 굉장히 흥미롭게 들립니다. 하지만 나에게 무슨 의미가 있죠? 유럽에 살고 있는 나에게 말이에요. 나의 삶은 그들과 완전히 다른데, 그런 이야기는 내게 도움이 안 돼요"라고 말한다. 많은 현대 페미니스트들의 사상과 공감은 더 이상 서구 산업사회의 좁은 테두리를 벗어나지 못하고 있다.

　국제적인 자매애라는 슬로건과 정치에 대한 전일적인 이해에서 출발한 여성운동에 무엇이 잘못된 것인가? 젊은 여성들이 전 지구적 자본주의 가부장제 세계에 대한 경제 분석이 더 이상 페미니스트들과 관련된다고 생각하지 않는다는 사실은, 세대 차이나 도덕적이거나 지적인 약점 혹은 세계가 '너무 복잡해졌다'는 주장으로 간단하게 설명되지 않는다. 우리는 이 변화된 분위기 즉 여성운동의 이러한 탈정치화에 대해 더 나은 설명을 찾아야 한다. 왜 관점이 점점 제한되어가는가? 왜 어떤 일이 진행되고 있는지 이해하지 못하며 그에 따라 행동하지 못하는가? 이러한 분위기 변화는 자급에 대한 경멸과 어떤 관련이 있는가?

우리는 1980년대 중반 이래로 페미니스트 운동에서 중요한 역할을 한 사상의 세 가지 흐름에 초점을 맞춤으로써 위와 같은 질문에 답해보고자 한다.

1. 정체성과 차이에 대한 담론
2. 여성의 권력-구조 참여에 대한 담론
3. 포스트모던 페미니스트 담론

이 장에서는 이러한 담론들이 탈정치화, 국제적인 자매애 개념의 유기, 분열, 혼란, 비전의 부족 등 여성운동의 새로운 경향과 변화에 영향을 미쳤는지 알아보고자 한다.

젠더 관계에서의 평등, 정체성 그리고 차이: 여성운동이 여성을 해방시켰는가?

먼저 '평등'이나 '평등한 기회'라는 개념이 새로운 여성운동의 초기에는 두드러진 역할을 하지 않았음을 상기해주고 싶다. 1970년대에는 '여성 해방', '착취와 억압, 성차별주의와 폭력으로부터의 자유', '자본주의적 가부장제에 대한 투쟁'이 새로운 페미니스트 운동의 주요 개념이자 목표였다. 이 운동은 전체 지배체제 내에서 남성과의 동등한 권리를 위한 투쟁이 아니라 전체 지배체제를 거부하면서 영감과 힘을 이끌어 내었다.

1989년 10월, '차이와 평등'이라는 주제의 여성학 회의가 프랑크푸르트 대학에서 열렸다. 여기에서 많은 산업 국가들에서 일어나고 있는 페미니스트 운동의 성향 변화를 느낄 수 있었다. 우리 세 사람(베로니카 벤홀트-톰젠, 마리아 미즈, 클라우디아 폰 베를호프)은 남녀 사이의 '차이'를 먼저 살펴봄으로써 자급 관점을 탐구하기 시작했지만, 우리의 분석에서 그 개념을 사용하지는 않았다. 그보다 우리는 착취와 억압으로부터의 '자유'에 관해 이야기하였다. 우리는 여성들의 '차이'가 목표를 향한 투쟁에서 장애가 아니라 오히려 강점이 된다고 보았다. 여성들은 외부로부터 그들에게 강요된 가부장적 노동 분업에서 수동적인 피해자이기도 했지만 거기에만 그친 것은 아니었다. 여성에게 부과된 이 일은 자본에 의해서는 평가 절하되었지만, 우리는 삶을 창조하고 유지하는 데 있어 여성의 노동이 지닌 긍정적인 특성을 확고히 주장했다. 바로 이 관점으로부터 우리는 자급 관점을 발전시켰다. 자급은 상품 생산에 의해 매개되지 않고 직접적으로 삶을 창조하고 유지하는 것을 의미한다. 그러므로 자급 지향성은 자유당, 사회민주당, 녹색당의 기회 균등 정책, 그리고 정체성과 차이에 관한 포스트모던 담론뿐 아니라, 성장 중심의 경제와도 다르다. 프랑크푸르트 회의에서는 '차이'에 관한 긍정적인 개념이 여전히 사용되었는데, 그것은 남성과의 차이를 자랑스러워하는 여성이라는 의미에서 여성의 관점female perspective을 주장했다. 그것은 여성을 무수히 다른 정체성으로 나누는 대신에 여성들을 결속하는 것이었다. 이러한 긍정적 개념은 이탈리아 자유 그룹 '델레 도네 디 밀라노delle donne di Milano'에 의해 주장되었는데, 그들은 '어머니의 상징적 질서'를 다시 강조했다(Cavarero 1987/1990; Muraro 1993). 그러나 '차이'의 개념을 다르게 사용하는 사람들이 확장되어왔다. 포스트모던주의자들은 사람들 간의 좀 더 많은 차이, 즉 그들 안의 장벽을 계속해서 발견해나간다. 그러나 그들은 결코 착취와 억압에 대해서는 말하지 않는다.

돈, 평등, 자유: 여성 해방에서 평등의 정치학까지

오늘날 다수의 페미니스트와 페미니스트가 아닌 사람들에게 여성운동의 목표는 남성과의 평등이다. 이것은 20여 년간의 운동 후에 몇 가지 공적 성과를 얻었던 여성들에게 특히 그러하다. 이 목표는 우리가 가부장제 및 여성(단지 여자라는 이유 때문에 받았던)에 대한 굴욕과 모멸로부터의 해방을 위한 투쟁을 시작했던 운동 초기에는 존재하지 않았다. 지금은 이 운동이 실제로 얼마만큼 여성들을 해방시켰는지를 물어야 할 시점이다. 이 물음이 평등과 차이 담론 뒤로 완전히 사라져버린 것은 아니다. 여성운동이 여성을 해방시키기에 충분할 만큼 멀리 온 것은 아닌 것 같다. 왜 그러한가? 그 이유를 찾기 위해 여성들 자신의 지향성orientation 을 살펴보자.

여성들은 가부장적 구조로부터 벗어나기를 원했지만 현실에서는 많은 여성들이 이 견고하면서도 안전한 틀 속에서 적소를 찾기를 갈망했다. 그들은 '아버지 국가'가 그의 집으로 자신들을 반가이 맞아들이고 거기서 더 나은 위치를 보장해주기를 희망했다. 그들은 노예에서 가정부로 지위 상승하기를 원했다. 그들은 남성과 특권을 나누길 원했다. 그러나 이것이 결코 모든 이들에게 가능하지는 않다는 걸 깨닫지 못했다. 주인은 결코 이를 허락하지 않는다. 물론 몇몇 사람들은 여자 '엉클 톰'이 되어서 그들이 한때 그 이상이 되고 싶었음을 기억하면서도 현재의 시스템을 유지하도록 돕는다. 도처에서 나타나는 여성의 저소득과 여성 빈곤, 특히 독신모의 빈곤에 관한 수치들, 그리고 지속되는 여성의 낮은 정치 참여에 관한 통계는, 주인의 집에 있는 여성들을 위해 모든 것들이 잘 되고 있지 않다는 사실에 대한 충분한 증거이다.

다른 한편 북반구의 풍요로운 국가에 사는 여성들은 자신들의 재정적인 생활수준이 다른 여성들보다 높기 때문에 이 증거들을 의심할지도 모른다. 그런데 그들은 행복한가? 그들은 여성들에게 행복한 삶이 실현된다는 게 자신들이 생각했던 것만큼 돈에 달려 있지 않다는 걸 생각할 수 있을까? 만약에 풍요로운 국가의 여성들이 전 GDR(독일민주공화국) 여성들을 본다면(자본주의 경제로의 전환 과정에서 여성의 상황은 남성과 비교해 훨씬 나빴다), 그들은 시장 경제가 여성에게 평등을 가져올 수 있는지를 묻기 시작할지 모른다. 그러나 많은 여성들은 현존하는 체제 안에서 남성과 동등한 기회를 얻고 참여할 수 있기를 기대한다. 그들은 '주변으로부터' 나와 '주류로' 들어가기를 요구한다. '주류화'는 1990년대 초반에 많은 여성 단체들의 대중적인 사업이 되었다. 이 전략은 여성들에게 모든 것을 약속한다: 돈과 자유 그리고 평등. 그러나 이는 자본주의 가부장제 내에서 오로지 소수 여성들만이 이러한 목표를 달성할 수 있다는 사실을 은폐하고 있다.

새로운 여성운동은 초기에 실제로 여성들을 해방시켰다. 많은 여성들이 자유의 경이로운 기분을 체험했다. 공통성commonality의 발견은 여성들에게 전에 알지 못했던 힘을 주었다. 그들은 앞으로 돌진했고 아무도 그들을 막을 수 없을 것 같았다. 그들은 단지 그들이 여성이기 때문에 여성을 사랑하는 법을 배웠다. 이것은 위대한 해방이었다. 여성들이 질투하면서 다른 여성들과 거리감을 가져야 했던 시대는 끝난 것 같았다. 왜냐하면 그들은 다른, 더 낮은 계급에 속하는, '제2의 성'(Beauvoir 1974)의 멤버인 '여성'이기 때문이었다.

그러나 많은 이들에게 공통성이자 힘을 주는 새로운 자매애는, 전 세계의 여성 모두를 포함하지는 못했다. 국제적인 자매애라는 의도에도 불구하고 실제의 운동은 계급과 인종이라는 장벽을 쉽게 넘을 수 없었다. 미국에서 흑인 여성들과 이주 여성들은 백인 중산층 페미니스트의 지배에 대항했다. 비슷하게 영국에서도 아일랜드, 아시아, 아프리카, 카리브해 그리고 기타 영국의 이전 식민지 출신 여성들이 백인 중산층 다수에 속하지 않은 여성들을 대표하는 말로 '흑인 여성'이란 개념을 사용하기 시작했다. 자본주의 가부장제를 하나의 체제로서 전복하기 위해 다 함께 싸우는 대신, 페미니스트 사이의 인종차별주의에 반대하는 투쟁이 북아메리카와 유럽에서 여성운동의 중요한 관심사가 되었다. 이 캠페인은 미국에서 시작되었는데, 인종차별을 극복하기 위한 다양한 정부 사업에도 불구하고 인종차별주의가 여전히 일상생활과 페미니스트들 사이의 행동에서 지배적인 역할을 했다는 사실을 강조했다. 유럽 대륙에서 이 캠페인은 주로 소수 집단에서 온 여성들, 특히 이주 여성들에 대한 차별에 초점을 두었다. 우리는 인종차별주의라는 문제가 여성들 사이에서도 역시 중요한 주제라고 생각한다(Mies 1986b/99; cf. Mamozai 1982). 그러나 이 인종차별주의 반대 캠페인은 국제적 자매애 개념을 파괴하는 것으로 간주되었다. 모든 여성들을 감싸 안는 공통성보다 더 중요한 것이 그들 간의 차이였다: 계급, 인종, 문화, 민족, 종교, 성적 지향, 나이 등. 점점 더 많은 차이들이 발견되고 여성들을 분리하기 시작했다.

인종차별주의에 대한 캠페인은 단순히 남성과의 차이에 기초한 여성들의 연대라는 순진한 관념을 파기하기 때문에 중요했다. 그러나 이 캠페인에서 사용된 '차별' 개념은 전체 운동의 지향을 변화시켰다. 차별에 대한 투쟁은 일반 여성 그리고 특히 소수 그룹 여성들에게 남성 일반과 동등한 기회를 주어야 한다는 걸 의미한다. 간단히 말하자면 반反차별 프로그램은 자본주의 가부장제의 철폐가 아니라, 여성들에게 그 체제 내에서 동등한 몫을 주는 것을 목적으로 한다. 우리는 왜 이 전환이 1980년대 초반 미국과 영국에서 일어났는지에 관한 질문으로 돌아가야 한다.

독일에서 이 전환은 인종차별주의 반대 캠페인보다는 1983년 녹색당의 성공적인 의회 진출에 의해 촉진되었다. 이 성공은 보다 근본적인 반대로부터 생태 사회적으로 파괴적 체제인 '현실 정치Realpolitik'로의 일반적인 전환의 표식이 되었다. 이것은 체제 내에서 권력을 나누는 것을 의미한다. 이때부터 계속 여성운동의 목표는 오로지 남성과의 동등한 권리를 의미하는 것으로 재정의되었다.

　이러한 새로운 노선을 따르지 않는 사람들은 점점 주변화되었다. 그들의 견해는 더 이상 논의되지 않았다. 점차적으로 별다른 논의 없이 새로운 다수 의견이 등장했다. 여성운동의 지향을 전환하는 과정에서 있었던 획기적인 사건은 1983년 빌레펠트Bielefeld에서 열린 '여성 일의 미래' 라는 회의였다. 독일 녹색당Green Party이 일 년 전에 조직했던 '일의 미래'에 관한 회의에 반대하는 회의를 조직한 것이다. '일의 미래'에서는 컴퓨터 '혁명' 의 결과로서 임금 노동의 종말이 선언되었다. 이 미래는 자율적인 일이 주당 20-30시간의 타율적인 일과 쉽게 결합되는 시대가 시작되는 것으로 그려졌다. 고르츠(Gorz 1983)는 이를 '낙원' 이라고 부른 바 있다. 수년간 우리는 여성의 무보수 가사노동 때문에 여성의 임금 노동에서 저임금과 보험 및 직업 안정성 부족 문제가 초래되었음을 지적해왔다. 이제 와서 남성들은 이러한 '자율적 노동' 을 발견해내면서, 그것의 젠더 측면, 그리고 그 일이 단지 재미를 위한 일이 아니라는 사실을 무시했다. 그들은 여성의 주당 노동이 시간제 직업에 의해 이미 감소되었다는 사실을 완전히 무시했다. 우리가 회의에서 보여주고자 한 것은 여성들에게 고르츠식 낙원은 더욱더 형편없는 일자리를 의미한다는 점이었다. 우리는 여성들에게 그들 자신의 개인적인 경험을 들여다보고 그들이 생명 유지 경제에 하고 있는 기여를 평가해보라고 요청했다. 우리는 여성들이 자본을 위해 노동력을 '재생산' 하는 것보다 더 많은 일을 한다는 사실을 보여주려고 했다. 우리는 이 평가로부터 여성들이 대안 경제를 위한 기초로서 여성 네트워크와 동맹을 창조해내길 바라고 있었다. 그러나 분위기가 달라졌음을 깨달았다. 대다수의 여성들은 더 이상 대안적인 여성 경제를 시도하려 하지 않았다. 그들은 주류 경제에 참여하고 남성과 정치적·경제적 권력을 나누며 현 정치 구조 내에서 직업과 지위를 갖길 원했다.

여성들은 평등equality을 위해 싸우기 시작했다. 왜냐하면 싸워야 했기 때문이다. 평등은 그들에게 주어진 것이 아니었다. 그들의 목적은 임금, 지위, 노동 시간, 돈, 특권에서의 평등이었다. 초기에 자매애와 친근함, 사랑과 우정의 의미는 여성들을 단결시켰고 여성으로서 여성들에 대한 새로운 평가를 창조해냈다. 자율적인 자기 조직화, 다양성, 연대는 그들에게 엄청난 힘을 주었다. 그러나 이제 그들은 자본주의적 가부장제 남성 사회에서 안전한 자리를 얻기 위해 그러한 힘을 버렸다. 공통성은 위계적 사회의 전형적인 현상인 획일성으로 변했다. 다양한 여성들 사이의 평등, 살아 있고 통제받지 않는 평등은 돈으로 측정되는 표준화된 형평equity으로 변질되었다.

많은 여성들은 남성과 동등하게 돈과 권력을 나누어 가지는 것이 그들의 '인권'이라고 믿었다. 그들은 존중과 인정을 원했다. 그러므로 그들은 그들 '아래에 있는' 남성들, 예컨대 식민지 농부나 백인 사회의 빈민들이 아닌 '위에 있는' 특권층 백인 남성과 동등해지길 원했다. 그러나 '인권'은 자연권이고 이 세계에서 태어나는 모든 아이가 가지는 생득권이다. 따라서 이 생득권이란 여성들이 소수 남성 엘리트의 특권을 나누어 갖기 위해 구걸하거나 투쟁하는 것을 의미하지 않는다. 오히려 여성들 자신이 갖고 있는 권리가 '무력의 법칙'에 따른 것임을 있는 그대로 보임으로써 그 '권리의 규칙'을 비법화해야 함을 의미한다. 북반구 여성들 사이의 평등 담론은 백인 남성의 특권에 초점을 맞춤으로써 그들 자신이 남반구 여성과 남성에 비해서는 특권을 갖고 있다는 사실을 보지 못하게 한다. 이는 많은 사람들로 하여금 더 나은 사회에 대한 개념을 만들어 나가지 못하게 하는 이유가 된다.

돈, 자유 그리고 안전

근대 경제는, 자본주의이든 사회주의이든, 이슬람교이든 기독교이든 간에, 여성의 등 위에 구축되었다. 그 기초는 자연에 대한 평가절하인데, 부분적으로 이것은 여성에 대한 평가절하 및 혐오와 긴밀히 연관되어 있다. 자연 파괴의 역사는 여성 억압의 역사와 나란히 전개되어왔다. 이는 여성성femaleness이 자연적이고 생명을 주는 성장에 대한 단순한 상징적 은유 이상이기 때문이다. 여성성에 대한 평가는 사회 조직, 그리고 인간과 자연과 경제 사이의 상호 연관성을 특징짓고 구조화하는 원칙이다. 그러나 근대 경제는 유기적으로 성장한 그 무엇보다도, 인공적으로 생산된 상품의 우월성에 기초해 있다. 여성 혐오는 단지 근대 경제의 하찮은 부작용이 아니다. 그것은 남성과 자본의 지배 유무를 결정하는 갈등의 중심에 있다. 상품 생산, 돈, 하이테크 장치에 기초한 근대 경제는 다른 경제의 추억을 모두 지워야 한다. 이는 인공적으로 생산된 것이 궁극적으로는 스스로 존재하는 것과 경쟁할 수 없기 때문이다.

결국 포스트모던 페미니스트의 모든 지적 곡예술에도 불구하고, 아이를 낳는 여성의 능력은 여성 자신과 분리될 수 없다. 그러나 근대 경제에서는 스스로의 자연적 능력에 의해 존재하는 모든 것이 원료나 자원으로 전환되기 때문에, 여성들은 자신을 같은 방식으로 보면서 자신의 능력을 돈과 교환하기 시작한다. 최근 생명공학의 발명은 이를 되풀이하고 있는

데, 인간 생명의 '생산'을 상품화함으로써 여성의 자율적 능력을 대체하고 있는 것이다. 많은 여성들이 이러한 노골적인 약탈에 저항해왔다. 그들은 자연과 문화, 자연과 여성, 여성의 출산 능력과 그들의 힘을 분리하는 것에 반대한다. 그러나 다른 여성들은 그들을 생물학주의biologism 또는 현대적 본질주의라고 비난한다. 그러나 진정한 생물학주의는 마치 여성의 아이 낳는 능력이 그녀의 전체적인 본성인 것처럼, 여성을 아이 낳는 능력으로만 축소시키는 것을 의미한다. 이러한 방식으로 여성의 몸에서 인간, 문화 그리고 영혼의 차원이 약탈된다. 그들은 정말 원료가 되고 파편화되고 조작되고 상품화된다. 근대 과학이 자연을 해부하고 탈영혼화하고 물질화하고 죽였던 과정은 지금 여성들에게도 반복되고 있다. 그러나 많은 여성들은 사회관계의 변화를 요구하는 대신에 바로 이러한 과학과 기술로부터 자유와 안전을 기대한다. 기술이 원치 않는 생식력과 원치 않는 불임 문제를 해결해줄 것이라 희망한다. 그러나 여성의 힘과 자유는 그들의 전 존재whole beings, 즉 자신들의 육체와의 일치에서부터 나온다. 오로지 전 존재로서만이 그들은 자신의 자립과 자존을 개발할수 있다. 그러나 많은 여성들은 그들 자신의 힘을 믿지 않는다. 그들은 그 대신 기술과 돈이 제공하는 안전에 의지한다. 그들은 화폐가 제공하는 부, 자유, 안전성 이외의 개념을 가지고 있지 않다. 하지만 부와 안전을 제공하던 천연 자원이 빠르게 파괴되고 있다는 사실에 기초해서, 우리는 결국 돈으로 안전과 자유를 살 수 없다는 것을 깨달아야 한다.

자급 관점에서 안전은 사람의 전체성과 자립, 사람들의 상호의존과 그들 간의 상호성과 책임에 기반을 두게 될 것이다. 이러한 개념들은 더 이상 퇴행적인 것으로 경멸받거나, 익명의 돈이나 국가가 제공하는 안전을 위해 폐기되지 않을 것이다. 왜냐하면 그러한 자유와 안전은 하나의 신화이기 때문이다. 여성들은 이러한 화폐 관계에 의해 자본주의 사회에 복종하면서 그들 자신을 조각조각 팔 수밖에 없다. 그러나 그들은 큰돈을 얻을 수도, 대단한 직업을 가질 수도 없다. 오직 그들 자신의 힘을 잃을 뿐이다.

권력을 위한 투쟁

'어머니 문제'

여성운동을 재정향하여 주류 경제와 주류 정치로 통합시킬 때의 주요 초점은 '해방'으로부터 '형평성의 정치'로의 전환, 그리고 여성 또한 현존하는 권력 구조에 참여할 수 있을 것이라는 기대였다. 국제적으로 '세력화empowerment'라는 개념이 이러한 지향을 표현하기 위해 고안되었다. 독일에서는 이것이 소위 '어머니 문제'를 둘러싼 논쟁에서 드러났다. 비슷한 논쟁이 1985년 당시 다른 나라들에서도 있었기 때문에, 독일에서의 권력 문제와 '어머니 문제' 사이의 관계를 논의하는 것이 유용할 것이다.

독일에서는 많은 페미니스트들이 녹색당에 합류했다. 녹색당이 의회에 진출하자마자 이 여성들은 모든 정당에서 50%의 의석을 여성에게 할당할 것을 요구했다. 정당은 이 요구에 동의했고 많은 젊은 여성들이 정치적 직업과 지위를 재빨리 얻을 수 있었다. 그러나 어린아이가 있는 어머니들은 저녁 시간이나 주말 세미나 등 정당의 여러 모임에 참여할 수가 없었다. 정치 활동과 어머니 일을 병행할 수 있게 해주는 다른 대안이 없었다. 아이가 없는 남성들과 여성들이 새로운 정치적 프로젝트에 자신들의 모든 시간을 쏟을 수 있었던 반면, 오래된/새로운 어머니 문제는 녹색당의 생태적 관심사에서 어떤 역할도 하지 못했다.

1987년 녹색당의 몇몇 여성들은 자신들의 모든 좌절과 불만을 드러낸 '어머니 강령'을 발표했다. 그들은 지배 경제에 대해 그다지 비판적이지는 않았다. 그들이 요구한 것은, 어머니들이 정치에 참여할 수 있고, 남성이나 소위 '커리어우먼'이라 불리는 아이 없는 여성들과 똑같은 지위를 가질 수 있도록 녹색당의 일과 조직이 변화해야만 한다는 것이었다. 왜 여성들은 정치적으로 적극적이려면 자녀들을 포기해야 하는가?

'어머니 강령'은 남성과 여성 사이에 분노의 폭풍을 불러일으켰다. 다른 그룹의 여성들은 그 강령을 발표한 여성들이 반동적인 입장을 따르고 모성과 양육을 찬미(값싼 시간제 노동자를 얻고자 기독민주당이 선전했던 전략)하며 '어머니 본능'을 이상화하고 여성들을 아이들과 부엌과 교회로 복귀시키려 한다고 비난했다. 그들은 강령이 가부장제와 자본을 위해 봉사하고 있다는 사실을 알아채지 못한단 말인가?

논쟁은 녹색당 내의 여성들에게 국한되지 않았다. 그것은 독일의 여성운동 전체를 반목하는 두 진영으로 분리시켰다. '어머니 강령'에서 반동적이거나 우익적이라고 해석될 수 있는 것은 없었으며, 소위 말하는 커리어우먼이 모두 출세지상주의자는 아니었다. 그럼에도 불구하고 이 논쟁은 독일과 다른 나라의 여성운동에서 많은 여성들이 가졌던 깊은 감정적 문제를 표면 위로 떠오르게 했다. 그것은 자신들의 어머니와 어머니 일반을 향한 직설적이거나 혹은 잠재적인 적대감이었다. 어머니로부터 거리를 두려는 이러한 매우 감정적인 요구는, 예전 나치가 벌였던 모성 선전에 대한 반동으로만 이해될 수는 없다(Mies, in Mies & Shiva 1993, 132-63). 우리는 그것이 자신의 어머니뿐 아니라 여성 자신의 몸과 아이를 가질 수 있는 잠재력에 대한 경멸을 담고 있다고 생각한다. 분명히 서구 여성운동에서 많은 여성들은, 여성으로 태어난다는 것과 자본주의 사회에서 남성적이고 가부장적인 해방 개념을 열망하는 것 사이에서 딜레마에 갇혀 있었고 지금도 그러하다. 여성의 몸은 여전히 장애물로 간주되고 있다. 몸에 대한 이러한 경멸은 여성운동이 추진력을 잃어버린 이유 중에 하나다.

독일 여성과 소녀들에게는 다른 나라에서는 찾아볼 수 없는 특별한 문제가 있다. 그것은 어머니와 모성에 대해 긍정적으로 말하는 사람들에게 이데올로기적으로 나치에 가깝다는 비난이 따라붙는다는 것이다. 국가사회주의자들National Socialist이 자신들을 선전하기 위해 모성을 오용했다는 사실은, 현재 독일에서 여성과 남성 들로 하여금 어머니 노동에 대한 새롭고 편견 없는 평가를 가로막는 사상적 금기가 되고 있다. 어머니의 수공예와 다른 숙련공의 수공예, 더 나아가 자급 지향 전체가 경멸을 받으며, 보수적이거나 우익 성향에 가까운 것으로 간주된다. 독일에서는 자연 환경의 착취와 파괴에 기반하지 않고, 지역 생산과 소비 그리고 자신의 노동에 기초한 경제, 다시 말해 자기-의존 경제self-reliant economy에 도달해야 할 필요성에 관한 담론은 종종 보수적인 것으로 의심받는다. 그러나 우익 또는 좌익, 부르주아 또는 사회주의자, 보수 또는 진보라는 이 모든 극단적 논쟁은 한 가지 공통점을 갖고 있다. 그들은 모두 근대성이라는 결정적인 문제를 피하고 있다. 이 문제는 진보라는 근대적 개념이 가진 반反생명, 반여성, 반자연이라는 특성과 관계가 있다. 대다수의 사람들은 근대 기술이 자본주의 가부장제와의 결합을 통해 가능하게 만든 약탈물에서 단지 더 큰 부분을 갖기를 원한다. 그들은 약탈에 기반하고 있는 체제에 대항해 싸우기를 원치 않는다.

여성들이 권력을 얻는다면 그것을 어떻게 사용할 것인가?

자급 관점에 대해 이야기할 때 그것이 체제로부터 벗어나 있기를 원하는 몇몇 특권층에게는 가능하지만, 대다수의 여성에게 실행 가능한 해결책은 아니라는 말을 종종 듣는다. 대다수 여성들이 정치권력 구조 안에 참여하기 위해 싸워야 한다는 말도 듣게 된다.

우리는 자급 관점이 현존하는 정치 구조에 참여하기를 근본적으로 거부하는 것이라는 견해를 취하지는 않는다. 그것은 무엇보다도 다른 관점, 다른 지향을 의미한다. 그러나 그러한 지향이 거기에 없다면, 여성들이 한때 자신들의 손에 넣으려고 노력했던 그 권력을 어떻게 사용하는지를 질문해야만 한다. 여성이 권력의 자리를 차지한다면 정말로 달라질 것인가?

평등과 차이에 대한 논쟁이 담론의 수준에서 진행되는 반면, 권력 문제는 현실 정치의 문제가 된다. 앞에서 언급한 것처럼 독일에서 여성의 정치 참여를 위한 투쟁은 1983년 녹색당의 의회 진출 이후 추진력을 얻었다. 녹색당은 새로운 여성운동으로부터 가장 많은 수혜를 받은 당이었다. 많은 페미니스트들은 남성들로 하여금 정당과 모든 정당 관련 기관에 50% 남녀 할당제를 시행하도록 압력을 행사한 정당에 들어갔다. 여성들은 회의 시 발언 시간에서 우대를 받았다. 초기에 녹색당은 많은 페미니스트 프로젝트들과 회의들을 지지하고 재정적으로 후원해주었다. 녹색당이 다른 의회 정당과 같은 '정상적인 정당' 의 지위를 얻게 되자 목표를 향해 뻗어나갈 기초를 마련할 수 있었다. 당 내외 페미니스트들은 정당 지도부에게 분리된 '여성 재단' 의 필요성을 설득시켰다. 이후 설립된 재단은 독일과 남반구의 수많은 여성 모임과 운동을 후원했다. 여성들이 녹색당 내에서 그리고 녹색당을 통해서 권력의 큰 부분을 얻을 수 있었던 점은 부인할 수 없다.

녹색당의 예는 다른 정당들에게도 영향을 주었다. 여성 유권자 상당수를 녹색당에 빼앗기고 싶지 않다면, '여성 할당제' 를 도입해야 했다. 녹색당을 따랐던 첫 번째 당은 40% 여성 할당제를 도입한 사회민주당이었다. 그리고 민주사회주의당Party of Democratic Socialism은 50%의 여성 할당제를 실시했고, 마침내 보수적인 기독민주당도 여성 할당제를 논의하기 시작했다. 여성의 정치 참여를 위해 특정 비율을 정하는 정책은 독일 의회에서 여성 대 남성의 비율을 성공적으로 급격히 변화시켰다. 1949년과 1987년 사이에 하원의 여성 비율이 10%를 넘지 못했던 반면, 1989년부터 그 비율은 계속 높아졌다. 1996년에 여성 비율은 26.4%였다 (Pfarr 1996). 여성 할당 정책을 정당화하는 주장은 다음과 같이 주류 경제에 대한 여성의 접근을 옹호하는 주장과 유사하다: 보다 많은 여성들이 먼저 정치권력을 나눠 가져야 한다. 그리고 나면 이 양적 변화에 따라 질적 변화도 일어날 것이다. 여성들이 권력 구조에 참여할 때 그들은 좀더 여성과 아이와 자연에 친화적인 정책을 위해 자신들의 힘을 사용할 것이다. 그러나 그 첫 번째 단계는 더 많은 여성들이 정치권력의 자리를 차지하도록 하는 것이다.

이 전략은 처음엔 확신에 차 있는 것처럼 보였다. 그러나 그 결과를 들여다보면 그 전제에 관해 몇 가지 의문이 생긴다. 가부장적 구조 및 정책에 근본적인 변화가 없는 상태에서 의회에서의 양적인 젠더 구성의 변화만으로는 페미니스트들이 기대했던 결과로 나아가지 않았다. 좀 더 많은 여성들이 권력의 자리를 차지하는 것만으로는 충분하지 않은 것이다. 그 권력이 현존 체제의 유지를 위해 오용되지 않으려면, 여성들은 페미니스트 혹은 에코페미니스트 어젠다 중 몇 가지라도 따라야 한다.

그러나 여성의 정치권력을 위한 투쟁이 지금까지 무엇을 성취했는지를 질문해보자. 한 예로 우리는 독일의 녹색당에 일어났던 과정을 분석해보고자 한다. 이 당은 초기부터 그 누구보다도 페미니스트들의 요구를 자신의 것으로 만들었다. 여성들은 여전히 그 당 안에서 중요한 역할을 한다. 1998년 선거 이후 녹색당은 처음으로 사회민주당과 연합정부를 구성할 만큼 충분한 의석을 확보했다. 녹색당의 정부 각료 세 명 중에서 오직 한 명만이 여성이다. 녹색당은 선거에서 승리하고자 급진적인 목표들을 많이 버리거나 혹은 약화시켰다. 특히 생태·여성 이슈가 약화되었다(Sarkar 1999). 힘 있는 자리를 얻기 위한 인내심과 야망과 정열을 가졌던 여성들은 체제 변화를 원했던 사람들이 아니었다.

선거 전에도 초기 페미니스트 운동의 성과가 해체되고 여성주의 지향이 변화되는 등 일련의 사건들이 녹색당에서 일어났다. 여성 재단은 해체되었고 이를 대신해 녹색당의 정책 자문을 위한 싱크탱크로 새로운 기관이 설립되었다. 이 기관은 당 내 남성들이 아니라, 녹색당과 그로부터 발전해온 운동들 사이, 특히 독일 여성운동과의 연결을 깨고자 했던 여성들이 지지한 것이었다. 1995년 워크숍에서는 새로운 페미니스트 기관이 옹호되었는데, 다음과 같은 새로운 실용 노선이 제시되었다: 이론과 실천, 사회과학 및 정치과학과 정치 사이에 명확한 분리가 다시 한번 시도되어야 한다. 새로운 전문성이 운동과 연구 사이의 연관성을 대체했다. 정치와 연구는 두 개의 분리된 영역으로서, 더 이상 초기 페미니스트들이 요구했던 것처럼 연결되어서는 안 된다. 사적인 것과 정치적인 것은 다시 분리되어야 한다(Holland-Cuntz 1995, 27). 정당 지도부의 여성 구성원 중 한 명은 심지어 이렇게 말했다. "우리는 '페미니즘' 개념에 대한 비판적 수정과 보다 나은 정교화가 필요하다. 젊은 여성들에게 페미니즘 개념은 '구식'이 되었다"(Sager 1995, 39). 그 사이 새로운 기관이 베를린에 설립되었다. 그것은 여전히 '페미니스트 기관'이라는 명칭을 갖고 있다. 그러나 이 기관의 개회식은 여성 권력에 대한 주장이라기보다는 독일 여성운동에 대한 장례식이었다. 빌레펠트 대학 교수이자 사회민주당 당원인 잉그리드 쿠르츠 쉐르프Ingrid Kurz-Scherf는 적-녹 연합(Joschka Fischer, Jurgen Trittin, Gerhard Schroder, Oskar Lafontaine)에서 새로운 남성들은 "어떠한 여성 정치도 원하지 않는다"라고 말했다(*Frankfurter Rundschau*, 1998. 11. 2).

독일 녹색당에서 일어났던 위와 같은 과정을, 여성들이 권력을 얻게 되면 그것을 어떻게 사용하는가라는 물음과 관련해서 일반화할 수는 없을 것이다. 그러나 그것은 여성운동을 해치는 것이 남성만이 아니라 여성일 수도 있다는 사실을 가르쳐준다. 현존하는 구조 안에서 위로 올라가고자 하며 남성들과 권력을 나누려 하기 때문에, 여성주의자들 자신이 그들 운동의 초기 목적을 배반할 수도 있다. 수잔느 블레이즈Suzanne Blaise가 이 행위를 지칭했던 '기원의 살해'와 체제 내 권력 획득의 가능성 사이에는 연관성이 있어 보인다. 녹색당의 페미니스트들에게 권력에의 길은 그들이 여성운동, 여성학, 정치 사이의 연관성을 가능한 한 빨리 잊어야 함을 의미했다. 그들은 이 운동의 급진적 원칙인 과학과 정치에 대한 새로운 개념을 비과학적이고 감정적이라고 비난해야만 했다. 그리고 그것은 '현실의', '전문적인' 정치와 학문을 위해서가 아니라 사람들을 동원하기 위한 것이었다.

또한 이들 페미니스트들은 녹색당의 성공이 상당 부분 생태학, 평화, 여성운동에서의 여성 동원 때문이었음을 잊어야 했다. 이를 기억하는 대신 그들은 새로운 시대정신, 다시 말해 페미니즘이 무엇인지 더 이상 알고 싶어하지 않는 '젊은 여성들'의 새로운 성향을 따랐다. 만약 권력 획득이 그러한 페미니스트들의 유일한 관심 사항이라면, 그들 자신을 그 운동 초기의 급진적 출발과 거리를 두게 하는 것은 놀라운 일이 아니다. 그들은 권력에 유착하여 남성의 집에 남기를 원한다. 그들은 '전문적인 현실 정치'라고 불리는 남성들의 권력 게임에 참여하기를 원한다.

이 변화된 모습에 새로울 건 아무것도 없다. 그것은 여성에게 특별한 게 아니며 역사적으로 종종 일어났던 일이다. 저항을 현존하는 지배체제에 대한 허용과 통합으로 변모시키는 드라마는 다음과 같은 단계를 따른다: 첫째, 독재에 대항하는 억압받고 굴욕당하는 사람들의 대반란. 둘째, 권력의 자리, '남성의 집' 혹은 권력 게임에의 참여를 위한 투쟁과 정복. 셋째, 새로운 권력 지배의 제도화와 전문화. 일반적으로 이전 '아버지'와 지배자의 전통을 따르는 변형. 넷째, 근본적인 출발 그리고 새로운 권력 엘리트들과 급진적 '어머니', '자매', '동료' 및 급진적 원칙과 담론 사이의 거리두기. 다섯째, 새로운 권력 엘리트를 이전 통치자의 합법적인 '아들', '딸', '상속자'로 인식하기. 여성들이 가부장적 남성들이 태곳적부터 해오던 일을 똑같이 반복하는 것에 대해 놀랄 일은 아무것도 없다. 그러나 우리는 그러한 과정으로부터 여성이라는 것이 정치적인 프로그램과 동일하지 않다는 걸 배울 수 있다. 전반적으로 억압과 착취에 기반을 둔 정치경제 체제 안으로 절반의 여성을 참여시키기 위해 투쟁하는 것만으로는 충분하지 않다. 여성들이 또 다른 경제와 사회에 대한 비전을 생산하지 않는 한, 이러한 권력 나누기는 전혀 쓸모가 없다. 여성들이라고 해서 자동적으로 더 나은 성별이 되는 건 아니다.

페미니스트 포스트모더니즘: 망각과 탈물질화의 이데올로기

집단이 자신의 기원을 잊거나 '살해하는' 경향은 결코 독일만의 특별한 사례가 아니다. 우리는 미국과 영국에서 동일한 사례를 발견하는데, 그러한 경향은 포스트모더니즘이라는 기치 아래 전 세계적으로 퍼져나갔다. 포스트모던 페미니즘Postmodern feminism은 대다수 여성학과, 특히 앵글로색슨 세계에서 지배적인 이론적 흐름이 되었다. 이 흐름을 따르지 않는 페미니스트 학자들은 여성학 프로그램에서 자리를 잡는 데 어려움을 겪는다.

정체성identity과 차이, 젠더와 권력에 관한 담론들은 포스트모던 사상에 의해 크게 영향을 받았다. 포스트모더니즘은 페미니스트 이론에서 '가장 최신 이론'일 뿐 아니라, 위에서 설명한 것과 같이 정치적 전향을 정당화하기 위해 사용된다. 동시에 그것은 여성운동의 시초를 망각하는 일에 일조한다. 왜냐하면 후셀Fussel이 지적한 것처럼 그 이데올로기는 다섯 가지 '망각의 전략'에 기초해 있기 때문이다. 즉:

1. 모든 것은 단지 피상과 외양이다. 현실은 외양의 껍질 위에 껍질이 덮여 있는 양파와 같다. 이러한 외양하에 본질은 없다.

2. 모든 것은 동일한 가치를 지닌다. 모든 것은 의심스럽다. 그러므로 모든 것은 기본적으로 가치 없고 임의적이다. 이렇게 차별성이 없기에 어떤 것을 다른 것에 비해 선택할 이유가 없다.

3. 생산 과정에서 투입과 산출 간의 관계는 없다. 중요한 것은 화폐의 형태로 나타나는 결과다. 누가 이 과정에서 실권을 잡고 있는지, 누구의 이익이 유지되는지는 망각된다.

4. 계급 차이는 잊힌다. 그것은 지구화된 문화 속에서 대중과 엘리트를 균질화하는 소비주의로 대체된다. 시장을 따라 '전통'이나 '민족' 혹은 '근대성'이 보급될 수 있다.

5. 아무도 어떤 것에 대해 입장을 취하지 않는다. 상이한 여러 의견이 있을 뿐이고 어떤 한 의견은 다른 것만큼이나 타당하다. 그것들은 개인의 의견이고 결론이 없다. "중요한 점은 충돌을 피한다는 것이다. 모순에 대한 대응은 차이들의 진열로 대체된다." 통합적인 비전과 전략이 없다(Fussel 1993, 53ff.).

'포스트모던' 개념은 프랑스 철학자 장 프랑스와 리오타르Jean Francois Lyotard의 책《포스트모던의 조건La condition postmoderne》(1979)에서 만들어진 것이다. 이 책에서 리오타르는 '근대성'에 대한 완전한 개념을 제시한다. 그 개념을 통해 그와 그의 추종자들은 18세기에 시작해서 오늘날 끝날 것으로 보이는 계몽의 시기에 대한 특징을 정의 내린다. 무엇보다도 포스트모더니스트들은 '인간은 이성으로 움직이는 책임 있는 주체이자 역사의 주체'라는 계몽 시대의 합리성 개념에 의문을 표한다. 동시에 포스트모더니스트들은 세계의 물질적 또는 '본질적' 실재—단지 언어적 구성이나 내러티브가 아닌 '실제의' 역사—가 있음을 받아들이지 않는다. 포스트모더니스트들에게 이해될 수 있는 주어진 현실은 없다. 현실은 시간에 포박된, 맥락에 포박된, 공간에 속박된 담론이 구성하는 것이다. 포스트모더니즘에 따르면 모든 문화의 사람들과 모든 시대에 유효한 보편적인 거대 이론은 있을 수 없다.

우리는 페미니스트들 특히 북미의 페미니스트들이 왜 이러한 (남성) 프랑스 철학자들의 사상에 매료되었는지 그동안 의문을 제기해왔다. 그들이 여성 억압을 설명하는 이론적 틀로서 리오타르, 데리다 그리고 특히 푸코의 포스트모던 사상을 채택한 까닭은 무엇인가?

외부에서 볼 때 페미니스트와 포스트모더니스트의 비평 간에 어떤 유사성이 있는 것처럼 보인다. 둘 다 지배적인 합리성의 개념을 비판한다. 그러나 그들은 각각 다른 실천으로부터 이 비판에 도달한다. 프랑스 철학자들은 마르크스Marx와 프로이트Freud 비판을 통해 이론적 입장에 도달한다. 페미니스트들은 적어도 1970년대만 해도 여성운동의 경험, 가부장적 폭력 및 군사주의, 핵과 유전자 기술에 대한 반대, 즉 데카르트식 자만—자연과 여성에 대한 남성의 지배에 기초한 인식론적 패러다임—에 대한 반대로부터 그러한 비평에 도달했다(Merchant 1980; Fox-Keller

1985 ; Chodorw 1978 ; Gilligan 1982).

그러나 미국에서 여성운동과 다양한 캠페인 그리고 여성주의 철학 사이의 연관성은 차츰 잊혀졌다. 이는 1980년대쯤 일어났던 것으로 보이는데, 그때 당시 여성학과는 대부분의 미국 대학에서 정규 특별 프로그램으로 신설되었다. 여성학의 제도화는 운동과 여성 연구 간의 분리뿐 아니라, 초기 페미니즘 이론 작업으로부터 포스트모던 철학으로의 전환과 함께 진행되었다. 낸시 프레이저Nancy Fraser와 린다 니콜슨Linda J. Nicholson은 이러한 전환에 대해 다음과 같이 기록한다.

> 많은 페미니스트 학자들은 1980년대부터 거대 사회 이론의 프로젝트를 포기하게 되었다. 그들은 성차별주의의 원인을 찾는 것을 그만두었고, 좀 더 제한된 목적을 가진 구체적인 조사로 전환하였다. 이 전환에 대한 한 가지 이유는 페미니스트 학문의 정당성이 증가되었기 때문이다. 미국에서 여성학의 제도화는 페미니스트 연구자 공동체의 급증, 학문적 노동 분업 증가, 구체적 정보 축적을 의미했다. 결과적으로 페미니스트 학자들은 보다 집단적으로 그들의 기획을 고려하게 됐다. 하나의 이론적 수완으로 완성되는 구성물보다는 다양한 조각들이 많은 다른 사람들로 채워지는 퍼즐과 같이 말이다. 즉 페미니스트 학문은 성숙해졌다(Fraser and Nicholson 1990, 31-2).

독일의 홀란드 쿤츠Holland-Cuntz와 같이 미국의 프레이저와 니콜슨이 페미니스트 학문이 주류 학계에 의해 승인되고 어엿한 학과, 교수진, 예산 등을 가짐으로써 제도화된 후에야 그리고 급진적인 '보편주의'와 '본질주의'의 기원이 '정화'된 뒤에야 비로소 페미니즘 학문을 '성숙한' 것으로 특징짓는 것은 흥미롭다. 이러한 이론적 전환의 영향으로 포스트모더니스트들은 다수 사람들과 문화와 이슈 사이의 연관성과 공통점을 더 이상 인지할 수 없게 되었을 뿐 아니라, 무엇이 중요하고 무엇이 중요하지 않은지도 모르게 되었다. 정치적 행동은 '젠더', '인종', '문화', '성적 지향', '민족성'의 언어적 나열에 지나지 않는 '정치적 올바름political correctness'으로 축소된다. 대부분의 포스트모던 페미니스트들은 한쪽을 지지하길 두려워한다. 그들은 어떤 사회적 범주—그것이 '여자'이건, '어머니' 또는 그 어떤 것이건—를 '본질화' 시키는 것을 두려워한다. 특히, 포스트모던 페미니즘의 일부분인 젠더에 관한 담론이 여성운동의 탈정치화에 기여했다.

본질주의 – 새로운 원죄

포스트모던 페미니스트들은 '거대 이론'을 거부하면서 차이를 옹호함에도 불구하고 만장일치로 하나의 이론적 죄를 거부하고 있다. 그것이 바로 본질주의다. 포스트모던 페미니스트들의 이론적 글쓰기의 많은 부분이 다른 페미니스트들의 작업에서 이 죄를 추적하는 것으로 이루어져 있다. 그러나 그들은 본질주의라는 함정에 빠지지 않기 위해 자신들의 텍스트에 대해서도 매우 주의를 기울인다.

무엇이 본질주의인가? 포스트모던 페미니스트들에게 묻는다면 그들은 보통 초기 페미니스트들이 일컬었던 '생물학적 결정주의'를 비판할 것이다. 생물학적 결정주의는 남성과 여성의 사회적 · 정치경제적 · 문화적 · 역사적 관계가 아니라, 해부학적 구조가 가부장적 성별 관계의 원인이라는 사상이다. 포스트모더니스트들에게 젠더, 계급, 인종 등의 범주는 단지 차이일 뿐이다. 본질주의에 대한 비판은 그러한 차이가 보편적으로 타당한 혹은 준자연적인 것으로 간주되어서는 안 된다는 걸 의미한다. '남성'과 '여성'의 본질은 없고 오로지 시간, 문화, 역사, 공간, 계급, 인종, 성적 지향에 따르는 남성성과 여성성이라는 상이한 구조물만이 있다.

포스트모던 페미니스트들에 따르면 본질주의는 성별 간 생물학적 차이에만 제한되는 것이 아니다. 여기에는 시공간적으로 제한된 어떤 경험이 거대 담론으로 보편화되는 문화적·사회적 본질주의가 포함된다. 프레이저와 니콜슨은 '어머니 노릇'에 대한 초도로우Chodorow의 분석을 다음과 같은 이유에서 본질주의라고 비판한다.

> … 이러한 기본적으로 단일한 행위는 두 가지 구별되는 종류의 심층 자아를 낳는다고 규정한다. 하나는 문화를 초월하여 여성에게 상대적으로 공통된 것이고, 다른 하나는 문화를 초월하여 남성에게 상대적으로 공통된 것…
> 포스트모던 관점에서 이러한 가정은 본질주의적이기 때문에 문제다(Fraser & Nicholson 1990, 30).

포스트모더니즘의 본질주의 비판이 문제가 되는 지점은, 지배 관계를 자연적인 것으로 합법화하는 생물학적 결정주의를 거부한다는 데 있지 않다. 우리는 운동의 초기부터 그렇게 해왔다(Mies 1978). 그러나 포스트모던 페미니스트들은 욕조와 함께 아이를 버리는 듯하다. 본질주의와 어떠한 보편주의적 '거대 담론'도 피하려는 열망으로 인해, 그들은 여러 가지 덫에 걸려든다. 첫째, 그들은 '여성', '남성', '어머니' 등의 범주에 대한 어떤 물질적 · 역사적 실재가 있다는 것을 실천적으로 부인한다. 그러므로 오로지 개별적인 차이들만 있을 뿐이다. 그렇게 되면 개인차만이 인간 사회의 유일한 특징으로 보인다. 그러한 개인과 증가하는 개인적 차이에 기반하여, 사람들 사이의 공통성을 인식하고 연대 개념을 발전시키는 것은 어려운 일이다. 게다가 남성성과 여성성을 문화적 조작의 결과로만 간주하는 급진적 구성주의는, 자연과 문화 간의 오래된 계몽시대의 이분법적, 위계적 구분을 반복할 뿐만 아니라 그 구분에 대한 오래된 평가도 지속시킨다: 인간에 의해 만들어진 어떤 것인 문화는 자연이 준 어떤 것보다 우월하다. 이 분리는 여성의 몸에서 가장 심각하게 느껴진다. 포스트모던 페미니스트들에 따르면 여성들은 결코 그들의 몸 안에서, 그리고 몸과 더불어 평화롭게 살 수 없다. 그들은 사이보그(Haraway 1991)이거나 동물이다. 이러한 이분법적 시각은 특히 젠더에 관한 앵글로-색슨계 담론으로 인해 발전되었는데, 그 담론에서 '성sex'은 오직 생물학적인 것이고, '젠더'는 문화적인 것이라는 분리가 도입되었다(Rubin 1975).

포스트모던 페미니즘의 가장 부정적인 결과 중 하나는, 여성 해방—또는 억압받는 다른 집단이나 계급의 해방—을 위한 투쟁이 이러한 이데올로기에 기초하여 실질적으로 불가능해졌다는 점이다. 첫째, 오로지 차이만이 존재할 뿐이고, 이것들은 풍요로운 다양성이 아니라 경쟁적이거나 반목적인 이해관계로만 보인다. 공통성도 공통된 목적도 공통된 윤리도 공통된 비전도 없다. 그러나 정치적인 활동을 하기 위해서는 한 개인의 경험보다 다소 폭넓은 관점이 필요하다.

다른 한편으로, 여성들이 적극적으로 정치적 활동을 하기를 원한다면 그들은 최소한 자신에 대한 현실 감각을 지녀야 하고 그들 자신을 주체로, 그들의 목적을 진실되고 중요하며 장기적인 관점의 한 부분으로 간주할 수 있어야 한다. 그렇지 않으면 그들은 정치적 행동을 시작하는 데 필요한 동기와 힘을 갖지 못할 것이다. 이는 그들이 몇몇 이슈들을 본질적으로 중요한 것으로 고려해야 함을 의미한다.

그러나 포스트모던 페미니즘은 그러한 본질주의를 허용하지 않는다. 포스트모더니즘의 대변인들도 이 딜레마를 겪었다. 주디스 버틀러Judith Butler는 '여성'이 실제로 존재하지 않는다는 줄리아 크리스테바Julia Kristeva의 분석을 인용하며 그러한 사람들이 존재하지 않는데 어떻게 계속 정치적으로 적극적인 행동을 할 수 있는지 질문한다. 그녀의 해결책은 흥미롭다. 그녀는 어떤 존재론적 온전성을 부여하지 않고 정치적 도구로 '여성' 범주를 사용하기를 제안한다. 버틀러는 페미니스트들이 전략적 본질주의, 즉 정치적인 프로젝트를 시작할 수 있도록 보편적인 범주로서 허위의 '여성 존재론'을 구축할 것을 주장하는 스피박Spivak의 논의를 들여온다(Butler 1990, 325).

이는 여성들이 정치적으로 행동하기 원한다면 '여성' 범주가 보편적이고 존재론적인 본질을 지니는 것처럼 위장해야 함을 의미한다. 그러나 만약 그들이 이론화하기를 원한다면 그들은 어떻게라도 그러한 본질주의를 피해야 한다. 포스트모던 페미니스트 사상의 정신분열적 상황은 실제로 포스트모더니즘이 드러내고 있는 새로운 이상주의의 결과다. 소머 브로드립Somer Brodribb은 페미니스트 이론화의 새로운 이상주의를 비판한 최초의 사람 중 한 명이다. 그녀는 이러한 새로운 플라톤주의가 물질과 역사의 철폐에 기초해 있다고 지적한다. 물질과 역사의 철폐는 포스트모던 이론과 포스트구조주의, 그리고 실존주의 이론에서 찾아볼 수 있다. 그들은 물질과 역사를 담론과 서사, 혹은 언어 게임으로 대체하면서 인간 생명의 시작인 어머니를 '살해'해왔다. 브로드립은 그녀의 책 《Nothing Mat(t)ers: 포스트모더니즘에 대한 페미니스트 비평》(1992)에서 mater(mother)와 materia(matter)가 공통된 라틴어 기원을 가지고 있음을 상기시킨다. 그녀는 니체Nietzsche, 리오타르Lyotard, 라캉Lacan, 데리다Derrida, 푸코Foucault 등의 남성 포스트모더니스트 영웅들이 우리 모두는 여성으로부터 태어나며 다른 유기물처럼 죽는다는 사실을 받아들이지 못함을 보여준다. 그녀는 포스트모던 철학의 주요한 영향력이 '기원의 살해'(Blaise 1988; Kristeva 1989), 즉 어머니 혹은 여성에 대한 실제적이거나 상징적인 살해라고로 본다. 어머니(혹은 물질)에 대한 이러한 살해가 없었다면, 탈물질화가 없었다면, 우리 자신의 기원, 이 세계 안에서의 우리의 아르케arche를 모호하게 하고 탈가치화하지 않았다면, 남성이 역사와 기술과 상징 질서, 그리하여 궁극적으로 삶의 창조자로 우뚝서는 건 불가능했을 것이다. 문화를 물질(어머니)로부터 분리해서 후자를 전자에게, 그리고 여성을 남성에게 종속시키는 것은 불가능했을 것이다. 자본주의 가부장제의 상징 질서로 이동하기를 원하는 포스트모던 남성과 여성 들은 가장 먼저 자신들이 '여성으로부터 태어났음'을 망각해야 할 것이다(Rich 1977; von Werlhof 1996). 그런 후에야 그들은 그들 자신과 다른 사람들을 '자가 구축된 것', 즉 유기체와 기계 사이의 사이보그나 혼종으로 인식할 수 있는 것이다(Haraway 1990).

이러한 포스트모더니즘의 어머니/물질(mat(t)er) 살해는 모든 현실을 하나의 '텍스트'로 환원시킬 뿐 아니라, 우리의 역사의식 즉 우리의 개인적 역사와 사회적 역사 둘 다에 대한 우리의 의식을 제거하는 새로운 이상주의를 생산해왔다. 게다가 우리와 다른 유기적 생물체들과의 연관성을 인식하는 것을 잊게 만든다. '아무리 기술적으로 조작한다 하여도 자연은 구성된 것이 아닌 최초로 주어진 것'이라는 인식이 사라지고 있다.

우리는 왜 여성들이, 특히 산업 자본주의의 중심에서 이러한 새로운 이상주의를 환영하고 심지어 여성 해방의 이름으로 선전하는지 이해할 수 없다. 우리가 본 것처럼, 이러한 현상은 젠더 연구gender studies뿐 아니라 정치 부문에서도 일어난다. 어떻게 페미니스트들이 여성운동에서의 그들의 뿌리와 '몸의 정치학'의 중심성을 망각할 수 있었던 것일까? 그들은 여성운동과 여성학, 실천과 이론 간의 연관성을 어떻게 망각할 수 있었을까?(Mies 1978). 왜 그들은 그들의 적이 '어머니'가 아니라 전 지구적 자본주의 가부장제라는 사실을 더 이상 이해하지 못했는가? 그들은 왜 기술/과학이 그들의 실제의 어머니와 상징적인 어머니, 어머니 지구와 그들의 유기체로부터 '해방'시킬 수 있다고 다시 믿게 되었는가? 르네트 클레인Renate Klein이 지적한 것처럼 이러한 자유는 그들이 궁극적으로 '가상현실에서 육체 없이 떠다닐' 수 있음을 의미한다. 오직 '가상공간'에서만 그들은 자유롭고 평등하다. '본질주의'에 대한 포스트모던 페미니스트들의 비판은 '여성으로부터 태어난' 우리들의 기원, 실제의 어머니 그리고 어머니와 여성에 대한 상징 질서를 부인하는 데 그 뿌리를 두고 있다. 여성에게 이러한 부인은 자기 파괴적이다. 유전자와 재생산 기술은 여성의 몸이라는 '황무지'로부터 여성을 '해방'시키는 유일한 수단이 된다. 바바라 두덴Barbara Duden은, 주디스 버틀러Judith Buthler에 대한 비평에서 이러한 포스트모더니즘의 탈물질화된 여성을

'성기 없는 여성'으로 부른다(Duden 1993, 36).

물질적 개인과 사회적 역사에 대한 부인은, 그것이 여성들을 기술주의적이고 가부장적으로 정의된 남성 영역으로 접근할 수 있게 해줄 것이라는 희망과 손을 맞잡고 있다. 이 영역은 '자유'와 문화의 영역으로 간주된다. 주인의 집을 파괴하는 대신에 그 집으로 상향 이동하는 모든 피억압자의 오래된 꿈은 많은 여성들의 꿈이기도 하다. 여성학뿐만 아니라 정치에서 몇몇 여성들은 실제로 그 집 안으로 들어갈 수 있었다. 그러나 그들은 자신의 기원에 대한 부인과 여성운동으로부터의 분리, 그리고 여성학이 다시 아카데미로 퇴거한 후에야 '남성 주류'(O' Brien 1989)에 의해 받아들여졌다(Mies 1996b).

앵글로색슨 국가에서 여성학의 재再학문화는 주로 젠더 담론에 의해 발전되었다. 이 젠더 담론은 그 이전부터 시작되었지만, 포스트모더니즘과 대학 내 젠더 연구 분과의 제도화와 더불어 절정에 달했다. '여성학'에서 '젠더 연구'로의 전환이 가져온 영향은 단순히 본질주의와 생물학적 결정주의를 철폐하는 것이 아니라, 오히려 여성학이 남성 주류의 학계에서 존경받을 수 있게 된 것이었다. '여성' 범주가 학계 담론에서 사라지면서 가부장제, 자본주의, 착취, 억압과 같은 여러 다른 '급진적인' 개념도 사라졌다. 젠더에 관해 말하는 것은 그럴 듯하고 아무도 위협하지 않는 것이었다. 젠더는 여성의 유기적인 몸과 연결된다고 가정되는 섹슈얼리티sexuality를 추상적인 것으로 만들었고, 문화 · 사회 · 역사라는 고급 영역으로부터 깔끔하게 분리시켰다. 우리는 이미 인간의 섹슈얼리티가 해부학적일 뿐만 아니라 사회적 · 역사적 범주임을 지적한 바 있다(1986). 둘로 나누는 것은 가장 친숙한 인간 경험의 영역을 한쪽(sex)

에서는 기술주의적이고 상업적으로 조작하고, 다른 쪽(gender)에서는 낭만화하고 이상화하는 것이다(Mies 1986b/99).

젠더 담론은 1990년까지는 아직 독일에 도입되지 않았다. 하지만 당시 이와 유사한 과정의 기원 살해가 발생했다. 1970년대 후반 독일 여성학의 시작은 무시되거나 조롱당했다. 미국 페미니스트 저작의 번역이 여성학의 기원으로 환영받았던 반면, 독일의 여성운동과 여성학은 완전히 감추어졌다(Bublitz 1992). 그리고 역사는 뒤죽박죽이 되었다. 반면에 독일의 기존 여성학에서는 성 연구Geschlechterstudien라는 독일어 번역을 사용하는 대신 '젠더 연구'를 이야기하는 것이 진보적인 것으로 간주되었다.

그러나 기원의 살해는 어떤 저작들을 '잊는 것'만이 문제가 아니다. 그것은 국제적으로 알려진 수많은 독일 페미니스트 학자들, 독일 여성학의 선구자들에 속하지만 독일 대학에서 지위를 찾지 못했던 페미니스트들에게 타격을 주었다. 이들 중에는 루이제 푸쉬Luise Pusch, 센타 트뢰멜–플뢰츠Senta Trömel-Plötz, 하이데 괴트너–아벤트로트Heide Göttner-Abendroth, 베로니카 벤홀트–톰젠Veronika Bennholt-Thomsen, 클라우디어 폰 베를호프Claudia von Werlhof가 있다(von Werholf 1996).

'어머니'를 없애고 기원을 살해하는 과정은 캐서린 켈러Catherine Keller가 가부장적 지배를 확립하는 비결로 여겼던 단계를 따르고 있다. 그녀에게 가부장적 '기원 신화'는 마르두크Marduk와 티아마트Tiamat에 관한 수메르의 신화이다. 전사의 아들인 마르두크는 바다와 '혼돈'의 지배자인 그녀의 어머니 티아마트를 죽여야 한다. 그는 그녀의 몸을 여러 조각으로 절단해서 땅 곳곳에 묻어야 한다. 티아마트의 조각들이 묻힌 장소는 새로운 가부장적 문명의 중심이 되었다(Keller 1986).

어머니 살해의 도식은 남성들이 자신을 만물의 기원으로 세우길 원할 때 사용되어왔으며, 여성들에 의해서도 되풀이되어 사용되고 있다. 모친 살해의 기원과 여성 계보의 파괴, 여성의 역사를 파괴하고 새로운 서사를 재구성하는 것, 이 모든 것은 오늘날 몇 시간의 워드프로세서 작업에 지나지 않는다. 포스트모던 이상주의는 이러한 모친 살해를 합법화한다. 왜냐하면 어쨌거나 현실이란 것이 더 이상 존재하지 않기 때문이다.

그러나 포스트모던 페미니스트들이 구성주의의 중요한 전제 하나를 간과하고 있다는 점은 놀랍다. 이는 어떤 이의 서사를 맥락화하는 전제, 즉 그 담론이 어떤 행위자에 의해 누구의 이해에 따라 어떤 역사적 순간에 시도되고 있는지를 묻는 것이다. 포스트모던 페미니스트들이 이러한 질문을 했다면, 그들은 대학에서, 특히 여성학과에서 포스트모더니즘이 지배적인 이론으로 등장한 것이 1980년대의 미국과 영국이라는 점, 그리고 사회주의 붕괴 후 레이건의 경제 정책Reagonomics과 대처주의 Thatcherism라는 전 세계적인 신자유주의 정치경제학의 등장과 일치한다는 걸 발견했을 것이다. 분명 그들은 포스트모던 이상주의, 본질주의 및 '거대 서사'에 대한 공격, 신자유주의적 다원주의, 정치적 무관심, 신보수주의가 정확히 맞아떨어지고 있음을 깨닫지 못하고 있다. 이들 포스트모던 페미니스트 학자들은 가부장적 자본주의에 위협적이지 않았고 지금도 그렇다. 실제로 '가부장제'나 '자본주의' 같은 단어들이 포스트모던 담론에는 나타나지 않는다. 포스트모던 사상은 대중, 특히 젊은이들을 효과적으로 탈정치화하며 그들이 경제, 정치, 이데올로기 간의 연관성을 인식하지 못하게 한다. 그들은 사람들이 신자유주의 경제 정책이 생산해내는 불평등의 증가와 사회적·생태적 파괴에 대해 훨씬 둔감하게 만든다. 실라 벤하빕Seyla Benhabib은 리오타르의 철학인 신자유주의적 다원주의neoliberal pluralism와 맥락적 실용주의contextual pragmatism를 따르는 정치적 대안들이 신자유주의 정치의 맹공격에 반격할 수 없다는 점을 경고한다. 대신 포스트모더니즘은 "철학을 탈정치화하려는 욕망으로부터 동기를 부여받는다"(Benhabib 1990, 124).

전 세계적으로 여성들이 신자유주의 정책의 주요 피해자라는 사실을 고려할 때, 서구 페미니스트들이 '어떤 것이든 좋고 아무것도 중요하지 않다'는 이데올로기를 선도한다는 것은 비극적인 일이다(Brodribb 1992).

여성 해방과 자급 관점

우리는 차이와 정체성 담론, 실용주의적 권력의 정치학, 포스트모던 페미니스트 사상에 대한 비판을 상세하게 설명했다. 왜냐하면 우리는 그러한 경향들이 가부장적 관계로부터 여성이 해방되는 과정을 방해한다고 생각하기 때문이다. 그것들은 여성을 탈정치화할 뿐 아니라 여성과 남성 사이의 국제 연대를 위한 기반을 파괴한다. 우리는 방관만 하면서 이러한 자기 파괴와 여성운동의 퇴보를 지켜볼 수는 없다. 우리는 여성운동이, 무한한 화폐에 대한 탐욕으로 지구상의 만물을 희생시키는 경제 체제의 노골적인 만행을 드러내고 그에 반항할 수 있는 주요한 힘 가운데 하나임을 안다. 그러므로 무관심한 채 있을 수는 없다. 그 이데올로기는 사회주의 붕괴 이후 자본주의가 유일한 대안으로 등장한 상황에서 매력적일 수 있다. 서론에서 언급한 것처럼, 많은 사람들, 특히 북반구의 젊은이들은 소위 '더 이상의 대안은 없다(TINA) 신드롬'을 앓고 있다. 비관주의와 냉담, 절망이 지배적 분위기처럼 보인다. 그러나 우리는 비관주의와 절망이 전 세계의 약탈품을 나누어 가질 수 있는 사람들, 그래서 그 고난을 감당할 수 있는 사람들의 사치품임을 안다. 남반구에서 살고 있는 가난한 사람들은 비관적이지 않다. 그들에게는 포스트모던 정치적 무관심이 필요 없다. 자급을 지켜내고 재창조하는 그들의 비전은 생존에 필수적이면서, 포스트모던 이상주의보다 더 현실적이며, 좀 더 멀리 보고 훨씬 전체적이며, 월등히 창조적·인간적이고 생태적으로도 더 건전하다. 이 비전은 희소성과 지속적 경쟁의 필연성이라는 자본주의적 개념에 기반해 있지 않다. 방글라데시의 새로운 농업운동은 자신들이 자급 경제의 풍부함을 회복하기 위해 근대 산업 농업을 거부할 목적으로서 '아난다Ananda'를 선언한다. 아난다는 '모든 사람을 위한 행복'을 의미한다. 이 행복은 생존의 주변부에서의 금욕적이고 빈곤한 삶이 아니라 충만한 삶이다. 이 운동은 녹색혁명이 그들의 땅과 생물학적 다양성을 파괴할 뿐 아니라, 여성에 대해 유래 없는 폭력을 낳고 여성을 멸종 위기에 처한 종으로 축소시킨 것을 참을 수 없는 여성들에 의해 활기를 띠게 되었다(Akhter 1998). 그런 여성들에게 있어 여성이 '존재'하는가 아니면 단지 가상의 현실인가라는 북반구 페미니스트들 사이의 논쟁은 냉소적이고 터무니없는 것이다.

서론에서 말했듯이 우리에게 가르침을 주고 나아갈 방향을 제시하는 이들은 방글라데시에 있는 여성들과 같은 사람들이다. 우리는 자급 관점을 세계 대다수 여성들의 관점에서 발전시켰다. 산업 국가에서 증명되는 것과 같은 좋은 삶의 모델은 경제적으로나 생태적으로 지속 가능하지 않고 일반화될 수도 없음이 잘 알려져 있다. 오직 소수의 남성과 여성만이 그러한 체제의 약탈물로부터 얼마 동안 혜택을 받을 수 있을 뿐이다. 그러므로 모든 사람을 위한 평등은 따라잡기식 개발을 통해서도 가능하지 않다(Mies & Shiva 1993).

세계의 소수 여성에게만 유효한 여성 해방은 결코 비전이 될 수 없다. 해방의 비전은 모든 여성들에게 유효하고 실현 가능해야 한다. 이는 우리가 가부장제, 식민주의, 자연 착취에 더 이상 기초하지 않는 경제를 추구해야 함을 의미한다. 우리는 이를 자급 경제라 부른다. 그것은 북반구뿐만 아니라 남반구에서도 유효해야 한다. 그렇지 않을 경우 윤리적으로 수용 가능하지 않을 뿐더러, 생태적으로나 경제적으로 지속 가능하지 않기 때문이다.

우리는 몇 가지 테제로 이 장을 마치려 하는데, 현재 중산층 페미니스트들 사이의 지배 담론에 대항하는 테제들을 제안하는 바이다.

1. 세계 여성들에게 주요한 문제는 차이/정체성이 아니라 착취, 억압, 폭력, 식민주의다. 우리의 차이 또는 다양성은 오히려 우리의 힘, 풍요로움, 아름다움이다. 그러나 자본주의적 가부장제는 모든 사물의 동등한 평가를 참지 못하고 다양성을 이데올로기적 반목으로 변형시키려 한다. 그러므로 모든 '타자'는 희소성의 세계 안에서 경쟁자인 적이 된다. 우리는 생물 다양성과 문화다양성이 유지되고 축복받는 세계를 만들기를 원한다.

2. 우리는 이 지구상에서 다른 생물체와 연결되어 있다. 우리는 자유, 부, 행복 그리고 '좋은 삶'이 필요 영역을 넘어 이를 초월하는 데서 온다고 기대하지 않는다. 그것이 종교, 화폐, 혹은 포스트모던 가상 현실을 통한 초월이건 간에 말이다. 우리는 삶의 기초로서 어머니/물질(mat(t)er)을 계속 축복한다. 물질을 영혼으로부터 분리하여 평가절하하고 영혼을 이상화하는 이원주의를 거부한다.

3. 우리의 임파워먼트는 다른 생물체나 인간에 대한 기술주의적 지배 그리고 자본주의적 가부장제 권력 구조에 참여하는 것에 기반해 있지 않다. 그것은 자립과 자율성, 상호 의존, 자기 조직, 자기 공급, 지역적 · 지구적 네트워크, 수익 관계가 아닌 자급 관계를 기반으로 한다.

4. 우리는 우리가 역사적 존재임을 안다. 여성 계보에 대한 지식과 존경 없이 여성들이 개인적으로나 사회적으로 가부장제를 극복할 수 없으리라는 것을 안다. 우리의 어머니를 되찾아 우리 자신과 다시 연결하기를 원한다. 우리의 딸들을 되찾아 우리 자신과 다시 연결하기를 원한다.

5. 우리는 또한 우리의 아들들을 되찾아 우리 자신과 연결하기를 원한다. 우리의 아들들이 마초 군사주의적 글로벌 자본주의가 제공하는 관점만을 갖는 걸 허용하지 않을 것이다.

여성에 대한 우리의 비전은 여성의 노동 및 삶과 밀접히 관련되어 있다. 그 맥락은 그들의 일상생활과 활동 그리고 상징적 의미에서 삶의 생산이다. 우리의 기본적 필요에 대한 충족은 남반구에서뿐만 아니라 북반구에서도 목표이자 나아갈 방향이다. 또한 이는 아름다움, 여가, 존경, 존엄 즉 여성에게 '좋은 삶'에 대한 우리의 필요를 포함한다. 이 비전은 자연을 약탈하는 것 대신에 자연과의 상호 협력하에 이뤄지는 생산을 의미한다. 즉 우리의 주위 풍경과 자연 조건에 대한 지식을 가리킨다. 이 비전에서 우리의 노동과 생산품에 대한 자율적 통제는 중요한 주제다. 왜냐하면 우리의 생산품에 대해 자랑스러워하길 원하기 때문이다. 우리는 생산품을 즐기는 것과 별도로 타자에 대한 관용을 제공하길 원한다. 우리의 부는, 강제되고 가정주부화되며 맥도날드화되고 균질화된 지구 문화에 대해 저항할 수 있는 다양성에서의 평등을 통해 이루어진다. 그러한 조건하에서는 여성의 몸을 부인하거나 이상화하거나 통제할 필요가 없다. 이러한 몸은 힘, 지혜, 지식, 생기의 원천이 된다. 우리는 우리의 몸, 우리 주위의 풍경, 힘, 일, 공동체(지역사회)와 함께 우리 자신 안에 뿌리를 내릴 수 있다.

우리에게 있어 자급 지향적 여성 해방의 관점은 한계를 인식하고 존중하는 것으로 이루어진다. 그러한 한계는 전능이라는 가부장적 환상을 포기할 때, 그리고 우리 자신의 힘, 즉 우리 자신의 가치 및 타자의 가치를 동등하게 축복하기를 허용하는 우리 자신의 정체성을 존중할 때, 더 이상 장벽이 되지 않는다.

우리에게 차이는 결코 연대와 자매애에 대한 장애가 되지 않았다. 우리 여성들은 많은 국내외적, 지역적 정치 행동과 캠페인에 착수할 수 있었다. 이는 우리의 다양성에도 불구하고가 아니라, 우리의 다양성으로 인해 가능한 것이었다. 그러한 다양성이 문화, 종교, 계급, 카스트, 인종, 교육, 성적 지향 등 어디에서 오건 간에 말이다. 그러는 동안에 많은 여성들에게 직접적 지원 및 연대, 힘과 자매애, 정치적이고 정신적인 영감과 기쁨의 원천이 되는 국제적 페미니스트 네트워크가 많이 생겼다. 이 네트워크들은 단지 상징적으로만 중요한 것이 아니다. 이들은 UN 여성회의뿐 아니라 다양한 행사를 효과적으로 중재했다. 그 국제 네트워크는 중앙위원회나 당 등의 공식적 위계나 경직된 조직을 필요로 하지 않는다. 그들은 보통 자본주의 가부장제에 대한 저항과 반대, 그리고 그들의 목적을 반영하는 공통된 의견으로부터 조직된다. 이러한 국제적 네트워크에서 북반구의 페미니스트들은 남반구의 페미니스트들로부터 크게 고무되었다.

그러한 새로운 국제 페미니스트 연대에 대한 최근 사례로, 1996년 11월 15일 FAO 세계식량회의 기간 동안 로마에서 조직되었던 식량에 관한 여성의 날Women's Day on Food이 있다. 남반구과 북반구의 여성들이 공동으로 준비한 이 행사에서, 전 세계 여성 5백 명이 신자유주의 자유무역 원칙을 기반으로 하는 새로운 지구화의 농업 및 식량 정책이 여성에 대해 어떤 함의를 갖는지를 하루 종일 논의했다. 이 여성들은 그 전에는 서로를 알지 못했음에도 불구하고, '식량 안보가 여성의 손에 남아 있어야 하고' 지역적 자급자족이 초국적 기업의 지구화된 식량 산업을 대체해야 한다는 점에서 일치를 이루었다.

반다나 시바와 다른 이들은 식량에 관한 여성의 날에 새로운 국제 여성 네트워크를 시도했다. 이는 '다양성을 위한 다양한 여성들Diverse Women for Diversity'의 네트워크가 바로 그것이다. 이 네트워크는 생물학적·문화적 다양성을 보호하고 축복하며, 지구적 자본주의의 획일적이고 파괴적인 경향에 반대하는 것이 주요 관심사인 남반구과 북반구의 여성들로 이루어져 있다. 1998년 브라티슬라바Bratislava에서 열렸던 네 번째 UN 생물다양성회의에서 이 네트워크의 강령이 정부 대표들 앞에서 낭독되었다. 이 강령은 대안이 없는 상태에서 지배 경제를 수용하여 체제 내 공모자가 되고 싶어하지 않는 전 세계 여성들의 새로운 공통 관심사를 가장 분명하게 표현하고 있다.

다양성을 위한 다양한 여성들

1998년 5월 4일 생물다양성협약에 대한 네 번째 모임 본회의에서 다양성을 위한 다양한 여성들의 성명

우리는 지구 위에서의 풍요롭고 풍부한 삶의 지속을 위해 헌신하는 다양한 운동을 하는 다양한 지역에 살고 있는 여성들이다. 우리는 상이한 배경을 가졌으며, 우리 역사에 대한 완전한 인식을 가지고 왔다. 그리고 우리는 지구와 다양한 생물체에 대한 인간의 도용과 전유에 한계가 있고, 또한 있어야만 한다고 믿는다. 우리는 우리가 이 지구상의 것들을 사용함에 있어 책임을 져야 하며 우리 안의 다른 모든 이들과 평등해야 한다는 점을 요구한다.

우리는 도덕적 인간이다. 우리는 주어진 시간과 주어진 공간을 점유하고 있음을 알고 있으며, 미래를 위해 남겨두어야 할 그 시간과 조건 속에서 어떻게 살아야 할지에 대한 책임이 있음을 알고 있다. 우리는 서로 또는 다른 존재와 관계 맺는 방법으로서 불신, 탐욕, 폭력, 두려움을 받아들이지 않는다. 그런 식으로 관련짓는 방식들을 거부한다. 그것이 개인의 부정적인 행동이든, 수용할 수 없는 생산품이든, 무기를 거래하고 전쟁을 감수하는 초국적 기업과 정부 사이의 구조적 동맹이든 그 어떤 형태를 취하건 간에 거부한다. 그것이 힘들게 쟁취한 사회적·환경적 보호를 후퇴시키고 지구의 살아 있는 다양성을 이용하고 독점하려는 자유무역 조약이나 여타의 기구이든, 그리고 우리의 민주주의, 우리의 농장, 우리의 생계, 우리의 문화, 우리의 공동체를 위협하는 어떤 형태를 띠건 간에 그것에 저항한다.

우리는 지역 공동체가 경계와 권리를 가지고 있다고 자각하기 때문에 이 협약의 8j 조항을 지지한다. 그리고 우리는 지식 및 자원과 관련한 공동체 주권이 그러한 지식과 자원에 접근하여 그것을 도용하는 외부인의 자유보다 우선권을 갖는다고 주장한다. 우리는 우리와 우리의 공동체가 우리의 삶과 생계와 땅 그리고 우리가 공간을 함께 쓰는 종species 공동체에 영향을 주는 결정에 참여해야 한다고 단언한다.

우리는 지식을 추구하는 데 지혜가 필요하다고 생각한다. 우리는 우리가 사랑하고 중요시하며 보살피고 이해하려고 하는 모든 것들에 대한 해害를 방지할 대책이 필요하다고 본다. 그리고 거만하게 예방 조치를 저버리는 사람은 누구나 우리 삶의 기초를 위험 상태에 빠뜨리고 있음을 안다.

우리는 모든 이들이 건강하고, 영양상태가 좋으며, 안전하고 먹을 수 있는 식량이 있는 세계를 추구한다. 어떤 형태의 생명 특허권도 거부하며, 식량 안보와 건강 그리고 생명체의 안녕well-being을 위협하는 기술과 생산품을 피한다.

우리는 종과 문화 그리고 앎의 방식이 다양하며 상호 연결되어 있음을 인식하고 축복한다. 우리는 삶과 문화의 다양성을 유지하지 않는 것을 거부하기 때문에, 세계은행, 국제통화기금, 세계무역기구, 다자간투자협정 및 그런 종류의 기타 협정과 공모를 거부한다. 또한 우리는 사람들이 행동하기 위한 작은 공간을 마련하고, 우리 모두가 새로운 방향으로 작은 발걸음을 내딛고 상호 존중과 공동의 안녕을 향해 나아가도록 손짓하는 데 중요한 작은 조약인 생물다양성보존협약Convention on Biological Diversity을 지지한다.

다양성을 위한 다양한 여성들 사무국

과학 · 기술 · 생태연구재단(반다나 시바)

A-60 hauz Khas

뉴델리-110016 인도

전화: 91-11-6968077, 팩스: 91-11-6856795

다양성을 위한 다양한 여성들의 리스트서브

20310-92nd Avenue West

Edmonds, Washington 98020 USA

전화: 425-775-5383, 팩스: 425-670-8410

('Beth Burrows에게' 라고 팩스에 표시해주십시오.)

9

자급과 정치

타로 밭의 정치인가 남성의 집 정치인가?

호주 시드니의 여성 평화 환경운동가 졸 데 이쉬타르Zohl de Ishtar는 《태평양의 딸들》(1994)이라는 태평양 지역에 사는 여성들에 대한 책을 썼다. 그녀는 프랑스의 태평양 핵실험에 반대하는 그린피스 활동에 참여 했다. 그전에 그녀는 태평양을 2년 동안 항해한 적이 있으며, 서구 식민 주의와 군사주의를 겪으면서 이에 저항했던 여성들의 이야기를 기록했다.

이 책의 여성들의 이야기에서는 자신의 공유지를 지켜내는 것이 중요 하다는 점이 강조된다. 특히 아직도 모계 전통이 강하고 씨족의 땅이 모 계를 통해 상속되는 태평양 섬 같은 곳에서는 더욱 그렇다. 태평양에 살 고 있는 대부분의 토착민들은 그들을 공동체로 이어주는 공유지를 소유 하고 있다. 뉴질랜드의 마오리족은 "땅은 사람에게 속하고, 사람은 땅에 속한다. 땅과 사람은 하나를 이룬다"라고 말한다. 이 세계관은 마오리족 의 말로, 테 웨누아te whenua로 표현되는데, 이 말은 '땅'과 '태어난 이 후' 두 가지를 의미한다. 당신의 땅은 당신이 태어난 이후에 묻히는 장소 이다. 그래서 존재론적으로 당신은 땅과 조상과 연결되어 있다. 벨라우 Beleu 섬의 이름인 'beleu'는 땅과 그곳에서 태어난 사람들 둘 다를 의미 한다. 마오리족 여성들은 그들 자신들과 북아메리카의 토착민 같은 다른 토착민 사이에 많은 유사점이 있음을 알고 있다.

벨라우 섬 여성들의 이야기는 특히 흥미롭다. 이 섬은 한때 독일의 식 민지였고 지금은 미국에 의해 전략적 군사지역으로 통제받고 있는 곳이 다. 점령과 군사화, 특히 미국의 핵 정책에 반대하는 운동이 대규모로 일 어났는데, 주로 여성들에 의해 일어났다. 벨라우는 자체적으로 비핵화를 선언한 지구상 최초의 나라였다. 그 운동의 지도자인 가브리엘라 지르망Gabriela Ngirmang은 다음과 같이 쓰고 있다.

> (미국과의) 싸움에서 핵심은 땅이다. 여기서 이것은 매우 민감한 이슈다. 왜냐하면 우리는 개인의 토지와 씨족 공동의 토지를 갖고 있기 때문이다. 정부는 만일 미국이 요구하면 60일 이내로 사용할 수 있는 땅을 마련해주기로 미국과 계약했다. 그러나 정부는 이를 행사할 권리가 없다. 그 땅은 정부가 소유한 게 아니라 씨족에 속해 있기 때문이다. 그래서 이 계약은 씨족 간에 많은 문제를 야기하고 있다(Zohl de Ishtar 1994, 47).

벨라우 씨족은 모계제로 이루어진다. 따라서 남성들로만 구성된 정부보다 여성이 중요한 역할을 차지한다. 타로* 밭에서 일하면서 매일의 양식을 생산하는 여성들이 영향력을 가지고 있다. 공적인 문제로 씨족의 연설자를 뽑을 때, 여성들은 남편이 아니라 자신의 아들 중 한 명을 지명한다. 뽑힌 사람은 여성들에게 남성들의 결정을 정당화시켜야 하고, 여성들은 언제든지 남성들에 의해 이루어진 결정을 뒤집을 수 있다. 여성들은 이것을 특별한 회의에서 의논하지 않고, 그들이 스스로 만든 타로 밭에서 의논한다. 그곳에서 소식과 정보, 크고 작은 정치적 이슈가 모두 이야기되고 논의된다. 남성들은 타로 밭에 오지 않는다. 한 벨라우 여성

---

* 땅속에 있는 덩이줄기에서 긴 잎자루와 큰 심장 모양의 잎이 나오는 외떡잎식물로, 열대 아시아, 태평양의 여러 섬, 아프리카 등 주로 열대지역에서 온대에 걸쳐 널리 분포한다. 땅속줄기에 많은 양의 녹말을 저장하며 이것을 식용하며, 열대지방에서는 중요한 녹말 식량으로 굽거나 쪄서 먹는다. 참고로, 우리나라 토란은 타로의 변종이다.

베리니 켈더만Berinie Keldermans은 남성들이 '밖에서 서성거리며' 아무런 힘이 없다고 말한다. 다른 여성 키타 모레이Cita Morei는 타로 밭에서 하는 여성의 일이 갖는 정치적·심리적·철학적 중요성을 이렇게 설명한다.

그들은 여성들을 내버려두었다. 그들은 여성들이 타로 밭에서 일이나 하면서 지내도록 내버려두었다. 외지인들은 자신들이 벨라우 정치에 영향을 미쳤다고 생각하지만, 실제로 그들은 그렇게 하지 못했다. 왜냐하면 외지인들이 뽑은 남자들은 사람들에게는 이래라 저래라 영향을 미치지 못했기 때문이다. 이는 외지인의 관점에서는 결함이었다. 외지인은 여성들을 그냥 하던 일을 하도록 내버려두었다.

여성들은, 외지인의 관리와 탐욕 그리고 남자들의 정신을 관통하는 모든 것으로부터 간섭 받지 않고 계속해서 지냈다.

타로 밭은 여성들에게 어떤 사안에 대해 무슨 일이 일어나고 있는지를 말해주는 공간이다. 당신이 그들에게 이야기하면 그들은 다른 사람에게 이야기할 것이다. 타로 밭 정치는 가장 강력한 영향력을 가진다. 이곳은 말하자면 당신이 땅에 대해 생각하는 방식 중에서 가장 신성한 장소라 할 수 있다. '이것이 내가 가치 있게 여기는 것'이라고 생각하고, 정치나 돈에 대해서가 아니라 벨라우 사람이 된다는 게 어떤 것인지를 생각한다. 타로 밭에서 이것이 이루어진다. 우리에게 우선순위가 무엇인지, 우리에게 필요한 게 무엇인지, 우리가 약한 게 무엇인지에 대해 생각하게 된다. 우리가 타로 밭에 가고 싶을 때는 벨라우를 돌봐야 하는 때다. 그렇게 우리는 타로 밭 정치를 계속하게 된다. 남성들이 생각하는 정치는 오로지 돈에 대한 생각뿐이다. 그렇지만 여성은 바로 타로 때문에 점점 강해지고 있는 것이다(Zohl de Ishtas 1994, 57).

자급의 정치화?

　몇 년 전 부퍼탈Wuppertal의 좌파 그룹이 자급의 정치화를 주제로 워크숍을 연 적이 있었다. 자급 관점을 지향하는 활동가들을 대표해서 풀뿌리 활동가들과 단체 대표자들이 초대되었다. 자급 접근의 '대모'라고 할 수 있는 우리도 초대되었다. 이 워크숍을 주관한 단체는 자급 관점이 사회 변혁을 위한 이론적 기반으로 중요하고 옳지만, 불행하게도 그것이 너무 탈정치적이라는 논의가 이루어지길 원했다. 이 단체는 이 관점을 정치적인 차원으로 더욱 발전시키는 것이 중요하다고 생각했다.

　우리가 정치에 대한 다른 이해를 가지고 있음을 이들에게 설득력 있게 설명하기는 어려웠다. 그러나 이 단체는 클라우디아 폰 베를호프의 주장인 "체제와의 불화 없이는 자급도 없다"라는 명제를 앞으로 나아갈 방향으로 인식하고 우리의 생각을 수용했다. 우리가 주장한 정치적 결함에 대해서는 크리스토프 슈페르Christoph Spehr가 1996년에 쓴 책《생태계의 함정Die Okofalle: The Eco Trap》에 그 비판이 정교하게 정리되어 있다. 여기에서 그 가장 중요한 내용을 요약해본다.

1. 자급 관점은 매력적이지 않다. 자급 프로젝트는 너무 작고, 너무 많은 일을 요구하고, 지배체제에 대항하는 데에는 무력하다.
2. '자급 틈새'는 사회적 시스템과 생태계 보전을 위해 국가가 치러야

하는 비용을 낮추는 데 일조한다.

3. 자급은 정의되지 않는다. 누가 그것을 정의하는 권력을 갖는가?

4. 자급에 대한 여성 이론가들은 권력과 조직 문제에 대해 '예민한 차이'를 낭만화하면서 주장하는 경향이 있다. 그들은 개인적 행위에만 머물 뿐이다.

5. 축적의 논리를 따랐던 과거의 역사가 이데올로기의 조정이 아니라 폭력에 기반해 있기 때문에, 단지 모든 사람들에게 좋은 삶에 대한 다른 개념을 확신시킨다고 해서 이것이 사라지지는 않는다.

우리는 앞의 여러 장에서 이러한 주장에 대해 논의해왔다. 여기서는 우리가 놓쳐버린 측면인 정치적인 측면에 대해 이야기하려 한다. 이 자리에서 우리는 크리스토프 슈페르에게 대답하고자 한다. '만약 당신이 틀린 질문을 한다면, 당신은 틀린 대답을 얻거나 대답을 얻지 못할 것'이라고. 틀렸다는 것은 이 질문 자체가 틀렸다는 뜻이 아니라, 질문을 하는 근본적인 사고 범위가 자급 관점을 이해하는 데 적절치 않다는 것을 말한다. 우선 이 질문은 진정성이 없는 것으로, 질문자의 위치가 잘못되어 있다. 질문자는 좌파 전위의 위치에서, 다시 말해 위에서, 밖에서, 주류의 전략적 권력의 위치에서 질문하고 있다. 또 한편으로 이 질문은 비생산적이기 때문에 질문의 방법이 잘못되어 있다. 그들의 논의는 궁극적으로는 새로운 통찰에 도달하기 위한 바람을 가지고 서로 의견을 교환하는, 소위 이성적인 스타일의 담론이다. 우리는, 이 패러다임을 알고 그것을 완전히 버리기를 원치 않을지라도, 이 담론이 모든 사람들로 하여금 자급 관점의 필요성과 매력에 대한 확신을 갖게 할 수는 없다는 사실을 경험적으로 잘 알고 있다. 왜냐하면 확신이란 타당성과 당파성에서 나오는 것이지, 가치중립적인 이성적 담론에서 나오는 것이 아니기 때문이다.

우리의 정치 개념은 슈페르의 개념과는 분명히 다르다. 우리는 이를 명료하게 하기 위해 새로운 정의를 내리지 않고, 대신 벨라우 여성들의 이야기를 통해 그들이 정치를 어떻게 이해하는지를 이야기하려고 한다. 남성의 의회 정치가 아닌 타로 밭의 정치, 이것이 바로 우리가 옳다고 생각하고, 자급 관점을 위해 적절하다고 생각하는 정치의 개념이다. 이 관점에서 우리는 슈페르의 반대 의견에 답하고자 한다.

1에 대한 대답

사고와 경험의 지평이 지배 패러다임 안에 갇혀 있는 사람들에게 자급 관점이 별로 매력적이지 않다는 사실은 그리 놀랄 일도 아니다. 이런 사고의 한계로 인해 사람들은 서구 지성인들이 고대 그리스에서 정치라고 생각했던 것 외에는 다른 어떤 것도 정치로 인식하지 못하고 있다. 즉, 가정oikos과 일상의 관심사로부터 분리된 엘리트 남성의 활동인 폴리스의 업무를 하는 '자유로운 남성'의 직업이 바로 정치였다. 우리 모두는 오랫동안 여성, 노예, 외국인, 식민지 피지배자들이 소위 민주주의의 요람인 아테네 남성들의 의회 정치에 접근할 수 없었다는 사실을 알고 있다. 정치라는 장에 모인 이들은 데모스demos, 즉 일반 대중이 아니라, 자급을 위한 여성과 노예의 돌봄을 격하시켰던 남성 계급이다. 이 구조가 지속되는 한, 정치에 접근하거나 미래에 접근하기를 바라는 사람들에게 가정이나 타로 밭보다 남성 의회가 더 매력적일 것이다.

이 구조에 동화된 사람들이 살고 있는 조건 아래에서는, 우리의 어떤 주장이나 캠페인도 사람들로 하여금 자급 관점을 매력적으로 느끼게 할수 없다. 그렇다고 그 반대의 조건, 즉 남성 의회에 더 많은 여성이 평등한 권리로 입법 활동에 참여하도록 하고 더 많은 남성이 타로 밭에서 일한다고 해서, 자급 관점이 성공하지는 않을 것이다. 문제는 구조 자체, 일상의 삶과 정치의 분리, 정치와 일상생활 사이의 위계화다.

2, 3, 4, 5에 대한 대답

생태 프로젝트, 생태 마을, 생활협동조합, 물물교환 등 다른 초기 운동들처럼 자급 틈새는 분명 시스템을 통해 사회적 비용을 줄일 수 있게 해준다. 그러나 국가 비용을 줄이는 것이 모두 자급 관점의 발전과 여기에 관련된 이들에게 안 좋은 것인가? 이러한 반대 논리는 편협한 흑백논리식 사고에서 나온다. 어쩌면 이러한 자급 틈새 영역들은 우리가 사유지를 없애는 것을 배울 수 있는 교육장이다. 아마도 우리 모두, 여성과 남성은 스스로를 종속적인 위치에 두는 몽상을 멈출 수 있다. 우리가 종속적인 태도를 유지하는 한, 우리의 목적은 자유나 자율이 아니라, 국가로부터 요구할 수 있다는 우리의 믿음으로만 제한될 것이다.

이렇게 말할 때마다 우리는 "이건 단지 작은 규모의 실험일 뿐이야"라는 대답을 듣는다. 슈페르의 말처럼, 우리는 권력과 조직에 대한 질문에 과민반응을 보인다. 그가 말하는 권력은, 노동조합·정당·교회·정치를 변화시킬 수 있는 다른 거대 기구처럼 규모가 크고 조직화된 권력, 대중의 낡은 사고 안에서의 권력이다. 이 외의 모든 다른 시도들은 '개인주의적'이거나 '당파적'인, 그래서 너무 '작고' 무력한 것으로 생각한다.

크리스텔 노이쉬스Christel Neusüss는 리더와 대중에 대한 자신의 모델을 준설기와 준설기 운전자로 비유해왔다. 여기서 준설기는 대중을, 운전자는 준설기를 반대쪽으로 밀어넣는 정치적 아방가르드인 정당을 의미한다(Neusüss 1985, 160). 슈페르는 구 공산당이나 사회민주당의 준설기 모델을 언급하지 않았다. 그럼에도 불구하고, 그와 동료들은 아직도 이러한 혁명의 개념을 고수하고 있으며, 권력을 일반적인 정치 권력인 위로부터의 지배로 이해하고 있다.

권력과 지배는 우리에게 금기가 아니다. 우리는 자주 여러 가지 다른 방식으로 폭력과 권력, 지배에 대해 이야기해왔다. 그러나 더 이상 권력을 얻기 위해 그렇게 싸울 수 있다거나 싸워야만 한다고 믿지 않는다. 이렇게 되면 우리는 폭력의 문제에 도달하게 된다.

우리 모두는 남성 의회 정치에서 권력과 지배가 '궁극적으로는' 총구로부터 나온다는 사실을 안다. 이 사실은 항상 강조했던 것처럼, 경제와 축적의 지배적인 원리에서도 마찬가지다. 시간이 갈수록 우리는 폭력, 특히 여성에 대한 폭력이 이러한 경제 체제의 본질적인 부분이라는 것을 분명히 해왔다. 그러나 이는 슈페르가 암시하듯이, 그러한 체제가 무력에 의해서만 붕괴될 수 있다거나, 모든 사람이 '좋은 삶'에 대한 대안적인 방법을 확신한다고 해서 그러한 지배가 무너지지 않음을 의미하지는 않는다. 슈페르에게 설득은 순진한 방법이다. 수천 년 동안 이 모델은 가부장적 남성 의회에서 폭력 혁명(그리고 전쟁)으로 이어졌고 오늘날에도 여전히 지속되고 있다. 무엇이 그것을 수행해왔으며, 그것은 어떻게 남성과 여성의 심리를 만들어왔는가? 폭력과 대항 폭력이라는 이 모델은 지금까지 칼라슈니코프사의 람보 모델에서 그 이상형을 찾는 남성 정체성을 만들어왔다. 우리 시대의 가장 큰 문제 중의 하나는 바로 젊은이들의 람보화Ramboisation다.

지구화로 인해 남성들에게는 의미 있으면서도 동시에 신체가 필요로 한 일을 위한 기반이 사라지고 있다. 새로운 기술은 초강력 권력에 대한 환상과, 여성과 아이들과 '타자'가 지속적으로 그 피해자가 되는 폭력에 대한 환상을 동시에 생산한다. 군수산업은 젊은이들을 군사화하는 데 일조하고, 미디어는 남자 아이들에게 무기를 가진 남성 이미지를 고무시킨다. 여성들의 운동이나 용기도, 여성만의 평화적인 접근으로는 남자 아이들과 소년들의 람보화를 막을 수는 없다. 일상화된 폭력에 반대하고 철저한 탈군사화를 요구하는 남성운동이 필요하다. 자급 정치란, 미국의 걸프전 기간 동안 일어났듯이 여성이 람보를 모방하고 싸우는 세력에 합류하려고 노력하는 것을 의미하지 않는다. 이와 정반대로, 그것은 남성이 자급의 일을 여성과 공유하는 것을 의미한다. 처음에 이러한 노력은 여성이 아니라, 남성으로부터 시작되어야 한다(Mies 1994).

우리가 타로 밭 정치에서 중요하게 깨달은 점은, 타로 밭의 여성은 '말로만 하는' 남성들과는 다른 권력 개념을 갖고 있다는 사실이다. 여성의 권력은 그들의 자급에 대한 통제와 자급을 위한 수단인 땅에서 나온다. 그들은 이 집합적인 힘을 자신의 남편과 식민 지배자와 미군에게서 지켜냈다.

벨라우 남성들은 자신이 어머니와 자매들에 의존하고 있다는 사실을 알고 있다. 남성들은 착취할 수 있는 외부의 '식민지'가 없다. 따라서 미국이 새로 선출된 남성 정치인을 매수하려고 애를 썼음에도 불구하고, 남성 의회 안에서 여성들의 결정이 궁극적으로 받아들여졌다. 벨라우에서 여성과 남성 간의 연대는 아직 완전히 파괴되지 않았다. 여기서 주목하는 타로 밭 정치의 다른 측면들은 다음과 같다.

- 정치는 일상생활, 자급과 분리되지 않는다. 당신은 일하는 동안 정치를 한다. 여성은 특별한 공간, 특별한 시간, 특별한 임금을 필요로 하지 않는다. 타로 밭에서의 일은 정치적인 일인 동시에 자급을 하는 일이다.

- 정치는 위임, 선거, 정당을 통해서 하는 것이 아니다. 모든 사람은 직접적으로 연관되어 있고, 직접 말하고 행동할 수 있다. 모두가 정치적으로 힘을 가지고 있다.

- 정치는 일상의 작은 문제와 관련된 것만이 아니다. 타로 밭에서는 역사와 조상, 삶의 의미에 관한 문제가 현재와 함께 얽혀 있다. 그래서 타로 밭 정치는 지엽적인 것이 아니라, 전체의 '시스템'과 관련된다.

- 무엇이 중요한 것인지, 그리고 어떻게 행동해야 하는지는 모두에게 분명히 드러난다. 모든 사람에게 중요한 것을 정의하는 권력은 아무도 가지고 있지 않기 때문이다. 이는 물론 모든 정치적 전위가 목표로 하는 최종적인 꿈이다.

- 여성은 합의에 의해 일한다. 그러나 여기서 합의란 지금 우리가 갖고 있는 개념과 다른 것이다. 자급 일과 관련된 여성들은 형식에 치중하지 않는 이야기를 통해 합의를 도출한다. 합의가 지금의 우리처럼 형식화될 필요가 없다.

- 따라서 타로 밭에서 나온 의견을 특별한 미디어와 정보 채널로 퍼뜨릴 필요가 없다. 그것은 옷장에서부터 친구, 가족, 씨족 관계의 채널

에 의해 멀리까지 퍼진다.

- 타로 밭 정치는 씨를 뿌리고 잡초를 뽑고 수확하는 과정과 같다. 그것은 갑작스런 개입, 전쟁, 혁명으로 발전되지 않는다. 지역 공동체의 요구인 '도덕 경제' 그리고 환경과 미래 세대의 보호를 강조하는 정치는 장기적 관점을 가져야만 한다. 그것은 단기간의 이윤이나 권력 집단에 의해 결정될 수 없다.

- 남성들의 정치에서 고립된 남성 권력과 대조적으로, 타로 밭 정치에서의 권력은 어디에나 존재하고 있다. 그것은 어머니에게서 딸에게로 전승되므로 통제하기 어렵다.

여기서, 슈페르와 비슷한 의견을 가진 사람들은 다음과 같이 불쑥 끼어들지 모른다. "그것은 산업사회 이전이나 반反산업사회에 대한 낭만화이며, 어떠한 위계 구조도 거부하는 것이다. 따라서 이를 오늘날의 사회에 적용할 수 없다"(Spehr 1996, 197)고. '낭만화'라는 의견에 대해서는, 서구의 산업사회를 모든 '산업 이전' 사회의 미래 정점으로, 따라서 피할 수 없는 미래 이미지로 보는 단선적인 역사 과정의 이미지에서 나왔다고 말할 수 있다. 3장에서 말했듯이, 정확히 말하면 이것은 근대성에 대한 우화적인 낭만화다. 이 해석에는 베로니카 벤홀트-톰젠이 서양인 대부분의 '문화적 무지'라고 부른 것이 드러나고 있다.

물론 파푸아뉴기니나 벨라우 같은 사회에서도(왜 그들을 근대 이전이나 산업 이전의 사람들이라고 부르는가?), 여성에 대한 지배와 폭력이 존재한다는 사실을 부정하는 것이 아니다. 그러나 그 사실이 식민주의와 선교 활동, 글로벌 자본주의 정책에도 불구하고 선출된 정부에 대항해 군대를 조직하는 파푸아뉴기니 여성들의 능력을 설명하지는 않는다. 이를테면 왜 벨라우 여성들이 계속해서 타로 밭에서 미국 핵무기와 군사 정책이 한도를 벗어나지 않도록 하는지 말이다. 사실 우리는 (더 이상) 이러한 타로 밭을 가지고 있지 않다. 여기서 벨라우 여성과 같은 모델을 똑같이 복제할 수 있다고 생각해서 이 이야기를 자세히 하는 것은 아니다. 그보다는 다른 것에 관심이 있다. 무력하게 희망도 없이, 지배 체제가 앞에 열어놓은 '블랙홀'에 직면한 사람들에게 우리는 다른 영감을 불어넣어주고 싶다. 또한 파푸아뉴기니와 벨라우, 그 밖에 많은 자급 사회가 대부분의 사람들이 수천 년 동안 그에 따라 살아왔던 규범임을, 그리고 산업사회는 매우 역사가 짧고 주변적이며 일반화할 수 없음을 깨닫게 하고 싶다. 산업사회는 이 역사적으로 정상적인 양식으로부터의 파괴적인 일탈이다. 우리는 이 터널에서 빠져나와 무지, 편협함 그리고 도시적 오만에서 오는 사고의 장막을 걷어내려 한다. 이를 위해 다른 곳에 살아가고 있는 사람들이 정치를 어떻게 이해하고 어떻게 실행하는지를 듣는 게 도움이 될 것이다. 어떤 이는 우리의 생각이 갇혀 있다며 우리를 장난감 병아리와 같다고 표현했다. 만약 갑자기 푸른 초원에 풀어놓으면, 풀 먹는 법도 모른다는 것이다.

저항 없이는 자급도 없다!
자급 없이는 저항도 없다!

우리는 앞 장에서 남반구뿐만 아니라 북반구 사람들이 자신의 프로젝트와 다양한 창조적 기획을 가지고 지구화에 반대하기 시작했다는 것을 보여주었다. 그러나 아직도 많은 사람들은 아래로부터의 정치, 타로 밭 정치에 관심을 두기를 주저한다. 어떤 사람들은 자급 관점이 미래의 관점으로서 그럴 듯하다고 생각하지만 동시에 그 비판도 맞는 말이라고 생각한다. 그들은 이 관점이 어떻게 실현될 수 있는지 상상하지 못한다. "우리가 어떻게 거기까지 도달하겠는가"라는 질문에 대해 완전한 전략으로 대답하기는 어렵다. 그렇지만 '여기에서 거기까지 어떻게 가는지'를 보여주는 두 개의 이야기를 통해 이 질문에 대답해보고자 한다. 이 이야기들은 자급에 대한 주민들의 이해관계와 자본의 신자유주의적 사유화 정책 사이의 대립이 북반구보다 훨씬 더 심하고 직접적인, 남반구로부터 왔다. 이 이야기들을 통해, 자급의 유지와 회복을 위한 투쟁이 곧 다른 정치, 다른 정치 개념을 위한 투쟁과 같다는 걸 알게 될 것이다.

자급을 회복하고 이를 재차 강조하는 투쟁은 2차 세계대전 말 이래로 '개발'이라고 불려왔던 것과는 완전히 정반대되는 것이다. 그로부터 50여 년이 지난 현재, 소위 개발이 식민주의와 제국주의의 또 다른 형태에 불과하다는 사실이 많은 '저개발' 국가 사람들에게 분명해졌다. 테리사 터너Terisa Turner와 동료들에 따르면, 과거의 계급 분석은 더 이상 우리가 자급 관점을 위한 투쟁을 이해하는 데 도움이 되지 않는다. 그 대신 '성별화된 계급 분석'이 필요하다고 그들은 주장한다.

만약 사유화를 반대하는 더 많은 운동과 같은 구체적인 저항운동에서 이러한 분석이 이루어진다면, 남성에 의한 여성 착취와 국가 및 국제적 자본 사이의 연관 관계는 더욱 분명해질 것이다. 그뿐만 아니라 이러한 투쟁들을 통해 정치와 이러한 착취의 조건까지도 창조적으로 바뀌고 변형될 것이다(Turner and Benjamin 1995). '성별화된 계급투쟁' 같은 역동적인 과정이 얼마나 수행될 수 있을지는 터너와 다른 사람들이 케냐 사례에서 설명하고 있다. 다음은 그 이야기를 요약한 것이다.

마라구아의 여성들

마라구아Maragua는 커피 재배지의 중심인 나이로비에서 북서쪽으로 80마일 떨어져 있다. 여기 남성들은 일반적으로 1~5헥타르의 작은 농장을 소유하고 있다. 아내들은 법적으로는 땅을 소유하지 않는다. 그러나 케냐 여성들은 전통적으로 남편의 땅에서 일하고 그 생산물을 통제하는 권리를 지녔다. 여성들은 전통적으로 집단적으로 일했다. 수출을 위한 생산이 도입되었을 때, 여성은 이 일의 과정이 자신의 남편들에게만 이익을 가져오는 것이므로 일하기를 거부했다. 성공적으로 가정주부화된 여성들만 개별적으로 남편의 시장용 작물(환금 작물) 농장에서 일하면서 자기 노동 과정을 통제하지 못했다.

1975년까지 커피는 소농들에게 괜찮은 수입이었으며 이는 전보다 국가에 더 많은 외화 수입을 가져왔다. 케냐의 경제 기적이 더 이상 계속되지 않은 이유는, 수출 생산을 위해 너무나 중요한 여성들이 생산에 협력하기를 거부했기 때문이다. 여성들은 스스로 조직한 공동체에서 일하며 생산할 것을 주장했다. 게다가 세계 커피 가격이 1970년대 말에 폭락하여, 아프리카 커피 가격이 1980년과 1990년 사이에 70%까지 떨어졌다. 여성들에게 이 가격 하락이 의미하는 것은, 자신과 아이들이 거기에서 아무리 일을 많이 하더라도 결국은 남편으로부터 그 일에 대한 보상을 거의 받을 수 없다는 사실이었다. 남자들은 도시 술집에서 수입을 술값으로 탕진하며 시간을 보냈고, 커피가 자신의 아내와 아이들에 의해 수확되었다는 사실은 알려고 하지 않았다.

여성들은 남편이 거대한 토지 소유주처럼, 심지어는 형식상의 지주(부재지주)처럼 행동하는 데 지쳤다. 몇몇은 "나는 더 이상 커피를 수확하지 않을 거야"라고 말했다. 남성들은 여성들이 집 밖으로 나가는 것을 두려워하면서 정부 관료들에게 불평을 쏟아냈다. 정부 관료는 분노한 여성들과 남편들 사이를 중재하려고 시도했다. 그들은 수출 생산에 여성의 일이 얼마나 중요한지를 알았기 때문에 여성들을 지지했다. 정부 관료는 케냐의 결혼과 커피 생산 둘 다를 구하려고 노력했지만, 성공하지 못했다. 결국 1986년까지 케냐의 커피 생산량은 떨어졌고 이에 따라 세계은행과 IMF가 개입하기 시작했다. 그들은 이전에 커피 수출에서 들어오는 수입에서 얻을 수 있었던 이자 지불에 대해 염려했다.

IMF는 케냐에 악명 높은 구조조정 프로그램(SAP)을 처방했고 커피 생산량을 늘리기 위한 지원금을 제공했다. 정부는 남성에게 더 높은 커피 가격을 제시하여 남편들이 자신의 아내로 하여금 다시 커피를 수확하게 하도록 장려했다. SAP와 새로운 신용기금 수용 과정에서, 건강, 교육, 사회 프로그램, 특히 여성에게 중요한 모든 프로그램에 대한 지출이 줄어들었다. 국제 개발 전문가들은 여성들이 다시 남편의 밭에서 무보수 노동을 계속하도록 설득하였다. 1985년 나이로비의 제3세계 UN여성대회 전과 후에 '여성과 개발' 프로젝트는 가장 중요한 사안이었다. 심지어 세계은행은 '여성에 대한 투자'를 옹호했다.

그러나 '여성 정책'이라는 이 새로운 진전도 여성의 저항을 막을 수는 없었다. 마라구아 여성들은 커피나무 사이에 콩을 심기 시작했다. 물론 이것은 몰래 이루어졌지만, 그렇게 해서 그녀들은 자신들과 아이들을 더 잘 먹일 수 있었다. 마라구아 여성들은 자신의 남편도, 정부 관료도 자급을 위한 식량과 직접 쓸 수 있는 안정적인 현금 수입을 충족시켜줄 수 없다는 사실을 깨달았다. 마라구아와 다른 지역에서 여성들은 커피나무를 뽑아서 그것을 땔감으로 사용했다. 커피나무에 해를 끼치는 행위는 몇 년간 감옥에 가는 중죄였지만, 여성들은 이에 신경 쓰지 않고 "경찰은 우리가 커피 농장에서 한 일에 대해 돈을 지불하도록 하라"고 주장했다. 이 운동은 곧 멈출 수 없을 정도가 되었다. 생존을 되찾기 위한 이러한 저항은 동아프리카 곳곳에서 여러 형태로 반복되었다.

마침내 여성들의 투쟁은 적어도 세 단계의 여성 착취, 즉 남편에 의한 착취, 국가에 의한 착취, 그리고 화학 공장, 국제적인 커피 무역, 세계은행과 같은 국제 자본에 의한 착취에 대항하여 이루어졌다. 여성들은 투쟁하면서 동시에 새로운 자급 기반을 만들었기 때문에, 투쟁에서 승리했다. 그들은 더 이상 과거의 착취적이고 억압적인 구조에 의해 갈취당하지 않았다. 여성들은 자급의 기반인 땅을 다시 얻으면서 남편에 의한 통제로부터 해방되었다. 여성들은 자신을 국가에 묶이게 한 장기간에 걸친 부채의 악순환을 깨뜨렸다. 그리고 집에서 재배한 과일과 야채를 가지고 스스로 지역 시장을 만들었다. 여성들은 국제적인 커피 기업으로부터, 그리고 초국적 자본에 의한 통제로부터 해방되었다. 남성들은 1980년대 말에서야 비로소 지역 시장을 위해 과일을 생산하는 게 더 좋다는 걸 깨닫고 함께 투쟁하기 시작했다.

자신의 자율적인 자급을 회복하려는 케냐 여성들의 직접 행동은, 좁은 의미에서의 경제적인 행동만이 아니다. 그것은 직접적인 정치적 결과를 가져왔다. 사가나Sagana 마을의 소규모 여성 상인들은 자신들이 재배한 커피를 정부 기관에 팔기를 거부했다. 여성들은 정치적 반대를 형성하는 데 물질적으로 기여했으며, 마침내 여당이 야당의 의견을 수락하게 하는 데도 기여했다. 남성들은 여성들의 저항이 정부가 강요해오는 신자유주의 사유화 정책에 저항하여 자신들의 경제 기반인 땅을 지키기 위해 조직화된 투쟁을 대변하고 있음을 깨달았다. 여성들은 땅과 생산 양식에 대한 생산자들의 통제를 원래 상태로 되돌려 놓았다(Brownhill, Kaara and Turner 1997a, 42).

"어떻게 거기까지 이르렀는가?"라는 질문에 대해 케냐 여성들의 저항은 다음을 우리에게 가르쳐준다.

1. 여성들은 착취적이고 수출 중심적인 생산 안에서 독립적인 자급 생산을 개발함으로써 저항하기 시작했다. 그들은 자기 일에 대한 임금을 위해 싸우지 않았고, 땅, 물과 같은 기본적인 지원을 자기 통제 아래로 가져왔다. 그들은 이를 조용하면서 직접적이고 집단적인 행동으로 이루어냈다. '정치적으로' 행동하려고 전략적으로 조직화한 것도 아니었다. 남편이나 국가와는 다른 차원의 정치를 실천했다. 여성들은 지역 시장으로 자급 사회를 만들었다.

2. 여성들은 자신을 착취하는 모든 권력들, 즉 남편과 국가와 초국적 자본에 동시적으로 맞서 투쟁했다. 이러한 권력들은 서로 긴밀히 얽혀 있다. 정부는 여성을 무보수 노동력으로 유연화하는 행위자로서 남편을 몹시 필요로 했다. 글로벌 가부장제의 우두머리인 국제 자본과 그 기관들은 막강한 수출 생산과 부채의 늪을 통해 남편을 통제하고 조정했다.

3. 여성들은 지배 체제 안에서 '가정주부화된' 개인으로 서려고 하지 않고, 전통적이고 집단적인 여성의 조직을 고수했다. 그들은 정부가 규제하는

시장 밖에서 이 조직을 다시 풍성한 지역 생산과 시장 체제로 만들고 확장시켰다.

4. 이렇게 해서 여성들은 스스로 지역의 독립적인 자급 기반을 만들었고, 자신의 노동력을 남편과 정부 그리고 초국적 기업에게서 되찾았다. 결과적으로 남성들은 남은 두 가지 중에서 선택할 수밖에 없는 상황이 되었다. 여성을 지원하고 여성의 권위를 인정할 것인지, 아니면 여성에 반대해서 정부, 자본과 함께 폭력적으로 그들을 공격할 것인지 말이다. (Brownhill, Kaara and Turner 1997a and 1997b)

인도 농장의 사티야그라하Satyagraha[34] 종자 저항운동

앞에서 언급했듯이 1990년대 초기부터 인도 농장은 GATT, 특히 무역 관련 지적소유권TRIPs 제27조에 대항해 싸워왔다. 이 규정에 따르면, 인도의 특허권 법률에는 미국 특허권법이 적용된다. 이것은 인도 농민이 옥수수 씨앗의 생산, 변형, 판매에 대한 권리가 상실됨을 의미한다. 생명공학과 GATT의 후원을 받고 있는 인도의 카길 사Cargill Seeds India 같은 다국적 종자 기업이 그들 손으로 종자 생산을 독점하려 하고 있다. TRIPs 이후, 카길 사는 인도의 모든 종자에 대한 소유권을 변용하고 소유할 수 있게 되었다. 농민들은 더 이상 그들의 종자를 남겨서 재생산하여 그것을 팔 수 없게 되었다. 모든 종자는 매년 다시 카길 사로부터 구매해야만 한다.

남인도 농장 기업 카르나타카 라지야 리요타 상하(Karnataka Rajya Ryota Sangha, KRRS)는 농장의 옥수수 종자와 이에 대한 지식, 이들의 식량 주권의 착취에 저항해서 싸우고 있다. 간디Gandhi의 예에 따르면, 그들은 1992년 12월 29일에 방갈로르Bangalore에 있는 초국적 식량 및 종자 기업인 카길 사의 지역 사무소를 습격함으로써 종자 저항운동을 시작했다. 그들은 카길 사의 문서를 길거리에 던지고 그것들을 불태웠다. 그 후 다음과 같은 전단지를 만들었다. "KRRS 활동가들은 1970년 인도 특허법의 유지를 요구한다. 그에 따르면 농업, 원예업 그리고 어업 양식 방식에 대한 특허권이 금지되며, 인도 종자에 대해 다국적 기업의 어떤 침략도 금지된다." 1993년 3월 델리에서 농민 약 50만 명이 새로운 생명식민주의에 저항하며 시위했다. 그들은 자신의 식량으로 먹고 살며 식량에 대한 경의를 가지고 스스로 살아갈 수 있는 권리를 요구했다. 그리고 초국적 기업에게 이 국가를 떠날 것을 촉구했다. "이들이 우리 국가를 착취하고 있다. 따라서 우리는 모든 다국적 종자 회사를 내쫓을 것이다." 이운동의 지도자인 난윤다스와미Nanjundaswamy 박사의 말이다. 또한 카르나타카에 있는 KFC과 같은 다른 다국적 기업 역시 KRRS에 의해 활동 중지를 요구받았다. 난윤다스와미 박사는 이를 제국주의에 반대하는 제2의 인도 독립운동Quit India이라고 불렀다(제1운동은 1942년 영국 제국주의에 대항해 간디가 이끌었다). 케냐 여성들의 행동처럼 인도 농민의 종자 저항운동은 전 지구적 신자유주의 사유화 정책을 강요하는 정부, 초국적 기업, GATT/WTO와 같은 모든 행위자들에 대항하는 직접 행동이 되었다. 그들은 인도 정부가 GATT에서 탈퇴하고, '자급'이 다시 한번 식량 정책의 목적이 되어야 한다고 요구한다. 그리고 농민들이 인도 주민의 식량에 대한 권리를 스스로 가져야 한다고 주장한다(*BIJA*, 15/16, 1996).

다른 경제 개념이 다른 정치 개념을 이끈다

자급을 지향하는 지역운동이 결국은 지배적인 글로벌 자유 시장 정치와의 갈등을 종식시킬 것이라는 사실은 분명하다. 그들은 정치에 대한 다른 개념도 발전시킬 것이다. 케냐 여성들처럼 남인도 농민들도 자신들이 존경하는 정부에 청원서를 보내는 데 시간을 낭비하지 않고 즉각 직접 행동을 했다. 이러한 '민중의 저항'과 같은 수많은 저항운동이 지난 몇 년간 인도에서 일어났다. 이러한 운동은 모두 전 지구적 신자유주의화가 야기한 지역 문제에 대응하면서 시작되었다. 그리고 그것은 모두 정치란 무엇인지를 새롭게 개념화하고 있다. 리우 플러스 5(1997년 6월 23-27일)에서 과학기술생태연구재단이 UN특별위원회에 제출한 보고서는, 지구화에 저항하는 다음과 같은 인도의 시민운동이 성공적이었다고 기록하고 있다:

1. 연안에서 포획하는 외국의 저인망 어선에 대항하는 국가어업인연대National Fishworker Federation의 행동: 외국 어선의 허가는 대법원에 의해 기각되었다.
2. 다국적 새우 양식장에 대항하는 행동: 다국적 새우 양식장은 땅과 지하수를 염분화하고 홍수림을 파괴하고 있다. 인도 대법원은 인도 연안에서 상업적인 새우 양식을 금지했다.
3. 수출을 목적으로 쇠고기를 생산하는 도축업자에 반대하는 행동: 대법원은 도축업자의 수를 줄일 것을 명령했다.
4. 인도 고아Goa 지역의 화학 물질 생산 업체인 듀퐁사에 대항하는 행동: 듀퐁사는 고아를 떠나야 했다.

5. 화학 폐기물 수입에 반대하는 행동: 대법원은 인도 내 화학폐기물 수입을 금지시켰다.

이 보고서에서는 "지역 공동체, 초국적 기업과 그 부하들, 국가 정부 중에서 누가 자원과의 갈등을 조정해야 하는가?"라는 중요하고도 정치적인 문제를 제기한다. 최근의 민중운동에서는 다음과 같이 선언한다:

> 민중운동은 권력이 중앙집중화된 민족 국가의 제도들에 집중되어서는 안 되며, 사회에 골고루 분배되어야 하고, 다양한 제도들을 통해 분산되어야 한 다고 주장한다. 보다 많은 권력이 지역 차원에서, 지역 공동체와 그 제도들에 의해 통제되어야 한다(Shiva, Jafri and Bedi 1997, 82).

'민중의 아젠다'는 정치에서뿐만 아니라 경제에서도, 지구화globalization 대신에 지역화glocalization를 강조한다. 인도의 지역화 정치는 간디의 스와라지라는 '자치' 원칙에 기반하고 있다. 간디에 따르면 마을과 지역 공동체가 가장 중요 자리를 차지하고, 모든 권력은 거기로부터 나온다. 지구화와 자유 무역에 대해 인도 민중운동은 탈중심화와 지역화로 대응하고 있다. "지구화가 기업이 통제하기 위해 추동하는 아젠다라면, 지역화는 환경과 주민의 생존과 생활을 보호하기 위해 시민이 제기하는 아젠다"(Shiva, Jafri and Bedi 1997, 83). 국가 정부가 더 이상 시민의 기본권을 보장하지 못하기 때문에, 여성과 남성이 기본권을 보장하기 위해 책임을 져야 한다. 시민들은 국가의 기업 보호주의에 반대하는 새로운 정치이자 새로운 보호주의인 지역 공동체 보호주의를 만들고 있다. 이 보호는 민주주의의 다른 개념인 다원적이고 직접적인 '민중민주주의'에 근거한다. 지역 공동체의 다원적인 직접 민주주의는, 각기 다른 공동체들이 자기 원칙과 자기 결정을 통해 표현할 수 있는, 다른 이해관계를 가진다는 사실을 인정한다. 공동체 내에서의 민주적 다원주의는 신분과 성별에 기반한 식민 지배 구조를 폐지해야 한다.

> 여성에 대한 가부장제 지배, 지역을 지배하는 도시, 원주민을 지배하는 식민자들로 특징지을 수 있는 체제 안에서, 민주적 다원주의는 배제되었던 공동체를 반드시 포함해야 한다. 이는 필연적으로 국가 안의 거버넌스 구조뿐만 아니라 국제적으로 불평등한 공동체 모두를 변화시킬 것이다(Shiva, Jafri and Bedi 1997, 85).

국가 정치 구조가 인도처럼 다양한 자치와 자율의 공동체 또는 지역들로 구성된다면, 착취되고 배제당하는 사람들의 보이지 않는 층들이 보이는 꼭대기 부분을 떠받치고 있는 피라미드식 빙하구조를 유지하려고 하는 전망은 사라질 것이다. 이와 정반대로 간디가 보았듯이, 삶은 그 중심에 개인이 있는 '대양의 동심원'처럼 조직될 것이다. 가장 외곽에 있는 원의 힘, 즉 민족 국가의 힘이 공동체들 안에 있는 이 개인들을 보호할 것이다.

북반구의 산업 국가에 살고 있는 우리에게 자본주의 경제의 지구화에 대한 정치적인 답을 구한다면, 미래를 위한 정치적 전망으로 인도의 민중운동을 채택할 것이다. 이 운동은 권력의 탈중심화, 지역화와 지방화, 지역 공동체의 자치(자율), 민주적 다원주의와 직접 민주주의, 자원의 지역적 통제, 환경 보호, 주민의 생계와 생명 등의 기본적인 조건에 대한 보장을 담고 있다.

다국적 기업과 자본에 대한 국가 정부의 역할에 대해 인도의 친구들이 말하는 것을 우리 상황에 적용해보자. GATT, WTO, MAI라는 지구적 시장, 그리고 EU와 NAFTA 같은 지역의 무역 장벽이라는 틀 안에서, 국가 정부는 더 이상 시민을 위한 기본적인 요구와 권리를 보장할 수 없다. 유럽의 유전자 조작 식품과 광우병 사건 앞에서, 시민은 자신의 식량 주권을 잃어가고 있다. 이들은 더 이상 자신들이 먹는 것을 알지도 결정하지도 못한다. EU 위원회가 쇠고기에 광우병이 없고 EU 어디서나 다시 판매된다고 선언했을 때, 아무도 이 선언의 진실 여부를 감시할 수 없었다. 약 80%의 독일 소비자가 유전자 조작 식품을 반대하고 있음에도 불구하고, 유전자 조작 식품은 생산되고 있으며, 대부분 표시도 없이 팔리고 있다. 소비자들은 더 이상 선택할 수 없다. 우리를 '강요된 소비자'로 만드는 상황에서, 지역 경제와 직접 민주주의야말로 식량 주권과 같은 기본적인 민주주의의 자유권을 회복하는 길이다. 기본적인 민주주의 권리의 침해는 지구적인 차원에서 더 많이 일어나고 있고 이는 다자간투자협정 MAI에 관한 OECD의 협상에서 더 확실해졌다. 이를 경계하는 전 세계적인 시민운동이 없다면, 사람들은 사실을 알지도 못한 채 초국적 기업에게 유리한 협정을 체결했을 것이다(Clarke and Barlow 1997 ; Mies and von Werlhof 1998).

'글로벌 거버넌스'가 경제적 지구화를 따라가야 한다고 믿는 사람들에게 다자간투자협정의 경험은 일종의 경고와도 같다. 우리는 글로벌 거버넌스에 반대한다. 글로벌 거버넌스란 UN의 예에서 볼 수 있었듯이 실제로는 작동하지 않을 뿐만 아니라, 주로 '글로벌 행위자'인 거대 초국적 기업에 의한 하나의 전체주의적 체제에 불과하기 때문이다. 이 체제 안에서 모든 사람들은 글로벌 정치의 조작에 의해 움직이는 무력하고 무지하며 원격 통제되는 강요된 소비자일 뿐이다. 이는 우리가 민주주의, 자유, 자기 결정으로 이해하는 모든 것들의 종말이 될 것이다.

이와 반대로 자급 정치는 특정 장소와 특정 공동체 안에 있는 개인들의, 구체적인 정치적·경제적 임파워먼트를 나타낸다. 개인의 삶은 추상적이고 동떨어져 있는 강력한 정치권력에 의해 결정될 수 없다. 그들은 스스로 자신의 힘으로 서로 평등하게 권력을 만들어야 한다.

글로벌 거버넌스 대신 자급 관점을 선택한다는 것은, 단순히 어떤 종류의 지역 정치를 옹호하는 걸 의미하는 게 아니다. 진정한 국제주의는 착취에 기반하지 않고 북반구와 남반구의 살림 공동체가 서로 자신의 자급 정치를 결정할 때에만 가능하다. 그럴 때만이 어떠한 온정주의도 없이, 동등한 당사자 간의 회합과 교환으로서의 국제 연대가 가능해진다. 그래야만 문화, 사회, 민족의 다양성을 위협하지 않는 힘의 근원으로서 진정한 풍요로움이 만들어진다.

다자간투자협정 반대에 성공한 전 세계적 캠페인은, 지역의 풀뿌리 조직과 공동체가 어떻게 모든 권력이 연합하는 정치에 반대해서 전 세계적인 동맹을 형성할 수 있었는지를 보여주는 가장 최근의 사례다. 이 운동에서는 중앙 집권적인 리더십도, 위계도, 돈도 없었다. 성공의 비결은 합의한 시민들이 만든 새로운 전 세계적인 네트워킹에 있었다.

지금 여기서 자급 정치는 무엇을 의미하는가?

자급 정치는 하나의 모델이 아니라 과정이다. 그렇기 때문에 그것을 어떻게 실천할 수 있는지에 대해 요점을 정리해서 직접적인 대답을 할 수는 없다. 그것은 마지막 단계일 뿐이다! 그러나 가장 중요한 것은 첫 번째 단계다. 여기서 우리는 적절한 중간 단계 정치적 목표를 물어보는 사람들을 위해, 앞에서 이미 여러 장에 걸쳐 부분적으로 언급해왔던 중요한 정치적 목적들을 다시 한번 강조하려 한다.

- 도시 소비자는 직거래, 생산자-소비자 협동조합, 지역 주말 시장, 그 지역에서 나는 상품 구매하기, 좋은 식품에 대해서는 정직한 가격 지불하기 등을 통해 작은 소규모 농업을 보호하는 실천을 해야 한다.
- 지금까지보다 훨씬 더 많은 사람들이 농업의 유전자 조작, 모든 생활양식에 대한 특허, 지속적인 전 지구적 식량 사유화 정책을 공개적으로 반대해야 한다. 식량에 대한 통제권은 기본적인 권리인데, 식량 초국적 기업, WTO, MAI, NAFTA, EU, MERCOSUR 그리고 다른 지역의 무역 장벽들이 이를 파괴하고 있다. 우리 시민들은 식량 주권의 파괴에 반대해야 하며, 동시에 장바구니 정치를 통해 이를 실천에 옮겨야 한다. 장바구니 정치란 우리가 가능한 한 거대 초국적 식량 기업의 상품을 안 쓰는 불매운동을 의미한다.
- 일과 노동 이슈를 임금 노동 체계를 너머서는 다른 생각을 하지 못하는 정치가, 자본가, 노동조합에 맡기지 않아야 한다. 가정주부를

포함해 비임금 노동자가 공식적으로 인정되어야 한다. 일을 다르게 이해하는 개념이 필요하며, 여기에는 비임금 노동자 스스로의 목소리가 들릴 수 있도록 해야 한다.

- 임금 노동 체계의 헤게모니를 해체하는 것이 중요하다. 이것은 임금 노동 자체의 종말이 아니라, 임금 노동의 지배에 종말을 고하는 것을 의미한다. 구체적으로 말하면, 소규모 농업과 장인을 파괴하는 대신, 특히 자급 농장에서 나오는 보완적인 수입을 계속해서 파괴하는 대신, 도쿄의 야생 농부(5장)와 같이 자급과 임금 노동을 더 많이 결합해야 한다.

- 공유지의 사유화 정책을 중단해야 한다. 시민들은 이러한 공적 공간과 자원에 대해 자신들의 집단적인 권리를 주장해야만 하고 이를 옹호해야만 한다. 이에 더하여 시 혹은 국가가 소유하고 있는 토지를 요구하여 새로운 공유지로 만들 수 있다. 사유화나 국가 소유 대신에 땅을 공유지로 만드는 것이 중요하다! 쓰레기 수출도 더 이상은 안 된다. 그 지역에서 쓰레기를 처리할 수 없는 곳에서는 아무것도 생산하지 말아야 한다.

- 젊은 남성들의 늘어나는 '람보화'를 멈춰야 한다. 이를 위해서는 젊은 남성들이 보수를 받지 않는 자급 노동에 참여할 필요가 있다. 남성과 여성들은 군인 인형의 생산과 판매 금지, 그리고 미디어와 공공장소에서 폭력의 재현과 조장을 금지할 것을 요구해야만 한다. 남성 스스로 자본과 국가 사이의 '남성 결탁'을 없애고 여성의 목소리를 듣고 여성들의 정치에 대한 개념을 받아들여야만 남여 간의 연대가 다시 가능해질 것이다. 이는 1996년 로마에서 열린 여성 식량의

날에 여성들이 요구했던 내용이다.

- 정부와 UN회의가 '글로벌 거버넌스'를 통해 환경 파괴, 가난, 전쟁의 문제를 해결해줄 거라고 기대하기보다는, 농민, 여성, 토착민 운동 등과 같은 민중운동과 긴밀한 국제 네트워크를 유지해야 한다. 그들과 연결하고, 그들을 대중화하고, 서로 배우면서 시민 아젠다[35]를 조직해야 한다. 우리는 서로 자급 이야기를 함으로써 바로 실천해 나갈 수 있다.

- 도시를 경작할 수 있도록 만드는 일도 함께 시작해야 한다. 이 운동은 공유지를 다시 요구하기, 새로운 공동체와 이웃 만들기, 일에 대해 다르게 개념화하기, 그 도시의 생태 사회 문제를 해결하기 등과 연결될 수 있다. 마지막 자급 이야기가 말해주듯이, 우리는 북이든 남이든, 도시에서든 시골에서든 어디에서든지 바로 시작할 수 있다.

쾰른 최초의 여성 감자밭

작은 잔가지로 커다란 완두콩을 지탱하며, 빠른 속도로 성장하여 호박을 가르고 있는 왕성한 감자에 대한 감탄에 차올라 감자밭 앞에 서 있는 지금, 울라, 마르깃, 잉게 우리 세 사람에게는 이 땅이 불과 넉 달 전 너저분한 황무지였다는 사실이 믿기지 않는다. 그때 우리는 이 황무지를 마리아 미즈의 '여성과 세계 경제'라는 강의에서 나오는 생태적으로 쓸모 있는 땅으로 바꿔 보기로 마음먹었다.

마지막 강의 날 그녀는 우리에게 몇 가지 자급 프로젝트들에 대해 이야기해주었다. 우리는 특히 도쿄 한복판에서 이루어지는 프로젝트에 자극을 받았다. 그리고 쾰른에도 사용되지 않는 땅이 많이 있으므로 그와 같은 프로젝트를 할 수 있을 거라고 확신했다. 강의를 듣고 난 뒤 그런 아이디어에 자극 받은 우리는 함께 커피를 마시면서 쾰른에서 최초로 여성 감자밭 프로젝트를 실행할 방법에 대해 생각했다. 우리가 사용할 땅을 얻을 수 있을지 묻자, 마르깃은 그녀의 시민 임대 채소밭 지대 뒤에 있는, 임대 채소밭 지대 협회에서 대여 받은 개간 안 된 땅을 기억해냈다. 일주일도 채 안 돼서 우리는 다시 만나 '새로운 땅'을 찾아갔다. 그러나 검은 딸기 덤불로 덮인 땅을 보고 자신감을 잃었다. 그래도 실망하지 않았다. 우리가 다 같이 땅을 정화하는 좋은 일을 할 수 있을 거라고 생각했다. 캐내어도, 캐내어도 남아 있는 굵은 뿌리에도 굴하지 않고 우리는 일주일에 두 번 일했고, 4주 뒤에는 땅을 경작해서 처음으로 감자를 심었다.

주변 사람들은 우리의 일에 대해 전적으로 호응해주었다. 처음부터 회의적이었던 채소밭 이웃들도 우리에게 기대 밖의 확신과 도움을 주었다. 그들은 경작과 함께 감자, 양상추, 양배추, 순무 종자 구입을 도와줬다. 많은 유용한 원예 관련 팁들이 담장을 넘어 교환되었다. 그들 또한 아이들이 스스로 자신들의 화단을 열성적으로 돌보는 것에 놀라워했다. 모든 아이들은 화단을 돌보는 기회를 가졌다. 처음부터 긍정적인 경험을 하면서, 이 프로젝트를 확장할 수 있는 열정과 기운이 생겼다. 계속해서 발견되는 땅에다 우리는 유치원과 초등학교를 지어 아이들이 원예와 자연을 경험할 기회를 주고 싶다. 그리고 장기 실업 여성들이 이러한 공유지에서 일하면서 사회에 다시 통합되기를 바란다.

새로운 농민운동에 대한 다음 이야기는 방글라데시의 패리다 액터 Farida Akhter가 기록한 내용이다. 짧게 요약하자면, 새로운 자급 경제와 정치가 무엇이며 그것이 지역적인 차원과 글로벌한 차원, 물질적인 영역과 상징적인 영역을 어떻게 통합할 수 있는지에 대해 이야기하고 있다.

나야크리쉬 안돌론:
행복한 삶과 식량 보호를 위한 방글라데시 농민운동[36]

방글라데시 농민은 '비쉬beesh'에 반대하여 조직되었다. '비쉬'란 문자 그대로 방글라데시의 독을 나타내는 말로, 일반적으로 방글라데시 농민들이 살충제와 해로운 화학약품들을 지칭하는 말이다. 여성 농민은 자본 B를 가지고 독으로부터 자신들의 몸인 '데하deha'를 스스로 구해내기 위해 조직하기 시작했다. 여성의 몸과 모든 신체의 본체인 프라크리티라는 보편적인 실체의 우주적 확장 사이에는 어떤 분리도, 어떤 실질적 차이도 없다. 그리하여 나야크리쉬 안돌론Nayakrishi Andolon(새로운 농업운동)은 몸을 보호하고 여성의 심오한 창조적 행동에서 프라크리티의 본래적으로 기쁜 마음가짐을 찬양하기 위한 여성운동으로 시작되었다. 그것은 혼합 곡식재배, 윤작, 다른 정교한 기법과 아난다Ananda[37] 생산 방식을 통해 독특한 농업 실천으로 빠르게 확대되었다. 여기서 아난다는 보통 '음식'이나 '생산 작물'이라고 말하는 모든 식량과 농업 생산물을 말한다. 나야크리쉬 안돌론이란 방글라데시의 농업 공동체들의 생태적인 식량 생산과 다양한 경제적 활동을 위한 운동으로 정의할 수 있다. 그러나 이 운동은 인간과 자연 사이의 삶과 관계를 축복하기 위한 가장 창조적이고 기쁜 활동이다. 이 운동에 참여하는 농민에게 왜 나야크리쉬를 실천하는지 질문해보자. 거의 대부분 여성들은 "나는 내 삶을 행복하게 하고 즐기길 원해요. 그게 전부예요!"라고 대답할 것이다. 질문했던 당신은 어떤 세련되고 생태적인 수사학이나 미래의 해방적인 계시가 담긴 예언을 듣지는 못할 것이다. 농민, 특히 농사짓는 여성들은 바로 지금, 현실 세계인 바로 여기에서 행복을 원한다.

1998년에 방글라데시 25,000명 이상의 농가 주부들이 나야크리쉬를 실천했다. 그 운동을 통해서 5에이커 이하의 땅을 소유한 농민이 놀랍게도 목재, 땔감, 약초, 어류, 가축류와 다른 생산물 등 다양한 농작물을 경작하고 재생시키고 생산할 수 있다는 것을 입증했다. 생물 다양성은 단지 투자와 이윤을 위한 생산 분야가 아니라, 농민의 직접적인 삶의 방식인 농업 공동체의 존재와 관련되어 있다. 이렇게 농업의 변화는 두 가지 다른 길로 나아갈 수 있다.

비쉬beesh는 1960년대 중반에 녹색혁명 기술인 다수확 품종(HYV, High Yielding Varieties) 기술의 성분으로 도입되었다. 농민들에게는 무료로 비료를 나눠주었다. 또한 농민들은 농림부로부터 살충제와 비료를 받기 위해 신용 대출과 무상 훈련 등 모든 종류의 인센티브를 받을 수 있었다. 농민들은 비료와 함께 실험실에서 개발된 다수확 품종의 볍씨, 그리고 관개를 위한 지하수 펌프도 받았다. 그러나 다수확 품종 종자의 단일 경작으로 인해 농업의 유전적 기반은 좁아졌다. 과거에는 적어도 15,000가지의 벼 종자가 있었지만, 방글라데시 농민들은 이제 8가지에서 12가지의 다수확 품종의 변종을 갖고 있을 뿐이다. 다량의 지하수 추출로 인해 많은 지역에서는 물 공급에 큰 위기가 생겼다. 이렇게 녹색혁명의 결과는 전체적으로 비참해져갔다.

초기 몇 년간 생산력이 증가한 후에는 비옥하던 토양도 나빠지기 시작했다. 가족 안에서 남성은 종자 보존, 발아, 수확 이후의 활동에 더 이상 여성을 필요로 하지 않게 되었다. 농업 경제에서 여성의 가치는 떨어졌고, 새로운 기술은 과거 가부장제 세계를 변화시키지 않은 채 놀라운 속도로 여성들을 무력화시켰다. 종자는 한 묶음으로 얻을 수 있고, 벼 껍질 벗기기는 쌀 제분소에서 이루어지는데, 아이 낳는 것을 제외하고는 여성이 왜 필요하겠는가? 여성들은 더 이상 가치가 없어졌다. 화학약품, 독성 물질, 펌프를 사용하는 집약 농업 지역에서는 자살률이 높아졌고, 여성에 대한 폭력이 최고에 다다랐다. 자살하려는 여성들은 해충을 죽이는 데 사용하는 해충제인 비쉬를 사용했다. 이제 해충제는 농가 어디서나 얻을 수 있었다.

글로벌 시장의 확대로 인해 여성은 더욱 궁지에 몰리고 있다. 수출 중심의 공장에서는 값싼 노동력으로 여성을 활용할 수 있다. 여성들은 식량원조 프로그램Food for Work Programme에 의해 지방에서 도로를 만들고 있다. 그들은 서구에서 안전하지 않다고 여겨지는 피임약의 덤핑과 신약 테스트를 위한 타깃이 되고 있다. 여성의 재생산 기능은 인구 조절을 위해 통제되었으며, 소녀와 아이들은 매매되어 국가를 넘어 성, 노예, 장기 거래 시장에서 팔리고 있다.

여성들은 "소위 근대 농업이 우리의 삶, 사회, 문화, 땅, 토양, 우리를 유지하는 우리 주변의 모든 삶의 형태들을 파괴해왔다"고 말하며 분노했다. 2세대에 걸쳐 남성 농민들은 탐욕스러워졌다. 그러나 지금은 자신의 어리석음을 수치스러워하고 있다. 그들은 이익을 잘못 계산했고 그 메시지를 잘못 이해했다. 다양한 벼 작물, 생선, 야채, 과일의 손실은 국가의 비극이며, 새로운 아이들 세대에게는 '우리는 이렇게 저렇게 했다…'는 할머니들의 이야기밖에 남지 않았다.

그러나 방글라데시 농민들은 그들의 손실을 슬퍼만 하지는 않았다. 농민운동의 역사가 강한 이 지역에서는 "Mora tulbo na dhan porer golay, morbo no ar khundar jalai"(우리는 우리가 생산한 것이 착취자들의 저장소에 쌓이도록 내버려두지 않을 것이다. 우리는 저항할 것이다. 우리는 굶주림으로 죽지 않을 것이다)의 정신이 남아 있다. 이 말은 식량 생산자를 위한 권리와 정의를 요구했던 유명한 농민 폭동인, 1950년대의 테브하가Tebhaga 운동에서 나온 노래다. 노래 속의 정신은 아직도 그곳에 있다.

현재 탄자일Tangail 같은 곳에서 나야크리쉬 농민들은, 적어도 110가지의 다른 벼 종자를 경작하고 있다. 몇몇 마을에서 농민들은 더 이상 지하수를 필요로 하지 않는다. 지표수 자원들이 지속 가능하게 사용되고 있다. 서로 다른 지역에 있는 농부들 사이에 형성된 종자 네트워크가 지역 종자를 모으고 보존하고 있으며, 공동체 종자 자원 센터라는 기관도 설립되었다. 농민들은 '특허권'이라는 이름으로 자행되는 종자와 유전자 자원에 대한 사유화 정책에 대해 잘 알게 되었다. 그러면서 생명 관련 특허권에 대한 저항이 일어나고 있다.

더 넓은 문화적·정치적 의미와는 별도로, 나야크리쉬 안돌론은 다음과 같은 단순한 원칙에 기반하고 있다.

- 해충제를 절대 사용하지 않기. 생명의 보전을 존중하기.
- 화학 비료를 사용하지 않거나 그 사용을 점점 줄여가기.
- 혼합 농작물 재배와 다면 경작, 토양 삼림 관리, 토양을 비옥하게 하고 이를 증가시킬 수 있는 다른 친숙한 방법을 사용하기.
- 토양 삼림 관리의 실천, 쌀이나 채소와 함께 땔감과 열매 등을 공급하는 다목적 나무 생산을 통합하기.

- 밭을 유지하고 생물 다양성을 증진시킴으로써, 농가의 총 산출과 공동체의 실질 수익을 전체적으로 계산하는 일.
- 가축, 가금류, 집에서 기르는 새와 동물은 농가에 절대적으로 필요한 구성요소로 인식한다. 농가는 산업 패러다임의 용어로 '농장'이나 '공장'이 아니다.
- 지역의 다양한 가축, 가금류, 어류에게 우선권이 주어진다. 다양한 지역 생물들은 거의 항상 경제적으로 이익이 되고 생태적으로도 어울린다.
- 종자와 유전자원들은 가구와 공동체 차원에서 보존된다. 농민들이 종자를 통제해야만 한다. 유전자원의 사유화와 생명 양식에 관한 특허권은 인정될 수 없다.

행복한 삶을 살아가는 기술을 발전시키려는 나야크리쉬 안돌론의 실천과, 생물 다양성과 유전자원의 보존과 증진을 확보하기 위한 즉각적인 식량 주권 활동은 근본적으로 중요하다.

나야크리쉬 안돌론은 농민과 어민 등 기본적인 식량 생산자들이 식량 주권 문제를 논의하고 해결하는 데 중심이 되는 것을 목적으로 한다. 이 운동은 여성 역할의 중요성을 강조한다.

또한 나야크리쉬 안돌론은 식량과 식량 생산이 다양한 문화적 시스템의 맥락에서, 그리고 공동체의 풍요로운 문화적 실천들과의 관계하에서 이루어져야 한다고 강조한다. 식량이란 아이템은 단지 상품이나 소비재가 아니기 때문이다.

나야크리쉬 안돌론 농민들은 생명 양식에 대한 특허권을 거부해왔다. 그들은 기업들이 종자에 대한 특허권을 주장한다는 말을 듣고 매우 놀랐다. 처음에는 웃었지만 이내 분노했다. "우리는 그들이 특허권을 갖도록 내버려 두지 않을 것이다." 이들은 특허권을 주장하는 기업들을 도둑과 무장 강도를 의미하는 '초르-다캇chor-dakat'라고 불렀다. "이 도둑과 무장 강도 들은 우리의 자연 자원을 지배할 어떤 권리도 주장할 자격이 전혀 없다."

역자 후기

신자유주의 경제, 인간 얼굴이 없는 자본주의 사회에 대한 비판과 이에 대한 대안 경제를 모색하는 시도와 관심이 활발해지고 있다. 알고 있듯이, 한국사회는 20대 80의 사회로, 승자독식과 사회 양극화 현상에 심각하게 병을 앓고 있으며, 젊은 세대들은 '88만원 세대'로 거리에 내몰리고 있다. 대학생들은 천정부지로 올라가고 있는 대학등록금의 빚에 허덕이며 각종 아르바이트와 스펙 쌓기로 20대의 청춘을 보내야하며, 신용불량자의 신세로 주민등록 말소자가 되어 사회에 없는 존재로 살고 있는 사람들도 늘어나고 있다. 젊은이들에게는 위기의 시대에 자신의 열정과 끊임없는 자기계발의 노력으로 이를 극복해야 한다는 메시지가 사회적으로 넘쳐난다. 대학 내 창업동아리와 1인 기업, 창업이 유행하고 있으며 여기에 정책적인 지원도 늘고 있다. 누구나 노력하면 스티브 잡스, 안철수처럼 성공할 수 있다는 성공신화와 강연이 쏟아지고 있다. 간절히 원하기만 하면 이루어진다는 무소불위의 '긍정 신화'와 '시크릿' 등의 현실착오적 물질숭배의 위안들이 사람들의 마음을 사로잡고 있는 것이다. 이러한 이야기들 안에는 사실 신자유주의 사회에서 살아남기 위해서는 서로가 경쟁자가 되어 상대를 밟고 올라서야만 하는 게 어쩔 수 없다는 경쟁주의와 물질주의의 메시지가 교묘히 포장되어 있다. 나를 돌보며 사는 것도 힘든데, 다른 사람들을 돌보거나 타인의, 타자의 아픔을 공감하고 관심을 갖기란 점점 힘들어지고 있다. 그래서 모두들 '힐링'을 요구하며 아우성인 가운데 공동체의 돌봄과 보살핌이 송두리째 위협당하는 '무연사회(無緣社會)'를 또한 목도하고 있다.

여성들도 일과 가정에서 성공해야 하는 슈퍼우먼으로 살아갈 것을 점점 더 요구받고 있다. 자녀의 성공을 위해서는 엄마는 매니저로서, 전문경영인으로서 능력을 키우고 실천해야 한다. 맞벌이 가정이 늘어나면서 여성은 일-가정 양립을 성공적으로 해내야 한다. 그동안 한국사회의 여성운동과 민주화 운동의 성과가 눈부시게 있었지만, 경제 위기 상황이 되면서 페미니즘에 대한 반격(backlash)과 가부장적 가족주의가 다시 부활하고 있다. 이런 가운데 더 이상 신자유주의적 경쟁구도에서 자본주의 경제시스템의 쳇바퀴에서 벗어나야겠다는 목소리가 조금씩 나기 시작하면서 이에 대한 대안을 찾고자 하는 징후들이 보이고 있다. 착한 소비운동, 공정무역, 사회적 기업 등의 대안 경제활동에 대한 모색부터 귀농, 지역운동, 공동체운동 등의 대안적 삶의 방식에 대한 고민까지 다양하다.

날이 갈수록 자본주의가 일상의 삶을 더욱 고단하고 팍팍하게 하는 한편, 대안사회에 대한 관심과 논의가 조금씩 확산되고 있는 가운데 우리들은 신자유주의적 자본주의 경제에 대한 새로운 대안을 모색하는데 가장 실천적이면서도 중요한 개념적 논의를 제공해줄 수 있는 이 책을 만나게 되었다. 『자급 관점 – 힐러리에게 암소를(*The Subsistence Perspective: Beyond the Globalised Economy*)』은 1995년 북경여성대회 직전에 이루어진 힐러리 당시 미국의 영부인과 그라민은행에서 융자를 받아 소를 키우는 방글라데시 여성들 사이의 대화로 유명한 서문이 담긴 책으로, 국내에서도 이미 녹색평론*에 일부가 번역 소개된 적이 있다. 이 책은 1997년 최초로 독일에서 발간되어 1999년에 영어판으로 소개되었다. 비록 십여 년도 훨씬 지난 책이지만, 이 책에서 담고 있는 내용은 현재 한국사회에서 벌어지고 있는 다양한 삶의 모든 영역에 대한 더욱 절박한 물음에 너무나 통찰력 있는 관점을 제공해주고 있다.

물론, 그동안 대안 경제에 대한 논의가 없었던 것은 아니다. 이미 많은 경제, 사회학자들이 대안 경제에 대한 이론적, 실천적 논의를 전개하고 있지만 이 책에서처럼 페미니스트 시각에서 이러한 논의를 풍부한 현장 사례를 통해, 특히 여성주의적 관점에서 분석한 책은 별로 많지 않았다. 우리가 이 책을 보면서 무엇보다도 반가웠던 것은 '가정주부화', '람보화'와 같은 개념을 통해 에코페미니즘의 시각에서 현재 가부장제와 자본주의가 얽히고설켜서 나타나는 우리 삶의 고통과 모순을 분명히 지적하고 있다는 사실이었다.

사실 에코페미니즘이 매우 실천적인 논의임에도 불구하고 한국에서는 에코페미니즘을 실천의 문제로 연결시켜 보기보다는 서구에서 소개된 하나의 여성주의 이론 정도로 이해되거나 소개되어 왔다. 그것에 대한 안타까움으로 오랜 시간에 걸쳐 이 책을 한국어 번역본으로 출간하게 된 지금, 우리들은 에코페미니즘이 갖고 있는 실천성과 그 대안사회에 대한 상상력을 이 책 저자들이 보여준 통찰력을 밑바탕 삼아 여러 실천

---

* '서브시스턴스 회복의 가능성', 「녹색평론」 2004년 7-8월 통권 제77호, 녹색평론사

가 그리고 연구자들과 나눌 수 있을 거라 기대한다. 삶의 가치가 더욱 노골적으로 물질화되고 도구화되는 지금 현실에서 마리아 미즈와 베로니카 톰젠이라는 두 저명한 페미니스트 학자의 논의는 오늘 한국사회에서 실험되고 도전하고 있는 다양한 자족의 삶 혹은 자급(subsistence)의 실천들을 재의미화하고 그 가치를 공유하는 든든한 밑거름이 될 것이라 믿는다.

이 책을 번역한 우리 '꿈꾸는지렁이들의모임'(이하 꿈지모)은 에코페미니즘에 대한 관심과 열정을 가진 젊은 페미니스트들이 함께 공부하고 생각을 나누며 일상적 실천과 활동을 고민하기 위해 지난 2000년에 만들어진 작은 지식 공동체이다. 지렁이는 보이지 않는 곳에서 묵묵히 끊임없는 살림노동을 하는 동물이고 또 뛰어난 번식력을 자랑한다는 점에서 민중성과 생명성을 상징한다. 그뿐 아니라 암수가 함께 공존하면서 서로의 조화와 관계맺음이 생명의 풍요로움으로 귀결된다는 점에서 평등하고 또 섹시하다. 우리는 그런 이상적 지향을 꿈지모라는 멋진 이름으로 표현하고 나서 꽤나 뿌듯해했다. 꿈지모는 주로 여성학을 공부한 연구자와 대안사회를 꿈꾸며 여성운동과 시민사회운동을 해온 활동가들이 모여 남성중심적 사회 속에서 간과되거나 무시되어 온 여성들의 경험과 목소리를 드러내고, 특히 생태·환경 영역의 다양한 문제들을 '여성의 눈'으로 분석하고 문제제기하고 실천을 고민해왔다. 우리들은 페미니즘, 에코페미니즘이라는 게 무엇인가를 이론적으로 거창하게 제시하는 것이 아니라 우리가 살아낼 이 땅의 삶이 생명으로서 가진 생기를 한껏 뿜어내면서 빛을 발하는 풍요로운 삶이 되기 위해서 무엇이 필요한지 구체적으로 고민하고 생각하기 위해 지금껏 무시되거나 들리지 않았던 여성들의 목소리에 귀를 기울이고자 노력하였다. 개발로 파괴된 땅 위에서 다시 삶을 살아내고 죽어가는 생명을 살리기 위해 저항하는 여성들과 사회적 소수자들 그리고 '발전'과 '진보'라는 이름으로 인간의 손에 의해 무참히 폐허가 되고 있는 자연의 목소리들을 말이다.

지난 2003년 우리들의 작은 문제의식을 엮은 『꿈꾸는 지렁이들: 젊은 에코페미니스트들의 세상보기』(환경과생명)를 출판한 이후, 우리들은 각자의 공간에서 공부를 마무리하거나 유학을 가거나 새로운 일을 시작하는 등 개인마다 매우 바쁘고도 질풍노도의 시간을 보냈다. 이명박 정부 이후 더욱 거세게 우리 삶을 파고들어오는 자본주의의 전방위적 위협 속에 고단해진 우리 모임도 바람이 거세게 부는 날의 들풀들처럼 납작 엎드려 쉬고 있다가 때로 고개를 들고 서로를 찾는 식으로, 길고 가늘게 지금까지 모임을 유지해오고 있다. 그런 가운데 우리를 끈끈하게 이어준 것은 다름 아닌 이 책을 번역하는 일이었다. 2004년 꿈지모 세미나를 통해 우연히 이 책을 '발견'하게 된 우리는 이 책이 주는 현장감과 통찰력에 매료되어 꿈지모 내의 몇 명이 이 책을 무턱대고 번역하기 시작하였다. 언젠가는 이 책의 가치를 알아주는 출판사를 만나게 되면 번역본을 출간할 수 있겠다는 무모한 용기로 시작된 작업은 몇 해를 넘기면서 번역의 의지도 중간 중간 꺾이면서 여러 차례 좌절과 고비를 겪어야했다. 그러던 것이 드디어 2009년 동연 출판사와의 인연으로 이 책을 번역본으로 소개할 수 있게 된 것이다.

책을 번역하는 과정은 그만큼 쉽지 않았다. 한 명이 아닌 다섯 명이 팀 작업으로 번역을 해보는 것은 모두에게 처음이었기 때문이다. 처음에는 각자 맡은 부분을 번역하고 합치기만 하면 되겠지라고만 생각하고 시작했다가 각 장별 단어, 문장마다 어떻게 한국어로 번역할지 하나하나 체크하고 결정하는 데는 생각보다 꽤 긴 토론의 과정이 필요했다. 각자의 사정이나 공간적, 물리적인 문제로 인해 서로의 진행속도가 달라서 일정을 맞추고 기다려야 하는 시간도 필요했다. 특히 이 책의 가장 중요한 개념인 'subsistence'를 어떻게 번역할지에 대해서는 번역 작업이 거의 끝날 때까지도 토론을 해야 했다. 이 단어의 맥락을 최대한 훼손시키지 않으면서도 그 의미를 잘 살릴 수 있는 번역 단어로서 '자급', '생계', '살림', '생존', '살림살이', '서브시스턴스' 등이 논의되었다. '생계'는 먹고살기 위한 생계벌이 수준으로 지엽적으로 이해될 가능성이, '살림'은 기존에 생명운동 진영에서 이미 운동적인 의미로 사용되는 부분이 있어서 subsistence의 의미가 수렴될 가능성이, '서브시스턴스'는 단순히 한글로만 표기한 영문으로 그 의미를 적절하게 담기는 어렵다고 보여서 결국 '자급'이라는 단어로 번역하기로 최종 결정하였다. 이 외에도 여러 가지 단어와 문장을 꼼꼼히 보면서 오역을 줄이고 읽기 편한 문장으로 다듬기 위해 여러 번 수정 작업을 거쳤다. 혼자 번역하는 것과 여럿이 함께 공동 번역하는 것은 각각 장점과 단점이 있을 수 있겠지만, 공동 역자들이 함께 번역본을 읽고 토론하는 과정을 통해 번역본의 내용을 더욱 충분히 이해할 수 있었고 한국적 맥락에서 더 잘 이해될 수 있는 좋은 결과물을 만드는데 큰 도움이 되었다고 생각한다. 그럼에도 잘못된 번역 부분이 있다면 이는 전적으로 역자들의 책임이다.

이 책을 번역하는 데에는 주위에서 크고 작은 도움을 많이 받았다. 우선 책을 번역하기까지 힘써주신 도서출판 동연의 김영호 사장님과 끝까지 역자들의 교정을 기다려주시고 꼼꼼히 수정작업을 해주신 편집부에 감사드린다. 이 분들의 든든한 후원과 실무적인 도움이 없었다면 이 책은 그냥 우리만의 세미나용 자료로 묻어두었을 것이다.

아울러 이 책의 번역서 내는 것을 포기할 즈음, 동연출판사를 소개해주신 김정희 가배울 대표님께도 감사를 전한다. 선배 에코페미니스트로서 에코페미니스트 공동체 모임을 지지해주시고, 연구자이면서 지역에서의 여성들과 지역의 살림을 실천하는 활동을 하고 계신 모습은 우리 모임에 항상 신선한 자극을 주고 있다. 무엇보다도 꿈지모 역자들과 전혀 무관한데도 불구하고 선뜻 이 책의 추천의 글을 써주신 강수돌 고려대 교수님께도 감사의 말씀을 전한다. 오래 전에 소개된 바 있지만 이 책이 갖고 있는 동시대적, 현재적 의미에 대해서 정리해주신 추천의 글을 통해 이 책의 의미가 더욱 한국의 독자들에게 잘 전달될 수 있다고 본다. 꿈지모 팬을 자처하며 기꺼이 책의 번역본 감수를 봐주었던 하승우 풀뿌리자치연구소 이음 연구위원에게도 감사드린다.

마지막으로 이 책은 역자들이 여성학 공부를 통해 성장할 수 있게 든든한 밑거름이 되어주는 여성주의 지식공동체인 이화여대 여성학과 교수님과 선후배들과 나누고 싶은 책이기도 하다. 꿈지모 활동을 지지해주고 응원해주는 여성주의 지식 공동체가 없었다면 꿈지모 활동과 이러한 번역 작업은 시도조차 되기 어려웠을 것이다. 그리고 마지막으로 꿈지모의 영원한 스승이신 故 문순홍 선생님을 기억하면서 가슴 깊은 곳에서 추모와 감사의 말씀을 올린다.

제3세계 민중여성들의 관점에서 보면 소위 말하는 지구 경제의 부라는 것이 얼마나 빈약한 것인지를 소개하면서 시작하고 있는 이 책을 지금 우리 사회에 번역소개하면서 작은 보람을 느낀다. 십여 년 만에 꿈지모의 활동의 결과가 두 번째 책으로 나오면서 우리는 이제 꿈지모 2.0을 준비하고 있다. 다시 한 번 흙을 뒤집고 멋지게 꿈틀대는 지렁이가 되기를 기대하며…….

2013년 7월

옮긴이들

주

1. 2차 세계대전 이후 '폐허 부인Trümmerfrau' 이란 용어는 폭격 맞은 독일 도시의 폐허에서 잡석을 깨끗이 치우는 여성들에게 사용되었다.
2. '피와 땅blood and soil, Blut und Boden' 이란 표현은 인종과 땅을 독일인의 근본으로 강조했던 국가사회주의자들의 슬로건으로 언급되었다.
3. 수출 자유 지역에서 이루어지는 생산이 가정을 위한 것이 아니라, 북반구 소비자들을 위한 것이기 때문이다. 미국과 멕시코 국경의 수출 자유 지역은 마킬라도라maquiladoras라고 불린다. 초국적 기업들은 노동 비용의 확연한 차이 때문에 제3세계를 글로벌 공장의 이전 장소로 선택했다. 1994년 독일의 생산 노동자는 시간당 25달러를, 미국 노동자는 16달러, 폴란드 노동자는 1.40달러, 멕시코 노동자는 2.40달러, 인도와 중국, 인도네시아 노동자는 0.50달러를 벌었다(Woodall 1994, 42).
4. 《비단과 강철》이란 책은 아시아 지역의 재정 위기가 터지기 전인 1995년도에 쓰였다. 우리가 알고 있는 바대로 그 위기는 위에서 묘사된 경향들을 악화시키기만 했다. 여성들이 처한 상황은 아시아 전역에서 급격히 황폐화되었다. 실물 경제 붕괴로 인해 남녀 노동자들이 대량해고 되었을 뿐 아니라 여성에 대한 직접적 폭력이 증가하였다(Mies & von Werlhof 1998).
5. 이 일련의 협상들은 우루과이에서 출발했기 때문에 그렇게 명명되었다.
6. 생명유전 자원에 관한 FAO 회담은 1996년 6월 17일부터 23일까지 라이프치히에서 열렸고 로마의 세계식량회담을 위한 하나의 사전 준비로 간주되었다. 그 회담에서 식물종과 종자의 다양성에 관한 법적 권리를 지키기 위해 지역 농부와 지역 사회의 권리를 대표하여 그 권리가 초국적 기업에 양도되길 원치 않는 남반구의 주요 환경보호주의자와 농부의 저항에 대해 미국 측은 반대 입장을 취했다.
7. 그러한 운동에 관한 최근의 예는 유전자 조작 식품에 반대한 운동이다. 그것은 인도 농부들 사이에서 시작되었는데, 영국과 미국 그리고 유럽 대륙에 있는 여러 나라의 소비자들로부터 지지를 받았다. 또한 그것은 특히 '지구에서 지역으로' 라는 캠페인이 명백히 새로운 경제 목표를 위한 것이었던 영국에서 글로벌 경제 체계 전체에 대해 의문을 제기하게 하였다.
8. 우유 할당제란 농부들에게 일정량의 우유만을 판매하도록 허가하는 정책을 말한다. 할당

량은 1983년에 농부가 가지고 있던 소의 수에 따라 고정되었다.

9. 우타 랑케-하이네만Uta Ranke-Heinemann은 페미니스트 신학자다. 그녀는 많은 책에서 교회 안의 가부장적 이데올로기와 제도에 대해서 비판해왔다.

10. 독일에서 사용된 '농작물 보호용 물질' (예컨대 살충제 같은) 3만 톤 중에서 절반 정도가 농작물과는 접촉도 않은 채 토양 속에 남게 되며, 종종 빠른 속도로 지하수로 흘러들게 된다(*Frankfurter Rundschau*, 1994. 8. 16).

11. 1980년에는 그리스 경제활동 인구의 30%가 농업에 종사하고 있었으나, 1990년이 되면 24%, 1994년에는 20.8%만이 남게 된다. 포르투갈에서 그 수는 1980년에 27%, 1990년에 18%, 1994년에는 11.8%에 그친다. 스페인의 경우 1980년에 19%, 1990년에 12%, 1994년에 9.9%이다(농업주간신문, 1993. 4. 8; 독일농민연합 1996, 124). 우리는 이 숫자들 뒤에 감춰진 혹독한 개인적 드라마와 광범위한 문화적 변화를 짐작만 할 수 있을 뿐이다.

12. 이와 같은 협회들은 자체 모니터링을 받도록 되어 있는 유기농 농가들의 협동체이다.

13. 이러한 개념들에 대한 비판은 Evers와 Schrader(1994)의 기고문을 보라.

14. 이러한 개념들에 대한 비판적 논의는 Frank(1966, 1971)를 참고하라.

15. 정치는 간섭을 최소화할 때 경제가 발전한다는 전략을 따르기 마련이다. 폴라니Polanyi 는 사회적 규제의 결여가 경제적인 측면에서도 결국은 해가 된다는 논리에 바탕을 두고 이러한 정책을 비판했다.(이는 오늘날에도 커다란 시사성을 갖는 논쟁이다.)

16. 이는 전근대 사회와 근대 사회 간의 불연속성보다는 연속성을 탐구하는 것이 여성주의 이 론에 있어 훨씬 더 생산적일 수 있음을 다시 한번 입증해준다.

17. 오늘날 좌파 대안 이론가들left-alternative thinkers도 생산 능력의 발달에 관해 유사한 관점에서 말하고 있다. 이러한 입장에 관해서는 2장과 3장에서 자세하게 비판한 바 있다.

18. '비공식 영역' 이라는 개념은 원래 하트J. K. Hart가 가나 도시에서의 '비공식적인' 소득에 관해 연구할 때 사용한 개념이다. 세투라만S. V. Sethuraman이 ILO의 연구에서 이 개념을 일반화시켰다. 마에르케E. Maerke의 "의존으로부터의 탈출구? 개발도상국에서 비공식 영역의 불확실한 미래"(Heidelberg, 1986)를 볼 것.

19. 몇몇 비정부기구NGO에서는 제3세계 비공식 영역에서의 자급 지향성이 갖는 혁신의 능력을 인정했으며, 그것을 개발 원조의 재난으로부터 탈출할 수 있는 수단으로 사용하고자 노력하고 있다. 1995년 베드 볼Bad Boll 복음주의 교회 아카데미에서 개최된 회의의 주제는 "자급 경제, 개발 정치학의 새로운/오래된 개념"이었다.

20. 독일 칼스루에의 나우다처E. Naudascher . 교수에게 들은 개인적인 정보.

21. 미국에는 약 4천 개의 소규모 식량 협동조합과 300개의 대규모 식량 협동조합이 있고, 그 각각의 조합들은 5천에서 1만 명에 이르는 회원이 있다고 추정된다.

22. 1997년 4월, 예네케 반 드 벤Jeannecke van de Ven과의 구술 대화를 통해서.

23. 4H 텃밭 프로젝트는 농림부 프로젝트이다. Wayne County Co-operative Extension Service of Michigan State University.

24. 런던에서 CDF의 의장인 가브리엘 차난Gabriel Chanan에게서 들은 개인적 정보.

25. 심지어 뉴욕에서도 브룩클린, 이스트 리버 사이드 등지에 도시 공동 텃밭 운동이 진행되

고 있다. 소위 녹색 손가락Green Finger이라고 불리는 운동이 그것이다. 뉴욕의 한가운데 만들어진 이 공동 텃밭은 이웃들이 만나는 장소가 되고 있어, 마을 광장과 유사한 역할을 하고 있다. 그들은 이 텃밭을 지역에서 일어나는 사건들에 대해 논의하고 봄맞이와 가을걷이 축제를 즐기는 데 사용한다.

26. 얼마 동안 지역 당국은 비료 처리 시설을 세울 장소를 찾는 계획을 포기했다. 대신에 사람들에게 자신들의 유기물 쓰레기를 자신의 정원에서 비료 처리하도록 요구했다. 이런 정책 변화는 지역 당국이 엄청난 빚을 지고 있고 어느 정도 지역 주민의 저항과 간섭을 받고 있었다는 사실에도 일부분 기인한다.

27. '유럽 중심주의'라고 말하는 대신 우리는 '문화적 무지' 현상이라고 부르고 싶다. 왜냐하면 다른 문화의 기능을 무시한다는 사실은 곧 우리 자신의 문화 역시 이해하지 못하는 결과를 가져오기 때문이다.

28. 독일인 애인을 둔 터키 여성 역을 연기한 터키 여배우가 독일 TV에 출연한 후, 그 여배우는 이민 온 터키 남자들에게 수많은 협박 편지를 받았다. 그 편지에는 터키 여성은 오로지 터키 남성에게만 유용한 것이 되어야 한다는 주장이 적혀 있었다. 이러한 생각은 이민 온 터키 남성이 다른 어떤 것보다도 독일 여성과 결혼한다는 사실에 의해 더욱더 강화된다. 이와 똑같은 이데올로기로서 '독일인과 독일인의 여자'라고 하는 이전부터 전해 내려오는 유명한 독일 말이 있다.

29. 자신의 (사적) 소유주가 있을 때보다도 남자를 동반하고 있지 않을 때 여성은 훨씬 더 남성에 의한 폭력의 희생자가 되기 쉽다. 이것은 지금 공유지에서 일어나고 있는 현실과 같다. 공유지는 개인적으로 소유당하지 않으므로 그들이 누군가에 속해 있지 않을 경우 모두에게 전유될 수 있는 것이라고 여겨진다.

30. 그것은 단지 라틴아메리카의 논쟁만이 아니다. 사실상 농민 공동체와 공유지 문제에 관여한 모든 이들이 공유지란 무엇인가에 대해, 서로 다른 공유지에 대해, 그리고 협동조합/집단농장 등이 공동사회의 원칙을 유지하는지 그렇지 않은지에 대해 토론했다.(*Jouranl of peasant Studies*, Frank Cass and Cp. Ltd., London from Vol. 1, 1973을 참조할 것. 더 나아가 Wolf 1966; Shanin 1971; Bennholdt-Thomsen 1982 또한 볼 것).

31. '최적 입지Business location'는 'Standortpolitik'를 직역한 말인데, 독일의 사업가들이나 정치인들이 독일 자본을 자국 내에 유지하고 외자를 끌어들일 필요가 있음을 표현할 때 자주 사용하는 개념이다.

32. 문, 창문, 가구의 컴퓨터 생산방식은 표준 생산방식뿐만 아니라 심지어 다양한 크기의 아이템 생산까지 대체하고 있다. 같은 원리로, 옷의 표준 아이템은 공장에서부터 개인의 치수에까지 그리고 추가적인 특징과 함께 주문될 수 있다.

33. 마르크스는 다음과 같이 언급하였다: "노동력은 살아 있는 개인이 사용할 수 있을 때에만 존재한다"(1976, 274).

34. '사티야그라하Satyagraha'는 '진실'을 의미한다. 간디는 이 단어를 영국의 식민 지배에 저항하는 비폭력운동으로 명명하였다.

35. 이러한 네트워크 중의 하나로 아시아의 '21세기 민중회의'(Peoples' Planning for the

Twenty-first Century)가 있다.

36. 출처: Farida Akhter, UBINIG, Dhaka 1998. 여기서는 간략히 요약함.

37. '아난다Ananda'는 '행복'을 의미하는 산스크리트어로, 이 농민운동에서는 모든 행복이 식량 생산과 함께 시작된다는 뜻이다. 이는 비이원적인 의미에서 '음식'의 물질적·상징적 영역을 모두 포함하고 있다.

참고문헌

A. G. Bielefelder Entwicklungssoziologen (ed.) (1979) *Subsistenzproduktion und Akkumulation*, Saarbrüken.

Akemine Tetsuo (1997) 'Subsistence Agriculture in Tokyo' in: Pestemer, Richard, (ed.) *Landwirtschaftliche Selbstversorgung als Überlebensstrategie in der Metropole Tokio: Texte zur Vortragsreihe von Akemine Testsuo in Deutschland*.

Akhter, Farida (1998) *Naya Krishi Andolon: A Peasants' Movement for Food Security and Happy Life in Bangladesh*, Dhaka, UBINIG.

Althabe, G. (1972) *Les fleurs du Congo*, Paris, Maspero.

Altvater, Elmar and Mahnkopf, Birgit (1996) 'Die globale Ökonomie am Ende des 20. Jahrhunderts', in: *Widerspruch*, Vol. 16, Part 31.

Amadiume, Ifi (1987) *Male Daughters, Female Husbands. Gender and Sex in an African Society*, London, Zed Books.

Arbeitskreis Zukunft der Frauenarbeit (ed.) (1985) *Dokumentation des Kongresses 'Zukunft der Frauenarbeit'*, Proceedings of the conference held at the Universität Bielefeld, 4 June 1983. Bielefeld.

Bagby, Rachel L. (1990) 'Daughters of Growing Things', in: J. Diamond, and Gloria Feman-Orenstein (eds.) *Reweaving the World: The Emergence of Ecofeminism*, San Francisco, Sierra Club Books.

Bartra, Roger (1974) *Estructura agraria y clases sociales en México*, Mexico City.

Bartra, Roger (1976) 'Y si los campesions se extinguen... (Reflexiones sobre la coyuntura política de 1976 en México)', *Historia y sociedad*, No. 8, pp. 71–83, Mexico.

Beauvoir, Simone de (1974) *The Second Sex*, Vintage Books.

Becker, Ruth (1988) 'Befreiung durch Konsumverzicht – konsequent zu Ende gedacht. Provokantes zu einem ökofeministischen circulus vitiosus', *Beiträge zur feministischen Theorie und Praxis*, 21/22.

Bell, Diane and Klein, Renate (1996) *Radically Speaking: Feminism Reclaimed*,

Melbourne.

Benhabib, Seyla (1990) 'Epistemologies for Postmodernism: A Rejoinder to Jean Francois Lyotard', in Linda J. Nicholson (ed.), *Feminism/Postmodernism*, New York and London, Routledge.

Bennholdt-Thomsen, Veronika (1976) 'Zur Bestimmung des Indio', Indiana, supplementary issue No. 6, Berlin.

Bennholdt-Thomsen, Veronika (1979) 'Marginalität in Lateinamerika. Eine Theoriekritik', in Bennholdt-Thomsen *et al.* (eds), *Lateinamerika, Analysen und Berichte*, No. 3, Berlin (published in Spanish as 'Marginalidad en América Latina. Una crítica de la teoría', *Revista Mexicana de Sociología*, Vol. XLIII, No. 4, 1981: 1505-46).

Bennholdt-Thomsen, Veronika (1980) 'Towards a Class Analysis of Agrarian Sectors: Mexico', *Latin American Perspectives*, Vol. 7, No. 4, pp. 100-14

Bennholdt-Thomsen, Veronika (1981) 'Subsistence Production and Extended Reproduction', in Kate Young *et al.* (eds), *Of Marriage and the Market*, London, pp. 16-29 (2nd edn, 1984, pp. 41-54).

Bennholdt-Thomsen, Veronika (1982) *Bauern in Mexiko. Zwischen Subsistenz- und Waren-produktion*, Frankfurt am Main (published in Spanish as *Campesinos: Entre producción de subsistencia y de mercado*, UNAM/CRIM, México 1988)

Bennholdt-Thomsen, Veronika (1984) 'Towards a Theory of the Sexual Division of Labour', in: J. Smith, I. Wallerstein and H-D. Evers (eds), *Households and the World Economy*, Beverly Hills, Sage, pp. 252-71.

Bennholdt-Thomsen, Veronika (1987) 'Hausfrauisierung und Migration', in Bennholdt-Thomsen *et al.*, *Frauen aus der Türkei kommen in die BRD*, Lüdinghausen.

Bennholdt-Thomsen, Veronika (1988a) 'Investment in the Poor: An Analysis of World Bank Policy', in Maria Mies, Veronika Bennholdt-Thomsen and Claudia von Werlhof, *Women — The Last Colony*, Zed Books, London, pp. 51-63.

Bennholdt-Thomsen, Veronika (1988b) 'Why do Housewives Continue to Be Created in the Third World Too?' in Maria Mies, Veronika Bennholdt-Thomsen and Claudia von Werlhof, *Women — The Last Colony*, Zed Books, London, pp. 159-67.

Bennholdt-Thomsen, Veronika (1989) 'Die Würde der Frau ist kein Überbauphänomen. Zum Zusammenhang von Geschlecht, Natur und Geld', *Beiträge zur feministischen Theorie und Praxis*, Vol. 12/24.

Bennholdt-Thomsen, Veronika (1990) 'Der Sozialismus ist tot, es lebe der Sozialismus? Gegenseitigkeit statt sozialer Gerechrigkeit', *Kurswechsel* 3, Vienna.

Bennholdt-Thomsen, Veronika (1991a) 'Women's Dignity is the Wealth of Yuchitan (Oaxaca, Mexico)', *Journal of Interdisciplinary Economics*, Vol. 3, No. 2, pp. 327-34.

Bennholdt-Thomsen, Veronika (1991b) 'Gegenseitigkeit statt sozialer Gerechtigkeit. Zur Kritik

der kulturellen Ahnungslosigkeit im Patriarchat', in Birgitta Hauser-Schäublin, (ed.),
  Ethnologische Frauenforschung, Berlin.

Bennholdt-Thomsen, Veronika (1992) 'Entwicklung und Fortschritt aus feministischer Sicht', in
  Werner Hennings, (ed.), *Drei Annäherungen an einen Begriff: Entwicklung aus
  ökologischer, feministischer und strukturalistischer Sicht*, Unterrichtsmaterialen,
  Vol. 42, Oberstufenkolleg, Bielefeld.

Bennholdt-Thomsen, Veronika (ed.) (1994) *Juchitán — Stadt der Frauen: Vom Leben im
  Matriarchat*, Reinbek.

Bennholdt-Thomsen, Veronika (1996a) 'Women Traders as Promoters of a Subsistence
  Perspective: The Case of Juchitán (Oaxaca), Mexico', in Parvin Ghorayshi (ed.),
  Women at Work in the Third World, Westport, CT and London, Greenwood Press,
  pp. 167–79.

Bennholdt-Thomsen, Veronika (1996b) 'Wohin führt die Weltwirtschaft für Frauen?', in ITPS,
  Rundbrief Subsistenzperspektive No. 6, *Globalisierung/Regionalisierung*, Bielefeld,
  April, pp. 22–33.

Bennholdt-Thomsen, Veronika, Mies, Maria and von Werlhof, Claudia (1983/1992) *Frauen,
  die letzte Kolonie*, Zurich.

BIJA(The seed): 'Farmers Pledge to Stop the Corporatisation of Indian Agriculture', *BIJA* No.
  15/16, 1996, pp. 16–18.

BIJA (The seed): 'Intellectual Property Rights, Community Rights and Biodiversity', *BIJA* No.
  15/16, 1996, pp. 25ff.

Binswanger, Hans Christoph (1991) *Geld und Natur: Das wirtschaftliche Wachstum im
  Spannungs-feld zwischen Ökonomie und Ökologie*, Stuttgart, Edition Weitbrecht.

Binswanger, H. C., Geisberger, W. and Ginsburg, T. (1979) *Wege aus der Wohlstandsfalle.
  Der NAWU-Report*, Frankfurt, Fischer.

Blaise, Suzanne (1986) *Le Rapt des Origines ou le Meurtre de la Mère* (self-published).

Bloch, Ernst (1961) *Naturrecht und menschliche Würde*, Frankfurt, Suhrkamp.

Bock, Gisela and Duden, Barbara (1976) 'Arbeit aus Liebe, Liebe als Arbeit: Die Entstehung der
  Hausarbeit im Kapitalismus' in *Frauen und Wissenschaft, Beiträge zur Berliner
  Sommer-universität*, Berlin, Courage Verlag.

Boserup, Ester (1970) *Women's Role in Economic Development*, London.

Böttger, Barbara (1987) 'Macht und Liebe, Gleichberechtigung und Subsistenz — kein Ort:
  Nirgends. Auf der Suche nach einem feministischen Politikverständnis', *Beiträge zur
  feministischen Theorie und Praxis*, No. 19.

Brodribb, Somer (1992) *Northing Mat(t)ers: A Feminist Critique of Postmodernism*,
  Melbourne, Spinifex.

Brownhill, Leigh S., Kaara, Wahu M., and Turner, Terisa E. (1997a) 'Gender Relations and

Sustainable Agriculture: Rural Women' s Resistance to Structural Adjustment in Kenya',
Canadian Women' s Studies, Vol. 17, No. 2.

Brownhill, Leigh S., Kaara, Wahu M. and Turner, Terisa E. (1997b) 'Social Reconstruction in
Rural Africa: A Gendered Class Analysis of Women' s Resistance to Cash Crop Production
in Kenya', unpublished paper, University of Guelph, Canada.

Bruck, Birgitte, Heike Kahlert, Marianne Krüll, Helga Milz, Astrid Osterland and Ingeborg
Wegehaupt-Schneider (1992) Feministische Soziologie: Eine Einführung, Frankfurt.

Brunner, Otto (1980) 'Vom "ganzen aus" zur Familie', in Heidi Rosenbaum (ed.) Seminar:
Familie und Gesellschaftsstruktur: Materialen zu sozioökonomischen
Bedingungen von Familienformen, Frankfurt a.M, Fischer.

Bublitz Hannelore (1992) 'Feministische Wissenschaft: Patriarchatskritik oder
Geschlechterforschung?' in Ingeborg Stahr (ed.) Wenn Frauen Wissen Wissen schafft:
10 Jahre Frauenstudien und Frauenforschung an der Universität GH Essen,
Essen.

Butler, Judith (1990) 'Gender Trouble', in L. J. Nicholson, Feminism/Postmodernism, New
York and London, Routledge.

Cavarero, Adriana (1987) 'Liberazione e filosofica della differenza sessuale', in C. Marcuzzo and
A. Rossi Doria (eds), La ricerca delle donne, Turin pp. 173-87.

Cavarero, Adriana (1990) 'Die Perspektive der Geschlechterdifferenz', in Ute Gerhard, Mechtild
Jansen, Andrea Maihofer, Pia Schmid and Irmgard Schultz (eds), Differenz und
Gleichheit, Frankfurt a.M., Ulrike Helmer Verlag, pp. 95-111.

CAW (Committee for Asian Women) (eds) (1995) Silk and Steel: Asian Women Confront
Challenges of Industrial Restructuring, edited by Sister Helene O' Sullivan, Hong
Kong.

Chayanov, Alexander V. (1966) The Theory of Peasant Economy, edited by D. Thorner. R.
E. F. Smith and B. Kerblay, Irwin 1966. (See also Tschajanow.)

Chodorow, Nancy (1978) The Reproduction of Mothering: Psychoanalysis and the
Sociology of Gender, Berkeley, University of California Press.

Chomsky, Noam (1991), in Komitee für Grundrechte und Demokratie (eds), Materialien zum
Golfkrieg, Sensbachtal.

Chossudovsky, Michel (1998) '"Financial Warfare°± Triggers Global Economic Crisis', Third
World Resurgence, No. 98, October.

Clarke, Tony and Barlow, Maude (1997) MAI: The Multilateral Agreement on Investment
and the Threat to Canadian Sovereignty, Toronto, Stoddard.

Clemens, Bärbel (1983) Frauenforschungs- und Frauenstudieninitiativen in der
Bundesrepublik, Kassel.

Comité d' Information Sahel (1975) Qui se nourrit de la famine en Afrique? Paris.

Creutz, Helmut (1993) *Das Geldsyndrom: Wege zu einer krisenfreien Marktwirtschaft*, Aachen.

Cutrufelli, Maria Rosa (1985) *Women of Africa: Roots of Oppression*, London.

Dallacosta, Mariarosa (1973) *Die Macht der Frauen und der Umsturz der Gesellschaft*, Berlin.

Daly, H. and Cobb, J. (1989) *For The Common Good*, London.

Decornoy, Jacques (1995) 'Arbeit oder Kapital — Wer Bestimmt die Zukunft?' *Le Monde Diplomatique / Die Tageszeitung / Wochenzeitung*, May.

Delphy, Christine (1996) '"French Feminism": An Imperialist Invention', in D. Bell and R. Klein, (eds), *Radically Speaking: Feminism Reclaimed*, Melbourne.

Deutscher Bauernverband (ed.) (1995) *Zur wirtschaflichen Lage der Landwirtschaft: Situations-report 1995*, Bonn.

Deutscher Bauernverband (ed.) (1997) *Trends und Fakten zur wirtschaftlichen Lage der deutschen Landwirtschaft: Situationsreport 1997*, Bonn.

Dickinson, Torry D. (1995) *Common Wealth, Self-Sufficiency and Work in American Communities, 1830-1993*, London.

Duden, Barbara (1993) 'Die Frau ohne Unterleib: Zu Judith Butlers Entkörperung. Ein Zeitdokument', in *Feministische Studien*, Part 2.

Ecologist (ed.) (1992) 'Whose Common Future?', Vol. 22, No. 4, July/August, p. 146.

Economist (1996) 'A Global Poverty Gap', 20 July.

Elson, Diane (1994) 'Uneven Development and the Textiles and Clothing Industry', in L. Sklair (ed.), *Capitalism and Development*, London and New York, Routledge.

Engels, Frederick (1976) *Origin of the Family Private Property and the State*, in Karl Marx and Frederick Engels, *Selected Works*, Vol. III, Moscow.

Esteva, Gustavo (1992) 'Development' in Sachs, Wolfgang (ed.), *Development Dictionary*, London, Zed Books.

Eurotopia: Zeitschrift für 'Leben in Gemeinschaf', 4/95, *Schwerpunkt: Auf dem Weg zu einer anderen Ökonomie*.

Eurotopia: Zeitschrift für 'Leben in Gemeinschaf', 19/95, *Schwerpunkt: Anders leben, anders wirtschaften*.

Eurotopia: Zeitschrift für 'Leben in Gemeinschaf', 1-2/96, *Schwerpunkt: Love in Action, Politik und Spiritualität*.

Evans, Paul (1995) 'Salford's Urban Oasis', *Guardian Weekly*, 12 November.

Evers, Hans-Dieter and Heiko Schrader (1994) *The Moral Economy of Trade, Ethnicity and Developing Markets*, London and New York.

FAO (1996) *World Food Summit 1996: Technical Papers*, No. 4, Rome.

Faraclas, Nicholas (a) Awareness Training Packets, PNG Trust, University of Papua New Guinea (paper, undated).

Faraclas, Nicholas (b) 'Cargo, Culture and Politics of Cultural Pluralism in PNG: Critical Literacy', University of Papua New Guinea 1992 (unpublished paper).

Faraclas, Nicholas (c) 'From Structural Adjustment to Land Mobilization to Expropriation: Is Melanesia the World Bank/International Monetary Fund's Latest Victim?' University of Papua New Guinea (paper, undated).

Feder, Ernest (1977/78) 'Campesinistas y descampesinistas, tres enfoques divergentes (no incompatibles) sobre la destrucción del campesinado', *Comercio exterior*, Vol. 27, No. 12 and Vol. 28, No. 1, Mexico.

Flitner, Michael (1997) 'Biodiversity — The Making of a Global Commons', in Michael Goldman (ed.) *Privatizing Nature: The New Politics of Environment and Development*, London.

Foucault, Michel (1976), *Histoire de la sexualité*, Vol. I: *La Volonté de savoir*, Paris, Gallimard.

Fox Keller, Evelyn (1985) *Reflections on Gender and Science*, New Haven and London, Yale University Press.

Frank, André Gunder (1966) 'The Development of Underdevelopment', *Monthly Review* 18/4, September.

Frank, André Gunder (1971) *Capitalism and Underdevelopment in Latin America*, Harmondsworth.

Fraser, Nancy and Nicholson, Linda (1990) 'Social Criticism without Philosophy: An Encounter between Feminism and Postmodernism', in Linda Nicholson (ed.) *Feminism/Post-modernism*, New York.

Frey-Nakonz, Regula (1984) *Vom Prestige zum Profit: Zwei Fallstudien aus Südbenin zur Integration der Frauen in die Marktwirtschaft*, Saarbrücken.

Füssel, Kuno (1993) 'Es gilt absolut plural zu sein', in Kuno Füssel, D. Sölle and F. Steffensky, *Die Sowohl-als-auch-Falle*, Lucerne.

Füssel, Kuno; Sölle, D. and Steffensky, F. (1993) *Die Sowohl-als-auch-Falle*, Lucerne.

Gambaroff, Marina, et al. (1986) *Tschernobyl hat unser Leben verändert: Vom Ausstieg der Frauen*, Reinbek.

Gayle, Rubin (1975) 'The Traffic in Women: Notes on the Political Economy of Sex', in Rayna Rapp Reiter (ed.), *Toward an Anthropology of Women*, New York, Monthly Review Press.

Gilligan, Carol (1982) *In a Different Voice: Psychological Theory and Women's Development*, Cambridge, MA.

Gimbutás, Marija (1991) *The Civilization of the Goddess; The World of Old Europe*, San Francisco.

Goldman, Michael (1995) '"Reinventing the Commons°±: A Literature Review and Discussion Paper'. Paper presented at the Second Workshop on Reinventing the Commons, Bonn.

Gonzalez, Nancie (1970) 'Towards a Definition of Matrifocality', in Norman E. Whitten and John F. Sweed (eds), *Afro-American Anthropology: Contemporary Perspectives*, New York.

Gorz, André (1983) *Les chemins au Paradis*, Paris, Editions Galilée.

Gorz, André (1985) *Paths to Paradise*, London.

Gorz, André (1989) *Critique of Economic Reason*, London.

Gorz, André and Erich Hörl (1990), '"Archäologie" des philosophischen Fadens: Die ent-Packung der ver-packten Philosophie. Ein Streitgespräch', *Kurswechsel*, Vol. 3.

Groier, Michael (1997) 'AussteigerInnen in ländlichen Regionen: Ergebnisse einer Untersuchung zu soziokulturellen und ökonomischen Aspekten', in AgrarBündnis, (ed.), *Landwirtschaft 97, Der kritische Agrarbericht*, Kassel/Rheda-Wiedenbrück/Bonn, pp. 176-84.

Grossenbacher, Veronika (1996) 'Frauen als landwirtschaftliche Betriebsleiterinnen. Erfahrungen von Frauen aus bäuerlichen Familienbetrieben', in AgrarBündnis e.V. (ed.), *Landwirtschaft 96: Der kritische Agrarbericht*, Bonn.

Hagemann-White, Carol (1993) 'Die Konstrukteure des Geschlechts auf frischer Tat ertappen? Methodische Konsequenzen einer theoretischen Einsicht', *Feministische Studien* Part 2.

Haraway, Donna (1988) 'Situated Knowledges: The Science Question in Feminism and the Privilege of Partial Perspective', *Feminist Studies*, Vol. 14, No. 3.

Haraway, Donna (1990) 'A Manifesto for Cyborgs: Science, Technology, and Socialist Feminism in the 1980s', in Linda Nicholson (ed.), *Feminism/Postmodernism*, London, Routledge.

Haraway, Donna (1991) *Simians, Cyborgs and Women, The Reinvention of Nature*, London.

Hardin, Garret (1968) 'The Tragedy of the Commons', in *Science*, 162, December.

Hardin, Garret (1973) 'Die Tragödie der Allmende', (German text of his 1968 Science article 'The Tragedy of the Commons') in Larry Lohmann (ed.) *Prognosen angloamerikanischer Wissenschaftler*, Munich.

Hardin, Garret (1977) 'The Tragedy of the Commons', in Garret Hardin and John Baden, *Managing the Commons*, San Francisco, W. H. Freeman and Company, pp. 16-30.

Hart, Keith (1973) 'Informal Income Opportunities and Urban Employment in Ghana', *Journal of Modern African Studies*, Vol. 11.

Heider, Frank, Hock, Beate, and Seitz, Hans-Werner (1997) *Selbstverwaltete Betriebe in Hessen I + II*, Giessen.

Henderson, Hazel (1979) *Creating Alternative Futures*, New York.

Henderson, Hazel (1985) *Das Ende der Ökonomie*, München.

Herger, Lisbeth (1989) 'Raus aus der Politik, rein in die Schrebergärten? Kommentar', in *Frauezittig*, No. 31, Zürich.

Hermannstorfer, U. (1992) *Scheinmarktwirtschaft: Die Unverkäuflichkeit von Arbeit, Boden und Kapital*, Stuttgart.

Hobbes, Thomas (1965) *Leviathan: oder Wesen, Form und Gewalt des kirchlichen und bürgerlichen Staates*, Reinbek.

Holland-Cuntz, Barbara (1995) 'Zum Verhältnis von Politik und Politikwissenschaft', in *Leidenschaft für die unbequeme Sache : Zur Diskussion um die Gründung eines feministischen Instituts im Rahmen der bündnisgrün-nahen Stiftung*, Hamburg.

Holzer, Brigitte (1994) 'Mais, Tauschbeziehungen zwischen Männern und Frauen', in V. Bennholdt-Thomsen (ed.), *Juchitán — Stadt der Frauen: Vom Leben im Matriarchat*, Reinbek.

Holzer, Brigitte (1995) *Subsistenzorientierung als 'Widerständige Anpassung' an die Moderne, in Juchitán, Oaxaca, México*, series Ethnien, Religionen, Konflikte, Frankfurt a.M.

Holzer, Brigitte (1997) 'Das Verschwinden der Haushalte. Geschlechtsspezifische und gesellschaftliche Arbeitsteilung in der Wirtschaftstheorie', in Andrea Komlosy et al. (eds), *Ungeregelt und unterbezahlt: Der informelle Sektor in der Weltwirtschaft*, Frankfurt a.M.

Hoppichler, Josef and Josef Krammer (1996) 'Was wird aus Österreichs Bauern?', in Trautl Brandstaller, (ed.), *Österreich 1 1/2*, Vienna.

Illich, Ivan (1982) *Das Recht auf Gemeinheit*, Reinbek.

Imfeld, Al (1975) *Hunger und Hilfe, Provokationen*, Zürich.

Inhetveen, Heide (1986) 'Von der "Hausmutter" zur "Mithelfenden Familienangehörigen" : Zur Stellung der Frau in den Agrartheorien', in K. Bedal and H. Heidrich (eds), *Freilichtmuseum und Sozialgeschichte*, Bad Windsheim.

Inhetveen, Heide and Margret Blasche (1983) *Frauen in der kleinbäuerlichen Landwirtschaft*, Opladen.

Kandiyoti, Deniz (1977) 'Sex Roles and Social Change: A Comparative Appraisal of Turkey's Women', *Signs* 3/1.

Keller, Catherine (1986) *From a Broken Web: Separation, Sexism and Self*, Boston.

Kennedy, Margrit (1990) *Geld ohne Zins und Inflation: Ein Tauschmittel des jedem dient*, Munich.

Kindl, Gotthard (1995) *Das Ende der Modernisierung? Polnische Bauern nach dem Zusammenbruch des Realsozialismus*, Frankfurt.

Kirk, Gwyn (1996/97) '"Rebuilding, Recreating, Respiriting the City from the Ground Up°±: A

Movement in the Making', *Capital, Nature, Socialism*, January.

Klauss, Martin (1997) *Politik für mehr Reichtum, Daten und Anmerkungen zur Entwicklung von Reichtum und Armut in Deutschland*, Freiburg, CfS (ChristInnen für den Sozialismus).

Klein, Renate (1996) 'Dead Bodies Floating in Cyberspace: Postmodernism and the Dismemberment of Women', in D. Bell and R. Klein (eds), *Radically Speaking: Feminism Reclaimed*, Melbourne, Spinifex and London, Zed Books.

Klinger, Cornelia (1988) 'Abschied von der Emanzipationslogik? Die Gründe ihn zu fordern, zu feiern oder zu fürchten', in *Kommune 1*, Frankfurt a.M.

Kofra (ed.) (1990) *Frauenforschung und Feminismus*, No. 49, October/November.

Kohr, Leopold (1983) *Die überentwickelten Nationen: Rückbesinnung auf die Region*, Salzburg.

Kolbeck, Thekla (1985) *Landfrauen und Direktvermarktung: Spurensicherung von Frauenarbeit und Frauenalltag*, Gesamthochschule Kassel.

Kollektiv Kommune Buch (ed.) (1996) *Das Kommunebuch: Alltag zwischen Widerstand, Anpassung und gelebter Utopie*, Göttingen.

Kommune Niederkaufungen (ed.) (1996) '10 Jahre Kommune Niederkaufungen', Circular No. 14, November.

Krammer, Josef (1996) 'Österreichs EU-Beitritt: Die verpasste Chance für eine europaweite ökosoziale Agrarpolitik', in AgraBündnis e.V. (ed.), *Landwirtschaft 96. Der kritische Agrarbericht*, Bonn.

Kristeva, Julia (1984) 'Woman Can Never Be Defined', in, Elaine Marks and Isabelle de Courtivron (eds), *New French Feminisms*, New York.

Kristeva, Julia (1989) *Black Sun: Depression and Melancholia*, New York, Columbia University Press.

Kurz, Robert (1991) *Der Kollaps der Modernisierung: Vom Zusammenbruch des Kasernensozialismus zur Krise der Weltökonomie*, Frankfurt a.M.

Landweer, Hilge (1993) 'Kritik und Verteidigung der Kategorie Geschlecht. Wahrnehmungs- und symboltheoretische Überlegungen zur Sex/Gender Unterscheidung', *Feministische Studien*, Part 2.

Lenz, Ilse (1988) 'Liebe, Brot und Freiheit: Zur neuen Diskussion um Subsistenzproduktion, Technik und Emanzipation in der Frauenbewegung', *Beiträge zur feministischen Theorie und Praxis*, 21/22.

Lerner, Gerda (1986) *The Creation of Patriarchy*, Oxford University Press.

Libreria delle donne di Milano (1988) *Wie weibliche Freiheit entsteht: Eine neue politische Praxis*, Berlin.

Loziczky, Tanja (1997) 'Kooperationsformen zwischen Bauern/Bäuerinnen und Verbraucher-

Innen: Wege zu einem solidarischen Wirtschaften im ökologischen Landbau anhand von ausgewählten Beispielen', diploma thesis, University for Earth Culture, Institute for Ecological Agriculture, Vienna.

Luxemburg, Rosa (1923) *Die Akkumulation des Kapitals: Ein Beitrag zur ökonomischen Erklärung des Imperialismus*, Berlin.

Lyotard, Jean François (1979) *La Condition postmoderne*, Paris, Editions minuit.

Lyotard, Jean François (1984) *The Postmodern Condition: A Report on Knowledge*. Minneapolis, University of Minneapolis Press.

McNamara, Robert (1973) Address to the Board of Governors, World Bank, Nairobi 24 September.

Mamozai, Martha (1982) *Herrenmenschen, Frauen im deutschen Kolonialismus*, Reinbek.

Märke, Erika (1986) *Ein Weg aus der Abhängigkeit: Die ungewisse Zukunft des informellen Sektors in Entwicklungsländern*, Heidelberg.

Martin, Hans-Peter and Schumann, Harald (1996) *Die Globalisierungsfalle: Der Angriff auf Demokratie und Wohlstand*, Reinbek.

Martin, Hans-Peter and Schumann, Harald (1997) *The Global Trap*, London.

Marx, Karl (1973) 'The Eighteenth Brumaire of Louis Bonaparte', in *Surveys from Exile*, London.

Marx, Karl (1976) *Capital*, Vol. 1, London, NLR/Pelican.

Max-Neef, Manfred et al. (1989) 'Human Scale Development: An Option for the Future', in *Development Dialogue*, Cepaur, Dag Hammarskjöld.

Merchant, Carolyn (1980) *The Death of Nature: Women, Ecology and the Scientific Revolution*, Harper and Row, San Francisco.

Meyer-Renschhausen, Elisabeth (1997) 'Der Welternährungsgipfel in Rom und die Gärten der Frauen: Gärten als Anfang und Ende der Landwirtschaft?' in *Tropentag 1996*, Berlin, pp. 197ff.

Mies, Maria (1978) 'Methodische Postulate zur Frauenforschung — dargestellt am Beispiel der Gewalt gegen Frauen', *Beiträge zur feministischen Theorie und Praxis*, No. 1.

Mies, Maria (1982) *The Lace Makers of Narsapur. Indian Housewives Produce for the World Market*, London.

Mies, Maria (1983) 'Towards a Methodology for Feminist Research', in Gloria Bowls and Renate Duelli-Klein (eds), *Theories of Women's Studies*, London, Routledge & Kegan Paul, pp. 117–39.

Mies, Maria (1983a) 'Subsistenz-produktion, Hausfrauisierung, Kolonisierung', in *Beitrage zur Feministischen Theorie und Praxis*, No. 9/10.

Mies, Maria (1986a) *Indian Women in Subsistence and Agricultural Labour*, Genf.

Mies, Maria (1986b) (1999) *Patriarchy and Accumulation on a World Scale: Women in the International Division of Labour*, London, Zed Books.

Mies, Maria (1992) '"Moral Economy" – a Concept and a Perspective', in R. Rilling, H. Spitzer, O. Green, F. Hucho and G. Pati (eds), *Challenges: Science and Peace in a Rapidly Changing Environment*, Schriftenreihe Wissenschaft und Frieden, Vol. 1, BdWi, Marburg.

Mies, Maria (1994) 'Gegen die Ramboisierung der Männer', in Bündnis 90/Die Grünen NRW (eds), *Zwischen Rambo und Märchenprinz: Ein politischer Diskurs zur Männeremanzipation*, Reader for the First Men's Congress, Düsseldorf.

Mies, Maria (1996a) 'Patente auf Leben: Darf alles gemacht werden, was machbar ist?' in Lisbeth Trallori (ed.), *Die Eroberung des Lebens*, Vienna.

Mies, Maria (1996b) 'Liberating Women, Liberating Knowledge: Reflections on Two Decades of Feminist Action Research', *Atlantis* 21 (1): 10–23.

Mies, Maria (1996c) *Women, Food and Global Change: An Ecofeminist Analysis of the World Food Summit, Rome, 13-17 November 1996*, Institute for the Theory and Practice of Subsistence (ITPS) Bielefeld.

Mies, Maria and Shiva, Vandana (1993) *Ecofeminism*, London, Zed Books (2nd edition 1994).

Mies, Maria and von Werlhof, Claudia (eds) (1988), *Reader zur Tagung 'Die Subsistenzperspektive, ein Weg ins Freie'*, Bad Boll.

Mies, Maria and von Werlhof, Claudia (eds) (1998) *Lizenz zum Plündern. Das Multilaterale Abkommen über Investitionen (MAI). Globalisierung der Konzernherrschaft und was wir dagegen tun können*, Hamburg, Rotbuch/EVA.

Mies, Maria, Bennholdt-Thomsen, Veronika, and von Werlhof, Claudia (1988) *Women: The Last Colony*, London, Zed Books. German edition 1983.

Milborn, Corinna (1977a) 'Die Widerstandsgemeinden in Guatemala (CPR): Versuch der Autarkie in einem agroexportierenden Land', report to the Congress of Austrian Latin-Americanists, Strobl, April.

Milborn, Corinna (1997b) 'Comunidades de Población en Resistencia: Widerstandsdörfer und 500 Jahre indigener Widerstand in Guatemala', diploma thesis, Vienna.

Mitterauer, Michael (1980) 'Der Mythos von der vorindustriellen Grossfamilie', in Heidi Rosenbaum (ed.), *Seminar: Familie und Gesellschaftsstruktur. Materialien zu sozioökonomischen Bedingungen von Familienformen*, Frankfurt a.M.

Mohanty, Bidyut (1996) 'Globalisation and Grass Roots Democracy', in *BIJA* No. 15/16.

Möller, Carola (1991) 'Über das Brot, das Euch in der Küche fehlt, wird nicht in der Küche entschieden', *Beiträge zur feministischen Theorie und Praxis*, No. 29.

Möller, Carola (1997) 'Feministische Ansätze zu einer alternativen Ökonomie', *Kölner Volksblatt*, 5/1997.

Müller, Christa (1994) 'Frauenliebe in einer frauzentrierten Gesellschaft', in V. Bennholdt-Thomsen (ed.), *Juchitán — Stadt der Frauen: Vom Leben im Matriarchat*, Reinbek.

Müller, Christa (1998) *Von der lokalen Ökonomie zum globalisierten Dorf: Bäuerliche Überlebensstrategien zwischen Weltmarktintegration und Regionalisierung*, Campus Verlag, Frankfurt and New York.

Müller, Julius Otto (1988) 'Probleme eigenständiger Agrarkultur im Sahel. Bauern zwischen Erwerbsdruck und Desertifikation', in H. Gödde and D. Voegelin (eds), *Für eine bäuerliche Landwirtschaft*, part of a series published by the Faculty of Town Planning/Landscape Planning, Gesamthochschule, Kassel.

Muraro, Luisa (1993) *Die symbolische Ordnung der Mutter*, Frankfurt and New York.

NACLA (North American Congress on Latin America) (1975) 'US Grain Arsenal', Latin American and Empire Report No. 9, 7 October.

NACLA (North American Congress on Latin America) (1976) *Weizen als Waffe: Die neue Getreidestrategie der amerikanischen Aussenpolitik*, Reinbek bei Hamburg.

Neusüss, Christel (1985) *Die Kopfgeburten der Arbeiterbewegung oder: Die Genossin Luxemburg bringt alles durcheinander*, Hamburg.

Nguiffo, Samuel Alain (1997) 'Tradition versus Modernity: The Defence of the Commons in Cameroon', in Michael Goldman (ed.), *Privatizing Nature: The New Politics of Environment and Development*, London.

Norberg-Hodge, Helena (1991) *Learning From Ladakh*, San Francisco, Sierra Club.

Norberg-Hodge, Helena (1993) *Leben in Ladakh*, Freiburg.

O' Brien, Mary (1989) *Reproducing the World: Essays in Feminist Theory*, Boulder, San Francisco and London, Westview Press.

Paré, Luisa (1979) *Revoluciones verdes para espantar revoluciones rojas*, Mexico City.

Pestemer, Richard (ed.) (1997) *Landwirtschaftliche Selbstversorgung als Überlebensstrategie in der Metropole Tokio. Informationsmaterialien zur Studien- und Vortragsreise von Akemine Tetsuo und Richard Pestemer*, Neunkirchen.

Pfarr, Heide (1996) 'Reservation of Seats for Women in Political Institutions in Germany', in Veena Poonacha (ed.), *Women, Empowerment and Political Participation*, Bombay.

Pinl, Claudia (1993) *Vom kleinen zum grossen Unterschied: 'Geschlechterdifferenz' und konservative Wende*, Hamburg.

Planck, Ulrich (1964) *Der bäuerliche Familienbetrieb zwischen Patriarchat und Partnerschaft*, Stuttgart.

Plumwood, Val (1993) *Feminism and the Mastery of Nature*, London and New York, Routledge.

Polanyi, Karl (1944) *The Great Transformation: The Political and Economic Origins of Our Time*, New York.

Polanyi, Karl (1957) 'The Economy as Instituted Process', in Karl Polanyi *et al.*, *Trade and Market in the Early Empires*, New York.

Ramonet, Ignacio (1995) 'Die neuen Herren der Welt' Formen der Macht am Ende des 20. Jahrhunderts'. *Le Monde Diplomatique/taz/WoZ*, May.

Reformausschuss des Stiftungsverbands Regenbogen e.V. (ed.) (1995) *'Leidenschaft für eine unbequeme Sache' : Zur Diskussion um die Gründung eines feministischen Instituts im Rahmen der bündnis-grün-nahen Stiftung*, Hamburg, Redaktion Helga Braun.

Rengam, Sarojeni V. (1997) 'Till Victory: Experiences from Cuba', in PAN AP Safe food Campaign 1996, *Eat Smart Healthy Local Food*, Penang/Malaysia.

Rich, Adrienne (1977) *Of Woman Born: Motherhood as Experience and Institution*, Virago, London.

Rifkin, Jeremy (1991) *Biosphere Politics*, New York. Quoted in 'Whose Common Future?' *Ecologist*, Vol. 22, No. 4, July–August 1992.

Rostow, W. W. (1960) *The Stages of Economic Growth: A Non-Communist Manifesto*, Cambridge.

Rott, Renate (1989) 'Strukturen der Frauenerwerbsarbeit im urbanen Bereich am Beispiel Brasiliens: Eine Fallstudie aus dem Nordosten (Fortaleza, CE)', in Elisabeth Grohs (ed.), *Frauen in der Entwicklung Afrikas und Lateinamerikas*, Third World Interdisciplinary Working Group, Vol. 3, University of Mainz.

Rubin, Gayle (1975) 'The Traffic in Women', in *Toward an Anthropology of Women*, New York.

Sager, Krista (1995) quoted in *'Leidenschaft für die unbequeme Sache'. Zur Diskussion um die Gründung eines feministischen Instituts im Rahmen der Bündnisgrünen*, Hamburg.

Sahlins, Marshall (1972) *Stone Age Economics*, Chicago.

Sahlins, Marshall (1974/1984) *Stone-Age Economics*, London.

Sarkar, Saral (1987) 'Die Bewegung und ihre Strategie: Ein Beitrag zum notwendigen Klärungsprozess', in *Kommune 5*, Frankfurt, pp. 39–45.

Sarkar, Saral (1993) Green–Alternative Politics in West Germany, Vol. I of The New Social Movements, Tokyo, New York and Paris, UNU Press.

Sarkar, Saral (1999) *Ecosocialism or Ecocapitalism?* London, Zed Books.

Schmitt, Mathilde (1997) 'Und welche Rolle spielt das Geschlecht? Landwirtinnen in ihrem Arbeitsalltag', in AgrarBündnis e.V. (ed.), *Landwirtschaft 97: Der kritische Bericht*, Bonn.

Schröder, Tilman (1989) in *Wurzelwerk-Zeitung*, April.

Schultz, Irmgard (1994) *Der erregende Mythos vom Geld: Die neue Verbindung von Zeit, Geld und Geschlecht im Ökologiezeitalter*, Frankfurt a.M.

SEF (Stiftung Entwicklung und Frieden) (ed.) (1993/94) *Globale Trends 93/94, Daten zur Weltentwicklung*, Frankfurt.

Selbstversorgungs–Cooperative Bremen (1987) *Positionspaper von 1977*, Bremen.

Sethuraman, S. V. (1976) 'The Urban Informal Sector: Concept, Measurement and Policy', *International Labour Review*, Vol. 114, No. 1.

Shanin, Teodor (ed.) (1971) *Peasants and Peasant Societies*, Harmondsworth.

Shanin, Teodor (1990) *Defining Peasants: Essays concerning Rural Societies, Expolary Economies, and Learning from Them in the Contemporary World*, Oxford.

Shiva, Vandana (1989) *The Violence of the Green Revolution*, Dehra Dun.

Shiva, Vandana (1993) 'GATT, Agriculture and Third World Women', in Maria Mies and Vandana Shiva, *Ecofeminism*, London, Zed Books.

Shiva, Vandana (1995a) 'Food Security: The Problem', in Seminar No. 433 New Delhi.

Shiva, Vandana (1995b) *Captive Minds, Captive Lives: Ethics, Ecology and Patents on Life*, New Delhi.

Shiva, Vandana (1996a) 'Globalisation of Agriculture and the Growth of Food Security'. Report of the International Conference on Globalisation, Food Security and Sustainable Agriculture. In *BIJA*, No. 15/16, New Delhi.

Shiva, Vandana (1996b) 'The Alternative Corporate Protectionism', *BIJA*, No. 15/16, New Delhi.

Shiva, Vandana, Afsar H. Jafri and Gitanjali Bedi (1997) *Ecological Cost of Economic Globalisation: The Indian Experience* (prepared for the UN General Assembly Special Session on Rio + 5, UNGASS), New Delhi.

Sklair, Leslie (ed.) (1994a) *Capitalism and Development*, London and New York, Routledge.

Sklair, Leslie (1994b) 'Capitalism and Development in Global Perspective', in L. Sklair (ed.), *Capitalism and Development*, London and New York, Routledge, pp. 165–88.

Smith, Joan, Immanuel Wallerstein and Hands–Dieter Evers (1984), *Households and the World-Economy: Explorations in the World-Economy*, Beverly Hills.

Smith, Raymond T. (1987) 'Hierarchy and the Dual Marriage System in West Indian Society', in Jane Fishbourne Collier and Sylvia Junko Yanagisako (eds), *Gender and Kinship: Essays Towards a Unified Analysis*, Stanford.

Spehr, Christoph (1996) *Die Ökofalle: Nachhaltigkeit und Krise*, Vienna.

Spittler, Gerd (1987) 'Tschajanow und die Theorie der Familienwirtschaft', Introduction to Alexander Tschajanow, *Die Lehre von der bäuerlichen Wirtschaft*, Franfurt a.M., 1987

(1923).

Steinbrügge, Lieselotte (1987) *Frauen, das moralische Geschlecht: Theorien und literarische Entwürfe über die Natur der Frauen in der französischen Aufklärung*, Weinheim/Basel.

Steinem, Gloria (1994) *Moving beyond Words*, New York, Simon and Schuster.

Tanner, nancy (1974) 'Matrifocality in Indonesia and Africa and among Black Americans', in Michelle Rosaldo and Louise Lamphere (eds), Women, *Culture and Society*, Stanford.

Trainer, Ted (1996) *Towards a Sustainable Economy: The Need for Fundamental Change*, Oxford.

Tschajanow, Alexander (1923/1987) *Die Lehre von der bäuerlichen Wirtschaft*, Frankfurt a.M. (See also Chayanov.)

Turner, Terisa E. and Benjamin, Craig S. (1995) 'Not in Our Nature: The Male Deal and Corporate Solutions to the Debt-Nature Crisis', *Review: Journal of the Fernand Braudel Center*, Binghampton, 1995.

Turner, Terisa and Oshare, M. O. (1993) *Gender Relations and Resource Development: Women, Petroleum and Ecology in Nigeria*, Nova Scotia.

Ullrich, Otto (1979) *Weltniveau: In der Sackgasse des Industriesystems*, Berlin.

UNESCO (1996) *Dossier: Internationale Konsultation zum vorläufigen Entwurf einer UNESCO-Erklärung zum Schutz des menschlichen Genoms*. Deutsche UNESCO-Kommission, Bonn.

von Werlhof, Claudia (1978) 'Frauenarbeit: Der blinde Fleck in der Kritik der politischen Ökonomie', *Beiträge zur feministischen Theorie und Praxis*, No. 1.

von Werlhof, Claudia (1985) *Wenn die Bauern wiederkommen: Frauen, Arbeit und Agrobusiness in Venezuela*, Bremen.

von Werlhof, Claudia (1988) 'The Proletarian is Dead: Long Live the Housewife!' in Maria Mies, Veronika Bennholdt-Thomsen and Claudia von Werlhof, *Women: The Last Colony*, London, Zed Books, pp. 168–81.

von Werlhof, Claudia (1988a) 'On the Concept of Nature and Society in Capitalism', in Maria Mies, Veronika Bennholdt-Thomsen and Claudia von Werlhof, Women: *The Last Colony*, London, Zed Books.

von Werlhof Claudia (1993) *Subsistenz: Abschied vom ökonomischen Kalkül?* Berlin.

von Werlhof, Claudia (1996) *Mutter-Los. Frauen im Patriarchat zwischen Angleichung und Dissidenz*, Munich.

von Werlhof, Claudia (1998) 'MAInopoly: Aus Spiel wird Ernst'. in Maria Mies and Claudia von Werlhof (eds), *Lizenz zum Plündern*, Hamburg, Rotbuch/EVA, pp. 132–76.

von Werlhof, Claudia, Annemarie Schweighofer and Werner Ernst (eds) (1996) *Herren-Los Herrschaft-Erkenntnis Lebensform*, Frankfurt.

Van Allen, Judith (1972) '"Sitting on a Man" : Colonialism and the Lost Political Institutions of Igbo Women', *Canadian Journal of African Studies*, 6/2.

Viezzer, Moema (ed.) (1992) *Con Garra e Qualidade Mulheres em economias sustentaveis: agricultura e extrativismo*. Report of the Women's Workshop, Rio de Janeiro.

Wallerstein, Immanuel (1974) *The Modern World-System*, New York, San Francisco and London.

Wallerstein, Immanuel (1980) *The Modern World-System II*, New York and London.

Wallerstein, Immanuel (1983) *Historical Capitalism*, London. German translation, 1984.

Ware, Helen (1983) 'Female and Male Life-Cycles', in Christine Oppong (ed.), *Female and Male in West Africa*, London.

Waring, Marilyn (1989) *If Women Counted. A New Feminist Economics*, London.

Watkins, Kevin (1997) 'Fast Route to Poverty', *Guardian Weekly*, 16 February.

Wichterich, Christa (1992) *Die Erde bemuttern: Frauen und Ökologie nach dem Erdgipfel in Rio*, Cologne.

Wolf, Eric (1966) *Peasants*, Englewood Cliffs, New Jersey.

Wolf, Heinz Georg (1987) *Die Abschaffung der Bauern: Landwirtschaft in der EG-Unsinn mit Methode*, Frankfurt a.M.

Woodall, Pam (1994) 'The Global Econom', *The Economist*, 1 October.

World Commission on Environment and Development (1987) *Our Common Future*, Oxford and New York, Oxford University Press.

Zi Teng Newsletter (Hong Kong) October 1998, No. 7.

Zohl dé Ishtar (1994) *Daughters of the Pacific*, Melbourne.